국전쟁 관련 프랑스외무부 자료 I (1950. 06. 25~1950. 12. 29)

1쇄 발행   2021년 2월 22일

이   이지순 · 박규현 · 김영
인   윤관백
처   동녘 선인

록   제5-77호(1998.11.4)
소   서울시 마포구 마포대로 4다길 4(마포동 324-1) 곳마루 B/D 1층
       02) 718-6252 / 6257
       02) 718-6253
       sunin72@chol.com

58,000원
979-11-6068-450-6   94900
979-11-6068-449-0   (세트)

된 책은 바꿔 드립니다.
.suninbook.com

한국전쟁 관련 프랑스외무부 자료 I~VI』은 한국학진흥사업단의 토대연구지
에 의해 수행되었음(과제번호: AKS-2016-KFR-1220002).

한국전쟁 관련 프랑스외무부 자료 Ⅰ

(1950. 06. 25~1950. 12. 29)

한국

초판

옮긴
발행
발행

등 록
주 소
전 화
팩 스
E-ma

정가
ISBN

· 잘못
· www

* 본 『한
원사업

한국전쟁 관련 프랑스외무부 자료 I

(1950. 6. 25~1950. 12. 29)

이지순 · 박규현 · 김영 옮김

　19세기 중반 프랑스 외방전교회의 한국 전교 때부터 관계를 맺어 온 프랑스는 1839년(己酉年) 조선 정부가 프랑스 사제 3인을 비롯한 수많은 천주교 신자들을 처형한 '기유박해'를 일으키자 극동함대를 파병하여 '병인양요'를 일으켰다. 1866년 프랑스함대의 조선 침범으로 벌어진 병인양요 이후 조선과 프랑스 사이에 우호통상과 천주교 포교의 자유를 주요 내용으로 하는 한불우호통상조약이 체결되며 양국 간의 외교관계가 본격화되었다. 1900년을 전후한 시기 대한제국 정부 내 고용된 외국인 중 프랑스인들이 다수를 점했던 사실은 한국과 프랑스 양국관계의 긴밀성을 보여주는 증거가 되기도 한다. 하지만 을사늑약 체결 이듬해인 1906년 8월 외교관계는 단절되었고, 주한프랑스공사관은 영사관으로 변경되었다. 그 뒤로는 정식 외교관계는 아니지만 개별적인 한불관계가 지속되었다. 1919년 임시정부가 상해 프랑스 조계에 설립되어 1932년까지 독립운동의 근거지로 삼기도 했다. 독립을 위한 임시정부의 첫 외교무대가 1919년 파리강화회의였던 점도 양국 간의 밀접한 관계를 보여준다. 1919년 김규식을 비롯한 신한청년당 대표단이 파리강화회의에 참가하였지만, 일본의 방해로 김규식은 파리강화회의 본 회의장에 들어가지 못했다. 다만 회담장 밖에서 일제 식민지배의 불법과 부당함을 알리는 활동을 전개할 수 있었을 뿐이다. 서구열강 중 임시정부를 공식적으로 처음 인정한 것도 드골의 프랑스 임시정부였다. 1945년 8월 15일 이후 식민지 조선이 해방되고 38도선을 경계로 남북한에 미소 군정이 설치되었으며, 이러한 상황은 의도치 않게 국제 사회의 주목을 받게 되었다. 1947년 냉전(coldwar)이 본격화되며 한반도는 양측의 각축장이 되어버렸다. 프랑스와 한국의 외교관계는 1949년 정식 수립되어 주한프랑스공사관이 다시 문을 열었다. 이 무렵 프랑스는 베트남을 비롯한 동남아시아의 문제 때문에 동아시아에 대한 관심이 높았고 한반도에 대한 관심 역시 커지는 상황이었다.

1950년 6월 25일 한국전쟁이 발발하자 프랑스는 유엔 안전보장이사회 상임이사국이자 회원국으로서 전투부대 파병을 결정했다. 파병 결정에는 미국의 압력도 작용했지만 다른 한편으로는 동아시아에 대한 프랑스의 관심도 반영되었다. 베트남 문제로 인해 군을 직접 파견할 수 없었던 프랑스는 예비역과 현역으로 구성된 1개 대대와 보충대를 합해 프랑스대대(사령관: 몽클라르Ralph Monclar 중장)를 조직했다. 이렇게 조직된 프랑스대대는 1950년 11월 29일 부산항에 입항한 이후 미 제2사단의 일원으로 참전하여 지평리전투, 철의 삼각지대를 비롯한 각종 고지전(단장의 능선 전투가 대표적임)에 참가하여 눈에 띄는 전적을 올렸다. 프랑스대대는 휴전협정이 체결된 직후 1953년 10월에 한반도에서 철수했다.

한국전쟁에 공식적으로 참전한 국가만 미국을 비롯해 16개국이며, 여기에 중국과 소련을 합하면 세계 모든 강대국이 가담한 국제전적 성격을 지닌 전쟁이었다. 하지만 그동안의 한국전쟁 연구는 미국, 러시아(구소련), 중국 등 관련국들이 생산한 자료들에 근거해 진행된 탓에 남북한, 미국, 중국, 소련 등에 집중되어왔다. 우리는 이들 국가 외에도 유엔의 회원국으로서 유엔군으로 무장병력을 파견한 국가들, 아니면 중립국의 지위 때문에 비무장부대(예를 들어 병원선 등)를 파견한 국가들, 그 외에도 유엔 총회나 1954년 제네바정치회담 등에 참가한 국가들이 있고, 그들이 생산한 자료들이 있다는 점에 주목할 필요가 있다. 특히 프랑스는 한국과 이전부터의 밀접한 외교관계를 토대로 꾸준히 한국 관련 자료들을 생산·수집·분류·보관하고 있으니, 가장 중요한 근현대사 자료로는 한국의 독립운동 관련 사료와 한국전쟁 사료를 들 수 있다. 한국전쟁 관련 프랑스외무부 자료 속에는 주로 도쿄 주재 프랑스대사관 및 베이징, 도쿄, 워싱턴, 생 페테르부르크, 런던 등 세계 주요 도시 주재 프랑스대사관이 프랑스외무부에 전달한 한국전쟁 관련 보고서들이 포함되어 있다. 프랑스는 유럽의 참전국들을 대표하는 국가 중 하나로서 한국전쟁에 대해 방대한 양의 외교문서를 남겼다.

한국전쟁은 냉전문제에 관련된 대표적인 전쟁이다. 또 한편으로는 탈냉전의 문제와도 직간접적으로 연결되어 있다. 이러한 복합적 국제관계 상황에서 프랑스 자료들은 향후 한국전쟁을 비롯한 냉전과 탈냉전 연구에서 무척 중요하다. 프랑스는 미국과 보조를 맞추거나 미국의 발표에 따라 정보를 수집했음에도 미국과 항상 동일한 입장을 취한 것이 아니라 자국의 독립적인 시각을 견지했다. 이러한 까닭에 프랑스의 한국전쟁 자료는 한국전쟁의 단면을 다각도에서 이해하는 데 매우 중요한 자료가 될 수 있다. 본 자료집이 담고 있는 외교문서를 보면 휴전협상의 과정이 미국의 입장이 유엔에서 관철되는 과정이었다고 평가할 수 있지만, 유엔 총회나 휴전회담 전개 과정에서 프랑스가 반드시 미국과 보조를 맞추었다고 보기는 어렵다. 달리 말하면, 제2차세계대전 이후 달라진 미국의 위상이 절대적으로 반영되기는 하지만 프랑스 또한 유엔에서 자국의 입장을 관철시키려고 노력했음을 알 수 있다. 또한 직접 휴전협상국은 아니었으나 각국에 파견된 외교관들을 통해 포로가 된 프랑스 포로들의 귀환을 시도하기도 했다. 당시 프랑스는 한반도보다는 베트남을 비롯한 인도차이나반도에 관심을 기울이고 있었다. 그렇기에 조기 종전을 내세우며 미국과는 다른 입장에서 휴전협상을 인식했고, 프랑스외무부 자료에서는 이러한 프랑스의 입장을 구체적으로 확인할 수 있다.

그동안 한국현대사 연구, 그중 한국전쟁 연구에서 프랑스의 인식과 대응을 정리하는 작업은 활발하지 못했으며 그에 관한 연구도 드문 편이다. 무엇보다 프랑스 사료를 폭넓게 확보하고 깊이 있게 분석하기에는 '언어의 장벽'이 너무

높았기 때문이었다. 반면 프랑스어나 프랑스사 연구자들은 한국현대사를 학문적으로 접근하는 데 일정한 한계를 가졌다. 예를 들어, 국방부 군사편찬연구소에서 한국전쟁기 유엔군의 활동을 정리한 성과가 있으나 프랑스대대의 활동에 초점이 맞춰진 까닭에 단순한 전투의 나열에 그쳤으며, 한국전쟁에 대한 프랑스의 인식과 대응, 각종 활동 등은 제대로 검토할 수 있는 자료라고 할 수 없었다. 본 프랑스외무부 자료집은 이러한 기존 연구의 한계를 뛰어넘을 수 있는 '프랑스 자료의 국역화'라는 점에서 무척 중요한 시도라 할 수 있다.

본 자료집에 실린 프랑스 자료는 미국(워싱턴)과 유엔(뉴욕), 일본, 영국, 소련에 주재한 프랑스 외교관들을 통해 수집된 정보가 주를 이루지만, 그 외에도 세계 각지의 프랑스 외교관들을 통해 수집된 정보를 담고 있다. 이러한 수집 정보를 통해 한국전쟁 당시 프랑스가 어떠한 부분에 집중하고 있으며, 각국에서 한국전쟁의 어떠한 면이 쟁점으로 제기되고 있는가를 검토할 수 있다. 다만, 프랑스의 동향과 동아시아에 대한 프랑스의 인식과 대응을 확인할 수 있는 자료가 많지 않은 것은 아쉬움으로 남는다. 본 자료집의 문서군이 한국전쟁이 핵심적인 주제인 까닭에 그것에 집중될 수밖에 없었다. 본 자료집에 편철된 프랑스 자료의 구체적인 내용을 살펴보면 다음의 몇 가지로 구분할 수 있다.

첫째, 한국전쟁의 발발과 전개, 협정까지의 상세한 과정을 살펴볼 수 있다. 한국전쟁은 한반도에서 발생한 전쟁이지만 미국과 유엔이 개입하는 순간부터 그 성격은 국제전으로 전환되었다. 특히 유엔은 한국전쟁 초기부터 전쟁에 적극적으로 개입했다. 1950년 6월 25일 한국전쟁이 발발하는 순간부터 미국이 참전과 동시에 유엔에 전쟁을 포함한 한국 문제를 상정했기 때문이다. 이때 프랑스는 유엔 회원국의 일원으로 참가했으나 미국의 입장에 일방적으로 동조하지는 않았다. 프랑스는 각국에 주재하는 프랑스 외교관을 통해 여론, 언론 보도, 각국 정부의 입장 등에 대한 정보를 수집하여 자료로 축적하였다. 미국(뉴욕, 워싱턴 등)과 일본뿐 아니라 소련(모스크바)과 중국(베이징), 유럽 각국(동유럽 포함), 동아시아(예를 들어 버마의 랑군) 등 전 세계 각지에 주재하는 프랑스 외교관들을 통해 한국전쟁의 시기별 쟁점에 대한 현지의 여론을 수집하였다. 예를 들면 중공군의 참전 이후 유엔군이 패배하게 되자 미국이 원자폭탄 사용을 검토했을 때, 프랑스는 이러한 원자폭탄 사용 문제에 대한 각국의 여론을 점검하였다. 본 자료집에서는 그러한 프랑스의 정보 수집을 구체적으로 확인할 수 있으며, 이를 통해 한국전쟁 당시 프랑스가 미국의 입장에 동조하면서도 자국만의 독자적인 입장에서 한국전쟁을 어떻게 인식하고 대응했는지를 구체적으로 확인할 수 있다. 한편 한국전쟁 관련 연구자들은 이러한 내용을 통해 한국전쟁에 대한 각국 동향의 직간접적인 정보 인용이 가능할 것이다.

둘째, 한국전쟁기 전황(戰況)의 구체적인 전개를 살펴볼 수 있다. 널리 알려졌듯이 한국전쟁은 '북한의 기습남침 - 낙동강 방어전 - 인천상륙작전과 북진 - 중공군의 개입과 후퇴 - 전선의 고착과 고지전'의 과정을 거치며 전황이 전개됐다. 각 시기별로 각각의 전황이 달라지고 있다. 프랑스 자료는 도쿄의 맥아더 사령부(연합군 최고사령부, SCAP, Supreme Commander Allied Powers)에서 발표하거나 미국 정부가 발표한 전황 소식을 수집하여 반영하고 있다. 물론 미국 주도의 연합군 사령부를 통한 정보라는 한계가 있으나 그러한 정보에 대한 프랑스의 개별적 시각이나 견해를 엿볼 수 있기도 하다.

프랑스는 많은 정보를 맥아더사령부나 미국 정부를 통해 수집하고 있으나, 때로는 각국에 주재한 현지의 외교관들을 통해 수집하고 있었다. 그런 결과로 때로는 미국의 발표와는 다른 정보를 가지고 있기도 했다. 예를 들어 중공군의 참전에 대한 정보 가운데 난징(南京, 창하이) 주재 프랑스 전권공사 장켈레비치가 1950년 11월 12일자로 보낸 '제국주의의 아시아 개입에 대한 시위'라는 전문에서는 "주한 미군의 잔인성과 중국을 향한 미국의 침략 의도에 반대하는 중국 인민들"의 시위와 그에 대한 반응, 그리고 이것이 중국 지원군으로의 입대 등 한국전쟁에 미치는 영향을 기술하고 있다. 또한 중국 내 반공주의 활동에 대한 정보도 수집(상하이 탄약고의 폭발과 뒤이은 난징의 병기창고 폭발 및 인명피해 등)해 보고하고 있다.[1] 이와 같은 프랑스의 정보 수집 활동은 미국이 아닌 자국의 외교관들을 통해 수집한 정보이며, 어느 정도 제한된 미국의 정보와는 차별화된다고 평가할 수 있다.

1) 문서번호 96-98.

한국전쟁의 전황과 관련한 자료도 다양한 층위로 세분된다. 한국전쟁에 대해 거시적 측면에서 접근한 자료가 있는가 하면, 각각의 전투가 어떻게 전개되고 있는가를 확인할 수 있는 정보도 수집되고 있다. 한국군의 초기 패전과 지연전, 인천상륙작전과 유엔군의 북진, 중공군의 개입, 고지전, 휴전회담 등의 전체적인 전개 양상을 볼 수 있는 정보가 기록되었다. 다른 한편으로 개별 전투 상황을 보고하거나, 맥아더 장군의 북한 정부에 대한 요구, 중공군의 개입에 뒤이은 압록강 수풍댐에 대한 검토 등의 매우 세밀한 정보를 수집하고 있다. 또한 중공군의 개입 이후 전선이 교착되자 프랑스는 '비무장지대(중립지대)'의 설정을 검토하며, 관련국 주재 외교관들을 통해 이것에 대한 정보를 수집하기도 했다. 중국의 참전 이후에는 미국 정부가 최후의 공격을 계획하자 뉴욕에 있던 주유엔 프랑스대사는 유엔군 사령부의 임기 연장에 대해 반대 입장을 밝히기도 했다.[2] 아울러서 공산 측이 제기한 미국의 세균전, 휴전회담 전개 과정에서 제기되는 주요 쟁점 등을 구체적으로 확인할 수 있다. 이렇듯 프랑스 자료는 한국전쟁의 전체적인 전개 양상 외에도 그것의 구체적인 전개 양상을 세밀하게 파악하는 데도 유용한 자료이다.

셋째, 각국에 파견된 프랑스 외교관들을 통해 수집한 각국의 동향을 기록하고 있다. 한국전쟁 초기 소련의 입장은 모스크바 주재 외교관을 통해 소련의 보도와 소련의 예상되는 대응 등에 대한 정보를 수집하며 자체적으로 소련의 입장을 평가하고 있다. 예를 들어 "한국문제는 소련에 있어 별다른 위험 없이 미국의 항전 의지를 측정할 수 있는 기회"라고[3] 평가하는 것과 같이 미국과는 다른 입장에서 한국전쟁 및 소련에 대해 접근하고 있다. 이 점은 유엔에서의 활동에서 두드러지게 나타난다. 즉 프랑스는 미국의 입장에 동조하면서도 개별적인 쟁점에서는 영국과 보조를 맞추는 게 나타나기도 한다.

넷째, 한국전쟁기 프랑스 자료에는 전황 외에도 후방의 상황을 파악할 수 있

---

[2] "우리는 현 상황에서 유엔군 사령부(원문은 통합사령부. 인용자)의 임기 연장에 긍정적이지 않을 것이라는 사실도 추가할 수 있습니다." 미국 정부의 한국에서의 마지막 공격 결정. 문서 번호 3043-3045.
[3] 북한군의 성과. 문서번호 1444-1449.

는 자료도 포함되었다. 예를 들어 1950년 10월 25일자 주유엔 프랑스대사 쇼벨이 뉴욕에서 보낸 전문에는 한국의 피난민을 위해 필수적인 피난민 원조용 모포 100만 장을 요청하고 있다. 물론, 이것은 유엔군사령부에서 유엔을 통해 요청한 것이기는 하지만, 이전의 30만 장 이후 추가로 요청한 것이었다.[4] 후방의 구호 활동에 외에도 후방에서 벌어지고 있는 한국의 정치 상황에 대한 보고도 이루어지고 있다. 아울러서 한국전쟁 기간 한국의 국내 상황에 대해서도 프랑스가 예의주시하고 있음을 확인할 수 있다. 주로 한국 주재 유엔위원단의 외교관들을 통한 정보가 많기는 하지만 미국의 일방적인 정보와는 다른 프랑스만의 인식이 담겨 있음을 볼 수 있다.

다섯째, 본 자료집은 한국전쟁기 유엔군의 일원으로 참전한 프랑스군의 활동을 구체적으로 확인할 수 있다. 특히, 프랑스군은 지평리 전투에서 중공군의 공세에도 불구하고 승리함으로써 중공군의 남하를 저지하였다. 다음은 지평리 전투에서의 프랑군의 활약과 승리를 기록한 외교문서의 내용이다. "지평리 전투는 한국의 전투 중에서 가장 영광스러운 전투 중의 하나로 남을 것입니다. 그곳은 3천 명 정도의 거주민이 사는 작은 도시로, 2월 4일 미군과 프랑스 부대가 주둔하고 있었습니다. 언덕들로 둘러싸여 깊숙이 자리한 이 촌락은 강력한 방어선을 굳건히 지키고 있었습니다. 2월 12일까지 중국 전위부대들은 정찰부대만이 접근해왔습니다. 2월 13일, 적군은 보루를 집중적으로 포위하고자 4개 사단과 함께 그곳에 대한 공격을 개시했습니다. 적군의 돌파에도 불구하고, 제23연대의 사령관은 매 순간 부대의 결집과 각 소대들 간의 연락을 유지하는 데 성공했습니다. 접전 중 적군을 연합군 방어 진지 한가운데로 이끌었습니다. 군화도 신지 않고 팔에 붕대를 맨 부상자의 지휘를 받은 프랑스 지원병들은 침략자를 향해 격렬하게 달려들었고, 상대를 첫 번째 요새 지역 경계까지 몰고 갔습니다. 용기와 끈기로 똘똘 뭉친 미군과 프랑스군은 4일간 그들과 떨어져 있는 연합군 부대의 어떤 지원도 없이 무수한 적군들을 쉼 없이 물리치는 데 성공했습니다." 이 전투에서 프랑스 전사들의 활약은 미국 사령관의 찬사를 받았다.

[4] 문서번호 2314.

제23연대를 지휘하는 차일즈 중령은 특히 다음과 같이 말했다. "프랑스 군인들은 그 어떤 찬사로도 모자랍니다. 그들이 어떤 진지를 공격하면, 그들은 그곳을 점령해버리고 맙니다. 그들이 그것을 차지하고자 하면, 그들은 차지하고 맙니다. 만일 여러분이 그들에게 방어해야 할 지역을 정해주면 그들은 여러분이 돌아올 때 거기에 있을 것입니다. 그들은 제가 만난 이들 중 가장 전투적인 사람들입니다."[5] 그러나 프랑스는 한국보다는 인도차이나 반도가 중요했던 까닭에 정규군을 파견하지 않고 예비군을 파견했다. 이러한 프랑스의 입장에 대해 미국도 인식하며 이해하고 있었다. 아울러서 전선이 고착되는 가운데 포로로 잡히는 프랑스 군인들이 나타나게 되자 자연스럽게 프랑스의 관심도 전황뿐 아니라 포로 문제에 관심을 기울였다. 그리하여 중국을 통하여 프랑스 출신 포로들의 현황을 건네받기도 하는 등 포로 문제에 대해 관심을 기울였음을 확인할 수 있다.

1950년대 초 국제정치에서 프랑스의 위치는 몇 가지로 규정될 수 있다. 소련의 위협에 대항한 서독의 재무장에 대한 거부 입장, 미국의 지원을 받으면서도 국제적으로 제2군 세력으로 추락한 데 대한 반발로 반미주의 강화, 나치독일 타도에 있어 소비에트연방의 기여를 인정하는 공산주의자들의 득세, 전 세계적 탈식민주의화 과정에서 인도차이나(베트남)와 알제리의 문제가 바로 그것이다. 1950년 6월 한국전쟁 발발에 대한 프랑스 내 반응은 이 네 가지 긴장노선이 극도로 복잡하게 상호작용하는 가운데 나타났다. 본 자료집은 프랑스가 이러한 다면적 상황과 시각 하에서 한국전쟁에 어떻게 대응했는가를 보여줄 수 있을 것이다. 한국전쟁 관련 방대한 프랑스외무부 자료의 번역은 이제까지 국내에서 이루어진 적이 없는 최초의 작업으로서, 이는 한국전쟁의 발발과 전개, 협정까지의 상세한 과정을 새롭게 조명해낼 수 있는 한국 현대사 사료의 중요한 부분을 발굴·구축하는 의의를 지닐 것이라 확신한다. 향후 본 자료집을 활용한 한국전쟁에 대한 후속 연구가 보다 풍부하게 활성화되고 진척되기를 기대한다.

[5] 프랑스 군대의 활약. 문시번호 641.

끝으로, 본 자료집이 나오기까지 도움을 아끼지 않은 많은 분들께 깊은 감사의 마음을 전한다. 누구보다 한국전쟁 당시의 국내외 상황의 이해, 역사 용어의 올바른 선택과 주석 작업 등을 위해 많은 가르침을 주신 노영기 교수와 도종윤 교수, 그리고 프랑스 외무부 자료수집과 프랑스어의 적확한 번역에 도움을 준 로르 쿠랄레(Laure Couralet) 씨에게 무한한 감사의 마음을 전한다.

성균관대학교 프랑스어권문화융합연구소 소장
이 지 순

1950년
6월 25일~12월 29일

【1】 북한의 전투 개시에 대한 소식(1950.6.25)

[전   보]   북한의 전투 개시에 대한 소식
[문 서 번 호]   2343-2345
[발   신   일]   1950년 6월 25일 22시 15분
[수   신   일]   1950년 6월 26일 06시 20분
[발신지 및 발신자] 워싱턴/보네[1](주미 프랑스대사)

긴급

  한국에서의 전쟁 개시에 대한 소식이 막대한 충격과 함께 워싱턴에 전해졌습니다. 오늘 애치슨[2] 국무장관은 거의 쉬지 않고 부서의 주요 책임자들과 협의를 했고 오후에는 육군참모총장 콜린스[3] 장군이 여기에 합류했습니다. 미주리 주(州)의 고향집에서 주말을 보내고 있던 트루먼 대통령은 자신의 체류기간을 단축하고 오늘 저녁 곧바로 수도로 돌아왔습니다.

  미 국무부는 현재까지 올라온 정보에 비추어 명백하고 전형적인 북한의 침공으로 보고 있습니다. 미 국무부가 받은 상황전개에 관한 정보는 상당히 단편적이어서 오후 늦게까지도 북한군의 침투 정도와 남한군의 대항 규모에 관하여 알지 못하고 있었습니다.

  그러나 미 국방부는 이에 관해 남한에는 단지 장갑차만 배치되어 있으며, 남한이 보유하고 있던 군용기는 적군 전투기의 초기 폭격에 의해 파괴되었다고 전했습니다. 그리고 서울 정부의 군수품 보유고로는 10일간의 전투만 가능할 것으로 산정했습니다. 미 국무부는 이 점에 관해, 몇몇 라디오 해설자들이 방송

1) 앙리 보네(Henri Bonnet, 1888-1978). 주미 프랑스대사(1944-1954).
2) 딘 애치슨(Dean Acheson, 1893-1971). 미국 국무장관.
3) 조셉 로턴 콜린스(Joseph Lawton Collins, 1896-1987). 미국 육군 참모총장.

한 바와 같이 군수품이 일본에서 남한군대로 긴급 공수되었을 것이라는 정보가 사실임을 확인해 주었습니다.

이 사건이 유엔의 결정을 따라야 한다고 강조한 미국 정부 관계자들은 안전보장이사회에서 채택된 결의안에 대해 당연히 매우 만족함을 표명했습니다.

한편, 소련의 위성국에 의해 범해진 이 침략행위는 반대진영 야당의원들로 하여금 다시 한 번 미 정부의 극동정책을 비난할 빌미를 제공했습니다. 야당의원들의 입장에서 이 사건은 그들이 이 지역에 대해 권장한 대책들, 즉 마오쩌둥 정부의 유엔 가담 반대와 타이완 국민 정부에 대한 미국의 원조 반대의 타당성을 증명한 것입니다.

더구나 한국공산정부의 이 행위로 인해 영국은 필연적으로 베이징정부에 대한 입장을 재검토할 수밖에 없을 것이라는 것이 워싱턴의 일반적인 시각입니다.

오늘 백악관에서는 저녁식사 시간 이후 대통령을 중심으로 국무장관, 국방장관 및 주요 관계자들 회의가 열릴 예정입니다.

보네

【2】 북한 군대의 성과(1950.6.26)

[전   보] 북한 군대의 성과
[문 서 번 호] 1444-1449
[발   신   일] 1950년 6월 26일 22시
[수   신   일] 1950년 6월 27일 07시 50분
[발신지 및 발신자] 모스크바/브리옹발(주소련 프랑스대사관 참사관)

러시아신문『프라우다』는 오늘 어떠한 논평도 없이 북한군대의 전쟁 초기 성과를 알리는 통신 전보를 실었습니다. 이 신문은 평양을 지지하는 양상을 조심스레 피하면서 평양의 입장에 유리한 정보를 단순하고 평범하게 전하는 데 그쳤습니다.

특히 안전보장이사회가 채택한 결의에 관해서는 어떤 암시도 하지 않았습니다. 이미 오래전부터 준비되어온 사태가 발생한 지금, 소련은 호기심을 드러내면서도 객관적이고 침묵하는 양심적인 관찰자적 태도를 취하는 척 가장하는 모습이 역력합니다.

그렇다 하더라도 6월 25일의 무력행사는 그 전개에 대한 역추적이 어렵지 않은 어떤 술책의 당연한 결말임은 자명합니다.

1. 소련은 "미국의 대일 점령정책"에 맞서, 통신 전보를 통해 매일 그 진행 상황을 파악할 수 있는 군사작전을 부추김으로써, 미국 점령의 연장으로 인해 일본에서 형성된 불안감을 이용하여 일본의 해방을 방해하려는 목적보다는, 맥아더 장군에 의해 "임박한 소련공격을 위한 군사기지"로 전락한 일본의 위험을 평화지지자들에게 고발하려 한 것입니다. 이렇게 함으로써 소련이 주장한 극동 방위선에서의 자국 보호 강화를 위한 대비책은 이미 정당화되는 것입니다.

2. 서울 정부에 불리한 선거를 치른 직후, 한국 민주전선이 내놓은 남북 양

지역의 통일을 주장하는 "자발적인" 발의는 마침 소련이 기다리던 기회를 제공하는 일이었습니다. 그것은 드러내지 않으면서 자동적으로 소련의 지배력을 한반도 끝 쓰시마 해협에까지 확장할 수 있는 기회일 뿐 아니라, "고요한 아침의 나라"를 하나의 신위성국으로 전환시킴으로써 소련의 군사방어선에 있어 뤼순항과 블라디보스토크 사이의 틈새를 막을 수 있는 기회인 것입니다.

또한 한국문제는 소련에 있어 별다른 위험 없이 미국의 항전 의지를 측정할 수 있는 기회이기도 합니다. 미국이 어떻게 반응하느냐에 따라 동남아시아의 차후 운명이 결정될 것은 분명한 일입니다. 소련언론이 베이징정부의 군사계획에 관해 암시하는 데 있어서 극도의 조심성을 보이는 것과 두 달 전부터 신문에서 더 이상 이름을 찾아볼 수 없던 호치민의 활동에 관해 완전히 침묵을 고수하는 것에 어느 때보다 예의주시해야 할 것입니다.

마지막으로, 미국 발 몇몇 정보에 의하면, 데레비앙코[1] 장군이 모스크바에 소환되었을 당시 뉴델리와 방콕 주재 소련 대표들도 그들의 임지를 비웠다고 합니다. 그러나 이들이 현재 모스크바에 있다고 단언할만한 어떤 증거도 현지에서 찾을 수 없으며, 한편 평양 주재 소련대표도 모스크바에 체류 중이라는 소문도 있습니다.

브리옹발

---

[1] 쿠즈마 데레비앙코(Kuzma Derevyanko, 1904-1954). 주일 소련 사절단장.

【3】 6월 25일 안전보장이사회에서 채택된 결의안 임시 불어본(1950.6.26)

[전   보]   6월 25일 안전보장이사회에서 채택된 결의안 임시
                  불어본
[문 서 번 호]   847
[발   신   일]   1950년 6월 26일 10시 24분
[수   신   일]   1950년 6월 26일 19시
[발신지 및 발신자]   뉴욕/쇼벨[1](주유엔 프랑스대사)

안전보장이사회에서 6월 25일 채택된 결의안의 임시 불어본은 다음과 같습
니다.

안전보장이사회는,

유엔 한국임시위원회의 감독과 조언을 받았던 대한민국 정부가 '한국인 대
다수가 거주하고 있는 한반도의 일부에 대한 통치권을 실제적으로 행사하는,
그리고 유엔 한국임시위원회의 감시 하에 한반도 일부 유권자의 자유의지를
정당하게 표현하는 선거에 의하여 합법적으로 수립된 한국의 유일한 정부'라
고 규명한 1949년 10월 21일의 유엔총회 결의 사항을 상기하면서,

유엔이 한국의 완전한 독립과 통일을 위해 노력해온 결과에 해를 끼칠 수
있는 일들에 대한 우려와 이런 유해한 성격의 어떤 행위도 금할 것을 회원국
들에게 요청하는 유엔총회의 1948년 12월 12일과 1949년 10월 21일 결의안에
서 숙고된 관련 내용에 의거하여, 그리고 유엔 한국위원회가 작성한 보고서에
기술된 상황이 대한민국과 그 국민의 안전과 복지를 위협하고 있으며 한국에
전적인 군사 분쟁을 유도하는 데 대한 총회의 우려에 의거하여,

북한군이 대한민국을 공격한 행위임을 확인하고 이 침략에 대한 엄중한 우

---

[1] 장 쇼벨(Jean chauvel, 1897-1979). 주유엔 프랑스대사(1949-1952).

려를 표명하며, 이 행위가 평화를 파괴하는 것이라고 규정한다. 그리하여,

1. 적대행위의 즉각적인 중단을 요구하며, 북한당국에 그들의 무장 군대를 38도선 이북으로 철수할 것을 요구한다.
2. 유엔 한국위원회에 요청한다.
   1) 충분한 검토를 거친 상황에 대한 권고들을 지체 없이 신속하게 통보할 것.
   2) 북한군의 38도선 이북으로의 철수를 감시할 것.
   3) 안전보장이사회에 본 결의안의 이행을 지속적으로 통지할 것.
3. 모든 유엔 회원국들에게 본 결의안 이행에 있어 유엔에 전적인 원조를 제공할 것과 북한 당국에게는 어떤 원조도 중단할 것을 요청한다.

인용 끝.

쇼벨

【4】 안전보장이사회(1950.6.26)

[전 보]	안전보장이사회
[문 서 번 호]	853-859
[발 신 일]	1950년 6월 26일 16시 53분
[수 신 일]	1950년 6월 27일 02시
[발신지 및 발신자]	뉴욕/쇼벨(주유엔 프랑스대사)

워싱턴 공문 제187-193호.

어제 정오 유엔 주재 미국대사의 요청에 따라 소집된 안전보장이사회에서는 먼저 사무총장의 간단한 보고가 있었는데, 여기서 그는 특히 북한이 개시한 군사작전은 유엔헌장원칙의 위반이며 국제평화를 위협하는 행위라고 단정했습니다.

트리그브 리[1] 유엔사무총장은 이사회가 평화 회복에 필요한 조치를 취할 것을 촉구했습니다.

주미 한국대사[2]의 발표가 있은 후, 미국대사는 북한군대가 개시한 공격은 평화를 파괴하는 침략행위라며 미국 정부의 입장을 대변했습니다. 그는 북한과 남한의 화해를 위해 유엔이 기울여왔던 노력들을 개괄적으로 상기시켰고, 유엔총회가 서울정부만이 한국의 유일한 합법 정부임을 선언한 사실을 강조하였습니다. 이어 그는 결의안을 낭독했습니다. 이 결의안 원고는 제가 항공편으로 송부했습니다.

이 안은 차례로 중화민국, 쿠바, 에콰도르 대표의 지지를 얻었습니다.

---

[1] 트리그브 할브단 리(Trygve Halvdan Lie, 1896-1968). 1940년 노르웨이 망명정부 외무장관에 임명되었으며, 이후 유엔 사무총장(1946-1952) 역임.
[2] 장면(1899-1966). 초대 주미 대사(1949-1951).

영국 대표 또한 여기에 동조하면서, 이사회는 유엔 한국위원회의의 조사보고서에 서술된 사실 이외 사항에 관한 조치를 취하는 것은 피해야 할 것이라 강조하였고, 따라서 상기 위원회는 가장 빠른 시일 내에 이사회에 권장사항을 통지해 줄 것을 권고하였습니다. 반면, 이집트 대사 파우지 베이[3]는 미국의 초안에 몇 가지 수정을 요구하며 휴회 기간에 수정사항을 검토할 것을 제안했습니다. 이집트 동료의 망설임을 알아차린 저는 문서내용 조정 가능이라는 조건 아래 미국 결의안에 동의하겠노라고 입장을 밝혔습니다.

비공식 회의에서 논의된 이 수정사항은 다음과 같습니다.

1. 결의안의 세 번째 문단 "침략"이라는 단어를 삭제하고 "공격"으로 대치할 것.
2. 북한당국에 무장군대를 38도선 이북으로 철수할 것을 요구하면서도, 북한에게만 적대행위를 멈추라고 권고하지 말고 남북 양측에 동일 내용을 호소하는 것으로 결의문을 수정할 것.

제가 부서에 송부한 847호 문서인 임시결의안 번역본은 이와 같이 수정되어 9개국의 찬성으로 채택되었습니다.

주유엔 유고슬라비아대사는 문단별로 거부를 표하고 적대행위의 즉각적인 중단에 관련한 문장에만 동의한다고 밝힌 후 기권하였습니다. 북한이 이사회에 자신의 입장을 밝히도록 해주는 유고슬라비아 결의안은 반대 6표, 기권 3표(이집트, 인도, 노르웨이)로 배제되었습니다.

이사회가 열리는 동안, 주유엔 한국대사는 자국의 침략자들이 물러가게 할 조치를 내려달라고 단 몇 마디로 호소하였습니다.

이사회는 내일 오후 다시 개최됩니다.

미국대표단은 이 문제를 신속하게 밀고 나가려 한다는 느낌과, 한국위원회에서 나오는 단편적이고 간접적인 정보를 넘어서 처음부터 북한의 책임으로 규명

---

[3] 마무드 파우지 베이(Mahmoud Fawzi Bey, 1900-1981). 주유엔 이집트대사. 주 영국대사, 외무장관, 총리, 부통령 등 역임.

하려 한다는 인상을 주었습니다.

　이사회는 필요한 원칙적 입장을 세웠습니다.

　사건이 전개되면서 다른 결정을 내려야 한다면 재판권 문제가 거론될 것입니다.

　그로스[4] 주유엔 미국대사 대리는 워싱턴 회담에 호출되었습니다.

　오늘 오후 저는 오스틴 주유엔 미국대사[5]를 만날 예정입니다. 그에게 무슨 정책을 구상하고 있는지 물어보려 합니다.

쇼벨

---

[4] 어니스트 그로스(Ernest A. Gross, 1906-1999). 주유엔 미국대사 대리.
[5] 워렌 오스틴(Warren R. Austin, 1877-1962). 주유엔 미국대사.

【5】 유엔 한국위원회가 6월 25일 유엔 사무총장에게 보내는 2통의 전문(1950.6.26)

[전   보]   유엔 한국위원회가 6월 25일 유엔 사무총장에게 보
                  내는 2통의 전문
[문 서 번 호]   861-863
[발   신   일]   1950년 6월 26일 17시 28분
[수   신   일]   1950년 6월 27일 02시 45분
[발신지 및 발신자]   뉴욕/쇼벨(주유엔 프랑스대사)

절대우선문건

6월 26일 유엔 한국위원회가 유엔 사무총장 앞으로 보낸 두 통의 전보문건은
다음과 같습니다.

　첫 번째 전보
　북한군의 전진으로 급속히 악화될 가능성과 더불어 상황은 위험해졌다. 서
울은 내일의 상황조차 가능할 수 없다.
　위원회의 지난 경험과 현 상황을 감안할 때, 위원회는 북한이 이사회 결의
문을 무시할 것이며, 무력이 뒷받침되지 않은 조정은 받아들이지 않을 것으로
확신하고 있다.
　위원회는 이사회가 남북 양측에게 중립적 조정자를 선택하는데 합의하도록
권유하거나, 평화 협상 또는 이사회 회원국들에게 즉각적 중재를 맡아달라고
요청하도록 권유하는 방향을 고려해 줄 것을 제안한다.
　위원회는 서울에 잔류하기로 결정하였다. 위험은 확대되고 있는 결전이 며
칠 만에 끝나게 되면 이사회가 권유하는 휴전과 북한군의 철수는 아무런 의미
가 없다는데 있다.

두 번째 전보

위원회는 미국이 제안하고 이사회가 채택한 결의안에 대한 정보를 통지받았다.

위원회는 같은 방향으로 대응할 계획이었으며 이사회가 취하는 행동방향에 대해 만장일치로 동의를 표한다. 위원회는 이사회가 위탁하는 임무에 기꺼이 착수할 것이나, 지난 18개월 동안 북한당국과 접촉하고자한 위원회의 노력은 여전히 부정적 반응에 봉착했다는 사실을 알리고자 한다.

쇼벨

【6】 남한에 대한 총공격(1950.6.26)

[전   보] 남한에 대한 총공격
[문 서 번 호] 650
[발   신   일] 1950년 6월 26일 07시 25분
[수   신   일] 1950년 6월 26일 10시 40분
[발신지 및 발신자] 도쿄/드장[1](주일 프랑스대사)

긴급

사이공/워싱턴 공문 제250호.

1. 어제 6월 25일 오전 4시 개시된 남한에 대한 총공격과 평양정부의 전쟁선포는 연합군 최고사령부[2]와 일본정부 및 일본인들에게는 충격이었고 이는 서울정부에게도 마찬가지인 것으로 보입니다.

한국에서 돌아온 덜레스[3] 씨는 전쟁이 임박했다는 느낌을 주지 않았었습니다. 그는 자신의 짧은 방문에 대해 긍정적인 소견을 내놓았습니다.

도쿄에 머물고 있던 주한 미군사고문단장 대리[4]는 즉각 서울로 복귀해야 했습니다.

신임 주일대표부 전권대사는 오사카 지역을 방문 중이었습니다.

---

[1] 모리스 드장(Maurice-Ernest-Napoléon Dejean, 1899-1982). 주일 프랑스대사(1950-1953).
[2] SCAP. Supreme Commander Allied Powers.
[3] 포스터 덜레스(John Foster Dulles. 1888-1969). 미 국무부 최고 고문.
[4] 라이트(W. H. S. Wright) 대령.

한국전쟁 관련 프랑스외무부 자료 I (1950. 06. 25~1950. 12. 29)

2. 다음호에 계속

드장

【7】 공격에 대해(1950.6.26)

[전   보] 공격에 대해
[문 서 번 호] 651
[발   신   일] 1950년 6월 26일 08시
[수   신   일] 1950년 6월 26일 10시 20분
[발신지 및 발신자] 도쿄/드장(주일 프랑스대사)

긴급중요문건

사이공 고등판무관 공문 제251호

　도쿄에 도착한 통신사 소식에 의하면, 무력도발은 38선을 따라 서쪽 해안에 위치한 옹진반도를 중심으로 주변의 거대한 둥근 아치 모양의 지역과 부산 근처까지 달하는 동해안선을 따라 개시되었습니다. 38도 군사분계선 11개 지점에서, 동해안에서는 5개의 주요 상륙지인 강릉, 삼척, 울진, 구룡포리 그리고 한반도 동남쪽 끝 부산에서 30km 떨어진 지점에서 공격을 당했습니다.

　해안선을 따라 나있는 철도 또한 여러 군데 점령당했습니다. 옹진반도는 주민들을 피난시켜야만 했고 춘천은 점령되었습니다. 동시에 게릴라 전투도 중앙 산악지대와 남쪽 지역 곳곳에서 발발하였습니다.

　안동에서 북쪽 20마일 떨어진 곳에서는 대규모 군중이 폭동을 일으키며 안동과 영주의 중요한 철도 요충지를 위협하였다고 알렸습니다. .

　서울의 주요 비행장인 김포는 폭격을 당해 수송이 어려워졌습니다. 도쿄라디오는 오늘 12시 공산군 기갑부대가 남한의 서울에서 20km 떨어진 의정부에 도달했다고 전했습니다. 서울 자체도 국경에서 겨우 50km 떨어진 거리에 있습니다.

드장

【8】 맥아더 장군(1950.6.26)

[전　　　　　보]	맥아더 장군
[문 서 번 호]	652-654
[발　신　일]	1950년 6월 26일 07시 25분
[수　신　일]	1950년 6월 26일 10시 40분
[발신지 및 발신자]	도쿄/드장(주일 프랑스대사)

긴급

본인의 전보 제651호에 이어

3. 여러 통신사들이 반대로 전했던 몇몇 소식과는 달리 맥아더 장군은 지금 6월 26일 12시 현재까지 한국전쟁에 개입하지 않았습니다. 그는 주한 미국인들을 일본으로 송환하기 위해 수송 비행기를 보내는 데 그쳤습니다. 후쿠오카 시는 긴급피난지로 지정되었습니다. 일본 가장 남쪽에 위치하면서 한국에서 가장 가까운 지방인 큐슈에는 계엄령이 선포되었습니다. 그 외에는 연합군 최고사령부가 워싱턴의 지시를 기다리고 있습니다.

점령국 미국 신문들은 한반도 전쟁 소식이 일본에 가져다 준 충격은 인정하면서도, 미군 철수 이후로 한국은 더 이상 군사지휘구역에 포함되지 않기 때문에 맥아더 장군이 개입할 이유는 없다고 덧붙이는 데 열의를 올렸습니다. 이들 신문은, 연합군 총사령관이 극동지역 전체의 안전을 책임지는 직책이라면 이 임무는 그가 받아들일 것이고, 그러면 상황은 달라질 것이라고 보도했습니다.

4. 일본인들 사이에서는 충격이 큽니다. 일본 신문들은 사안의 심각성을 강조합니다. 이들 신문은 이 사건이 미국의 대아시아 정책에 대한 결정적인 시험

대로 여기고 있습니다. 만약 남한이 침략자들을 격퇴하지 못한다면 미국은 아시아에서의 마지막 방어 거점을 잃게 될 것이기 때문입니다. 일본의 안전 또한 심각하게 위협을 받게 될 것입니다.

공산화되지 않은 아시아 국민들은 미국의 반응에 따라 존슨[1] 국방장관과 덜레스 국무부 고문이 최근에 연장한 방어 약속을 신뢰할 수 있는지 판단하게 될 것입니다.

어떤 신문은 남한에 대한 공산주의 공격은 냉전의 종결이자 3차 세계대전의 시작일 수도 있다는 사설을 내기도 했습니다. 미국의 신속한 대응만이 상황을 안정시킬 수 있을 것입니다.

또 다른 신문들은 미국의 유엔 호소를 빗댄 듯 지금은 실리적 정책의 결의가 필요하지 국제법에 의거한 복잡한 절차가 필요한 때가 아니라고 쓰고 있습니다.

5. 남한이 25일 저녁부터 격렬한 포격을 멈추지 않고 있다고 전한 평양의 공문은 비방용으로 남기기 위해 만들어졌을 뿐이지 누구도 신뢰하지 않는 것 같습니다.

국방부에 긴급 전달 요망.

드장

---

[1] 루이스 존슨(Louis A. Johnson. 1891-1966). 미 국방장관.

【9】 공산주의자들의 남한 침략(1950.6.26)

[전   보]   공산주의자들의 남한 침략
[문 서 번 호]   657-659
[발   신   일]   1950년 6월 26일 23시
[수   신   일]   1950년 6월 27일 10시 45분
[발신지 및 발신자]   도쿄/드장(주일 프랑스대사)

긴급

보안

1. 극비리에 준비되어온 공산주의자들은 보병 4개 사단, 3개 여단의 경비대, 약 70대의 탱크 등 상당히 막대한 병력과 함께 남한 침략을 감행했습니다. 비행기의 수는 정확하게 파악되지 않았습니다. 김포 비행장은 다섯 차례 연속 공격을 당했습니다. 건물들이 훼손되고 2개의 연료 탱크가 불탔으며 기구들이 파손되었습니다.

남한군은 도처에서 후퇴했으나 군사들 사이에 불안이나 혼란 없이 강력하게 항전하고 있으며 여러 지점에서 반격을 하고 있다고 합니다. 시민들은 침착함을 유지하고 있는 것 같습니다.

2. 가장 신뢰할만한 추산에 의하면, 참전 군인은 양쪽 각각 경찰부대를 포함해 북한군은 140,000명, 남한군은 150,000명입니다. 북한군은 소련 군용기를 소유하고 있는 공군, 장갑차설비 그리고 중앙 산악지역의 수많은 게릴라들의 협력 부분에서는 북한군이 월등히 우월한 편입니다.

3. 한국 장관은 6월 26일 오늘 아침 한국 정부로부터 맥아더 장군에게 특히

공군 지원을 요청하라는 임무를 받았다고 말했습니다.

드장

【10】 한국의 상황(1950.6.26)

```
[ 전      보 ]  한국의 상황
[ 문 서 번 호 ]  668
[ 발   신   일 ]  1950년 6월 26일 07시 08분
[ 수   신   일 ]  1950년 6월 27일 18시
[발신지 및 발신자]  도쿄/드장(주일 프랑스대사)
```

1. 한국 상황이 26일 어제 하루 사이 현저히 나빠졌습니다.

오늘 일본 언론에 의해 전해진 다양한 출처의 속보에 의하면 북한군은 서울 부근의 강화도에 상륙하였습니다. 이들은 김포 비행장을 탱크 T-34로 점령했습니다. 어제 서울에서 북쪽으로 20㎞ 떨어진 의정부 전투는 북한군에 유리하게 돌아갔습니다. 자정에 공산당은 서울로부터 14㎞ 지점까지 진군했고 미국대사관은 자신들의 문서를 불태웠습니다. 적군의 탱크부대가 오늘 새벽 서울로 진입했습니다. 어제 저녁 일본 특파원은 서울 거리는 텅 비었고, 주민들은 피신하고, 정부는 서울 남쪽 100㎞ 지점 대전으로 옮겨졌다고 전했습니다.

2. 월요일 저녁 연합군 최고사령부가 발표한 성명은 어제 아침 상황을 있는 그대로 요약하고 있습니다. 6월 25일 새벽 4시, 인민군대 4개 사단, 3개 여단의 경비대로 총 70,000명의 군사에 의해 공습이 개시되었습니다. 투입된 70대의 탱크가 옹진에 발포를 시작으로 개성, 춘천 지역과 동해안 연안 여러 지점에 상륙하여 기습을 감행했습니다. 한편 대부분의 장갑차는 서울 방향의 포천, 의정부 등의 회랑지대로 전진했습니다. 방어하는 남한군의 사기는 충만하며 한때 후퇴해야 했지만 맹렬히 성공적으로 반격을 가했다고 이 성명문은 덧붙였습니다.

3. 이 성명문이 언론에 전달되었을 때 미총사령부는 워싱턴의 동의를 얻어

전투기 F-51 무스탕 10대를 서울 정부에 제공할 것이라고 밝혔습니다. 이 전투기들은 한국 공군조종사들이 일본에서 인수하게 될 것입니다. 이 전투기들은 소련제 최신 전투기 포함 60에서 100대 정도의 항공기를 보유한 북한 공군 병력과 맞서 싸우게 될 것입니다. 현재까지 남한군은 10대 정도의 비무장 연습기와 15대 정도의 비무장 정찰기만 보유하고 있었습니다. 반면 훈련된 조종사는 60여 명에 달했습니다.

4. 일본 언론은 깊은 충격을 전하며 적지 않은 염려를 표했습니다. 요시다 정부의 기관지나 다름없는 『지지신보』는 미국의 한국 원조 결정을 보도한 후 소량의 물자 공급으로 상황을 회복할 수 있을지 의구심을 내비쳤습니다. 남한이 침략자들에 대항할 수 있으려면 실질적인 원조가 필요할 것이라고 이 신문은 쓰고 있습니다. 이런 원조가 없이는 남한은 제압되고 말 것입니다. 이렇게 되면 공산주의 이데올로기에 가장 덜 노출된 국가들까지 모든 아시아 국가들은 미국 원조를 믿을 수 없다고 인식하게 될 것입니다. 이들은 각자 자국을 구하려는 생각에 소련과 잘 지낼 수밖에 없다고 결론지을 것입니다. 소련이 한국에서 시도한 일은 미국이 반응하지 않을 것이라는 확신에서 나온 것입니다. 만약 상황이 이러한 예상을 확증시켜 준다면 소련은 같은 술책을 사방에 시도할 것이고 치명적인 전쟁의 시간이 도래하는 것입니다. 3차 세계전쟁을 피하려면 미국이 아무도 그 의도를 오해하지 않을 만큼의 명확하고 단호한 태도를 취할 필요가 있습니다.

5. 모든 일본신문들은 일본을 떠나 워싱턴으로 돌아가는 미 국무부 고문 덜레스 씨가 한국문제로 맥아더 장국과 다시 한 번 회견을 가졌다고 보도하고 있습니다. 이 신문들에 의하면 그는 일본과의 차기 평화조약에 관한 결론을 완전히 바꾸었다고 합니다.

드장

【11】 한국의 상황에 대해(1950.6.27)

[전   보] 한국의 상황에 대해
[문 서 번 호] 3059-3063
[발   신   일] 1950년 6월 27일 12시
[수   신   일] 1950년 6월 27일 12시 15분
[발신지 및 발신자] 본/프랑수아 퐁세[1](주독 프랑스대사)

긴급

전보 제3040-3043호에 이어

어제 6월 26일 저녁 무렵, 독일연방의회의사당 내에서는 미국이 한국 상황의
전개가 극도로 심각할 수 있는데도 미리 예측하지 못한 점에 놀라는 분위기였
습니다.

혹자는 너무 충격을 받은 나머지 미국이 마침 이 상황을 기다리고 있지는 않
았는지, 그리고 우유부단한 국가들을 결집시키기 위해, 나아가 소련이 유엔 기
구를 떠나도록 하기 위해 사건을 유도하지는 않았는지 의심하기도 했습니다.

이쪽이든 저쪽이든 이런 추측을 지지하는 자들을 정치적 범주로 분류하기는
불가능합니다. 사람들의 대화에서 무작위로 수집한 소감들은 본능적이고 모든
선험론에서 벗어나있습니다. 그러나 모든 이들은 미국도 유엔도 한국을 포기할
수는 없을 거라는 의견에는 하나같이 동의합니다. 아마 정황을 떠보려했을 소
련을 압박하는 방법은 미국의 단호한 태도밖에 없을 것이라 생각하는 것이 일
반적입니다.

---

1) 앙드레 프랑수아 퐁세(André François-Poncet, 1887-1978). 주독 프랑스대사(1949-1955).

니더작센 주 상공회의소와 대학에서 강연 초청을 받아 하노버와 괴팅겐에서 돌아온 제가 오늘 아침 들은 소식은 독일 총리가 근심스러워 보인다는 것과 총리는 질문을 하러 온 비공식 기관지『독일노동연합』[2] 기자에게 상세한 정보가 없기 때문에 어떤 언급도 하지 않았다는 것이었습니다.

한국문제로 독일이 군대 또는 군대식 경찰 증강을 요구하지는 않는 것 같습니다. 그들은 어중간한 대책은 아무런 소용이 없다고 강조합니다. 한국의 경험으로 보아 적에게 대항하려면 체계적인 군대가 필요한 것입니다. 그런데 독일은, 여러 부처에서 실업문제를 걱정하는 몇몇 인사들을 제외하고는, 결국 군대를 원하지 않는 것 같습니다.

따라서 연합국은 독일에 각국의 군대를 보강해야 할 것이며 그것은 점령군이 아니라 서양 방어를 책임진 자유국가들이 각국의 정예군을 배치해야 할 것이라고 덧붙이기도 합니다.

결국 독일연방수상부도 동의하는 것처럼 독일연방은 이제부터 연합군에게 확실한 안전보장을 요구할 권리가 있다는 생각이 확산되고 있습니다.

프랑수아 퐁세

---

[2] 『독일노동연합Deutschland Union Dienst』

【12】 본에서의 한국 소식(1950.6.27)

[전 　 　 보]	본에서의 한국 소식
[문 서 번 호]	3082-3084
[발 　 신 　 일]	1950년 6월 27일 20시
[수 　 신 　 일]	1950년 6월 27일 20시 50분
[발신지 및 발신자]	본/프랑수아 퐁세(주독 프랑스대사)

본의 정계와 언론에서는 한국 소식에 깊이 충격을 받은 모습을 보이고 있습니다. 그 외의 다른 소식들은 뒤로 밀려나고 모든 대화는 이 소식에 모아지고 있습니다.

어제의 염려는 오늘 완전한 망연자실로 변하고 말았습니다. 정치인들과 기자들은 너나 할 것 없이 그 순간의 소감을 나누었고 열띤 논평들을 내놓았습니다.

미국에 대한 비판도 많습니다. 미국이 상황을 내다보지 못한 점과 결단력의 부재를 비난했습니다. 히틀러의 라인란트 지역 점령과 소련의 한국 점령을, 1936년 영불 양국의 무기력함과 1950년 미국의 망설임을 나란히 비교하기도 했습니다.

국회의원들은 서양의 안전, 특히 서독의 안전은 미국에 달려있다고 지적했습니다. "미국이 처음부터 몸을 사린다면 여론이 무슨 신뢰를 할 수 있겠는가? 서양 공동체의 핵심 지지자가 무너진다면 독일의 서양공동체와의 통합정책을 독일 정치인들이 어떻게 정당화할 수 있을 것인가? 그렇게 되면 이 정책의 가치에 대한 의구심이 서독에서 확산될 위험이 있지 않을까?" 등의 말이 나옵니다.

이런 뒷말에 너무 많은 중요성을 부여하는 것은 적절치 않습니다. 더구나 이런 말들은 오늘 오후인 6월 27일 늦게 발표된 남한의 공군과 해군 개입 소식이 발표되기 전에 나온 것들입니다.

어쨌든 그들은 본의 지도층 내부에 확산된 흥분과 불안, 그들 관심사의 본질,

그리고 아직은 단편적이고 불확실한 정보를 바탕으로 극단적인 결론을 내린 성급함 등을 표출한 것입니다.

프랑수아 퐁세

【13】 트리그브 리 유엔 사무총장의 전보(1950.6.27)

[전　　　　보]	트리그브 리 유엔 사무총장의 전보
[문 서 번 호]	56
[발　신　일]	1950년 6월 27일
[수　신　일]	1950년 6월 28일 10시 30분
[발신지 및 발신자]	레이크석세스[1]/트리그브 리(유엔 사무총장)

　1950년 6월 27일 개최된 474회 유엔 안전보장이사회에 의해 채택된 결의문은 다음과 같다.

　　안전보장이사회는,
　　북한군의 대한민국에 대한 무력공격은 평화를 파기하는 행위로 규정하고,
　　적대행위의 즉각적 중단을 촉구하며,
　　북한당국이 무장군대를 38선 이북으로 즉각 철수할 것을 요청하며,
　　유엔한국위원회가 지적한바 같이 북한당국은 적대행위를 중단하지도 군대를 38선 이북으로 철수시키지도 않았음으로 국제평화 및 안전을 회복하기 위해 긴급한 군사 대책이 요구된다는 점에 주목하고,
　　대한민국이 유엔에 평화와 안전을 보장하기 위한 즉각적이고 효과적인 조치를 요청한 바에 주목하여,
　　유엔 회원국이 무력공격의 격퇴와 이 지역에서의 국제평화 및 안전을 회복하기 위하여 대한민국에 필요한 원조를 제공할 것을 권고한다.

유엔 사무총장 트리그브 리

---

[1] 1946-1951년 유엔 안전보장이사회 본부의 소재지.

【14】 한국 사건에 대한 정보(1950.6.27)

[전　　　보]	한국 사건에 대한 정보
[문 서 번 호]	1453-1457
[발　신　일]	1950년 6월 27일 17시
[수　신　일]	1950년 6월 28일 05시
[발신지 및 발신자]	모스크바/브리옹발(주소련 프랑스대사관 참사관)

　오늘 발표된 언론 기사는 어제 자 본인의 전보 제1144호에서 정리한 정보들을 재확인시켜 주고 있습니다.

　1. 신중한 중립성이라는 동일한 지침

　모리스 토레즈의 연설이나 현지 소식들에 비해 한국 소식에 거의 비중을 두지 않는다거나 모든 논평의 부재를 통해 알 수 있습니다. 그리고 『프라우다』[1]는 「소련국민의 만장일치 평화의지」라는 제목을 다시 한 번 사설에 할애하는 전략을 썼습니다.

　2. 러시아의 타스통신[2]이 한국 상황을 설명하기 위해 선정한 6개의 전보 중 2개가 눈길을 끕니다. 그중 하나는 맥아더 장군이 결정한 남한에 대한 군사 원조에 대해 보도하고 있습니다. 또 다른 하나는 소련과 중국이 부재한 안전보장이사회의 의결은 '법적 효력'을 가질 수 없다며 그에 대한 무용성을 강조하고 있습니다(본인의 전보 1452호 참조). 이렇게 한국문제는 서양 열강의 항전 의지와 능력을 시험해보기 위해 계획되었던 것으로 보입니다. 사력을 다해 성공적

---

[1] 『프라우다Pravda』. 1912년 창간된 러시아 국영신문.
[2] Tass. 구소련 국영 통신사.

으로 움직이지 않으면 동남아시아에서 그들의 영향력이 심각하게 위태로워질 수 있다는 두려움과 제3차 세계대전을 일으킬 수 있다는 두려움에 사로잡힌 소련 정부는, 미국이 남한에 느리면서 제한적인, 그러나 소련 정부가 소련 국민이나 평화 지지자들이 보기에 한국이나 소위 '자본주의 굴레에서 벗어나기'를 열망하는 다른 아시아 지역에서도 중국과 소련의 개입을 정당화할 만큼 충분하고 단호하게 원조하기로 결정하기를 기다리고 있을 것입니다.

이리하여 소련은 드러내지 않고 승자가 될 수 있다고 확신하는 것입니다. 그러나 공산주의자들이 한국에서 시작한 행위는 평화 지지자라는 그들의 정치선전에 명백히 모순되며, 비공산주의 국가들에게 지금까지 보여 온 그들의 열렬한 투쟁에 해가 될 수 있는 것으로서, 사람들은 염려와 더불어 항상 불가피하다고 판단했으나 지금까지는 그 발발을 지연시키는 데 관심을 보이는 것 같았던 소련이 오늘날 어느 정도까지 세계대전을 계획할 준비가 된 것은 아닌지 의심해볼 수 있는 것입니다.

이 문제에 있어서 소련의 역할은 어쨌든 의심받지 않을 수 없는 것이고, 소련이 유엔에 치명상을 입히고 3차 세계대전의 가능성을 앞당기려, 아니면 단지 대일점령정책의 위협을 배제하기 위한 목적으로 적어도 세계대전을 개시하려 했다는 것은 믿기가 힘들 정도입니다.

따라서 한국 사건은 극동방위선에서의 대규모 공산투쟁의 시작이 아닐지 우려해야 할 것입니다.

브리옹발

【15】 일본의 상황(1950.6.27)

[전   보]   일본의 상황
[문 서 번 호]   660-665
[발   신   일]   1950년 6월 27일 07시 00분
[수   신   일]   1950년 6월 27일 10시 50분
[발신지 및 발신자]   도쿄/드장(주일 프랑스대사)

보안

2급 비밀

1. 6월 23일 저는 수년 전부터 개인적으로 알고 지낸 덜레스 미 국무부 고문
과 얘기를 나눌 기회가 있었습니다.

덜레스 고문의 근본적 생각은 극동에서 소련의 위협에 맞서는 방위조직에 따
라 일본의 규정이 이루어져야 한다는 것입니다. 그러므로 그것은 단지 미국 또
는 일본의 안전이 아니라 세계 전체의 안전에 관한 문제인 것입니다. 일본은
문제의 중심에 있습니다. 일본을 포함시키지 않고 극동지역에 방위선을 세울
수 없습니다. 일본은 중국과 소련 경계지역에서 우수한 산업시설과 풍부한 인
력을 갖춘 질서 잡힌 유일한 나라입니다. 상대적으로 다른 나라에 의해 제기된
문제들은 부차적입니다. 정상적으로는 평화조약에 서명한 후 일본이 아시아의
안보유지를 위해 유엔차원에서 자국에게 돌아오는 역할을 행했어야 합니다.

그랬으면 연합국이 내주는 보증을 내세우면서도 일본의 공헌에 민족감정을
배려한 어떤 형태를 부여하기가 비교적 쉬웠을 것입니다.

소련의 태도 때문에 유엔이 실질적으로 마비되면서 문제는 더 민감해졌습
니다.

이러한 환경과 일본의 내부 상황, 특히 일본 내에 확고하게 조직된 소수 공산

당의 존재를 고려할 때, 미군이 일본을 포기한다는 것은 생각할 수 없는 일이었습니다. 그러므로 일본 정부에 완전한 행정적 독립과 최대한 광범위한 범위 내에서의 주권행사를 보장하면서도 일본에 필요한 미군의 주둔을 가능하게 할 방식을 찾아내야 했습니다.

군사기지 설치는 유일하게 가능한 해결책입니다. 이와 같은 해결책은 일본인들에게 강제된 것이 아니라 여론의 다수가 납득하고 정부가 자유로이 승인한 것이라는 점을 미국 쪽에서는 가장 중요시합니다.

2. 덜레스 미 국무부 고문의 질문에 저는 일본의 태도는 상당부분 미국의 입장에 달려있을 거라고 대답했습니다. 일본 지도자들은 지금까지 아시아에서의 미국정책은 우유부단하고 아직 노선을 찾고 있는 중이라고 생각해왔습니다. 그들이 두 경쟁 진영 사이에서 어느 편도 들지 않으려 노력한 핵심적인 이유가 바로 이것입니다. 이로써 공산당을 위한 배려, 그리고 강력한 탄압의 길을 선택하는데 있어 여전히 나타나는 일본정부의 반감이 설명되는 것입니다. 특히 일본의 단독 강화와 군사기지에 관한 규정의 문제들을 대하는 일본 정계와 여론의 망설임과 대립 또한 이로써 설명이 됩니다.

미국과 소련 사이에 놓인 일본은 선택해야하는 입장이 아니길 당연히 원할 것입니다. 그래도 꼭 선택해야 한다면 지도층과 국민 대다수는 경제적 이익과 이데올로기적 선호에 따라 미국 쪽으로 기울 것입니다. 그러나 그들은 이러한 선택이 물질적 이득뿐 아니라 지속적인 안전보장, 즉 효과적인 보호를 허용하리라는 확신을 받고자 할 것입니다.

심리적인 설득 또한 중요할 것입니다. 일본인들에게 그들이 원조를 제공함으로써 도덕적 정치적 회복으로 이끄는 길로 들어서게 된다는 것을 보여주는 것도 좋을 듯합니다.

덜레스 고문도 이러한 시각에 동의하는 것 같았습니다.

드장

【16】 한국 군대 현황(1950.6.27)

[전　　　　　보]	한국 군대 현황
[문 서 번 호]	2367-2371
[발　　신　　일]	1950년 6월 27일 08시 23분
[수　　신　　일]	1950년 6월 27일 17시 30분
[발신지 및 발신자]	워싱턴/보네(주미 프랑스대사)

뉴욕 공문 제207-211호

한국전쟁 상황 전개에 대해 미 국무부에 도착한 정보를 보면 지금까지는 북한군이 승리를 거둔 것이 분명해 보입니다. 북한군은 38선과 서울 사이에 펼쳐진 한반도 서쪽 지역에 총력을 쏟아 부은 것 같습니다. 외곽지역이 이미 공산군에 점령된 서울의 서쪽, 즉 미국 전투기의 보호 아래 미국 부처 직원들의 일부를 피난시키는데 이용될 김포 비행장 주변에서 전투가 벌어진 것으로 보입니다. 남한 정부는 일요일 밤에서 월요일 사이에 서울에서 남쪽으로 80마일 떨어진 경기 지역으로 후퇴하였습니다.

현재로서는 군의 지휘관들과 끊임없이 회의를 열고 있는 미 국무부 당국 부처 책임자들로 하여금 내일 유엔에서 미 정부가 취하게 될 입장에 대해 표명하도록 유도하는 것은 어렵겠지만, 지금까지 미 정부의 행동 방침을 좌지우지해온 걱정거리를 이제 표출할 수는 있을 것입니다.

첫째, 이 분쟁을 어떻게 국한할지의 문제입니다. 둘째, 오직 유엔의 차원에서만 대응하려는 확고한 의지입니다.

공화당 의원들은 서둘러 북한의 공격을 규탄한 반면 상원에서 개최된 공화당 회의에서는 밀리킨[1] 상원의원을 통해 이 공격이 "미국을 군사적 분쟁으로 밀어 넣는 도발로 간주되어서는 안 된다"고 지체 없이 발표했습니다.

실제로 그는 "회의에서 전원이 만장일치로 미국이 한국을 위해 전쟁에 돌입할 어떤 의무도 없다는 점에 동의했다"고 밝혔습니다. 워싱턴 정부에게는 한국인들이 스스로를 도울 수 있도록, 즉 군수품을 통하여 도와줄 도덕적 의무가 있을 수도 있습니다.

이에 대해서는, 미 행정부가 남한의 경제적 원조를 위해 마련해 놓은 자금을 군사적 원조로 할당할 수 있을지 경제협조처(ECA)가 현재 검토하고 있습니다.

이제 트루먼 대통령에게 달린 미 정부의 최종결정을 기다리면서, 예상을 내놓기는 물론 힘들지만 오늘 저녁 워싱턴의 분위기는 사태가 매우 나쁘게 돌아가고 있다는 것과 힘의 균형을 바로잡기 위한 미국의 대대적인 개입은 전혀 가능해보이지 않는다는 것이 지배적입니다.

오늘 오후 상원 회의에서 미 중앙정보국 국장인 힐렌코에터[2] 해군소장의 태도는 미국의 '정보부'가 평양 군사 준비 실태를 이미 알고 있었다는 것과 미 국방부가 오래 전부터 미국의 태평양지역 방위선에서 한국을 제외시켜 왔다는 것을 보여주었습니다.

보네

---

[1] 유진 밀리킨(Eugene Donald Millikin, 1891-1958). 공화당 출신 미 상원의원.
[2] 로스코 힐렌코에터(Roscoe Henry Hillenkoetter, 1897-1982). 미 CIA 초대국장.

【17】 1950년 6월 27일 트루먼 대통령의 성명서 번역문(1950.6.27)

[전 보]	1950년 6월 27일 트루먼 대통령의 성명서 번역문
[문 서 번 호]	2392
[발 신 일]	1950년 6월 27일 19시 02분
[수 신 일]	1950년 6월 28일 06시 25분
[발신지 및 발신자]	워싱턴/보네(주미 프랑스대사)

아래 1950년 6월 27일 트루먼 대통령의 성명서 불어번역본을 송부합니다.

한국의 국경 분쟁과 치안유지를 위해 한국 내에 주둔하고 있는 미군은 북한 침략세력의 공격을 받았습니다. 유엔 안전보장이사회는 침략군에게 전쟁행위를 중지할 것과 38도선에서 철수할 것을 요구하였습니다. 그러나 그들은 이를 받아들이지 않고 오히려 더욱 거센 공격을 해왔습니다. 안전보장이사회는 이러한 결정을 집행하기 위해서 유엔의 모든 회원국들이 유엔에 대해 원조를 제공하도록 요청하였습니다. 이러한 분위기에서 저는 미국의 공군과 해군을 한국에 파견하여 그들을 보호하고 원조해 줄 것을 명령하였습니다.

한국에 대한 공격은 공산국가가 독립국을 정복하여 파괴하려는 방법을 넘어서서 무장침략과 전쟁을 유발하려 한다는 사실을 분명히 보여주었습니다. 이들은 유엔의 안전보장이사회가 국제평화와 안전을 유지하기 위해 만들어 놓은 헌장들을 부인하였습니다. 이러한 분위기에서 중 공군이 대만을 점령한 것은 태평양 지역의 안전과 미국의 군대가 이 지역에서 수행하는 합법적이고 타당한 역할에 직접적인 위협을 가하는 일이 될 것입니다.

따라서 본인은 제7함대에 대만에 대한 어떠한 공격도 막아내라는 명령을 하달하였습니다. 이러한 조치의 당연한 결과로써 본인은 대만 정부가 본토의 중국 정부를 향하여 벌이고 있는 공군과 해군 작전 중지 역시 요청했습니다. 제7함대는 이러한 요구가 받아들여지는 것을 보게 될 것입니다. 앞으로의 상황에 대한 대만 정부의 결정은 태평양 지역 내의 안전이 회복되는 것과 일본과 맺는 평화정착 노력이나 유엔이 내리는 결정을 마땅히 기다려야만 합니다.

본인은 또한 필리핀 내에 있는 미국의 군대를 충원하여 필리핀 정부의 군사원조에 박차를 가하도록 지시했습니다.

또한 본인은 프랑스 군대의 인도차이나 내 연합군에게 군사 원조를 제공하고, 그들과 긴밀한 협력관계를 형성하기 위한 군사 작전을 시도하도록 지시했습니다.

본인은 유엔의 모든 회원국이 유엔헌장을 무시한 채 한국에서 벌어진 최근 공격행위의 중대성을 조심스레 숙고할 것임을 알고 있습니다. 국제문제가 힘의 원리에 따라 이루어지는 사회로 돌아가는 일은 더 이상 효율적이지 않습니다. 미국은 법의 원리를 계속 지켜나갈 것입니다.

본인은 안전보장이사회의 미국 대표인 오스틴 대사에게 이러한 조치들을 이사회에 보고하도록 지시하였습니다.

보네

【18】 한국전쟁(1950.6.27)

[공 문]	한국전쟁
[문 서 번 호]	166-I.P.
[발 신 일]	1950년 6월 27일
[수 신 일]	미상
[발신지 및 발신자]	파리/프랑스외무부 아시아-오세아니아사무국 언론 정보과

트루먼 대통령의 미 군사지원 명령에 따른 한국전쟁 진행사항(본인의 공문 제164호 참조)에 관해 프랑스 A.F.P.통신은 다음과 같은 공문을 발표한다. 날짜는 오늘 6월 27일자로 한다.

외무부는, 트루먼 대통령이 미 공군과 해군을 한국에 파견하여 그들을 보호하고 원조해 주라고 한 결정과, 미국 대통령도 언급한 바와 같이 북한당국에 전투행위를 중단할 것과 38도선에서 철수할 것을 요구하며, 모든 유엔 회원국들에게 결의안 이행에 있어 유엔에 전적인 원조를 제공할 것을 요청하는 내용을 골자로 하는, 안전보장이사회가 채택한 결의안의 실행에 관한 질문에 대한 답으로서,

미 대통령의 결정은 지난 일요일 안전보장이사회에 의해 채택된 결의안을 존중하여 보장하는 것을 목적으로 한다고 우리는 생각하는 바이다. 상기 결의안에 프랑스 대표는 찬성을 하였다. 또 한편, 안전보장이사회의 프랑스 대표는 이 지역의 평화유지를 위해 안전보장이사회가 내려야 할 모든 결정의 상황에 단호함을 보이라고 지시받았음을 재차 밝혀둔다.

외교단

【19】 1950년 6월 25일부터 27일까지 광동 언론의 발췌문

[발   췌   문]　1950년 6월 25일부터 27일까지 광동 언론의 발췌문
[문 서 번 호]　미상
[발   신   일]　미상
[수   신   일]　미상
[발신지 및 발신자]　미상

1950년 6월 25일
6월 24일 베이징 신화통신 전보

　미국의 전쟁 도발자 중 한 사람인 미 국무부 고문 덜레스 씨가 지난 6월 17일 서울에 도착했다. 같은 날 밤, 그는 남한 괴뢰정부의 대통령과 비밀리에 회담을 가졌다. 18일, 그는 남한 괴뢰정부 군사들에 의해 전쟁이 일어난 지점인 38도선을 시찰하였다.
　6월 19일 남한 괴뢰정부의 국회에서 개최된 회견에서 덜레스 씨는 한국 정부가 아직은 극복해야할 어려움이 있긴 하나 그 존재가 위협당하고 있는 것은 전혀 아니라고 발표했다.

1950년 6월 26일
6월 25일 베이징 신화통신 전보

　6월 25일 조선 인민공화국 내무성이 발표한 성명에 의하면, 남한 괴뢰정부의 군대가 6월 25일 아침 이른 시간에 북한 국경지점에 공격을 개시했다.[1]
　조선 인민공화국 내무성은 침략군에 대항하여 항전하라고 군에 명령을 내렸

다. 한 공식발표에 의하면 조선 인민공화국의 내무성은 남한 괴뢰정부에 통첩을 보내어 국경지역에서 개시된 공격행위를 멈추지 않으면 북한정부는 상황이 요구하는 불가피한 대책을 세울 수밖에 없을 것이라고 경고했다.

1950년 6월 27일
6월 26일 평양 신화통신 전보

조선중앙통신사의 소식에 따르면, 6월 23일에서 24일까지 남한군은 북의 벽성(碧城)군 지역에 700발 이상의 포탄을 발사했다. 이 집중포격으로 인해 수십 채의 주거건물이 파괴되고 13명의 농민이 부상을 입었다. 또 조선 민주공화국 군인 한 명이 숨지고 다른 여섯 명은 부상을 당하였다.

이승만 정부의 국방군대가 북 38도선 지역에 개시한 공격 이후 한국 상황은 점점 더 심각해지고 있다. 따라서 조선민주공화국 최고인민위원회는 다음과 같은 결정을 내렸다.

　　1. 군사위원회가 결성되어야 하며 김일성(金日成)을 위원장으로 지명한다.

---

[1] 무초 주한 미국대사는 6 · 25전쟁 발발에 관한 북한 내무성 발표를 미 국무부에 보고함. 다음은 오늘 오전 11시 평양 라디오 방송을 번역하여 요약한 것이다.
"조선인민공화국 내무성의 공식 발표가 있었다. 남조선 괴뢰 정부의 소위 '국방군'이 25일 38선 이상 전역에서 북쪽에 대한 경악할 만한 침략을 개시하였다. 경악할만한 군사행동을 취한 적들은 해주 · 금천 · 철원 등 세 지역에서 1-2km 38도선 북쪽 지역으로 침략하여 왔다. 조선인민공화국 내무성은 인민공화국 방위 군대에게 명령을 내려 적들을 쫓아버렸다. 이 순간 우리 방위군들은 불굴의 반격작전으로 적에 대항하고 있다. 인민공화국 군대는 적의 공격을 격퇴하고 양양 북쪽까지 진격하는데 성공하였다. 이와 관련해서 인민공화국은 괴뢰정권이 즉각적으로 그들의 대담한 군사행동을 중지하지 않는다면 인민공화국이 어쩔 수 없이 확고한 대응 수단에 의지할 수밖에 없다는 사실을 남한 괴뢰정권이 각성하기를 바라고 있다. 인민공화국은 내무성으로 하여금 남한 괴뢰정부에게 그들의 무모한 모험으로 인해 죽음이 초래되었으며, 괴뢰정부에게 책임이 있다는 사실을 환기시키도록 하였다." 북한 방송은 그들의 치부를 덮고자 시도하는 것으로, 남한에 대항하여 전쟁을 시작했다는 것과 함께 공공연히 남한이 전쟁을 시작하였다고 터무니없이 덮어씌우고자 함이 명백하다. 시간이 지나면서 이 근거 없는 선전들은 완전히 반박되고 있다.

무초. FRUS, 1950, 134-135쪽.

2. 모든 권력은 군사위원회에 주어진다.
3. 모든 군사 및 정치 조직은 군사위원회가 내리는 지시에 따라야한다.

6월 26일 베이징 신화통신, 전보

6월 23일 평양 발 타스통신의 소식에 따르면, 게릴라를 습격한다는 핑계로 이승만 군대는 최근 남한의 여러 마을에 불을 질렀고, 이로 인해 그 주민들은 극도의 빈곤에 처해지게 되었다.

【20】 트루먼 대통령의 성명에 대해(1950.6.28)

```
[ 전        보 ]  트루먼 대통령의 성명에 대해
[ 문 서 번 호 ]  2345
[ 발   신   일 ]  1950년 6월 28일 16시
[ 수   신   일 ]  1950년 6월 28일 18시
[발신지 및 발신자]  런던/마시글리[1](주영 프랑스대사)
```

 어제 하원에서 종료된 '슈만플랜'에 관한 회담이 종결되기 전에 애틀리[2] 영국 수상은 한국에 관한 트루먼 성명서를 읽고 다음과 같이 평했습니다.

 "안전보장이사회 영국대표는 오늘 열리는 유엔 안보리에서 한국이 당한 군사적 공격을 격퇴하기 위해 필요한 원조를 한국에 지원할 것을 골자로 하는 미국 대표에 의해 제기된 결의안에 찬성하도록 허가를 받았다는 사실을 덧붙이고자 합니다.

 상황은 이론의 여지없이 심각하지만, 지난 35년간의 뼈저린 경험으로 비추어볼 때, 모두의 안녕은 그것이 어디에서 발생하든 모든 침략행위를 중단시키기 위해 취하는 방안의 신속함과 실효성에 달려있다는 데 일반적으로 모두가 동의할 것이라고 저는 확신하고 있습니다. 이러한 목적을 위해 평화주의 국가들에 의해 설립된 국제기구를 활용하는 것입니다.

 북한당국이 대한민국의 영토를 침입한 것은 중단되어야하는 전적인 침략행위에 해당합니다. 우리는 모든 관련 당사자들이 이 단순한 사실을 인정하길 바랄 뿐입니다. 그렇게 된다면 우리는 미래에 대한 희망을 지킬 수 있습니다."

---

[1] 르네 마시글리(René Massigli, 1888-1988). 주영 프랑스대사(1944-1955).
[2] 클레멘트 애틀리(Clement Attlee). 영국 수상(1945-1951).

총리는 현 상황 때문에 글래드윈 젭 경[3]이 유엔의 영국 상임대표로 부임하여 즉각 미국으로 떠났다고 부연했습니다.

처칠 경은 하원에서 정보를 공지해 준 수상에게 감사를 전하며, 우리가 가장 중요하다고 여기는 자유와 정의의 원칙과 관련된 이러한 중대한 사안이 발생할 때일수록 하원 모두를 이끄는 일체감이 중요하다고 강조하였습니다.

마시글리

---

[3] 글래드윈 젭(Gladwin Jobb, 1900-1996). 주유엔 영국대사. 1945년 유엔 초대 사무총장 역임.

【21】 트루먼 대통령의 성명에 대해(1950.6.28)

[전   보]   트루먼 대통령의 성명에 대해
[문 서 번 호]   2347-2349
[발   신   일]   1950년 6월 28일 20시
[수   신   일]   1950년 6월 28일 20시 15분
[발신지 및 발신자]   런던/마시글리(주영 프랑스대사)

영국언론은 오늘 아침, 한국을 지원하기로 한 미국 정부의 단호한 결단을 하나같이 환영했습니다. 공산기관지『데일리워커』[1]만이 지배국 미국의 선동에 따라 남한 정부가 전쟁을 일으켰다고 계속 주장하고 있고, 나머지 모든 신문들은 전쟁이 준비되고 개시된 방식을 보면 유럽이 이미 너무도 익숙해있는 히틀러식 외교의 마찰들이 반복되고 있다고 보고 있습니다. 이러한 내용은『데일리헤럴드』[2]와 『데일리텔레그래프』[3]가 강력한 톤으로 주장하고 있으며,『데일리헤럴드』가 처음부터 주장한 것처럼 다른 모든 신문들도 침략행위가 중지되어야 한다는데 동의하고 있습니다.

『타임스』는 소련이 자국의 위세를 전쟁에 끌고 넣지 않기를 바라는 희망을 적었습니다. 이 신문은 모스크바는 공식적으로 이 사건을 '한국 내전'으로 규명하고 소련연방국은 '직접적으로' 관심을 가지지 않는다고 쓰고 있습니다. 이러한 상황 속에서 미국의 신속하고 단호한 반응 앞에 소련은 사건의 추이를 살피면서 신중한 조심성을 보이며 뒤로 물러나려 할 것이라고 적고 있습니다.

한편,『맨체스터가디언』[4]은 이제 막 발발한 이 전쟁이 미칠 심각한 영향을

---

1)『데일리워커Daily Worker』. 미국에서는 1924년, 영국에서는 1939년에 창간된 공산당 기관지.
2)『데일리 헤럴드Daily Herald』. 영국 노동당 기관지.
3)『데일리텔레그래프Daily Telegraph』. 1855년 창간된 영국의 중도 보수 일간지.

강조하고 있습니다. 이 공격에 어떤 대항도 하지 못했다면, 일본, 인도차이나, 미얀마, 태국 그리고 말레시아에서의 서양 강대국들의 모든 입지가 무너질 위험에 처하게 된다고 주장했습니다. 그러므로 이 신문은 미국의 결정을 환영한다고 결론을 맺으며, 남한의 방위에 충분하지는 않겠지만 미군의 개입을 정당화할 수 있는 유일한 방법인 사회경제적 개혁을 실행해야 할 것이라고 덧붙였습니다.

마시글리

---

4) 『맨체스터가디언Manchester Guardian』. 1821년 영국 맨체스터에서 창간된 주간지. 현재는 이름을 바꾸어 『가디언Guardian』이라는 일간지로 발행됨. 공정한 논조와 참신한 보도가 조화된 진보성향의 유력지로서, 보수 성향의 유력지인 『타임스』의 새로운 대항지임.

【22】 트루먼 대통령의 성명에 대해(1950.6.28)

```
[ 전        보 ]  트루먼 대통령의 성명에 대해
[ 문 서 번 호 ]  1462
[ 발   신   일 ]  1950년 6월 28일 15시
[ 수   신   일 ]  1950년 6월 28일 18시
[발신지 및 발신자]  모스크바/샤테뇨¹⁾(주소련 프랑스대사)
```

러시아신문 『프라우다』는 오늘 아침 「트루먼 대통령의 성명에 관하여」라는
제목으로 다음과 같은 1면 기사를 발표했습니다.

"미국 대통령 트루먼은 6월 27일 한국 사태를 계기로 특별 성명을 발표했
다. 전 세계 여론의 주목을 받고 있는 한국 사태는 제국주의 전쟁 도발자들이
자신들의 목적을 이루기 위해 중도에서 포기하지 않는다는 사실을 여실히 보
여주고 있다. 모두가 알다시피 6월 25일 남한 괴뢰정부가 조선민주주의인민
공화국을 상대로 자행한 도발 행위는 한국 영토에 군사전쟁을 일으켰다.

이에 대응하여 조선민주주의인민공화국 보안대와 인민군은 강력한 조치를
취하여 정부의 명령에 38선 이남에서 군사작전을 이행하는 반격에 나섰다. 조
선민주주의인민공화국 정부는 한국 민중들의 이해와 민주주의의 발전, 독립과
통일에 대한 애국적 열망 등을 수호하기 위해 시종일관된 모습을 수없이 보여
주었다. 6월 초부터 조선 민중의 염원을 대표하는 조국통일민주주의전선과 조
선최고인민회의는 평양에서 회의를 열고 한국의 평화적 통일을 제안했다. 이
제안에 이승만 도당은 6월 25일 동족상잔의 내전을 일으킴으로써 응답하였다.
이승만 무리는 전쟁모험의 길을 선택한 것이다. 이들은 이미 바다 건너 지배
국들의 군사적 원조를 기대하고 있었다. 이제 이 남한 옹호자들의 침략계획이

---

¹⁾ 이브 샤테뇨(Yves Chataigneau, 1891-1969). 주소련 프랑스대사(1948-1952).

드러나기 시작했다. 따라서 앞서 말한 트루먼 성명의 결과로 미국 공군과 해군에게 명령하여 한국 매국노 이승만의 군대에 군사 '원조'를 제공하라고 지시하였다. 동시에 미국 대통령은 미 제7함대에 "대만에 대한 군사공격에 대비하라"는 명령을 내렸고, 이것은 사실상 중국영토의 일부를 미군이 점령하라는 명령인 것이다. 이 성명은 곧 미국 정부가 조선민주주의인민공화국과 중화인민공화국을 상대로 직접적 공격행위를 저질렀다는 것을 의미한다. 트루먼의 성명과 행위는 대전 후 국제관계에서 전례 없는 일로써, 미국 지도층이 더 이상 전쟁 준비에 그치는 것이 아니라 직접적 침략행위에 돌입했다는 것을 다시 한번 입증하는 것이다. 그런데 그들은 너무 멀리 나간 것이 아닐까? 미국 정부는 국제법에 대한 존중은 저버리고 마치 유엔이 전혀 존재하지 않는 듯 유엔헌장을 무례히 짓밟았다. 여기서 우리는 묻지 않을 수 없다. 누가 미국 정부에 그런 행보를 하도록 권한을 주었는가? 군대를 일으키면서 미국 정부는 자기들의 정책에 대해 트루먼과 애치슨이 그토록 충성을 부르짖는 유엔의 동의를 구했는가? 안전보장이사회가 언제 어디서 미국 정부에 그러한 직접적 침략행위를 저지를 수 있는 자유 권한을 부여한다고 결정을 했는가? 모두가 알다시피, 유엔도 어떤 다른 국제기구도 미국 정부가 한국과 중국에 대해 트루먼이 어제 발표한 것과 같은 행위를 저지르도록 허락한 적이 없다. 공공연하게 침략행위를 저지르면서 침략 정부인 미국 정부는 기정사실 앞에 유엔을 연루시키기 위해 몹시 애를 쓰고 있다."

샤테노

【23】 안전보장이사회가 한국 사태를 다루다(1950.6.28)

[전 　　　 보]　안전보장이사회가 한국 사태를 다루다
[문 서 번 호]　884
[발 　 신 　 일]　1950년 6월 28일
[수 　 신 　 일]　1950년 6월 28일 23시
[발신지 및 발신자]　뉴욕/쇼벨(주유엔 프랑스대사)

　　미국 대표는 어제 오후 안전보장이사회에서 남한에 제공하기로 한 원조 관련 결의안을 낭독했습니다. 이 문서는 외무부로 송부되었습니다. 미 대표는 이 결의안은 6월 25일 채택된 결의안의 마지막 문단에 이은 당연한 진행이라고 강조하며 간단한 평을 했습니다. 북한당국은 이사회의 이러한 결정을 전혀 고려하지 않고 있으므로 이 결의를 존중하게 만들고 국제 평화를 회복시키는 데 필요한 방안을 세우는 것이 이사회의 의무입니다. 오스틴 미 대표가 마무리하며 낭독한 트루먼 대통령의 성명에서 지시하고 있듯이 미국은 안전보장이사회에서 요구되는 모든 원조를 제공할 준비가 되어 있습니다. 이어 저는 미국 대표의 결의안에 프랑스 정부를 대표하여 전적인 지지를 표했습니다. 저의 발표 원문은 다음 호를 통해 외무부에 송부합니다.

　　이에 대한 응답으로 영국대표 테렌스 숀 경[1]이 미국의 결정에 환영 의사를 밝혔습니다. 그는 북한당국이 6월 25일 채택된 결의를 전혀 존중하지 않음으로써 유엔에 가한 전대미문의 모욕에 위원회가 대응하지 않고 내버려둘 수 없다고 주장했습니다. 마지막으로 영국대표는 자국 정부가 대책을 세우기에 앞서 망설이고 있다는 소문에 대해 반박하며 끝을 맺었습니다. 중국, 쿠바, 노르웨이,

---

[1] 테렌스 숀(Terence Allen Shone, 1894-1956). 유엔 안전보장이사회 영국 대표. 인도 고등판무관 역임.

에콰도르 대표들 또한 스스럼없이 미국의 안에 찬성하겠다고 밝혔습니다. 회의 초반에 유고슬라비아 대표 베블러[2] 씨가 결의안을 소개하며 중재 역할을 하려 하였습니다. 결의안에 대해 설명하며 그는 지배력을 이용한 분할정책은 냉전에서 비롯된 것이라고 부연했습니다. 세계대전으로 가는 길에서 벗어나야 한다는 요지였습니다. 이집트 대표는 자국 정부로부터 지시를 받지 못한 상태였습니다. 그는 일요일에 자신이 보였던 긍정적 태도를 상기시키며 자신도 참여할 수 있도록 투표시간을 늦추어달라고 요청했습니다. 18시 15분에 중지된 회의는 결국 20시 20분에 재개되었습니다. 알렉산드리아와 연락을 취하지 못한 이집트 대표 파우지 베이는 투표를 더 이상 늦추고 싶지 않고, 결국 투표에 결정을 내놓을 수 없는 입장이라고 밝혔습니다. 이와 유사한 입장을 보였었던 인도대표 베네갈[3] 경은 자신의 발언 차례가 되자 인도가 "분쟁의 가까운 곳"에 위치하고 있다며 어조를 바꾸었습니다.

이밖에 회의를 시작하면서 의장의 자격으로 발언하게 된 베네갈 경은 자국 정부의 수반이 솔선하여 파키스탄 총리와의 회담을 요청함으로써 몇 달 전 전쟁의 파국을 막았다고 밝히기도 했습니다. 미국의 결의안은 7대 1(유고슬라비아)로 채택되었습니다. 유고슬라비아 안건은 찬성 1 반대 7표를 얻었습니다. 물론 이집트와 인도는 자국의 투표 방향을 추후에 알려주기로 하였습니다.

쇼벨

---

[2] 알레스 베블러(Aleš Bebler, 1907-1981). 유고슬라비아대사. 유엔대표단 및 프랑스와 인도네시아 대사 역임.
[3] 베네갈 라우(Benegal Rau, 1889-1969). 주유엔 인도대사.

【24】 안전보장이사회에서 쇼벨 씨가 발표한 원문(1950.6.28)

[전   보]   안전보장이사회에서 쇼벨 씨가 발표한 원문
[문 서 번 호]   885
[발   신   일]   1950년 6월 28일
[수   신   일]   1950년 6월 28일 22시 45분
[발신지 및 발신자]   뉴욕/쇼벨(주유엔 프랑스대사)

어제 안전보장이사회에서 제가 발표한 성명 내용은 다음과 같습니다.

"프랑스 대표단은 유엔 한국위원회가 보낸 최근 정보를 숙지하였습니다. 우리는 이 정보들, 특히 이사회에 보고한 S/1507호 문서의 내용은 공격의 책임이 어느 쪽에 있는지를 명백히 보여주고 있다고 인정하는 바입니다. 사실 이것은 우연한 사건이 아니라 전선의 규모나 동원된 병력수의 막대함 등을 보면 사전에 계획된 전쟁임을 밝히기에 충분합니다. 그리고 이 사전 계획은 너무나 은밀하게 감춰지고 표면상으로 드러나지 않아서 대한민국 정부뿐 아니라 유엔 위원회조차도 허를 찔렸습니다. 더구나 이사회의 엄중한 요청에도 불구하고 북한군은 38선 이북으로 철수하지 않았을 뿐 아니라 오히려 38선 이남으로의 진군을 멈추지 않았습니다. 따라서 명백히 북한군 책임당국은 6월 25일 채택한 이사회의 권고와 결의문에 기재된 단호한 권유를 전혀 존중하지 않은 것입니다. 한국위원회는 S/1510호 문서에서 위와 같은 사실을 확증하고 있습니다. 그러므로 6월 25일 이사회 전원의 주목을 끈 상황은 현저하게 악화되었습니다. 대한민국의 존재가 위협받고 있는 동시에 안전보장이사회 권위 또한 위기에 처했으며, 유엔의 권위는 공공연히 도전을 받고 있습니다. 공격행위는 폭력적입니다. 그 여파는 심각할 수 있으며 극도의 심각성을 가져올 수도 있습니다. 그러므로 대응책으로 유일한 선택은 공격을 즉각 멈추게 하는 것밖에 없습니다. 구제책은 상황에 적합해야 하며, 상황은 유엔의 연합 자체

를 탄생시킨 원칙들을 지지하는 데 있어 유엔의 연대가 확고하게 드러나야 하는 형편입니다. 이런 이유로, 자국의 지시에 준수하여 프랑스 대표단은 방금 미 대표가 낭독한 트루먼 대통령의 성명에 대해 심심한 환영을 표하는 바입니다. 이달 25일의 결의안 3번에 기재된 권고에 대해 즉각적 응한 트루먼 대통령은, 모두가 서명한 헌장의 원칙에 따라 우리 기구의 각 회원국이 가져야하는 각별하고 막중한 책임의식을 최상으로 보여주었습니다. 또한 이 성명은 극동지역의 특수상황에 대한 폭넓고 현실적인 시각을 보여주고 있습니다. 그것은 한국의 특수한 문제점을 서로 상호의존관계에 있다고 해도 과언이 아닐 정도로 서로 연결되어있는 태평양 전선이라 부를 수 있는 태평양 전체 틀 안에 설정하고 있다는 것입니다. 그것은 하나의 단일 전선이고, 여기에는 체계적이고 지속적인 활동을 통해 여러모로 다루어져야 할 하나의 같은 문제가 있습니다. 여기서 제가 '전선'이라고 하였는데, 전쟁의 의미로 쓴 용어가 아님을 이해해 주시기 바랍니다. 여기에 전쟁을 바라는 사람은 아무도 없으며, 헌장에 따른 우리의 목표는 전쟁에 반대하여 투쟁하는 것입니다. 우리의 가장 소중한 희망은 우리의 과업이 실행되고 모든 질서가 회복되며 트루먼 대통령의 성명에 언급된 각 영토들이 평화의 보루가 되는 것입니다."

쇼벨

【25】 도쿄에서 온 소식: 서울에 대한 정보(1950.6.28)

[전   보]   도쿄에서 온 소식: 서울에 대한 정보
[문 서 번 호]   681
[발   신   일]   1950년 6월 28일 07시
[수   신   일]   1950년 6월 28일 15시
[발신지 및 발신자]   뉴욕/드장(주일 프랑스대사)

사이공 고등판무관 공문 제268호

첫째

연합군 최고사령부는 오늘 아침 11시 15분 도쿄 총사령부의 다음과 같은 공식성명을 발표했습니다.

인용: 서울 점령에 관한 정보는 과장되었다. 북한이 일으키지 않은 전쟁의 강박관념 때문인 것으로 이해할 수 있다. 서울 지역에서 발견된 탱크들이 몇몇 고립된 부대를 수송하고 있었다. 북한의 야크 전투기 4대가 여자와 아이들을 대피시키고 있던 김포 비행장의 미군 비행기를 폭격했다. 미국대사관과 미국 군사고문단은 서울을 떠나지 않았다. 한국 정부가 수도를 떠나 남쪽으로 피난했다는 이야기는 근거가 없는 것으로 보인다.

둘째

오늘 아침 5시 도쿄의 미국 사령부는 다른 공식성명을 발표했습니다.

인용: 극동의 공군과 해군은 한국 38선 이남에서 대한민국을 지원하기 위해 전투작전을 펼치고 있다. 탄약과 군수품은 남한 군대를 돕기 위해 배와 비

행기로 한국에 수송되고 있다. 도쿄 총사령부가 한국에 세워졌다.

인용 끝.

드장

【26】 한국전쟁(1950.6.28)

[일 용 공 문] 한국전쟁
[문 서 번 호] 167-I.P.
[발　신　일] 1950년 6월 28일
[수　신　일] 1950년 6월 28일
[발신지 및 발신자] 파리/보몽(프랑스 외교관)

　미 군대에 명령을 내려 한국에 출동하라고 지시한 트루먼 대통령의 결정(공문 제166호)에 이어, 데이비드 브루스[1] 주불 미국대사가 27일 11시 30분 로베르 슈만[2] 프랑스 외무장관을 방문해 트루먼 대통령이 한국 사태에 대해 발표할 성명 문서를 전달했다는 소식이 외무부에 알려졌습니다.

　관계자들 사이에서는 모든 공격으로부터 인도차이나를 지키려는 이 결정에 상당한 만족감을 표하고 있습니다. 이 검토 방안들은 5월 딘 애치슨 미 국무장관이 발표한 성명 의도에 부합하는 것이며, 실질적 원조 노선에 중요한 진전을 이루고 있습니다.

　한편, 장 쇼벨 유엔 주재 프랑스 상임대사에게 세계 질서 회복과 평화 유지를 위한 안전보장이사회의 모든 단호한 결정에는 협력하라고 내린 지시는 남한에 대한 공격의 극단적 폭력성 때문에 나온 것입니다.

　권위 있는 소식통은 어떤 폭동도 남한에서 발생하지 않았으며, 국경을 향해 개시된 공격과 상륙작전은 어떤 변명으로도 정당화될 수 없는 것이라고 못 박았습니다.

　미국의 개입은 북한군을 남북 사이의 휴전선을 형성하고 있는 38선 이북으로

---

1) 데이비드 브루스(David K. E. Bruce, 1898-1977). 주프랑스 미국대사. 프랑스, 영국, 독일 3개국 대사를 모두 지낸 유일한 인물.
2) 로베르 슈만(Robert Schuman, 1886-1963). 1950년 5월 9일 슈만 플랜 발표 당시 프랑스 외무장관.

격퇴하는 것까지로 한정될 것이라고 강조하고 있습니다. 한국 사태 초기부터 프랑스가 취한 입장은 이전부터 정해진 정치노선에서 비롯된 것입니다. 이 입장은 영국과의 완전한 합의에 의해 결정된 것입니다.

외교단
보몽

【27】 미국의 남한 원조 결정과 미국의 전반적인 정략(1950.6.29)

[보 고 서]　미국의 남한 원조 결정과 미국의 전반적인 정략
[문 서 번 호]　3081/AN
[발 신 일]　1950년 6월 29일
[수 신 일]　미상
[발신지 및 발신자]　워싱턴/보네(주미 프랑스대사)

　　저의 전보를 통해 각하께 어떤 상황에서 트루먼 대통령이 해군과 공군을 통해 남한 군대를 지원하고, 대만, 필리핀, 인도차이나 등의 극동지역에서의 서양의 입지를 강화하는 두 가지 결정을 내렸는지 설명해드렸습니다. 이 결정이 미치는 파급력의 범위는 분명히 극동지역 현장을 초월하는 것입니다. 전체적으로 소련의 위협에 맞선, 그리고 서유럽과의 관계에서의 미국의 입지에 대한 파장 또한 그다지 크지 않을 것입니다. 대통령의 발의도 미국 내부정책의 일환으로 보는 것이 바람직할 것입니다.

　　행정부의 여러 부서 책임자들과 거의 쉬지 않고 10시간에 걸친 대화 끝에 내려진 트루먼 대통령의 결정에, 그 순간에는 거의 완전한 정적이 흘렀던 것으로 보이고, 나중에 다양한 해석들이 자연스레 쏟아져 나왔습니다. 국무부가 군보다 중요하다 또는 군이 국무부보다 중요하다는 발언들이 차례로 쏟아졌습니다. 사실 지난 일요일 침략공격 이전에는 서로 상당히 갈라졌던 의견들이 새로운 상황의 여파로 급속히 하나로 모아졌으며 만장일치로 협력하여 대통령의 결정이 이루어진 것입니다.

　　이미 수 주 전에 브래들리 장군과 도쿄의 맥아더 장군이 이끄는 미국 합동참모본부는 미국 극동정책의 실패는 순전히 전략적 관점에서 보자면 극동지역 중에서도 특히 필리핀과 일본에서의 미군 진지의 안전을 위태롭게 하지 않고는 넘기 힘든 한계에 도달했다는 견해를 작성했던 것이 이제 확증된 것으로 보입

니다. 한국에서는 미국이 내키지 않는 미군철수를 받아들였고, 변호하기 힘든 이 감정적 입장은 어쩌면 특혜보다는 짐이 될 수 있다는 생각에 그들의 불만은 좀 가라앉았습니다. 반면, 미 국방부와 도쿄 사령부에게 대만에서의 잠재적 실패는 극동지역 전체에서 미군의 입지에 심각한 타격을 주는 것으로 여겨졌습니다. 미국 참모본부는 여기에 대해, 존슨 씨와 브래들리 장군에 의해 워싱턴에 보고된 맥아더 장군의 의견서에 가장 명확하게 표현된 결론을 내렸습니다.

미국은 앞으로 극동지역에서 적극적인 정책을 펼쳐야하고 무력행사를 통해, 대서양 조약을 통해 유럽에서 그러했듯, 이 지역에서 러시아가 넘지 말아야 할 경계선을 긋고 있음을 보여 주어야 한다고 말입니다.

이 상황의 군사적 측면보다는 정치적 국면에 좀 더 신경을 써온 미 국무부에서는 몇 주 전만 해도 소련과의 긴장을 증가시킬 뿐 아니라 장제스가 실패한 바 있는 중국 정치의 분규 속에 다시 한 번 미국이 연루될 위험이 있다고 보아 너무 단호한 결정 앞에서 한 발 물러나는 듯 보였습니다. 애치슨 국무장관 입장에서는 맥아더 장군이나 브래들리 장군이 요구하는 것처럼 '선을 긋기'에는 아직 너무도 모호한 상황이었던 것입니다.

그러나 북의 남한 침략 소식에 이 모든 망설임은 막을 내렸습니다. 이러한 변동 상황은 힘들이지 않고 차후 미국 정치의 일종의 방향 전환을 야기했습니다. 미국의 극동 정책은 단호한 조치 앞에서 망설임보다는 조심스러운 태도로 전환된 것입니다. 한국을 위한 개입은, 전면전으로 번질 경우 한국 상황을 제압할 수 있을지에 대해 약간 회의적일 수는 있지만 그래도 한국으로부터 소련과 그 동맹국들을 가능하면 오랫동안 떼어놓는 것이 좋다고 생각하는 미국 군인들을 만족시키기에 적당한 것입니다.

그들의 관점에서 더욱 흥미로운 것은 아마 미 제7함대에 내려진 중국 공산당이 대만에 상륙하지 못하도록 하라는 명령일 것입니다. 이 두 가지 중대결정과 더불어 필리핀에 지원군을 파견하고 인도차이나에 군대 파견을 동반한 물적 원조를 보낸다는 소식이 보태졌습니다. 즉 이미 오래전부터 미국 군통치자들이 표해 온 희망에 따라 극동지역에서의 일련의 군사조치가 강화되는 것입니다.

그렇다고 해서 이 결정이 마치 트루먼 대통령이 애치슨 장관이나 국무부를 부인하는 것으로 해석해야 하는 것은 아닙니다. 오히려 미국 외교가 느닷없이 변경된 상황에 적응하는 것은 당연한 일입니다. 더구나 이전의 어떤 소신들을 포기하는 것도 아닙니다. 실제로 중국 공산주의자들의 대만 접근을 금하라는 트루먼 대통령의 명령과 장제스 총통에게 중국 대륙에 대한 모든 공격을 멈추어야 한다는 통지가 어떻게 조화를 이루었는지가 눈길을 끕니다. 이것은 중화민국 대표가 유엔에서 보여준 신중함이나 워싱턴 주재 중화민국 대사 웰링턴 쿠[1] 씨가 미 국무부로부터 약간 배제되고 있는 사실과 더불어, 미국 정부가 대만 정부 원조정책에 나서길 원하지 않는다는 것을 입증하는 것으로 보입니다. 반대로 중국 내부 문제에 대하여 전적으로 자유로운 결정을 할 수 있기를 원하는 것입니다. 물론 중국 국민정부 대표의 유엔 출석으로 일이 더 까다로워지긴 했습니다. 그런데 그저께 투표에서 정족수 7표를 채우기 위해서는 그 표는 반드시 필요한 것이기도 했습니다.

그러나 반대로 어떻게 보면 대통령의 결정은 특별히 반대로 단호한 입장을 취하면서 국무부 정책을 살린 것으로 보입니다. 다른 대안, 즉 우유부단한 정책을 취했더라면 미국의 지상권을 유엔에서 인정받지 못했을 것이고 이것이야말로 국무부가 주장해온 강경정책을 완전히 폐기하는 일이었을 겁니다. 그리하여 이 강경정책은 완전히 무너졌을 것입니다. 단호한 반(反)소련 성명을 발표한 지 몇 달 후에 미국이 미지근한 정책을 내놓았더라면 극동지역, 중동 지역, 그리고 유럽에서 처참한 결과를 낳았을 것입니다. 미국의 대항능력에 대한 신뢰뿐 아니라 미국정책의 진정성에 대한 신뢰가 흔들렸을 것입니다. 중립 또는 제3세력에 대한 구상도 급속히 전개되었을 것입니다. 미국 자체에서도 애치슨 국무장관이 자신의 연설에서 수없이 내세운 '강경한 정책'에 엄청난 반박이 쏟아졌을 것입니다. 강경함은 허풍에 지나지 않는 꼴이 되어버렸을 것입니다. 애치슨 정책의 몰락은 미국의 고립을 자처하는 끔찍한 길을 열었을 것입니다.

소련이 내렸을 결론은 예상하기 어렵지 않습니다. 애치슨 장관이 억압적 상

---

[1] 웰링턴 쿠(Wellington Koo, 1888-1985). 베이징 정부의 외교에서 중요 역할 담당. 외교총장, 국무총리, 각국 공사, 파리강화회의·워싱턴회의·관세회의 등의 중국전권 대표 역임.

황의 구축을 주장했으나 소련의 첫 반격에 미국이 대응하지 않았던 것을 보고, 이에 고무된 소련은 다른 곳에서도 당연히 같은 일을 시도했을 것입니다. 조처가 약한 지역, 즉 대만, 인도차이나, 이란, 유고슬라비아, 마지막으로 유럽까지 차례로 걸려들었을 것입니다. 우리는 불과 몇 달 후에 대전 전의 역사가 되풀이되는 것을 목격했을 것입니다. 1936-1939년 스페인 상황과 유사함이 여기서 드러납니다. 스페인 내전 당시처럼, 내전의 양상을 띠고 있지만 한국은 대립하는 이데올로기 충돌의 각축장인 것입니다. 한국이 열강들의 군비 시험대로 전락할 우려가 있습니다. 서양열강들은 오늘날 1936년, 1938년과 같은 딜레마에 빠져 있습니다. 대응하느냐 내버려두느냐 사이에서 말입니다. 그러나 이번에는 민주주의 국가들이 전체주의의 위협에 대응하였습니다. 이 점에 대해서는, 한국에의 미군 개입은 말하자면 히틀러가 라인 강 좌안지대를 재점령했을 당시 프랑스와 영국이 보여준 소극성과 좋은 대비를 이룹니다. 트루먼 대통령의 결정이 보여주고 있는 단호함은 뮌헨회담 항복과는 정반대입니다.

한국 사태에서 굴욕적 태도를 보였더라면 그것은 이론의 여지없이 미국 대외정책의 완전한 붕괴를 의미했을 것입니다. 유일한 해결책, 즉 강경함만이 가능한 것이었습니다. 더구나 그 원칙은 애치슨 장관에 의해 사전에 세워져 있었습니다. 한국 침략은 단지 지금까지 특히 말로만 알려져 왔던 사실을 당당히 보여줄 기회였던 것입니다. 이리하여 여전히 남아있을 수도 있던 모든 불확실성이 사라졌습니다.

그렇다고 해서 미국 정부가 이런 태도의 위험성을 모르는 것은 아닙니다. 북한에 대한 소련의 원조가 물자나 지휘관을 제공하고 군사작전 플랜을 세우는 원조보다 더 두드러질 수 있다는 사실도 미국 정부는 완벽하게 인식하고 있습니다. 미국의 반격은 소련의 또 다른 반격을 불러 올 수 있다는 사실도 알고 있습니다. 따라서 미국은 상황의 악화를 피하고 지리적으로 분쟁을 제한하기 위해 최선을 다하고 있는 것입니다. 트루먼 대통령, 애치슨 국무장관, 오스틴 유엔 주재 미 대표는 자신들의 성명서에서 직접적으로 소련에 책임을 돌리는 것을 철저히 피하고 공산주의에 대한 비난이 현저히 줄어든 것이 눈에 띕니다. 동시에 커크²⁾ 소련 주재 미 대사를 통해 몰로토프³⁾ 씨에게 소련이 북한 정부를 설득하도록 조정에 나서달라고 권하는 행보는 미국의 냉철함을 드러내는 것이고 이것은 소련에게 명예로운 탈출구까지도 열어줄 수 있다고 평가됩니다.

그러나 이렇게 분쟁을 제한하고 국지적 마찰 차원으로 귀착시키려는 미 정부의 바람에도 불구하고 한국 사태가 오히려 다소 신속하게 전면전으로 악화될 수 있는 위험성은 여전히 자리 잡고 있습니다. 그저께 국무회의에서 케넌4) 씨가 밝힌 바와 같이 이 위험성은 워싱턴에서 철저하게 검토되었습니다. 이것은 이미 예상된 위험이며, 사정을 너무 잘 알고 있는 미국 정부는 대처할 수 있다고 평가한 것입니다. 왜냐하면 과소평가하지는 않더라도 이 위험은 과도하지 않은 것으로 판단되었고, 전면전이 일어날 수 있는 상황이 되면 소련이 아마 뒤로 물러날 것이라고 생각했기 때문입니다. 만약 이 예상이 잘못된 것으로 드러나게 되면, 전혀 다른 새로운 상황이 전개될 것입니다. 지금 현재로서는 확장 위험을 고려한다 하더라도 국지적으로 여겨지는 상황입니다. 이 위험은 아무것도 하지 않고 있다가 앞으로 지금 무릅쓰고 있는 위험보다 반드시 더 큰 위험들을 가져올 수 있는 선택보다는 나은 것입니다.

한편, 트루먼 대통령의 결정은 주도권 장악의 모든 장점을 내포하고 있음이 분명합니다. 한국을 공격함으로써 소련은 미국의 강경정책을 시험하고자 한 것이 명백합니다. 미국정책이 실제로 강경한 것으로 드러나면서 이제는 미국이 소련의 강경함을 시험할 차례가 되었습니다. 물론 미국은 그와 같은 시험을 아무렇지도 않게 기획할 수는 없었을 것이고 시도하지도 않았습니다. 그러나 상황이 허락하므로 현재의 위기는 적어도 소련의 의도에 대해 정보를 제공할 수 있는 장점을 지닌 것입니다. 며칠 후면 모스크바의 태도가 어느 정도까지 위협이었고, 어느 범위에서 전면전을 무릅쓸 준비가 되어있는지 알게 될 것입니다. 실제로 케넌 씨가 장시간 설명한 것처럼 미 정보기관의 보고서에는 진짜로 염

---

2) 앨런 커크(Alan G. Kirk, 1888-1963). 주소련 미국대사(1949-1951). 해군 장관 출신으로 룩셈부르크, 대만 주재 대사 역임.

3) 바체슬라프 몰로토프(Viatcheslav Molotov, 1890-1986). 소련 유엔대표단, 소련 외무장관 역임. 스탈린의 측근.

4) 조지 케넌(George F. Kennan, 1904-2005). 미국의 고문, 외교관, 정치가, 역사가. '봉쇄의 아버지'라고 알려져 있는 미소냉전의 핵심 인물.

려스러운 징후는 어디에도 나타나지 않습니다. 따라서 워싱턴에서는 소련이 진지하게 분쟁의 확장을 계획하고 있다고는 생각하지 않는 것입니다. 오히려 소련이 이런저런 식으로 긴장을 늦추게 될 것이라고 생각하는 것입니다. 이것은 서양에 유리한 조건을 제공할 것이고 소련의 술책은 결국 소련이 스스로 화를 자초하는 결과를 낳게 될 것입니다. 이러한 정치적 해석은 물론 미국이 유엔의 이름으로 실행하는 개입이 신속히 성사되고, 유엔이 일종의 경찰개입과 같은 성격을 유지할 것이라는 생각 위에 의거한 것입니다. 너무 오랫동안 시간을 끌면 소련이 북한군을 강화할 시간을 주는 것이고, 미군 병력을 동원하면서도 오히려 워싱턴이 아니라 모스크바에 득이 될 수도 있는, 스페인 내전 상황과 유사한 잠재적 상황을 발생시킬 수도 있을 것입니다. 이러한 위험성 또한 이미 감안이 되었고 미 정부는 대처할 수 있다고 보고 있습니다.

이와 같이 다양한 정보가 일요일과 월요일의 장시간에 걸친 회담 중에 검토되었던 것으로 보이고 이를 바탕으로 최종적으로 대통령의 결정이 이루어진 것입니다. 대통령의 성명은 안전보장이사회 2차 회담 개회 몇 시간 전에 발표되었고 그 후 지체 없이 맥아더 장군에게 필요한 지시가 전달되었습니다. 이 성명은 유엔 차원에서도 회원국들의 협력을 호소한 안보리의 첫 번째 결의문에 근거하여 엄중하게 받아들여졌습니다. 이 경우에 주도적 역할을 한 것은 당연히 유엔이 아니라 미국 정부입니다. 유엔은 미국 없이는 아무것도 할 수 없었기 때문입니다. 그러므로 미국의 결정은 이 국제기구의 앞날에 결정적인 역할을 한 것입니다. 이 결정이 유엔을 무력하게 만들 수도, 또는 그 반대로 필요한 경우 쓸 수 있는 지상권을 존속시키는 가운데 샌프란시스코에서 시작된 희망이 정당했던 것임을 증명할 수도 있었던 것입니다. 결국 미국의 결정은 유엔을 강화시켰습니다. 그와 동시에 기구의 성격을 약간 바꾸어놓았습니다. 적어도 형식적으로는 모든 중요한 결정에는 위원회의 상임이사국 5개국의 협력적 표결을 요하는 절차가 지켜지지 않은 것입니다. 이에 관하여 미국과 소련 사이에 법률적 토론이 실시되었습니다. 소련은 유엔헌장의 자구해석을 주장하고 미국은 여러 상황에서 특히 팔레스타인 문제에서 소련의 투표 불참이 안보리 결정의 무효화로 간주되지 않았음을 상기시키고 있습니다. 어쨌든 샌프란시스코에서 채택된 강대국의 승인이라는 원칙 자체가 제대로 존중되지 않았다는 점과 위반이 인정된 것입니다. 따라서 덜레스 씨 등 여러 미국 참관인들이 주장하고 있는 것처럼, 유엔헌장의 형식적 개정이든 명확해진 판례의 단순한 승인이든 표결 절차가 수정되어야 할 것으로 보입니다.

한편, 미국 국내정치 관점에서는 대통령이 국회에 의뢰하지 않고 미 공군과 해군의 원조를 남한에 제공하기로 결정을 내린 점이 눈에 띕니다. 이것은 의회 정부가 사사건건 입법부의 통제를 받는 유럽에서는 아마 깜짝 놀랄 일일 것입니다. 미국에서는 헌법이 공식적으로 대통령에게 군사력을 동원할 수 있는 권한을 부여하고 있기 때문에 그리 놀라운 일은 아닙니다. 더구나 다수의 선례가 존재하는데, 멀리 거슬러 올라가면 1812년 영미전쟁부터 최근 1941년 미국이 전쟁에 돌입하기 전 수송대를 호위하라는 루즈벨트 대통령의 명령까지 다양합니다. 이런 상황에서 지난해 대서양 조약 비준 시기에 가담한 논쟁들을 돌이켜 보면 약간 판에 박힌 학구적 성격을 띱니다. 사실 심각한 상황에서는 일반적으로 국회가 찬성하므로 대통령이 중요한 결정을 내리는 데 어려움이 없는 것 같습니다.

이번 경우가 명백히 그러했습니다. 워싱턴 국회의사당 의석 전체가 트루먼 대통령에 결정을 찬성했습니다. 훼리[5] 상원의원과 놀랜드[6] 상원의원 같은 미 정부의 정적(政敵)들도 대통령이 보여준 단호함과 냉철함을 칭찬했습니다. 물론 야당은 선거 주제로서의 외교정책을 단념하지는 않을 것이고 이 점으로 행정부를 공격하는 의원들도 있을 것입니다. 그러나 그들은 무엇보다 시간이 지나고 나서 그렇게 할 것입니다. 수개월 간의 극동지역에 대한 미국 정책을 비판하고, 태프트[7] 상원의원이 한 것처럼 '실패했다'며 애치슨 국무장관의 퇴임을 요구하면서 말입니다. 그 대신 이 비난들은 트루먼 대통령의 현행 결정을 대상으로 하지는 않을 것입니다. 지금의 중대한 시국에서 우리는 행정부 뒤에서 일

---

5) 케네스 훼리(Kenneth S. Wherry, 1892-1951). 미 공화당 상원의원.

6) 윌리엄 놀랜드(William F. Knowland, 1908-1974). 미 공화당 상원의원.

7) 로버트 태프트(Robert Taft, 1889-1953). 미 공화당 상원의원. 노사관계법인 태프트하틀리법 입법화에 노력.

어나는 일종의 의회 재집결을 목격한 것입니다. 새롭고 고무적인 바람이 매카시 상원의원[8])의 국무부와 그 장관에 대한 저속한 비난으로 오염된 국회의 분위기를 정화시켰습니다.

그러나 대통령의 강경한 태도와 그에 대한 의회의 지지는, 트루먼 대통령과 의원들이 미국 내 여론이 강경함에 대해 긍정적이라는 것을 느끼지 않았더라면 그토록 분명하게 표현되지는 못 했을 것입니다. 노상에서 즉흥적으로 이루어진 여론조사에서 체계적으로 질문을 받은 평범한 시민들의 심리에 대해 신문과 라디오가 제공한 정보에는, 미국 국민은 대부분이 소련의 변장된 침략 정책에 강한 분노를 느끼며, 미국이 도발행위를 무한정 방치하지 않을 것임을 공산주의자들에게 보여주고 대응할 때가 왔다고 생각하는 것으로 나타났습니다. 트루먼 대통령과 의회뿐 아니라 미국 국민들 모두가 강경함을 보여야 하는 때가 왔다고 판단한 것입니다.

도덕적 원칙을 근거로 한 이 단호한 태도는 또한 부분적으로는 미 공군과 해군의 개입이 북한군을 저지하고 38선 이북으로 격퇴할 수 있을 거라는 희망에 의거한 것이기도 합니다. 이렇게 될 경우 실제로 사태는 제한적일 것이고 미국은 사기 충만의 혜택을 보게 될 것입니다. 반대로 공군과 해군의 단순한 개입으로 막기에는 북한군의 성과가 너무 막대하고 남한의 군이 패배하게 되는 악조건 속에서 미국이 지상군까지 파견해야 한다면 사기는 엄청나게 떨어질 것입니다. 바로 이것이 대통령이 결과를 책임져야 할 중대한 결정이 될 것이고, 일단 관여를 한 후에는 미국이 책임에서 벗어나기 어려울 것입니다.

끝으로 위에서 언급되었던 미국 당국이 검토한 또 다른 위험은 전면전의 위험입니다. 곧 이 세 가지 가정에 대한 확실하고 결정적인 정보를 알게 될 것입니다. 대통령의 역사적인 결정에 뒤이어 초기가 가장 중요하다는 것이 드러나게 될 것입니다. 이 첫 시험의 결과가 무엇이든 미국인들이 신속히 미국 자체의 국방력뿐 아니라 동맹국들의 국방력 또한 확대시키는 것이 필수불가결한 일이

---

8) 조셉 매카시(Joseph McCarthy, 1908-1957). 미 공화당 상원의원. '매카시즘'이라는 용어가 나올 정도로 냉전과 반사회주의 선동가.

라는 확신을 더욱 강하게 만드는 역할을 하게 될 것입니다. 이에 관해 행정부는 예산 의결 투표를 용이하게 할 수 있는 의회 분위기의 호전에 기대를 걸어볼 수 있을 것입니다. 군사원조계획의 실질적 실행에 있어 미국 정부는 틀림없이 박차를 가하려고 애쓸 것입니다.

보네

【28】 미국의 남한 원조 결정과 미국의 전반적인 정략(1950.6.29)

[보 고 서]	미국의 남한 원조 결정과 미국의 전반적인 정략
[문 서 번 호]	3189/AS
[발 신 일]	1950년 6월 29일
[수 신 일]	미상
[발신지 및 발신자]	워싱턴/보네(주미 프랑스대사)

　남한 침략이 일어난 다음날까지 나타났던 행정부의 우유부단함과 여론의 불안함이 27일자 트루먼 대통령 성명(해당 문서는 본 공문에 첨부)이 발표되자마자 놀라운 의견의 일치와 행동통일로 바뀌었습니다. 며칠 전까지만 해도 도저히 해결 불가능해 보였던 문제에 대해 대통령은 단번에 일도양단의 조치를 취했습니다. 이 새로운 심리를 설명하는 데 있어 후버 전 대통령이 백악관의 결정을 환영하기 위해 사용한 다음과 같은 표현만큼 더 적절한 것은 없을 것입니다. 전 대통령은 "미국이 칼을 빼 들 때 우리 국민들에게는 한 가지 길밖에 없습니다. 다른 이들처럼 나 역시도 우리의 대외정책의 여러 국면에 반대했습니다. 그러나 지금은 원인, 잘못, 책임 또는 결과 등을 따질 때가 아닙니다. 이와 같은 상황에서 벗어나는 단 한 가지 방법, 그것은 전쟁에서 승리하는 것입니다. 승리하기 위해서 우리는 목표와 행동을 통일해야 합니다"라고 외칩니다.

　어제 열렸던 기자회견에서 애치슨 국무장관은 "아주 소수를 제외하고 미국의 신문과 라디오는 그들의 논평에서 지난 일과 행동해야 할 필요성에 대해 만장일치로 같은 의견을 보여주었습니다"라고 자랑스럽게 단언할 수 있었습니다. 이어 국무장관은 "신문과 라디오의 이러한 태도는 미국 국민들 사이에 이런 일체성이 존재한다는 것을 보여주는 것이라고 짐작하고 또 마땅히 확신합니다"라고 덧붙였습니다.

그토록 짧은 기간에 걸어온 노정의 규모를 알아보려면 며칠 전부터 신문에 발표된 몇몇 기사를 다시 읽어보면 될 것입니다. 6월 27일 국방부의 비공식 대변인으로 통하는 『뉴욕타임스』의 군 전문기자 핸슨 볼드윈[1]은 남한의 "내부적 취약함"을 강조하며 비관적 견해로 끝을 맺었습니다.

> "한국에서의 실제 과제는 곧 알게 되겠지만 방어하는 이들이 얼마나 확고한 의지를 가지고 있는지를 아는 것이다. 워싱턴은 그것을 모른다. 그러나 한 국가에 무기를 주는 것보다 싸우겠다는 의지를 불어넣어 주는 것이 훨씬 어렵다는 사실은 고통스럽게 인식하고 있다."

같은 날 같은 신문에서 아서 크록[2]은 이렇게 쓰고 있습니다.

> "남한은 휴전 명령이 조롱거리가 되고 자동적 수순이 될 수 있을 정도로 급속히 무너질 수 있다.
> 그렇게 되면 비(非)소련 세계, 특히 미국은 무엇을 할 것인가? 대만과 인도차이나 방어에 적극적 군사협력을 용인하지 않는 정책을 번복해야 하는가? 만약 이 정책이 번복되면 소련은 무엇을 하고 어떤 일이 일어날까?"

워싱턴에서 가장 정통한 소식통 중 한 사람인 아서 크록은 다음과 같은 정보를 주고 있습니다.

> "이미 워싱턴에서는, 한국과 동남아시아의 운명이 미국에게 전쟁의 구실이 되어서는 안 되며, 우리는 알류산 열도부터 일본, 대만, 오키나와와 필리핀 제도를 거쳐 호주까지를 잇는 강력한 전선을 구축해야 하고,[3] 우리의 안전을 위협하는 것으로 간주할 수 있는 이 지역에서 행해지는 그야말로 모든 행위를 보고해야 할 것임을 관계국 소련이 알게 해야 한다는 견해가 다시 한 번 나왔

---

[1] 핸슨 볼드윈(Hanson Baldwin, 1903-1991). 미 군사평론가. 제2차 세계대전, 한국전쟁, 베트남전쟁을 단순히 보도한 것이 아닌 전략적 시점으로 분석함. 퓰리처상 수상.
[2] 아서 크록(Arthur Krock, 1886-1974). 『뉴욕타임스』 선임기자. 퓰리처상 수상.
[3] 이른바 '애치슨 라인(Acheson line)'으로 알려진 미국의 방위전략임. 미 국무장관 딘 애치슨은 1950년 1월 12일 전미기자협회(National Press Club)에서 '아시아의 위기'라는 제목으로 연설했는데, 소련과 중국의 공산화를 저지하려고 태평양에서 미국의 방위선을 연결하는 선으로 '애치슨 라인'을 설정하였음.

다. 이 견해는 이미 고위층 회담에서 진지하게 부각되었고 대통령의 난감한 결정으로 부상할 수도 있는 일이다."

다시 말해, 한국과 인도차이나를 공산주의에 넘겨준 그 유명한 '열도선' 전략이 대통령 성명 하루 전까지도 미 군관계자들 사이에서는 열렬한 지지자들을 보유하고 있었던 것 같습니다.

그러므로 6월 27일 성명은 매우 중요한 의미를 갖습니다. 순전한 군사작전 요인보다 정치적 의견을 우선시하면서, 미국 정부는 지난 1월 애치슨 국무장관이 워싱턴의 내셔널 프레스 클럽에서 발표한 연설에서 지정한 '방어선' 밖에서 범해진 침략행위에 대응하기로 결정한 것입니다.

대통령의 성명은 논설기자들이 모든 측면을 검토하기에는 너무 최근의 일입니다. 그러나 몇 가지 점은 주목할 만합니다.

첫째, 6월 27일 결정은 한국의 범위를 훨씬 넘어, 미 정보부가 워싱턴에 보낸 보고서로 예상할 수 있었던 '적화 계획' 봉쇄를 지향합니다. 핸슨 볼드윈 기자는 6월 28일자 『뉴욕타임스』에서 이 보고서는 "이미 사전에 지난 일요일 북한인민군에 의해 감행된 기습전술"에 대한 정보를 주었다고 쓰고 있습니다.

- 한국 38선을 따라 병력 집중되고 있음
- 6월 15일 날짜로 중공의 대만 침략 준비 완료
- 유고슬라비아 국경을 따라 진행 중인 루마니아, 헝가리, 불가리아 병력 집중

비록 군사동원이나 다른 절박한 위협신호는 없었으나 프랑스령 인도차이나, 이란이나 오스트리아 등의 '취약지점'에 관하여 워싱턴은 어떤 불안감을 감지했다고 볼드윈은 덧붙이고 있습니다.

둘째, 이번에 내려진 이 결정들은 북한 침략에 대한 단순한 반격이 아닙니다. 위태로운 상황을 바로잡고 새로운 행동 가능성을 열어둘 줄 아는 체스 경기자들처럼 트루먼 대통령은 미국의 미래 아시아 정책의 전체적 윤곽을 그려낸 것입니다.

대통령 성명의 대만 관련 부분은 특히 환영을 받았습니다.

오늘 아침 월터 리프먼4)이 "공산주의자들의 대만 공격을 막고 장제스의 중국 대륙 공격을 막으면서, 공산주의 지배로부터 대만을 지켜주고 중국의 내전에 일

종의 휴전협정을 하게 만드는 일거양득의 혜택을 보는 것"이라고 주장한 것이 한 예입니다. 또한 월터 리프먼은 지금까지 미국이나 유럽 군대만이 공산주의 확장에 저항해왔기 때문에 극동에서의 미국의 위치가 매우 위태로운 상태라고 부연하면서 다음과 같이 적고 있습니다.

> "우리가 극동지역에서 러시아의 위성국가들을 견제하고 균형을 이룰 수 있는 동맹국을 만들 수 있다는 것을 입증해야 할 일이 아직 남아 있다. 극동지역에서 우리의 현 위치가 아시아 국민들의 의지와 현지인 군대에 의해 폭넓게 지지를 받지 않는 한, 점점 늘어나는 막대한 수의 미군들은 거기서 아무것도 할 수 없게 될 것이다."

오늘 남한을 원조하겠다고 발표한 인도의 결정은 이러한 우려를 가라앉히는 데 일조했을 것이라고 봅니다.

대만과 한국에 관한 논평이 온통 칭찬 일색이라면 필리핀과 인도차이나반도에 관해 내려진 결정은 그다지 많은 호응을 얻지 못했습니다. 미국 언론의 식민주의에 대한 강한 반감이 완전히 사라지길 기대하는 것은 사실 매우 힘든 일입니다. 『워싱턴포스트』는 필리핀에 대한 미국의 원조 강화에 전적으로 찬성하면서도 필리핀 정부에게 다시 한 번 내부를 잘 추스르라고 권고합니다. 인도차이나에 대해서는 우려되는 표현을 썼지만 지난 수개월 동안 바오 다이 정부에 대한 미국의 모든 지원에 격렬하게 반대해온 신문으로서는 그나마 굉장한 진보가 아닐 수 없습니다.

이 신문은 다음과 같이 쓰고 있습니다.

> "우리는 대통령이 필리핀 원조를 하는 정도에서 그치길 바랐다. 왜냐하면 특히 미국의 다른 곳에서의 의무에 비춰볼 때 아시아 대륙의 문제에 개입하는 것은 미친 짓이며 위험한 일이기 때문이다. 한편으로는 장제스에게 중국 대륙에 대한 집요한 공격을 멈추라고 말하고, 다른 한편으로 제국주의 프랑스의 편인 인도차이나반도에 개입하기로 결정하는 것에는 사실 어떤 모순이 있다. 그러나 그렇다할지라도 하나의 정책은 반쪽짜리 정책이나 무정책보다는 나은 것이다."

---

4) 월터 리프먼(Walter Lippmann, 1889-1974). 『뉴욕월드』지 논설기자, 『뉴욕헤럴드트리뷴』지의 칼럼 〈오늘과 내일〉 난에서 미국 및 세계 정계에 영향을 미치는 평론 발표. 풀리처상 수상.

【29】 한국전쟁과 안보리가 채택한 결의안에 대해(1950.6.29)

[일 용 공 문]   한국전쟁과 안보리가 채택한 결의안에 대해
[문 서 번 호]   168-I.P.
[발   신   일]   1950년 6월 29일
[수   신   일]   1950년 6월 29일
[발신지 및 발신자]   파리/보몽(프랑스 외교관)

6월 28일 배포되고 프랑스 AFP통신이 받아 전한 소련의 타스통신 통신문은, 한국 사태 관련 6월 27일 유엔 안전보장이사회가 채택한 결의문을 전달한 트리그브 리 사무총장의 메시지에 대한 소련 정부의 답장 원문을 실었습니다(본인의 공문 제167호 참조).

이 답장의 표현에 따르면, 첫째 이 결의는 7표로 채택되었는데 그중 중국 국민당 정부는 중국을 대표할 어떤 권리도 없으며, 소련과 중국의 불참으로 투표는 위원회의 상임 이사 5개국 전원 참여라는 조건을 충족시키지 않았기 때문에 안보리가 가결한 결의는 어떤 법적 효력도 갖지 못한다는 것입니다.

이에 관해 한 기자에게 질문을 받은 프랑스 외무부 대변인은 다음과 같은 설명을 내놓았습니다.

중국을 대표하는 문제에 관하여 프랑스의 견해는 달라지지 않았다. 중국, 즉 중국이라는 국가 개체는 대표되어야 한다. 그 중국은 현재 국민정부가 대표하고 있다. 이 부분에는 자격심사를 통하는 일을 제외하고는 어떤 변경도 있을 수 없다. 유엔은 이 점에 관하여 결정을 내릴 계기가 없었다.

안보리에 맡겨진 표결의 합법성에 관하여 두 가지 질문이 발생한다.

1. 기권을 거부권으로 볼 수 있는가?

2. 불참을 기권으로 볼 수 있는가? 그것이 아니라면 불참의 결과는 무엇인가?

1. 기권을 거부권으로 볼 수 있는가?

이에 관하여는 판례를 참고하도록 한다.

두 시기로 구분된다.

1) 1946년 12월 19일 이전에는 이 내용 관련 판례가 없었다. 그러므로 헌장 27조항에 의거하여, 한 결정이 효력을 발휘하기 위해서는 이사회의 상임이사 5개국 전원이 투표를 해야 하는 필요성을 인정할 수 있었다.

2) 1946년 12월 19일, 안전보장이사회 87차 회의 당시, 그리스 조사위원회를 신설하기 위한 미국의 제안이 상임이사국의 기권에도 불구하고 채택되었다(제3항에 대한 소련의 기권, 제5항에 대한 영국의 기권).

그 후 상임이사국이 기권한 35건을 들 수 있다. 2개의 회원국이 기권한 경우도 6번에 걸쳐 일어났다.

- 194차 인도네시아 문제: 소련과 영국 기권
- 312차 인도-파키스탄 문제: 소련과 중국 기권
- 396차 팔레스타인 문제: 소련과 미국 기권
- 392차, 401차, 421차 인도네시아 문제: 소련과 프랑스 기권

어떤 경우에도 기권이 거부권으로 간주되지 않았고, 결의안들은 채택되었다. 이 판례는 전혀 규탄된 적이 없었다.

2. 불참을 기권으로 볼 수 있는가?

불참과 기권은 서로 다른 두 가지의 개념이다.

기권은 거부권, 즉 입장표명이다. 기권자는 토론 시 자신의 견해를 표현할 수 있고, 기권함으로써 자신의 의견을 표명한다. 반대로 불참자는 아무것도 할 수 없는 입장에 놓이게 된다.

이러한 상황에서 안전보장이사회 투표 불참은 어떤 결과를 가져오는가?

사람들은 어떤 기구의 결정에 반론을 제기하면서도 존재와 임무는 인정한다. 소련 정부는 한국 관련 안전보장이사회의 결정에 반대를 하면서도 결국 이 기구의 존재와 임무는 인정한다.

한국전쟁 관련 프랑스외무부 자료 I (1950. 06. 25~1950. 12. 29)

그러므로 안전보장이사회에 소련이 불참한다고 그 기능의 마비를 초래하지는 않는다. 더구나 이 불참의 목적은 단지 안전보장이사회를 마비시키려는 것이다.

　불참은 그 자체로 유엔헌장 정신에 위배되는 방해 행위이다. 실제로 일반화된 거부권의 개념은 인정되지 않는다. 거부권은 모든 회원국이 인정하는 바, 특정한 표결 과정에서 특수한 경우에 영향을 미치는 예외여야 한다.

　불가피한 상황의 요구에 의해 위원회는 세계평화가 위협받는 상황에서 한 회원국의 불참으로 인해 기능을 할 수 없는 상태가 되어서는 안 된다.

외교단

보몽

【30】 그로미코 씨의 성명서(1950.6.30)

[전 보]	그로미코 씨의 성명서
[문 서 번 호]	1492
[발 신 일]	1950년 6월 30일 13시
[수 신 일]	1950년 6월 30일 19시
[발신지 및 발신자]	모스크바/샤테뇨(주소련 프랑스대사)

오늘 아침 신문들은 미국 정부가 소련 주재 미국대사를 통해 6월 27일 소련 정부에 전달한 의견서에 대한 답으로, 6월 29일 그로미코[1] 유엔 소련대사가 커크 미국대사에게 보낸 다음과 같은 성명서를 일제히 실었습니다.

"당신이 저에게 6월 27일 전달한 미국 정부의 성명에 대해, 저는 소련 정부로부터 다음과 같은 사항을 알려주라는 임무를 부여받았습니다.

첫째, 소련 정부가 가지고 있는 확실한 정보에 의하면, 한국에서 진행되고 있는 사태들은 북한 국경지점에서 일으킨 남한군의 공격에 의해 발생된 일이다. 그러므로 사태의 책임은 남한 당국과 그 뒤에서 조종하는 자들에게 있는 것이다.

둘째, 모두가 알다시피, 미국 정부가 한국에서 미군을 철수하기 이전에 소련은 자국의 군대를 이미 한국에서 철수하였고, 타 국가의 내부문제에 간섭하지 않는다는 관례적인 원칙을 다시 한 번 천명하는 바이다. 소련 정부는 한국 내부문제에 대한 해외 열강들의 개입은 용납될 수 없는 일임을 지금도 변함없이 주장하는 바이다.

---

[1] 안드레이 그로미코(Andreï Gromyko, 1909-1989). 유엔 안보리 대표. 주미 소련대사, 외무장관 등을 역임.

셋째, 소련 정부가 안전보장이사회 회의 참석을 거부했다는 말은 옳지 않다. 소련은 참여의 의지가 있었음에도 불구하고 안보리 회의에 참여하는 것은 불가능하였다. 왜냐하면 미국 정부의 포진으로 안보리 상임이사국인 중국이 위원회에 인정되지 않았고, 이는 안보리가 법적 효력을 갖는 결정을 내릴 수 없도록 만들었기 때문이다."

샤테노

【31】 소련과 중국의 입장(1950.6.30)

[전 보]	소련과 중국의 입장
[문 서 번 호]	1495-1499
[발 신 일]	1950년 6월 30일 17시
[수 신 일]	1950년 7월 1일 01시
[발신지 및 발신자]	모스크바/샤테뇨(주소련 프랑스대사)

보안

본인의 전보 제1493-1494호 참조

소련과 중국 쪽의 입장이 정해졌습니다.

1. 크렘린 정부는 6월 27일 미국 의견서에 대한 답으로, 미국의 지지와 격려로 자행된 침략의 피해자라고 발표한 북한을 공식적으로 지지하였습니다. 그러나 언제나 평화의 투사를 자처하는 소련 정부는 자기들이 받은 질문은 교묘하게 피하면서 실제는 평양 정부 곁에서 현재 세계평화를 위험에 처하게 만드는 마찰을 일으키며 평화원칙에 도발을 부추기는 행보를 보이고 있는 점을 주시해야 합니다. 또 한편, 타국의 내부문제에 개입하지 않아왔다고 주장하면서 소련 정부는 한국과 관련하여서는 이 행동지침을 전혀 지키지 않고 있다는 점에도 유의해야 할 것입니다.

소련은 속으로는 북한에게 유리하게 돌아가길 바라고 있을 전쟁의 확대를 막기 위해서는 아무것도 하지 않겠다고 선언하고, 평양 정부에게 부여한 원칙적 지지를 실현하기 위해 할 수 있는 조치에는 간접적인 암시까지도 배제하면서 나중 일을 생각하여 몸을 사리고 있습니다.

2. 이와 동시에 교묘하게도 마오쩌둥과 저우언라이[1]가 소련과 동일한 불간

섭 원칙을 내세웠습니다. 이 원칙은 1823년 미국 전 대통령 중 한 사람이 해외 강국들에게 미국 대륙 내부의 문제에는 어떤 간섭도 하지 못하게 하려고 사용했던 논거로서 이들은 트루먼 대통령에 반대하기 위해 이를 역이용한 것입니다.

소련 정부와 마찬가지로 중국 정부는 대만과 한국이 미국에 침략 당한 것이라고 규탄하며 극동지역에의 미국 침략을 저지하기 위해 아시아 국민들에게 "하나 되어 봉기하자"고 권고하며 그 모습을 드러내고 있습니다.

이로써 당분간은 미국의 침략이라고만 못박아놓는 데 그치면서 평양 정부를 진정시키지도 부추기지도 않는 소련의 전략이 보이기 시작합니다.

지금부터 중국을 매개로 아시아 국민들을 선동하여, 북한에게 상황이 좋지 않게 돌아가게 되면, 미국이 이미 연루된 전쟁에 중국이든 또는 소련 스스로도 공개적인 개입을 정당화할 수 있도록 하기 위한 것입니다. 소련은 성명서에서 미국에게 다소 위임을 한 국제기구의 결정은 효력을 지니지 않는다고 다시 한 번 강조하였습니다.

샤테뇨

---

1) 저우언라이(周恩來, 1898-1976). 중화인민공화국의 총리와 외교부장 역임.

【32】 한국과 극동아시아에 대한 소련의 태도(1950.6.30)

[전   보]   한국과 극동아시아에 대한 소련의 태도
[문 서 번 호]   1500-1505
[발   신   일]   1950년 6월 30일 17시
[수   신   일]   1950년 7월 1일 17시 45분
[발신지 및 발신자]   모스크바/샤테뇨(주소련 프랑스대사)

　소련 정부는 북한과 남한이 대립하고 있는 전쟁에 명백하게 거리를 두며, 이 전쟁을 오로지 한국 내부문제에 따른 군사행동으로 간주한다는 듯 보이고자 하면서도, 몇 가지 점에 대한 대책을 밝혔습니다.

　소련은 자국의 불참이 거부권 행사라며 안보리가 내린 결정에 순응하지 않습니다. 모든 책임을 남한과 그 남한을 지지한 열강에 돌리고, 자국의 생각을 전적으로 지지하는 한 언론의 호의에 의거하여 중국의 주장을 지지합니다. 중국은 미국이 극동지역의 침략을 개시했다고 주장하며 마오쩌둥의 "아시아를 아시아인에게"라는 구호를 실행하라고 아시아 국민들에게 촉구하고 있습니다. 소련은 분명히 서구 열강에 대한 아시아인들의 반감보다는 소련의 기획에 맞서는 그들의 무력함과 소련의 주장에 대한 그들의 순순한 수락을 기대하고 있습니다. 이란, 인도 그리고 중국-미얀마 지역 아시아는 전체가 소련의 선전 공세와 무기 협박에 다 익은 과일처럼 떨어질 준비가 완전히 되어 있습니다.

　분명 이 때문에 소련은 그들이 표방하고 서방 국가들에게 제안하는 번지르르한 말들과는 반대로 점점 과감해지고 있습니다. 이 감언이설로 서방 국가들이 자유보다는 평화를 선호하는 고집에 빠져들게 하려는 것입니다. 그리고 동아시아에서 소련이 따르는 구호와는 정반대로 이 지역에서의 평화 구축을 위한 유엔에의 협조를 거부하고 있습니다. 이것이 그들의 계략에 불리하다고 판단하기 때문입니다.

전체주의 국가와 민주주의 체제의 국가들을 분리해놓은 경계선 저쪽에서의 공산국가들의 팽창에 맞서는 미국의 강경함의 정도를 알아보기 전에 자신들의 계획을 들키지 않으려고 소련은 탐색을 합니다.

소련은 비록 한국인들만의 내전에 개입하지 않겠다는 의지를 천명했지만, 중국을 내세워 미국의 대반격에 맞서는 북한군의 항전을 온 힘을 다해 지원할 것이 분명합니다. 소련에게는 미국 정부가 필요한 경우 한국에 보병까지 파병할 것인지, 그리고 자국의 영토를 방어하고 국가제도를 유지하기 위해 미국의 지원을 기대하는 모든 국가들에게 그들이 모든 희망을 제대로 걸었다는 것을 보여줄 것인지를 알아보는 것이 중요합니다. 소련은 미국이 그 먼 곳의 전쟁에 자신의 병력을 진격시킬 결심을 할 것인지에 대해 여전히 의심하고 있습니다.

그런데 미국의 강경함이 드러난다면 소련은 더 큰 전쟁의 위험을 감수하는 데 망설일 것입니다. 더 이상 진정한 평화주의자라고 주장할 수 없어지게 되기 때문입니다.

만약 반대로 미국의 의기소침함을 보게 되면 한국에서 좋은 결과를 가져다준 그 술책을 인도차이나, 이란, 베를린에서 주저 없이 다시 꺼낼 것입니다. 미국대사의 말에 의하면 이것이야말로 워싱턴 정부가 절대로 원하지 않는 것입니다.

샤테뇨

【33】 안전보장이사회가 한국 사태를 다루다(1950.6.30)

[전 보]	안전보장이사회가 한국 사태를 다루다
[문 서 번 호]	915-918
[발 신 일]	1950년 6월 30일 19시 58분
[수 신 일]	1950년 7월 1일 03시 30분
[발신지 및 발신자]	뉴욕/쇼벨(주유엔 프랑스대사)

보안

워싱턴 공문 제228-231호

　오늘 오후 회의 중 파우지 베이 이집트 대표는 6월 27일 참여할 수 없었던 투표에 자국 정부가 기권하라는 지시를 내렸다고 위원회에 알렸습니다. 이제 막 터진 전쟁은 동과 서를 가르는 깊은 대립의 새로운 한 국면일 뿐이라는 사실로 이 결정을 정당화했습니다. 이 대립에서 평화와 안전을 흔드는 위협의 원인을 이 대립에서 찾는 것이 옳다는 것이었습니다. 파우지 베이 대표는 여러 경우의 영토 공격과 침략이 있었고 그때마다 유엔이 그것을 종식할 특별한 대책을 세우는 것이 좋다고 판단한 것은 아니라고 덧붙였습니다. 영국대표가 이집트의 태도에 유감을 표하고 파우지 베이가 내세운 논거의 가치를 비난하자 그는 이것을 "이집트가 주권국임을 아직 인정하지 못한 자들"의 공격이라며 신랄하게 받아쳤습니다.

　그는 영국을 평화롭게 하려고 이집트에 자국 군대를 침투하게 하고 주둔하게 했으며, 또한 식민지 국민들의 열망을 무마했다는 이유 등으로 영국을 비난했습니다. 반면, 인도 대표는 자국 정부가 6월 27일 결의에 찬성한다고 알렸습니다. 그는 통신사들이 원문을 배포한 뉴델리의 공문을 낭독했습니다.

라틴 아메리카의 이름으로 에콰도르 대표는 미주기구 이사회가 6월 25일과 27일 결정에 찬성한 성명문에 대해 알렸습니다.

마지막으로 워렌 오스틴 미 대표는 미국 대통령이 북한에 위치한 목표 지점들을 폭격시키기로 결정했으며, 맥아더 장군이 남한에서 육군부대를 이용하도록 허용했다고 알렸습니다. 이어서 그는 기구의 수많은 조치가 위원회의 호소에 응하면서 보여준 신속함과 용기를 칭찬하였습니다.

저는 발언에서 위원장이 표명한 연대감을 강조하고 그로미코 씨가 사무총장에게 보낸 성명서 내용 중 안보리 결정의 유효성을 부인하기 위해 사용한 논거를 반박했습니다. 제가 한 발언의 주요 부분은 다른 전보를 통해 따로 발송해드렸습니다.

쇼벨

【34】 연합군 활동에 프랑스 참여 가능성에 대해(1950.6.30)

[전   보]   연합군 활동에 프랑스 참여 가능성에 대해
[문 서 번 호]   703-705
[발   신   일]   1950년 6월 30일 07시
[수   신   일]   1950년 6월 30일 10시
[발신지 및 발신자]   도쿄/미상

긴급

2급 비밀

보안

　유엔 결의라는 원칙 위에 한국에서 시작된 연합군 활동에 프랑스의 참여 가
능성에 대하여는, 인도차이나에서 우리에게 부과된 무거운 책임들을 고려할 때
정부가 어떤 방법을 내놓을 수 있을지 모르겠습니다.

　이 주제에 관한 질문에 저는 트루먼 대통령이 최근 규명한 침략에 대한 저항
정책 실행을 위해 프랑스는 아시아에서 4년 전부터 매우 적극적으로 협력하고
있으며, 모든 서구 열강 중 극동지역에서 가장 많은 군대와 가장 많은 책임을
지고 있는 나라라고 대답했습니다.

　그러나 저는 아시아 국민들의 눈에 비칠 우리의 명예와 우리 동맹국 사이에
서의 우리 지위를 고려하여, 가능하다면 물질적으로 프랑스가 적어도 상징적으
로 현재 인도차이나에 주둔하고 있는, 더구나 일본 해상에 제한된 시간밖에 머
무를 수 없는 대형 군함 한 대를 파견함으로써 해군 작전에 참여하는 것이 좋을
것이라고 생각합니다.

　순양함 '듀가이 트루앙'[1]을 고려해 볼 수 있을 것 같습니다.

---

[1] Duguay Trouin. 1922-1955년 프랑스 경순양함.

【35】 미군과 다른 유엔 회원국들의 움직임(1950.6.30)

[전 보]	미군과 다른 유엔 회원국들의 움직임
[문 서 번 호]	706
[발 신 일]	1950년 6월 30일 08시
[수 신 일]	1950년 6월 30일 12시 30분
[발신지 및 발신자]	도쿄/드장(주일 프랑스대사)

6월 30일 도쿄에서 발간된 언론 뉴스는 다음과 같습니다.

마닐라에 나타난 미 제7함대의 군함들, 구축함과 보조함이 28일에서 29일 밤에 출범 준비를 하였고 목적지는 알려지지 않았다.

필리핀 군대는 키리노[1] 대통령의 명령으로 비상상태에 진입하였다.

뉴질랜드, 호주, 네덜란드가 유엔에 해군함대 원조를 제공했다. 호주는 이미 일본 해상에 나가있는 프리깃함 쇼알 하벤[2]과 구축함 바탄[3]을 맥아더 장군에게 제공했다. 또한 호주 정부는 일본의 영연방 점령군 본국 소환을 중단하기로 결정하였다. 그리고 다음 일요일 일본을 떠나기로 예정된 호주대사는 임무가 연기되었다. 네덜란드는 2대의 소형쾌속전함을 제안했다고 한다. 콜롬비아와 벨기에 또한 자세한 설명 없이 유엔 협조를 약속했다. 인도 정부도 남한 방어를 위해 자국의 징집부대를 제공했다.

비록 장제스가 중국 대륙 공격 중단에 관한 트루먼 대통령의 결정을 수용했음에도 불구하고 중국 국민당 정부의 군함이 린틴섬 부근에 있던 영국 화물선

---

[1] 엘피디오 키리노(Elpidio Quirino, 1890-1956). 필리핀 6대 대통령(1948-1953). 1949년 한국과 수교를 맺고 한국전쟁 당시 7,450명의 필리핀 군 파견.

[2] Shoal Haven.

[3] Batan.

2대를 향해 성과 없는 발포를 하였다. 이것은 주강 삼각주를 지휘하는 중국 국민당 해군대장의 하극상 행위였다고 한다.

한국에서 빨치산 한 무리가 새로운 수도 대전에서 부산항까지 잇는 도로를 차단하기 위해 대구 지역을 습격하였다.[4]

도쿄 주재 로이터통신 특파원에 따르면, 이승만 대통령은 6월 29일, 만약 미국이 즉시 보병대와 중포를 보내지 않으면 한강전선을 유지하는 것이 불가능할 것이라고 밝혔다.

연합군 최고사령부는 북한라디오와 모스크바라디오가 전한 27대의 미군 비행기가 평양을 폭파했다는 소식을 부인했다.

처치 사단장[5]이 주한 전방사령부[6] 사령관으로 지명되었다.

맥아더 장군이 전선 시찰을 마치고 어제 저녁 22시에 돌아왔다.

국방부에 전달 요망.

드장

---

[4] 경남 하동 출신의 남도부(본명 하준수)가 이끄는 부대가 한국전쟁 초기 태백산과 일월산 등지에서 활동함.

[5] 존 처치(John H. Church, 1892-1953). 미 제24사단장.

[6] ADCOM, Advance Command and Liasion Group in Korea.

【36】 맥아더 장군이 한국 전선을 방문(1950.6.30)

[전 보]	맥아더 장군이 한국 전선을 방문
[문 서 번 호]	708-709
[발 신 일]	1950년 6월 30일 23시
[수 신 일]	1950년 7월 1일 12시
[발신지 및 발신자]	도쿄/드장(주일 프랑스대사)

보안

사이공 공문 제287-288호

1. 맥아더 장군은 한국 전선을 짧게 방문하는 동안 어제 29일 38선 이북 적진의 비행장들을 폭파시키기로 결정하였습니다. 이 결정은 부분적으로, 총사령부 전초기지와의 연락을 유지하기 위해 필요한 수원 비행장이 표적이 되었던 맹렬한 공중전이 원인을 제공한 것으로 보입니다.

점령군의 신문에 게재된 진술서는 어제부터 중폭격기가 실행한 전술임무를 보고하고 있습니다.

2. 맥아더 장군과 동반한 특파원들의 보고서들은 낙관적인 논평에도 불구하고 미군 연락장교들이 재집결시키기 위해 애쓰고 있는 남한군 부대들의 혼란과 붕괴를 보도하고 있습니다.

3. 경험상 미군 제트기 Shouting Star F 80은 지나치게 빠른 속도 때문에 야크 전투기에 대항하여 싸우기에는 별 효과가 없는 것으로 전해졌습니다. 가장 최

상의 결과는 무스탕 전투기에서 거두었습니다.

드장

국방부에 긴급 전달 요망.

【37】 유고슬라비아 대표 한국 관련 미 정부 결정 찬성(1950.6.30)

[전 보]	유고슬라비아 대표 한국 관련 미 정부 결정 찬성
[문 서 번 호]	2446-2450
[발 신 일]	1950년 6월 30일 19시 02분
[수 신 일]	1950년 7월 1일 03시 30분
[발신지 및 발신자]	워싱턴/보네(주미 프랑스대사)

보안

저를 방문했던 주미 유고슬라비아대사를 오늘 아침 의전 방문하면서, 저는 그가 한국에 관해 미 정부가 내린 결정에 전적으로 동의한다고 밝히는 것을 보고 놀랐습니다. 워싱턴이 여러 번에 걸쳐 강경정책을 천명한 후 이제 와서 어떤 기정사실 앞에 굴복할 수 없는 것은 당연한 일입니다. 그는 소련이 유고슬라비아에서와 마찬가지로 또 한 번 판단착오를 일으켰다고 보고 있습니다. 매우 침착하게 표현하는 블라디미르 포포비츠[1] 대사는 유고슬라비아 지도자들이 비록 공산주의 명분에 헌신했지만 동시에 그들은 자국의 이익 앞에 소련의 이익이 우선되게 내버려두지 않겠다는 원칙에는 단호하다고 했습니다.

유고슬라비아대사는 소련의 답장 어조를 볼 때 소련이 한국전쟁 상황의 악화나 확대를 원하는 것은 아니라고 보고 있습니다. 그는 저에게 이 사태의 조속한 해결이 가능하다고 생각하는지 물었습니다. 저는 어쨌든 이 해결의 기본은 북한이 38선 이북으로 철수하는 것밖에 없으며, 미국이 가만히 두고 보지 않을 거라는 결심이 단호한 만큼 북한이 현명한 결정을 조속히 내리는 것이 좋을 것

---

[1] 블라디미르 포포비츠(Vladimir Popović, 1914-1972). 유고슬라비아 외교관. 티토의 측근. 유엔대표(1949), 주미 유고슬라비아대사(1950), 이후 중국 및 베트남대사 역임.

이라고 대답했습니다. 대사는 자신 역시 미국이 그토록 확실하게 약속을 한 만큼 더 이상 뒤로 물러날 수는 없다고 생각한다고 말했습니다. 그는 또 트루먼 대통령이 중국 국민당 정부에게 요청한 군사 활동 축소로 중국의 안보리 대표 행위 문제의 어려움이 더 쉽게 해결될 수 있을 거라고 예상되는지 물었습니다. 얼마 전부터의 모든 정황을 모아볼 때, 문제에 관한 워싱턴의 입장은 오히려 더 강경해졌다고 저는 대답했습니다. 미국이 그 문제에서 유일한 심판은 아니지만 최근 사태와 어제 마오쩌둥이 내놓은 성명문의 어조는 베이징 정부가 안보리에 들어오는 데 대한 정계의 반대를 완화시킬 수 없을 것으로 보입니다. 여기서 대사는 자신도 극동지역에서 전개되고 있는 최근의 상황 때문에 이 문제의 해결은 더 어려워졌다고 본다고 말했습니다.

보네

【38】 미국 정부의 결정(1950.6.30)

[전 보]	미국 정부의 결정
[문 서 번 호]	2454-2458
[발 신 일]	1950년 6월 30일 21시
[수 신 일]	1950년 7월 1일 06시 30분
[발신지 및 발신자]	워싱턴/보네(주미 프랑스대사)

보안

지난 화요일 미국이 보낸 의견서에 대한 소련의 답이 워싱턴에 전달되면서, 오늘 아침 트루먼 대통령이 발표한, 한국에 지상군을 투입하고 38선 이북에 폭격을 실시하며 한국의 연안 봉쇄 강령을 내린다는 미국 정부의 결정은 쉬워졌고 안도감으로 거의 힘을 얻었다고 볼 수 있습니다.

위와 같은 조치를 공식적으로 발표하기 위해 대통령이 소집한 의회의 의원들은 그들의 정치적 소속에 상관없이 만장일치로 동의하였습니다.

유엔의 군사행동을 결국 지지한다는 인도 정부의 결정은 열렬한 환영을 받았으며 맥아더 장군이 요청한 강력한 군사조치도 앞당겨 참작되는 데 힘을 보탰습니다. 반면 저우언라이의 극단적으로 격한 성명발표에도 사람들이 특별히 흥분한 것 같지는 않습니다. 어쨌든 몇몇은 안보리에서 과반수가 베이징 정부의 유엔 가입에 호의적이었다면 미국이 반대하지 않을 수도 있었던 기회를 당분간은 배제하는 것으로 보입니다. 38선 이북으로 북한군을 격퇴하기 위해 오랜 시간이 걸릴 수도 있다는 것을 미 국무부도 모르지 않습니다. 특히 봉쇄와 관련된 이 같은 군사작전의 연장이 가져올 수 있는 위험까지 계산해서 몇 주, 몇 달이 될 수도 있다고 내다봅니다. 더구나 미국이 취하는 작전에 대해 어떤 판단을 내리기에는 아직 너무 이릅니다.

그들의 공군 투입은 48시간 만에 결정적 효과를 낼 수 없다고 설명합니다.

현재 미 극동사령부가 배치한 지상군은 규모가 제법 축소되었습니다. 일본 주둔 4개 부대는 해병대를 포함하고 있지 않습니다. 아시아 현장에서 가장 가까운 해병대 부대는 현재 캘리포니아에 있습니다. 제7함대가 갖춘 항공모함은 한 대밖에 없습니다. 영국이 제공하면 맥아더 장군은 두 번째 항공모함을 배치하게 남한군대의 피해, 북한군 탱크의 새로운 전진을 제외하고도 이런 모든 악조건들은 한국에서의 군사개입을 끝까지 밀어붙이려는 미 당국의 결심을 흔들지 못했습니다. 미국은 만장일치의 여론과 더불어 소련에 지배되지 않은 유엔기구의 나라들이 그 뒤에 있으므로 자신 있는 것입니다.

보네

【39】 한국 사태에 관한 논평에 침묵하고 있는 베오그라드 언론(1950.7.1)

[전 보]	한국 사태에 관한 논평에 침묵하고 있는 베오그라드 언론
[문 서 번 호]	672-676
[발 신 일]	1950년 7월 1일 08시
[수 신 일]	1950년 7월 1일 12시 20분
[발신지 및 발신자]	베오그라드[1]/에피나[2](주유고슬라비아 프랑스대리대사)

보안

  언론은 한국의 사태에 대한 논평을 삼가고 있습니다. 언론은 유엔의 동태를 알려주는 짧은 공문만을 재생산하는 데 그치고 있습니다. 소련의 방침은 안전보장이사회의 상임이사국으로서 첫 번째 해야 할 일로 구체적인 책임을 지는 일이나 근거 없는 성명들로부터 벗어나고자 하는 것이었기에, 그러한 언론의 조심성은 유고슬라비아 정부를 난처하게 만들었습니다. 모든 침략정책들을 규탄하는 것이 분명 유리하지만, '제국주의 집단'과 굳게 결속되어 있거나 '좌파 국가들' 때문에 불성실한 것처럼 보이지 않으려 하는 유고슬라비아의 지도자들은 요즘 자신들의 행동과 이론을 합치시키는 데 몇 가지 어려움을 겪고 있습니다. 게다가 그들은 자신들의 태도가 미국의 여론에 파문을 일으킬 위험이 있다는 것과 그들이 미국으로부터 기대하는 원조가 삭감될 위험이 있다는 것을 모르지 않습니다. 그들은 자신들이 달리 처신할 수 없었고 자신들의 회피는 믿을 수 없는 것이라며 서구 열강 대표자들을 설득하려 애쓰고 있습니다. 그들은 그

---

[1] 베오그라드는 1918년부터 2002년까지는 유고슬라비아의 수도였고, 그 후 2005년까지는 세르비아 몬테네그로 연방의 수도였으며, 현재는 세르비아의 수도임.

[2] Epinat. 추정 어려움.

럴싸한 논거들만 내세울 뿐입니다. 만일 유고슬라비아가 안정보장이사회의 결정에 적극적으로 따랐다면, 유고슬라비아는 모스크바에 자기들과 반대로 개입할 핑계를 제공했을 것이며, 코민테른과 국내의 스탈린주의 원칙을 선전하는 셈이 되었을 것입니다.

이러한 내용은 지난 월요일 티토 사령관이 조르주 알렌 씨에게 했던 진술들의 본질적인 의미입니다.

그 진술들은 미국대사를 피해갈 수 없다는 전략적 염려에서 나온 것입니다.

25일 아침, 북한군의 남한 침략을 알게 되자, 유고슬라비아 지도자들은 몇 가지 걱정스러운 기색을 보였습니다. 그들은, 볼셰비키 진영과의 결별 이후 자신들의 모든 희망에 기초한 열의와는 반대로, 소련이 모든 위험을 무릅쓰고, 서구에서처럼 동양에서 공개적인 공격을 가할 결심을 하지 않는다는 것을 파악한 듯합니다. 하지만 현재, 이제까지 크렘린의 신중함을 겪어온 미국이 보인 반응의 엄중함과 신속함은 그들의 걱정을 해소시켜 준 것 같습니다. 그들이 드러내는 속내는 소련이 미국의 실질적 약화를 이용하고자 하면서 상황을 타진하고자 할 뿐 무력 실험을 할 정도까지 너무 멀리 밀고 나가려는 의도는 없다고 생각하고 있는 것 같습니다.

그들은 한국에서 미국의 단호한 반격이 러시아에 교훈을 주고, 유고슬라비아에 대한 간섭이 가져올 위험을 가늠하게 해 줄 것이라고까지 기대합니다.

현재, 유고슬라비아 정부는 어떤 예외적인 성격의 조치도 취하지 않고 있으며 국경에서 군대 소집이나 비정상적인 군대의 움직임도 보이지 않고 있습니다.

에피나

【40】 한국에 관한 국제 연합의 견해(1950.7.1)

[보 고 서]	한국에 관한 국제 연합의 견해
[문 서 번 호]	미상
[발 신 일]	1950년 7월 1일
[수 신 일]	미상
[발신지 및 발신자]	앙카라/레퀴이에[1]
[수신지 및 수신자]	파리/로베르 슈만(프랑스 외무부장관)

터키 외무장관이 한국 사태에 대한 안전보장이사회의 권고와 관련해 유엔 사무총장에게 답변서를 주러 본인에게 왔다는 정보를 제131호 전보를 통해 외무부에 알렸습니다.

퀘프룰루[2] 외무장관은 그러한 정보를 터키 대국민의회에서 확인시키고 부연 설명하였습니다. 아나톨통신이 그대로 발표한 그의 연설이 동봉한 보고서에 있습니다.

유엔, 미국과의 협약, 프랑스와 영국과의 동맹에 충실한 터키 정치의 기본방침들을 상기시키면서, 한편으로는 이행된 사실의 수락이 혼란과 불안의 새로운 요소를 야기함을 강조하면서, 미국의 행동에 대한 민주주의 국가들의 만족감을 가리키면서, 퀘프룰루 장관은 트리그브 리에 대한 터키 정부의 대답으로 "터키 공화국은 유엔헌장의 규정 범주 안에서 유엔 기구 회원의 자격으로 받아들인 의무들을 매우 성실하게 수행할 준비가 되어 있다"고 선언했습니다.

박수갈채 속에서, 의회는 유엔헌장의 정신에 따라 "터키 정부가 평화를 원하는 방식"에 찬성하는 동의안에 만장일치로 투표했습니다.

소련에 이웃한 터키의 특수한 위치와 관련하여 터키 정부의 견해가 유보조항

---

1) 장 레퀴이에(Jean Lescuyer, 1890-1974). 주터키 프랑스대사(1948-1952).
2) 푸아드 퀘프룰루(Fuad Keuprulu, 1890-1966). 터키 외무부장관(1950-1957).

을 포함하고 있다는 소문이 돌았습니다. 어제 다시 만났던 퀘프룰루 장관은 이러한 소문을 확인시켜 주지 않았습니다.

표면적으로 남한이 조선민주주의인민공화국의 희생자가 되어버린 무력 침략은 세계 평화를 위협하는 것입니다. 만일 유엔이 호의적인 방식으로 즉각적 개입을 하지 않았다면, 만일 유엔이 벌어진 사건을 그대로 수용하는 자세로 머물렀다면, 단지 이 지역뿐만 아니라 세계의 모든 지역에서 새로운 혼란과 불안의 요소를 유발시켰을 것이며, 세계 평화는 그 뿌리까지 흔들렸을 것입니다. 또한, 평화를 열망하며 침략은 전적으로 위법 행위라는 신념을 가지고 있는 모든 민주주의 국가들은 미국이 즉각적으로 유엔의 결의를 이끌어내기 위해 전력을 다한 행동을 만족스럽게 환영하며, 세계평화를 수호한다는 것, 이것이 바로 모든 나라의 공통된 감정이며 의지로 해석되는 관점입니다. 그리고 본인이 전투 초반부터 주지시켰듯이, 푸아드 퀘프룰루 외무장관은 오늘 오후 대국민의회의 연설에서 안전보장이사회가 회원국들에게 남한을 도와줄 것을 권고한 것에 대한 답으로, 터키 정부는 어제 저녁 유엔의 사무총장에게 "터키 공화국은 헌장의 규정 범주 안에서 유엔 기구의 회원 자격으로 받아들인 의무들을 매우 성실하게 수행할 준비가 되어 있다"고 선언했습니다.

장관은 한국전쟁 문제에서, 그리고 안전보장이사회가 이 주제에 대해 채택한 결의문 앞에서, 정부가 취한 태도에 대해 질문한 이즈미르 주3)의 대표 시아 바반4)의 질문에 대답했습니다.

이러한 질문에 대해 정부의 관점을 설명할 기회를 준 이즈미르 주 대표에게 감사를 표하면서, 그는 또한 자신이 지체 없이 실행하도록 제안한 일을 알렸습니다. 외무부장관은 한국에서의 전투 개시에 따른 사건들을 간단한 연대기적으로 설명했습니다. 무력침략의 확인, 전쟁 중단과 북한군의 38선 위쪽으로의 후퇴를 위한 명령을 다룬 6월25일 회의와 "무력 침략을 물리치고 이 지역에 평화와 국제적 안녕을 수립"하기 위한 남한 지원에 대한 유엔 회원국들에의 권고를

---

3) 터키에서 세 번째로 큰 도시로, 대규모 항구시설을 갖추었음.
4) Cihat Baban.

다룬 27일 회의에서 유엔 안전보장이사회가 채택한 결의문을 공식적으로 알리기 위해 유엔 사무총장이 터키 정부에 보낸 공문들을 읽었습니다. 그리고 나서 그는 평화와 안전, 침략에의 대항, 국가의 독립과 영토 보전의 존중, 인류의 안녕에 대한 우리 정치의 흔들림 없는 기반을 구축하는 진정한 충심을 힘차게 재확인시켰습니다. 장관은 미국과의 관계를 나타내는 매우 긴밀하고 충실한 협력과 영국과 프랑스와 우리를 잇는 동맹 관계는 세계의 평등과 평화에 기여하는 명백하고 합법적인 정치의 결과들이라고 덧붙였습니다. 외무장관은 마지막으로 이러한 정치에 의거한 정부의 입장을 설명하고 한국 사태 속에서 유엔의 권고에 대한 터키의 답변을 읽었습니다.

반복하자면, 어제 23시에 쾨프룰루 외무장관이 유엔 사무총장 트리그브 리 씨에게 전한 공문을 통해, "유엔의 안전보장이사회가 한국의 불행한 사태와 관련하여 취한 행보를 존중하는 터키 정부의 이름으로", 평화를 수호하고 명백하게 침략을 당한 국가의 주권을 지키고 국민의 안전과 세계의 평화를 공고히 하는 데 가장 효과적인 방식으로 기여하기 위한 결의문과 같이, "터키 공화국은 헌장의 규정 범주 안에서 유엔 기구의 회원 자격으로 받아들인 의무들을 매우 성실하게 수행할 준비가 되어 있음"을 알렸습니다.

그러자 의회는 "정부가 평화를 생각하는 방식"에 찬성하는 태도로서 모든 대표자들이 만장일치로 환호를 보냈습니다.

【41】 극동 아시아의 사건에 대해(1950.7.2)

[전　　　보]	극동 아시아의 사건에 대해
[문 서 번 호]	1509-1513
[발　신　일]	1950년 7월 2일 15시
[수　신　일]	1950년 7월 2일 17시
[발신지 및 발신자]	모스크바/샤테뇨(주소련 프랑스대사)

　어제 『가제트리테레르』에서 극동의 사건들에 부여한 중요성 또는 연관성과 그에 관련된 지적들은 신문 4면 전체를 차지했으며, 대만을 해방시키려는 중국 국민들의 결의문을 명시하고 있는, 이바노프가 서명한 그 기사들 중 하나의 결론 자체도, 오늘 적군을 향해 진격한 미국에 대해 정신적으로 흥분된 군대의 전조와 징후를 각인시켰습니다. 『이즈베스티야』뿐만 아니라 『프라우다』도 신문의 첫 페이지부터 그것을 다루고 있습니다.

　모스크바 공장의 '투사'인 직원이 조직한 시위를 묘사하면서, 『이즈베스티야』는 「소련 국민은 한국에서 미국의 공격 중단을 바란다」는 제목 하에, 그리고 "한국에 손대지마"라는 선고의 의미로, 코르비[1]와 쿠차포프[2]의 연설을 재현하고, 같은 생각으로 「한국 국민은 자유로워질 것이다」란 제목으로 '오르드조니키드제[3]' 공장 노동자들의 시위에 연관시킵니다.

　『프라우다』는 "소련 국민은 미국 정부의 한국에 대한 실제 공격 행위를 분연히 규탄한다"고 주장하기 위해 공장들의 또 다른 세 가지 회합의 경우를 들고, "공격을 자제하라"고 제안하고, "한국 사태에서 영미 제국주의자들의 개입을 중지하라"고 요구합니다.

---

[1] Chorbi.

[2] Kutsapov.

[3] Ordjonikidze.

그 지역의 분개한 감정을 부추기려는 언론은 두 번째 페이지에서 독일 민주주의 공화국 영토에 미국 비행기가 세균 살포를 한 것에 대한 소련 정부의 항의를 나타내기 위해 그저께 외무부장관이 해군사령관에게 보낸 문서를 실었습니다.

북한이 8일 전부터 저지른 행태로 보아 있을 수 있는 대립의 결과들을 예측함에도 불구하고, 소련 정부는 사태를 뚫고 나가는 쉴 틈 없는 미국의 신속한 행동과 그저께 아침 소련 주재 영국대사 켈리 경[4]이 파비에프[5] 씨에게 행한 처신 속에서 영국 정부가 표현하고 내보인 지지에 대해 똑같이 놀라는 것 같습니다.

소련 정부가 언론에서 평화에 대한 집념을 드러내는 성명들과 한국 국민의 일에서 미국의 개입을 종결시키려는 결의문을 위해 애쓴 조합은, 미국의 의욕을 다룬 뉴스에 대한 프로파간다가 아니며, 2차 대전 이전의 스페인을 되풀이하는 것처럼 전투에서의 장비실험에 대해 동양에서 혹은 유럽에서도 대규모 군사작전을 수월케 하려고 극동에 부대를 주둔시키는 것에 대한 프로파간다도 아닙니다. 예전과 다름없이, 소련 정부는 도덕적 권위를 거는 논쟁에서 양보할 준비가 되어 있는 것 같지는 않습니다.

요즘 언론에서 착수한 선전은 무엇보다 소련 여론이 서구에 대항해서, 미국에 대항해서 강경해지도록 준비하려는 듯합니다.

샤테뇨

---

4) 데이비드 켈리(David Kelly, 1891-1959). 주소련 영국대사.
5) Paviev.

【42】 한국 전선의 상황(1950.7.2)

[전 보]	한국 전선의 상황
[문 서 번 호]	721-724
[발 신 일]	1950년 7월 2일 01시 20분
[수 신 일]	1950년 7월 2일 10시 25분
[발신지 및 발신자]	도쿄/드장(주일 프랑스대사)

보안

1급 비밀

국방부에 긴급 전달 요망

1. 공격 시작 6일 후, 완전히 지리멸렬한 남한 군대는 군대라고도 볼 수 없었습니다.

맥아더 장군은 이러한 상황에서 나온 결과들을 수긍했습니다. 그의 계획은 남한을 수복하기 위해 미군이 출발하는 장소인 부산 주변의 교두보를 견고하게 유지하는 것입니다.

7월 1일 오늘 아침부터 한국에서 200여 ㎞ 떨어진 큐슈에 주둔하고 있는 제24보병사단은 단계적으로 부산으로 이동할 것입니다. 교두보가 설립되면, 최근에 도쿄에 주둔 중인 모든 수단을 갖춘 기계화된 제1기갑사단이 한국으로 올 것입니다. 교두보를 베이스처럼 사용하여 방어 작전을 다시 계속할 것입니다.

북한군이 중국으로부터 지원을 받을 우려가 있더라도, 문제의 두 사단은 불충분하며 미국이 보냈거나 다른 국가들이 맥아더 장군에게 재량권을 맡긴 새로운 연합군들로 보강되어 있을 것입니다.

크렘린의 의도가 여전히 오리무중인 채, 지금은 제삼자인 중국인들이 가장 심각하게 상황을 검토하고 있습니다.

2. 앞으로 분명 한국에서의 군사 상황 악화를 예상해야만 합니다. 그곳에서 벌어지는 전투들은 결국 미국 쪽에서는 지연시키기 위한 전투일 뿐입니다.

정박해 있던 제24사단의 선두 부대들은 예기치 못한 위치에서 적의 진격을 늦추기 위해 전방사령부의 새로운 진지인 대전까지 보내졌습니다. 한편 미국의 향후 교두보 설립은 필요 이상으로 더 오래 걸릴 것이라고 생각할 수밖에 없습니다.

예외적으로 파리로만 전달된 이번 정보는 특별히 비밀로 강조할 필요는 없어 보입니다.

드장

【43】 극동아시아와 동남아시아 상황(1950.7.3)

[전 보]	극동아시아와 동남아시아 상황
[문 서 번 호]	244
[발 신 일]	1950년 7월 3일
[수 신 일]	1950년 7월 3일 15시
[발신지 및 발신자]	부다페스트/고키에[1](주헝가리 프랑스대사)

보안

매우 지적이고 오래전부터 확실한 사상을 가지고 활동해온 헝가리 정부의 한 인사는 본인과 가진 회담에서 한국에서의 미국의 태도에 분노를 터뜨리며 한국과 유고슬라비아에 관하여 두 문제 사이에 있을 수 있는 상관관계를 강조하는 발언들을 인상적으로 쏟아냈습니다.

적시하기는 어려운 그러한 발언들에서 다음의 내용들이 눈에 띕니다.

1. 공산주의자들이 극동에서 시도하기 시작한 것과 같은 종류의 행동은 다 시금 유고슬라비아에 대해 더 한층 요구됨.
2. 우리가 매우 주의 깊게 검토했던 것임.
3. 신중함이건 좀 더 절박한 걱정 때문이건 우리는 거부하고 연기하기로 결정함. 한국의 공격은 그와 같은 종류의 다른 국지적 군사작전에서 풍 향계 혹은 서곡이 될 수 있을 것임.

몇 가지 지표는 결국 소련이 트리에스테[2]에 있는 동남아시아와 극동아시아

---

[1] 앙리 고키에(Henry Gauquié). 주헝가리 프랑스대사(1946-1950). 주인도네시아 프랑스대사(1950-1954) 역임.

에 관계된 자국 내의 모든 반란을 포기하게끔 하려는 계획을 갖고 있으리라는 것을 짐작케 합니다.

　보다 각별히 유고슬라비아에 대해서는, 우리는 최근 몇 주 동안 모스크바의 관심사 뒤에 있었던 것으로 보이는 이 나라에 대한 매우 분명한 선동과 적대감이 재발되고 있음을 파악할 수 있었습니다. 그것은 여파가 약해진 티토의 눈부신 저항에 대적한 행동보다는, 피자드3) 씨의 강력한 영향력을 통해 굳건히 유지된 더욱 신중하고 논리적인 행위에 종지부를 찍는 일에 관련될 것입니다. 최근 피자드 씨의 서쪽 순방은 공산당 신문에 의하면 조용히 지나갔지만 지도자들에게는 극심한 감정을 불러일으켰습니다. 그들의 적대감은 완전히 뿌리박힌 적대감 이상으로 들끓을 것입니다.

　헝가리 지역에 붙어 있기 위해, 7월 1일, 유고슬라비아 전체 국경을 따라 15km 구역은 전적으로 비워주어야만 했고 금지되었던 것을 본인은 기억합니다. 그곳에 요새들이 건설되었습니다. 또한 미하이 파르카스4) 헝가리 국방부장관에 대한 『코민테른』의 최근 기사 「지속적인 평화와 민중 민주주의를 위해」에서, 유고슬라비아 군대에 대한 제국주의자들의 지배가 소비에트 세계의 국경에서 커다란 위험이 되는 것으로 규탄되었습니다.

고키에

---

2) 이탈리아 동북부 트리에스테 만에 있는 항구 도시.
3) Pijade.
4) Mihaly Farkas.

【44】 소련의 직접적인 한국 개입에 대해(1950.7.3)

[전   보]   소련의 직접적인 한국 개입에 대해
[문 서 번 호]   892
[발   신   일]   1950년 7월 3일 15시 30분
[수   신   일]   1950년 7월 3일 23시 25분
[발신지 및 발신자]   헤이그/가르니에[1](주네덜란드 프랑스대사)

자유주의 일간지 『니우어로테르담』[2]은 현재 한국에 대한 소련의 직접 개입을 생각하지 않고 있습니다. 베를린에서 열린 비밀 회합 당시, 세묘노프[3] 씨는 사실상 중국이 미국의 공격을 물리치기에 충분히 강력하고 남한의 괴뢰정부를 무너뜨리는 것은 중국의 일이라고 주장했을 것입니다. 동독 주재 소련대사는 베이징 정부 군대의 대만 공격이 임박했다고 덧붙였을 것입니다.

반대로 가톨릭 언론은 좀 더 비관적입니다. 도 마스보[4]는 실제 소련이 무력으로 세계를 지배할 수 있을 정도로 충분히 강력하다고 판단하고 가까운 시일 내에 제3차 세계대전의 발발 가능성을 믿었습니다. 이 논설위원은 그래도 아시아에서의 상호적인 영향력 범위를 정할 수 있는 미국과 러시아 협상 가능성을 던져버리지는 않습니다.

도 티드[5]는 그에게 전쟁은 제한적이기를 바라지만 상황이 별로 고무적이지 않다고 판단합니다. 여하튼 최대한 주의하며 검토해야합니다. 만일 한국이 첫 번째 시도라면, 극동에서와 같이 유럽, 중동에서도 서구가 보이는 취약함이 치

---

1) 장-폴 가르니에(Jean-Paul Garnier, 1904-1973), 주네덜란드 프랑스대사(1949-1955). 터키 및 체코슬로바키아 대사 역임.
2) 『니우어로테르담Nieuwe Rotterdam』.
3) Semjonov.
4) Do Maasbo.
5) Do Tihd.

명적인 위험이 될 수도 있는 일련의 분쟁들을 예상해야하기 때문입니다.

가르니에

【45】 한국에 대한 군사 원조 문제(1950.7.3)

[전 　　　 보]	한국에 대한 군사 원조 문제
[문 서 번 호]	961-962
[발 　 신 　 일]	1950년 7월 3일 12시16분
[수 　 신 　 일]	1950년 7월 3일 20시30분
[발신지 및 발신자]	뉴욕/쇼벨(주유엔 프랑스대사)

보안

워싱턴 공문 제266호와 제267호

제951호의 전보에 다음의 조사들을 보충하고자 합니다.

1. 요즘 언론의 해설은 어렵고 긴 군사작전에 대한 의견을 내놓고 있습니다. 부분적인 소집이 몇몇 국가에서 실시되었습니다.
2. 그러한 소식들로 인해, 전운이 서서히 감돌기 시작합니다.
3. 영국 정부는 런던의 슈만플랜에 대한 반대로 형성된 최근의 우호적인 분위기와 동시에 즉각적인 군사적 협력을 통해, 대서양 조약이 최소한 이론상으로 훼손했던 긴밀한 우대 관계와 런던과 워싱턴 사이의 군사적 긴밀한 관계를 확립할 기회를 잡도록 주의를 기울이는 것으로 보입니다.
4. 결국, 대서양 조약의 확대를 염려하는 소련 정부가 미국이 유럽에 대한 군사적 지원을 폭넓게 취하기 전에 펼쳐진 아시아 문제의 전개에서 미국을 일괄하기를 원했다면, 사태는 다르게 놓이지 않을 것입니다.

쇼벨

【46】 유럽과 아시아에 관한 보고(1950.7.4)

[전 보]	유럽과 아시아에 관한 보고
[문 서 번 호]	1533
[발 신 일]	1950년 7월 4일 15시30분
[수 신 일]	1950년 7월 5일 07시00분
[발신지 및 발신자]	모스크바/샤테뇨(주소련 프랑스대사)

유럽과 아시아에 관해

　오늘 아침 모든 신문이 게재한 내용으로, '한국에 대한 미국 군대의 개입' 관련한 소련 외무부차관 그로미코 씨의 성명을 아래와 같이 번역합니다.

　한국에서 전개되는 사건들은 근본적으로 6월 25일 조선민주주의인민공화국 국경지역에서 행해진 남한의 도발적 공격으로 벌어졌다. 이러한 공격은 오랫동안 미리 숙고한 계획의 결과다. 이승만 남한 도당의 중심에 있는 그러한 계획이 존재는 이승만 본인과 다른 남한 정부 대표자들에 의해 수없이 공표되었다.
　1949년 10월 7일부터, 이승만은 UP통신 미국지사 기자와의 인터뷰에서 탁월한 군대의 준비를 자랑하며 남한 군대가 3일 안에 평양을 함락할 수 있을 것이라고 주장했다. 1949년 10월 31일, 이승만 정부의 국방부장관인 신성모도 남한 군대는 며칠 안에 평양을 공격하고 함락할 수 있을 정도로 충분히 강력하다고 언론사 대표단에 주장했다.
　6월 19일, 조선민주주의인민공화국의 국경 지역에서 남한 군대의 도발 공격이 있기 일주일 전 당해 국회 연설에서, 미 국무부 고문 덜레스가 자리한 가운데, 이승만은 "만일 우리가 냉전(冷戰)에서 민주주의를 수호할 수 없다면, 우리는 열전(熱戰)에서 승리를 쟁취할 것이다"라고 선언했다. 남한 정부 대표자들이 자신들의 등 뒤에서 미국의 지지를 느끼지 못했다면 그러한 선언을 한다는 것은 납득하기 어려운 일이다.

지난 5월 19일, 한국 사태 발생 1달 전 쯤, 한국 원조 미 국무부 담당자 존슨은 미 하원 예산위원회에서 미국의 장비를 갖추고 미국 군사 훈련가로부터 교육을 받은 만 명의 남한 군대 장교와 병사들이 태세를 갖추어 조만간 전쟁을 시작할 수 있을 것이라고 발표했다. 우리는 한국 사태 며칠 전 미 국방장관 존슨, 미 합참의장 브래들리, 국무부 고문 덜레스가 일본에 도착할 것이고, 맥아더 장군과 특별 담화를 가질 것을 알고 있었다. 그 이후 덜레스가 남한을 방문했고 38선과 접한 국경 지역을 방문했다.

사건 일주일 전인 6월 19일, 덜레스 국무부 고문은 전술한 남한 국회에서 미국은 공산주의에 대항한 남한의 투쟁에 모든 필요한 정신적, 물질적 지원을 보낼 준비가 되어 있다고 선언했다.

그러한 사실은 그들 자신에 대해 말하는 것이며 부연설명이 필요 없다. 하지만 초기의 경험은 사건이 남한 당국에 유리하게 전개되지 않는다는 것을 보여주었다. 조선민주주의인민공화국은 미국 군사 고문이 지휘한 남한 군대와 맞선 전투들에서 일련의 승리를 쟁취했다. 한국 국민의 어떠한 지지도 얻지 못했던 이승만의 공포 정치가 해체되었고, 미국 정부는 육해공군에 남한 당국 쪽의 한국 국민을 공격할 것을 명령 내리며 공개적인 간섭을 했다. 바로 그 때문에 미국 정부는 공격 준비 태세에서 직접 공격 행위로 넘어갔으며, 한국 내정에 노골적으로 개입하기 시작했고, 한국에 대한 군사 개입 방식을 취했다.

그러한 방식을 취하면서, 미국 정부는 평화를 위반하고, 평화를 확고히 하는 데 관심을 두지 않았을 뿐만 아니라 오히려 평화의 적임을 보여주었다. 이같은 사실은 미국 정부가 점차 한국 침략 계획을 내보일 뿐임을 보여주고 있다. 초기에 미국 정부는 한국문제에 있어 미국의 간섭은 군사적 자원과 다른 자원의 보급에 국한될 것이라고 말했다. 그런 뒤 지상군을 제외한 공군과 해군을 보낼 것을 알렸다. 마침내는 미국의 지상군까지도 한국으로 보낼 것을 선언했다.

우리는 또한 초기에 미국 정부가 미국 군대는 남한의 영토에 대해서만 작전에 참여할 것이라고 선언한 것도 알고 있다. 하지만 불과 며칠 후 미국 공군이 북한의 영토에서 군사작전을 폈고 평양과 다른 도시들을 공격했다. 이 모든 것들은 새로운 전쟁 모험에 빠져든 미국 정부가 한국을 점차 공식적인 전쟁으로 밀어 넣고 있음을 보여준다. 미국 정부는 한국에 대한 군사적 개입이 안정보장이사회의 위임을 통해 시작되었음을 내세우며 그것을 정당화시키려고 한다. 이러한 표명의 위선적인 성격은 명백하다. 실제 무슨 일이 벌어졌는가? 우리는 미국 정부가 27일 안전보장이사회 회의 이전 한국에 대한 군사 개입을 시작했음을 알고 있다. 이러한 방식으로 미국 정부는 유엔을 이미 벌려놓은 일과 평화의 위반 앞에 갖다 놓았다. 스스로 행한 공격적인 행동들을 승인한 미국 정부가 결의안을 제안하면 안전보장이사회는 나중에 지지를 나타낼 뿐이다. 미국의 결의안은 유엔헌장을 심각하게 위반하면서 안정보장이사회에 의해 채택되었다. 헌장의 27조항에 따르면 주요 문제에 대한 안전보장이사회의 모든 결정은 안전보장이사회 상임이사국 5개국, 즉 소련, 중국, 미국, 영국, 프랑스를 포함하여 최소 7표를 받아 채택되어야 한다.

그렇지만 한국에서 미국의 군사 개입을 승인하는 미국의 결의안은 미국, 영국, 노르웨이, 쿠바, 에콰도르의 6표만 받았을 뿐이다. 여기에 안전보장이사회에서 중국의 자리를 불법적으로 차지한 국민당의 대표 장제스[1]의 표를 통해 7표를 계산했다. 게다가, 안전보장이사회 상임이사국 5개국 중에서 미국, 영국, 프랑스 3개국만 27일의 안전보장이사회 회의에 참석했다. 또 다른 안전보장이사회의 상임이사국인 소련과 중국은 이 회의에 참석하지 않았으니, 이것은 미국 정부에 대한 중국 국민의 적대적 입장으로 인해 안전보장이사회에서 중국이 적법한 대표자를 참석시키지 않았고 이것은 소련의 안전보장이사회 참석을 불가능하게 만들었기 때문이다. 안전보장이사회의 결의문 채택 절차를 담은 유엔

---

[1] 장개석이라고도 불림. 본명은 장중정(蔣中正). 1928-49년 중국국민당 정부의 주석을 지냈고 1949년 이후에는 대만의 국민정부 주석을 지냄. 오랜 동안 종속적인 지위에 있던 장제스의 중국이 5대국에 끼어 유엔의 상임 이사국이 된 것은 쑹메이링(宋美齡)의 외교의 힘에 의해서임. 이후 장제스의 중화민국은 1949년 대만으로 옮기고 마오쩌둥의 중화인민공화국이 중국을 대표하게 되었음. 하지만 유엔에서 신중국의 대표권을 정식으로 인정한 것은 1971년에 이르러서임.

헌장의 2가지 요구 중 어느 것도, 27일의 회의에서는 어떤 법적 힘이건, 이번에 채택된 결의안을 들어주게끔 충족시키지 못했다.

우리는 또한 유엔헌장이 국내적 성격의 정세가 아닌 국제 질서 정세에 관련된 한에서 안전보장이사회의 개입을 알린다는 것을 알고 있다. 그러므로 헌장은 어떠한 국가건 그 국가의 2개 분파 사이의 국내 분쟁에 관련될 때 국내 문제에 대한 UN의 개입을 단호하게 금지하고 있다. 결과적으로, 안전보장이사회가 27일의 결의문을 통해 유엔의 중요한 또 다른 원칙을 깬 것이다.

전술한 바에 따르면, 미국 정부는 한국에 대한 군사 개입을 보장받기 위한 결의안을 안전보장이사회에 비합법적으로 요구한 셈이 된다. 미국이 안전보장이사회 회원국들에 행사한 노골적인 압력은 유엔이 미 국무부의 한 소속 부처나 다름없고, 평화의 파괴자처럼 행동하는 미국 지도층 정치의 온순한 도구로 전환되었기 때문에만 가능했던 일이다. 미국의 압력에 의해 안전보장이사회에서 27일에 채택된 비합법적 결의안은 안전보장이사회가 평화 수호라는 원칙적인 의무가 주어지는 기구가 아니라 미국 지도층이 전쟁을 맘대로 할 수 있는데 사용하는 도구처럼 움직인다는 점을 보여준다. 안전보장이사회의 이러한 결의안은 평화에 반대하는 적대적 행위다. 만일 안전보장이사회가 평화의 원리를 소중히 여겼다면, 그처럼 논란이 되는 결의안을 채택하기 보다는 한국의 당파들을 화해시키려는 노력을 했어야만 했다. 그것은 안전보장이사회와 유엔의 사무총장이 해야만 했다. 하지만 그들은 그러한 시도를 하지 않았다. 십중팔구 그들은 그러한 평화적 행위가 침략국의 계획에 반하는 것이라는 점을 알고 있다. 트리그브 리 유엔 사무총장이 이번 일에서 맡은 부당한 역할을 눈치 채지 못한다는 것은 있을 수 없는 일이다. 유엔헌장의 엄격한 적용을 감시해야 하는 임무를 띤 사무총장이 안전보장이사회의 한국문제 검토 과정에서 엄중한 의무를 다하지 못했을 뿐만 아니라, 미국 정부와 다른 안전보장이사회 회원국들의 심각한 헌장 위반에 쉽게 협력하였다. 바로 그러한 이유로, 유엔 사무총장은 자신이 유엔을 견고하게 하고 평화를 확립시키기보다는 한국 침략 계획을 수행하는 미국 지도층에 협력하고 있음을 보여주었다.

6월 29일의 기자회견에서, 트루먼 대통령은 미국이 한국에서 군사작전을 편

후 전쟁 상태에 있다는 것을 부인했다. 그는 유엔을 지원하고 북한의 "깡패 집단"에 맞서 펼쳐지는 "경찰 작전"일 뿐이라고 주장했다. 그러한 증언들이 근거 없음을 알아채기란 어렵지 않다. 우리는 침략자들이 침략을 시도하면서 자신들의 행위를 가리기 위해 이러 저러한 방식을 쓴다는 것을 오래 전부터 알고 있다. 우리 모두 1937년 여름 군국주의 국가 일본이 베이징 행진을 통해 북중국에서 군사 개입을 시작하며 동양에서 평화를 유지하려는 국지적인 분쟁일 뿐이라고 주장했지만 아무도 믿지 않았던 일을 기억한다. 오늘 미국 정부의 명령에 따라 맥아더 장군이 한국에서 착수한 군사 작전은 유엔을 지원하기 위한 "경찰 작전"으로 생각될 수 없다. 1937년 일본 군국주의자들이 시작한 전쟁이 동양의 평화 유지를 위한 국지적인 분쟁으로 여겨질 수 없는 것과 마찬가지다. 한국에서 미국의 군사 작전은 우리가 알고 있듯이 경찰 누군가가 아닌 맥아더 장군의 명령에 따라 수행된다. 일본 주둔 미군 총사령관인 맥아더가 한국에서 군사 작전이 아니라 "경찰 작전"을 수행한다는 것은 모순된 일일 것이다. 깡패 집단을 물리치기 위해, 한국의 무방비 상태의 도시와 시민들을 공격하는 제트기와 전투기 같은 공군비행기와 순양함 및 폭격기와 보병을 실은 함대를 지니고 있는 맥아더의 군대가 경찰 작전에 개입할 필요가 있다고 누가 믿겠는가. 가장 순진한 사람들까지도 그렇게 믿지는 못할 것이다. 여기서 중국의 민중해방 부대가 미국의 군사무기로 무장한 장제스의 군대와 싸웠던 것을 상기시키는 것도 나쁘지 않을 것이다. 몇몇이 그 전투에 "깡패 집단"이란 이름을 붙였다. 그러기에 모두는 진실을 알고 있으니, "깡패 집단"을 중국의 진정한 민족적 이익을 보호하기 위한 것이 아니라 중국 민족을 나타내기 위해 사용했던 것이다. 미국의 최고 지휘자들이 중국 정부로 인정한 사람들은 중국 민족의 독립과 존엄을 좌우로 팔아버린 협잡꾼 깡패 집단으로 드러났다. 한국에 대한 미국 군사개입의 진짜 목적은 무엇인가? 분명한 진실은 미국의 침략자들이 남한뿐만 아니라 북한의 평화를 유린했다는 것이다. 미국 군대의 한국 침략은 한국 민족에 대한 전쟁 선포다. 그것의 목적은 한국으로부터 민족의 독립을 빼앗기 위한 것이지 한국 단독의 민주주의 국가 창설을 허용하려는 것이 아니며, 폭력을 통해 한국을 미국 지도층의 식민지로 만들어주는 반민중 체제를 한국에 설립하려는 것이며, 한국 영토를 극동전략기지로 사용하려는 것이다. 트루먼 대통령은 미국 군대에 한국 공격을 명령하는 동시에 미국 함대에 "대만에 대한 공격을 대비하라"고 명령했는데, 이것은 중국 영토의 일부에 대한 미국 군대의 점령을 의미하는 것이다. 미 정부의 이러한 조치는 중국에 대한 직접 공격이며, 중국의 대만 소유를 인정하는 카이로와 포츠담 국제협정에 대한 심각한 침해다. 이러한 조치는 미국이 대만 문제와 연계하지 않겠다고 한 트루먼 대통령의 지난 1월 5일의 성명을 위반하는 것이다. 트루먼 대통령은 또 다시 필리핀에 미군 군대를 늘리도록 명령했다고 발표했으며, 이것은 필리핀 내정 간섭을 준비하고 내부 분쟁을 부추기는 행위다. 이러한 미국 정부의 행위는 여전히 계속해서 필리핀을 독립 국가, 더 나아가 유엔회원국이 아닌 식민지로 간주하는 것이다. 트루먼 대통령은 게다가 인도차이나에서 프랑스에 대한 군사적 지원을 서두르라고 지시를 내렸다고 발표했다. 트루먼 대통령의 이러한 성명은 미국이 인도차이나에서의 식민 통치를 지원하기 위해 베트남 국민에게 전쟁을 부추기는 일에 착수했으며, 이를 통해 미국이 아시아 국민들의 병사 역할을 맡고 있음을 내세우려 했다는 것을 보여준다.

또한 트루먼 대통령의 6월 27일 성명은 미국 정부가 평화를 유린했고, 침략 준비 정책에서 아시아의 모든 일련의 국가들에 대한 동시 침략이라는 직접 행동으로 전환했음을 의미한다. 이제 미국 정부는 유엔 앞에서 다짐한 세계 평화 유지의 의무를 짓밟고 평화의 파괴자처럼 행동하는 것을 의미한다. 역사 속에는 국가의 독립과 민주주의 권리를 위한 민족의 투쟁을 외부 간섭에 의해 막으려 한 수많은 사례들이 있다.

(이하 본문 생략)

샤테뇨

【47】 한국의 상황(1950.7.7)

[전   보] 한국의 상황
[문 서 번 호] 767
[발   신   일] 1950년 7월 7일 09시
[수   신   일] 1950년 7월 7일 17시
[발신지 및 발신자] 도쿄/드장(주일 프랑스대사)

워싱턴 공문 제184호, 뉴욕 공문 제16호, 사이공 공문 제330호

1. 언론 통신원들에 따르면, 남한 군대와 그들을 도우러 온 미국의 몇몇 부대가 탱크를 탄 적군 포병대에 밀려 계속해서 후퇴하고 있다고 합니다. 전선은 대체로 38선에 도달했을 것입니다. 얼마 후면 평택에 진지가 구축될 거랍니다. 미서부지구 선발부대는 평택에 도착했다고 합니다. 분명하지는 않지만 아마도 수원에서, 보병이 떠받치고 있는 적군의 전차 40대가 후방으로 출구를 만들어가며 미국 선발대 진지 사이로 침투했답니다.

오전 7시, 적군은 평택에서 남쪽으로 20㎞ 떨어진 천안에 도달할듯합니다. 미국의 부대들은 아직도 북진천 쪽에 있을 것 같습니다.

반면, 상황은 분명치 않습니다. 청주에서 포착한 평양라디오 방송과 어제 저녁 로이터통신 전문으로도 상황은 확인되지 않고 있습니다. 현재 미군부대는 청주와 그곳에서 20㎞ 거리에 있는 내리(內里)에 있습니다. 피난 행렬은 대전으로 가는 길에 가득합니다. 절반의 거주민들이 이미 이 도시를 떠난 것으로 보입니다.

동쪽에서는, 7월 7일 0시 20분 연합군최고사령부 공식성명이 초반 공격 때 삼척에서 포항까지 여러 동쪽 해안 지점에 정박한 북한부대의 탈진 상태를 알렸습니다. 북한군 1,700명은 울진으로 분산되어 나누어졌습니다. 동시에 다른

부대들은 동쪽 해안과 서쪽으로 움직일 것입니다. 연합군 최고사령부의 일반적인 성명은 장갑차와 보병대를 강조하고 있으며, 그러한 군사력은 탱크 4대를 무찌른 후 재배치와 재조직을 위해 후퇴한 미국 진지를 공격하는 데 전력을 기울이고 있다고 합니다.

2. 평양라디오는 어제 해안 병력이 5일 9시에서 10시 15분 미국의 대형군함 3척이 있는 동쪽 해안 주문진에서 해전을 벌여 순양함 1대를 침몰시켰다고 전했습니다. 어제 연합군최고사령부가 공표한 공식목록에 의하면 해군은 어떤 손실도 입지 않았습니다.

3. 게다가 평양라디오는 수원 남쪽에서 인민군이 미군 150명을 사살하고 50명을 포로로 잡았다고 주장했습니다. 어제 낮에 북한군은 알려지지 않은 유형의 쌍발폭격기 한 대를 처음으로 사용했을 뿐입니다. 북한군의 탱크는 76㎜ 대포가 장착된 17T 유형일 것입니다.

4. 극동으로 대규모 물자와 병력 수송을 촉구하기 위해 미국 국방부와 7개 대대 사이에 이루어진 합의 소식이 대대적으로 알려졌습니다. 그와 같은 협정은 베를린 긴급공수를 떠올리게 합니다.

5. 신문들은 남한 외무부장관이 트리그브 리에게 감사를 표하고 남한국민은 침략자들과 어떠한 불법적인 협상에도 찬성하지 않겠다는 것을 확인시키려 보낸 전보를 게재했습니다.

국방부에 전달 요망.

드장

【48】 한국과 일본의 상황(1950.7.7)

[전   보] 한국과 일본의 상황
[문 서 번 호] 2539-2542
[발   신   일] 1950년 7월 7일 22시 15분
[수   신   일] 1950년 7월 8일 07시 15분
[발신지 및 발신자] 워싱턴/쇼벨(주유엔 프랑스대사)

보안

오늘 오후 미 국무부에서는 한국전쟁의 해결책에 대해 충분히 낙관적인 모습을 보였습니다. 상황이 안정되고 있지 않다는 점과 충분한 수의 미군 부대가 파견될 수 있기 전에 새로운 배후를 기대한다는 점을 인정하면서, 극동사령부는 북한군이 지난 24시간 동안 의미 있는 전진을 하지 못한 사실과 미군 비행기가 상대방 항공기의 방해를 받지 않고 평양의 전차 중 21대를 폭파시켰다는 사실을 고무적으로 평가했습니다.

1개 사단 전체가 이미 전투 중이고 그 다음 사단이 대기하고 있으니, 북한군이 미군을 공격하는 데 성공할 수도 있는 시간은 아마도 일주일을 넘지는 않을 것으로 보고 있습니다. 이 기간이 지나면 미군은 빼앗긴 땅을 확실히 회복할 수 있을 것입니다. 행정부는 또한 어떠한 경우에도 시간적 요인의 중요성을 인식하고 있으며, 만일 군사작전이 신속하다면 중공군이 반격할 위험은 많이 줄어들 것으로 보고 있습니다. 일본에서 한국으로 이동하면서 최대한 시간을 단축시키는 게 바람직하다고 보는데, 이는 4분의 3이 일본에 머무르고 있는 미군의 점령상태가 너무 늘어질 위험에 있기 때문입니다.

우리 교섭 상대자에 따르면, 북한군의 공격에 대한 미국의 반격은 결과적으로 일본의 호의적인 반응을 이끌어낼 것이라고 합니다. 행정부는 그러한 반응

을 이용하고 싶어 할 것이며, 그것은 요즘 평화조약의 예비 검토를 재개하고 촉구하도록 이끌고 있습니다.

　당연히 포스터 딜레스 씨처럼 상황이 분명해지지 않는 한 어떠한 결정도 내려지지 않을 것이라고 생각하는 동남아시아 사령관은 방금 우리 측 직원 중 한 명에게 여기서 유엔의 전반적 조치 안에서 우회적이고 충분히 느슨한 방식으로 개입될 가능성이 있는 군사 기반에 대한 협정과 더불어 다시금 신속한 평화조약으로 결론이 날 것이라고 말했습니다.

쇼벨

【49】 한국문제(1950.7.7)

[전　　　보]	한국문제
[문 서 번 호]	2548-2554
[발　신　일]	1950년 7월 7일 22시 15분
[수　신　일]	1950년 7월 8일 07시 15분
[발신지 및 발신자]	워싱턴/보네(주미 프랑스대사)

보안

　한국문제에 대한 첫 번째 내부 결론은 워싱턴에서 분명해졌습니다. 미 극동군을 강화시키기 위한 긴급 조치를 취하고 그것의 성공을 보장하려는 정부는 국가 자체적으로도 군사 체제를 약화시키지 않고 부차적 노력을 실행하게 해주는 조치들을 취해야만 했습니다. 오늘 정부는 예전에 책정한 예산 한도를 넘는 병력수를 증가시키는 3개 부대를 허가한 참입니다. 이는 징병을 통해 충당될 것입니다. 예산상 예상되었던 1,500,000명 대신 1,800,000명의 부대 병력으로, 300,000명의 징병이 검토되었습니다.

　만일 필요하다면, 다른 법률적 조치들도 공표될 것입니다. 합성고무공장 2곳의 재가동은, 대비책들이 산업적 순서 속에서 취해지고 재무장의 가속화가 빠지지 않고 있다는 첫 번째 방증입니다.

　한국 사태로 인해 공적 관심의 제일선에 군사준비문제를 제기하는 태도가 생겨났습니다. 일본에서도 북태평양에서도, 미국은 갑작스런 위협에 직면했을 때 필요한 모든 요소들을 가지지 않았음이 드러났습니다.

　정부 자체가 이러한 위험을 전적으로 인식하고 있다는 인상을 주고자 했습니다. 대통령은 방금 핵에너지위원회에 추가 재정 2억 6천만 달러 승인을 의회에 요구했다고 공식적으로 발표했습니다. 이것은 핵무기, 무엇보다 수소폭탄 생산에 필요한 새로운 설비에 쓰일 것입니다. 정부는 홍콩과 마카오를 포함한 극동 쪽의 전쟁에서 쓰일지도 모르는 모든 생산품들과 석유의 운송을 중단하는 조치를 취했습니다.

그들 쪽 정계에서는 새로운 발의권을 요청했습니다. 어제 듀이[1] 주지사는 소련의 것과 비등하거나 우세한 미국 군대 조직에 필요한 전쟁 물자 생산이 보장되어야 한다고 요구했으며, 로지[2] 상원의원은 한국에서보다 더 큰 위험이 도사리는 유럽에 대한 군사적 지원을 2백만 달러 늘려야 한다고 제안했습니다.

그러한 다양한 제안은 정부와 의회가 현재 시행하고자 준비한 것을 초과합니다. 그러한 제안들은 여론에 심각하게 드러나는 것과 다르지 않습니다. 한국에서의 작전 전개는 앞으로 취해질 결정을 부분적으로 암시할 것입니다. 정부도 여론도 실패를 받아들일 준비가 되어 있지 않습니다. 하지만 최상의 가정 속에서, 게다가 빠르게 성공할 경우, 국제 관계, 특히 미소 관계가 다시금 더욱 심각하게 훼손되는 커다란 계기가 될 것입니다.

한국 사태는 프라하에서의 공산주의자들에 의한 권력 쟁취나 베를린 장벽보다 더욱 큰 반향을 불러올 것이며, 이미 충분히 달아오른 미소 관계의 끊임없는 긴장을 지속적으로 심화시킬 것입니다. 또한 군사적 준비를 가속화시키고, 이 나라에서 4자 협상을 이끌어내고 국제적 긴장 완화를 추구하고자 했던 이들의 일을 더 어렵게 만들거나 아니면 불가능하게 만들 것입니다. 한국 사태는 그와 비슷한 또 다른 사건이 더 위험한 상황을 유발할지도 모른다는 심리를 낳을 것입니다. 공산주의는 다소 단기간에 경우에 따라 세계대전을 촉발시킬 위험을 무릅쓰지 않고는 더 이상 아시아에서 확장 계획을 계속할 수 없습니다.

보네

---

[1] 토머스 듀이(Thomas Edmund Dewey, 1902-1971). 공화당 계열의 뉴욕주 주지사(1943-1954). 1948년 트루먼을 상대로 대선을 치른 후 패함.
[2] 헨리 로지(Henry Cabot Lodge, 1902-1985). 미 공화당 상원의원(1947-1953) 유엔 상임대표, 베트남 주재 대사, 파리회담 수석대표 역임.

【50】 한국 사태에 관한 설문 조사 결과(1950.7.8)

[전   보] 한국 사태에 관한 설문 조사 결과
[문 서 번 호] 96
[발   신   일] 1950년 7월 8일
[수   신   일] 1950년 7월 8일 16시
[발신지 및 발신자] 뮌헨/로셰[1](프랑스 외교관)

고데스베르크 발송-파리 전달

『뮌헨너메어쿠어』[2]는 어제 한국에서 발생한 사건에 대한 독일 남쪽 지방 사람들의 여론을 설문조사한 결과를 실었습니다. 이 일간지는 특히 모든 정당의 정치가들에게 질문했습니다. 북한은 트루먼 대통령의 단호함에 경의를 표해야 합니다. 바이에른 주 총리는 극동에서 벌어진 일들을 오래 가게 두지 않으려는 미국의 엄중한 결정은 세계 도처에서 자유와 권리에 관련된 신뢰를 강화시킬 것이라고 대답했습니다. 사태를 명확하고 용감하게 보는 이러한 도덕적 격려는 결함과 불안정으로 위협받고 있는 세계의 평화를 유지하는 가장 훌륭한 수단이 됩니다. 자신들의 직접적 이익을 상당히 벗어나는 일을 시도한 미국의 엄청난 노력이 세계 최상의 선을 위한 공동 방어를 위해 협력하는 데 도움이 되기를 바랍니다. 바이에른의 사회주의 당수인 폰 크노에링겐[3] 씨는 한국에서의 일방적인 공격에 대한 방어태세를 조직할 필요성을 주장한 후, 최근 미국의 선언 정신 속에서 독일 문제를 다루어주기를 바라는 마음을 표했습니다. 법무장관 토마스 델러[4] 씨는 트루먼에게서 민족 자유의 기수를 발견합니다. 워싱턴은 자신

---

[1] 루이 로셰(Louis Roché, 1903-1989). 주호주 프랑스대사(1952-1955) 역임.
[2] 『뮌헨너메어쿠어Muenchener Merkur』
[3] Von Knoeringen.

에게 주어진 세계적 의무를 이해했고 자유를 사랑하는 모든 사람에 대한 지지와 동감을 헤아릴 수 있습니다. 바이에른 당의 사무총장인 포크너[5] 박사는 만일 민주주의자들이 1933년에 오늘날 한국 사태에서 보여준 것과 같은 공고함을 보여주었다면 독일의 철의 장막은 없었을 것임을 알아야 한다고 생각합니다.

결론적으로, 포크너 씨는 현재 서구를 방어하고 이를 통해 우리 민족을 지켜주는 데 참여하는 미국의 패기에 가장 열렬한 지지를 표합니다. 경제재건연합 당수인 로리츠[6] 씨는 전투가 한국 영토에 국한되기를 바랍니다.

그가 보기에, 미국의 개입은 볼셰비키 물결에 대한 최후의 둑을 의미합니다. 자신의 책임을 의식하는 모든 정치가들은 모든 공포를 피할 수 있도록 최선을 다해야 합니다. 본인은 그가 바이에른에 공포 체제가 없다고 말했다는 사실에 만족합니다.

로셰

---

[4] 토마스 델러(Thomas Dehler, 1897-1967). 독일 연방공화국의 첫 법무장관(1949-1954), 자유민주당 의장(1954-1957) 역임.

[5] Falkner.

[6] Loritz.

【51】 한국의 군 정세(1950.7.8)

[전 보]	한국의 군 정세
[문 서 번 호]	774
[발 신 일]	1950년 7월 8일 9시
[수 신 일]	1950년 7월 9일 1시
[발신지 및 발신자]	도쿄/드장(주일 프랑스대사)

뉴욕 공문 제18호

워싱턴 공문 제186호

사이공 공문 제332호

1. 어제 오후 미국의 발표는 7월 6일 오산 쪽으로 후퇴한 미군이 적의 장갑차 부대와 평택 근처에서 처음으로 마주했음을 알리고 있습니다. 포병대에 의해 지원받고 있는 500여 명에 관한 것입니다. 40대의 탱크를 앞세우고 8배나 더한 군사들에 의해 공격당한 미군부대는 몇 시간동안 버텼고 적군의 대포를 격파하고 많은 적군 사상자를 낸 후 남쪽으로 20㎞ 떨어진 곳에 재집결하였습니다. 결국 뒤늦은 병력 투입은 매우 적은 규모에 그쳤습니다. 7월 8일 0시 45분의 미군 발표는 북한군 제3, 4사단의 동향을 언급하고 있습니다. 발표는 전선이 청주와 북천안-청주를 지나 동쪽으로 향한다고 전하고 있습니다. 북한군 제1, 2, 3사단은 서부지구와 또 다른 경로 서울-수원-대전에서 공격대를 형성할 것입니다. 그 부대들은 제2사단을 필두로 30㎞를 따라갈 것입니다. 제5사단은 매우 중요한 통지와는 반대로 남쪽으로 길게 원주에서 청주 방향으로 움직일 것입니다. 미군 사단장인 딘 장군은 7일 성명에서 다른 방식으로 적군의 배치를 설명했습니다. 그에 따르면, 적군은 15개 사단, 5천에서 6천으로 이루어진 분대와 약 150 대의 탱크를 두고 있습니다.

2. 언론 뉴스들은 군대 위치에 대해 아주 조금 언급할 뿐입니다.

통신문에 따르면, 천안까지 진격한 3만 명 정도의 적군이 약한 미군부대의 방어선을 뚫고 이틀 동안 60km를 전진했다고 합니다. 같은 언론사의 또 다른 통신문에 따르면 미군이 남천안에서 7일과 8일 밤 반격을 했으며, 북대전 쪽으로 20km를 지나 금강 북쪽 9km 지점에 이르렀다고 합니다.

3. 평양 라디오는 특히 김천 부근과 대구의 대로, 대전-부산 철로, 양산에서 50km 떨어진 남대구와 내던 남쪽으로 120km 떨어진 순창에서 유격대가 벌인 활동을 상당히 강조했습니다. 이 유격대원들은 특히 도로를 봉쇄하려고 하고, 다리를 격파하고 철로를 끊어놓으려 합니다. 같은 출처에 따르면 유격대원들은 북부산에서 30km 떨어진 기장면과 서부산에서 150km 떨어진 광양에서도 마찬가지의 활동을 펼친 것 같습니다.

4. 미국발 뉴스를 참고하는 일본 신문들은 북한군이 배치한 뛰어난 전차를 강조합니다. 그들은 장갑차의 대항과 88mm 대전차포의 위력과 조작 능력에 주목합니다.

5. 북한의 전략적인 폭격도 이어지고 있습니다. 6일, 미군 폭격기는 영포 북쪽의 간도 다리 3개, 평양 북쪽의 신안주 다리와 평양 근처의 또 다른 다리를 폭파했습니다. 7일 29번의 폭격은 평양의 항구인 진남포에 이르러 처음엔 잠수함으로 추정되었으나 단순히 포격선인 것 같은 4개의 군함에 타격을 주었습니다.

국방부에 전달 요망.

드장

【52】 한국 사태(1950.7.8)

[전 보]	한국 사태
[문 서 번 호]	775-780
[발 신 일]	1950년 7월 8일 23시
[수 신 일]	1950년 7월 13일 10시
[발신지 및 발신자]	도쿄/드장(주일 프랑스대사)

국방부에 긴급 전달 요망

뉴욕, 워싱턴, 사이공 공문

처음 2주간 한국 사태는 예상대로 흘러갔습니다. 공격 이후 이틀 간 북한군은 운송방식과 교통로가 확보되는 동시에 빠르게 진격해나갔습니다. 이는 미 공군이 오키나와와 괌에 주둔해 있는 것을 고려한 것이며, 역시 미 공군은 매우 위력이 있었습니다(7월 6일 1,000회 출격).

전투기들의 활동은 악천후와 특히 비행기들은 일본에서부터 출격해야 한다는 사실로 인해 방해받았습니다. 전략적으로는 효율성이 매우 약했습니다.

단지 8대의 탱크만이 공군에 의해 폭격되었습니다. 남한으로의 교통로와 항구, 비행장에 집중되었던 북한군의 전략적 폭격의 결과는 대규모였으나 그 효과를 오래 누리지는 못했습니다. 미 지상군이 최대한 신속하게 일본으로부터 왔으며 빠르게 투입되었습니다.

이제까지 사령관은 적군의 진격을 늦추고 남한군 일부를 구출하는 데만 신경을 썼습니다.

어제 소규모 미 분견대가 수원으로 파견되었으나 후퇴해야만 했습니다.

현재 시간, 서쪽으로 150㎞ 지역으로 전진하였던 적군은 대전을 가로지르는 금강 변에 도달했습니다. 중부에서는 적군이 청주라는 주요 도시에 다다랐습니다. 그들의 주요 군사력은 150대의 탱크가 있으며, 7만에서 8만 명의 실전 군인들로 이루어져 2개 사단의 지원을 받고 있습니다.

금강 남쪽에는, 미군들이 몇 가지 방어태세를 갖추고 있는 것으로 보입니다.[1] 가장 큰 규모의 국지전이 임박한 것으로 보입니다.

하지만 작전 중에 있는 미국 군사력의 상대적 미미함을 보면 미군이 지탱할 수 있을 것으로 보이지는 않습니다.

곧 시작될 전투는 여전히 지연작전이 될 것입니다. 미군은 부산 주변에 자신들이 지켜내기를 바라는 교두보 부근에 곧 나타날 것입니다.

현재까지는 안 좋은 소식이나 실제로 걱정스러운 소식들을 들려주기만 할 뿐입니다.

동해안의 여러 지점에 정박한 유격대의 활동은 두 가지 목표를 지니고 있는 것으로 보입니다. 첫 유격대는 명백히 청주-부산 철로를 목표로 하는 한정된 병력으로만 이루어졌습니다. 또한 유격대는 지연작전을 펴고 있는 미군부대의 퇴로와 교통로를 위협하고 있습니다.

사령관이 그러한 두 요인을 함축한 위협들을 경고하고 있음에는 의심의 여지가 없습니다. 사태가 진전됨에 따라, 그것은 우리가 생각했던 것보다 훨씬 심각한 결과를 낳을 것으로 보입니다.

다시 말해 국제적 관점에서 한국 사태는 위험이 한계에 다다르면 연합국의 외교와 정치에 막중한 임무를 부여할 것입니다.

드장

추신: 발송 오류로 본 전보 전달이 지연됨.

---

[1] 금강선 지연작전은 미 제24사단이 7월 12일 조치원에서 철수해 금강을 연하는 방어선을 점령하면서부터 북한군 제3, 4사단 공격을 저지하기 위해 금강-갑천-대전 지역에서 실시한 전투와 이어서 증원된 미 제1기병사단이 영통-황간-김천에 이르는 경부국도 축선에서 실시한 지연작전을 통합하여 말함(국방부 군사편찬연구소, 『6·25전쟁사 제4권』, 73쪽).

한국전쟁 관련 프랑스외무부 자료 I (1950. 06. 25~1950. 12. 29)

【53】 한국문제에 대한 소련의 정책(1950.7.8)

[전   보]   한국문제에 대한 소련의 정책
[문 서 번 호]   2561-2569
[발   신   일]   1950년 7월 8일 20시
[수   신   일]   1950년 7월 9일 06시
[발신지 및 발신자]   워싱턴/보네(주미 프랑스대사)

보안

미 국무부에서 러시아 업무를 담당하고 있는 라인하르트[1] 씨는 오늘 아침 러시아대사관 서기관에게 사람들은 보통 소련이 한국전쟁에 개입하지 않을 것이며 지금은 세계대전을 유발시키고자 하지 않는다고 생각하는 경향이 있다고 주장했습니다.

1. 라인하르트 씨에 따르면, 소련이 취한 태도를 담고 있는 여러 자료들과 선언(미국의 교섭에 대한 러시아의 답변, 그로미코 씨의 선언, 봉쇄에 대한 항의)의 분석은 행동의 전적인 자유를 지키려는 소련의 고민을 드러냅니다.

결국, 소련이 지지하는 견해는 이전의 의견을 취소하지 않고 전쟁과는 거리를 두거나 북한을 도우러 가는 것을 허락하는 것입니다. 하지만 그들은 또한 이 사태에 대한 염려를 드러내는데, 북한의 공격이 실패로 돌아갈 경우 출구를 마련하는 것에 대한 것입니다.

만일 그러한 관측이 소련이 공격적으로 나올 의도가 없다는 것을 증명하지 못한다면, 그것은 현재까지 모스크바가 직접적으로 개입하지 않으리라는 것이

---

[1] 프레데릭 라인하르트(G. Frederick Reinhardt, 1911-1971). 미 국무부 동유럽부 담당관(1948-1951).

그럴듯한 가정으로 남아있도록 합니다.

2. 독일에서 소련이 유발한 근심거리는 라인하르트 씨에 따르면 한정된 대상만을 겨냥하고 있습니다.

독일에서 가장 중요하게 생각하는 일은 소위 미국 비행기에 의한 감자잎벌레 확산입니다.

이와 관련해 독일 남쪽과 남서부로부터 얻은 정보에 따르면, 러시아 총무국에서는 세균에 의한 피해는 접촉지역의 조직적 기술 지원에 대해 공산주의 지도자들이 제3자, 이 경우에 미국의 증오심에 책임을 전가시키게끔 심각한 문제를 부여한다는 점에 주목하고 있습니다.

하지만 여하튼, 그러한 고발에 우선하는 것으로 보이는 정치적 술책은 더욱 멀리 가지는 못할 것입니다. 미국인들에게 베를린과 서독 사이의 비행을 금지시키려는 핑계를 찾고 베를린의 공군을 없애려는 새로운 시도를 벌이려는 것으로 판단됩니다.

3. 미 당국이 소련이 통제하고 있는 유럽 국가들의 군사행동에 대해 얻을 수 있었던 정보들은 소련이 논리상 전쟁을 벌이려고 공격을 준비한다는 결론에 이르게 하지는 않습니다.

이미 본인이 언급했듯, 미국 부서들은 체코슬로바키아, 헝가리, 루마니아에서 어떠한 걱정스러운 기미도 지적하지 않고 있습니다.

반대로 몇 가지의 군사적 움직임이 불가리아에서 나타났는데, 여기에 몇몇 소련 부대가 그곳에 있는 것 같답니다.

하지만 그들의 신원을 불가리아에 있는 러시아 장교들로 보기에 어려움이 있으며, 가담자 수도 미미합니다. 게다가 사람들은 군사훈련의 시기이기도 하며 이때에는 군대들의 움직임이 증가하는 것이 당연하다고 보고 있습니다. 결국 소피아[2]에서 벌인 공격이 가져올 수 있는 결과들을 예단하지 않은 채로, 사람

2) 불가리아의 수도.

들은 이러한 행동이 한정된 대상인 유고슬라비아, 그리스, 터키만을 겨눌 뿐이라고 생각합니다.

전략적으로 가장 중요한 유럽 지역인 독일과 폴란드에서, 미 국무부가 가지고 있는 정보들은 다음과 같습니다.

1) 미국 부서들은 폴란드에서 군대의 어떠한 비정상적인 움직임도 포착하지 않고 있습니다. 이 점에 대한 정보들은 바르샤바에 있는 오스트리아 장관이 모은, 게다가 커다란 신뢰를 보낼 수 없는 정보들과 배치됩니다.

2) 실제 소련 군대들은 동독에서 군사훈련을 수행하고 있습니다. 미 국무부는 러시아 점령군이 매년 그와 같은 훈련을 했으며, 올해 수행한 훈련들이 이전 년도들에 수행한 것과 규모나 성격 면에서 별반 다르지 않다고 말합니다. 사람들은 국무부에 모스크바가 전쟁 중에 있는 중국에 대해 하고자 하는 역할에 대해 묻습니다. 사람들은 모스크바의 의도가 미국의 아시아 진격을 막는 것이라면, 한국 사태는 효과가 없을 것이라고 평가합니다. 미국이 이 무대에서 여러 달 어려움에 처한 마을에 사로잡혀 있어야만 했더라도, 있을 수 있는 만큼의 이러한 고된 노력은 미국의 잠재력을 눈에 띄게 고갈시키지는 않을 것이라고 봅니다. 다만 중공과의 무력투쟁은 미국으로 하여금 지출을 중단할 것인지 혹은 어쩌면 가장 중요한 군사작전무대에 끼어들 것인지의 딜레마 앞에 서게 할 수도 있을 것입니다. 그 방면에서, 우리는 여하튼 러시아의 압력이 미미하고 우리가 바라는 바 아무런 결과가 없게끔 소련이 마오쩌둥에 대해 보이는 신중함과 중소 동맹에 대해 계속해서 생각합니다. 그럼에도 그것은 가장 모호한 사실 중의 하나라는 것을 잘 알고 있습니다.

보네

【54】 한국문제에 관한 네덜란드 정부의 입장(1950.7.10)

[전 보]	한국문제에 관한 네덜란드 정부의 입장
[문 서 번 호]	950-955
[발 신 일]	1950년 7월 10일 21시
[수 신 일]	1950년 7월 10일 22시 40분
[발신지 및 발신자]	헤이그/가르니에(주네덜란드 프랑스대사)

보안

극비

　본인은 한국의 상황에 대해 어떻게 생각하는지 묻기 위해 외무부 사무국장과 면담을 가졌습니다. 분[1] 씨는 군사 상황이 신속하게 정리될 수 있으리라는 가능성에 매우 회의적인 시각을 내보였습니다.

　한국 쪽의 심한 분쟁도 중국 쪽의 분쟁도 예상되지 않지만, 그는 미국이 종국에는 성공할 것을 믿어 의심치 않지만 지금 한국에서 버티는 것이 매우 힘들 것으로 여긴다고 말했습니다. 그는 미국의 매우 성난 여론이 비등해져 이것이 워싱턴 정부로 하여금 보다 "준엄한 조치들"을 빠른 시일 내에 내리게 할 수 있을 것이라고 생각했습니다.

　그에 의하면, 홍콩, 마카오, 중국으로부터 북한으로의 석유수출 중단을 얻어 내려 미국이 제기한 요구(본인의 전보 제939호 참조)는 OECE[2] 수출통제위원회 ―네덜란드는 이제까지 관찰자의 입장에 있을 뿐 위원회에 아무런 의사표시도 않고 있음―의 권고 권한에 속하지 않으며, 본질적으로 유엔 차원에서 결정되어야 한다고 여기고 있습니다. 의회에서 그 일을 논의한 헤이그 내각은 이러한

[1] Boon.
[2] 유럽경제협력기구(Organisation européenne de coopération économique).

상황에서 지금 당장은 어떠한 조치도 취하지 않고 있습니다. 헤이그 내각은 게다가 영국 정부처럼 이러한 경로에서 다른 상세한 설명 없이 미국을 따르기는 다소 어려울 것입니다.

결국 중국과 러시아가 순서대로 취할 보복 조치, 그로 인해 네덜란드에 경제적 손실을 입힐 보복 조치에 대한 보상으로서 미국 정부가 계획하는 것에 대해 아는 것이 좋지 않겠습니까. 분 사무국장은 이 점에 특히 네덜란드에게 필요한 비료를 공급해주었던 동독과의 상대적으로 중요한 무역을 예로써 부수적으로 암시했습니다.

본인이 유엔 사무총장에게 중국 마오쩌둥과의 외교사절단 교류 문제를 요구하니(본인의 전보 제831호 참조), 분 씨는 "그 문제가 답보상태에 있었음"을 시인했습니다. 우울하긴 하지만, "덴마크는 외교관들의 교류를 성사시킨 것" 같았고, 분 씨는 어째서 그 문제가 네덜란드에서는 진척되지 못했는지 모르겠다고 했습니다. 영국인들에 대해서는, 홍콩에서 중국 국민주의자들의 비행기 사건이 있었지만, 베이징 주재 네덜란드 공관 건물과 관련한 어려움들을 쌍방이 모두 조금이나마 호의를 가지고 쉽게 해결할 수 있게 되면서 네덜란드와 관련한 계획에서 그런 일은 전혀 없습니다.

같은 주제에 대해, 분 사무국장은 다음 9월에 헤이그에서 중국과 소련의 참석 없이 "그 자리에 있을 필요가 없는" 원거리 통신 국제회의가 있을 것이라고 알려주었습니다. 또한 네덜란드 정부는 그 나라들에 의견을 물어보며, 주최국으로서 이미 마오쩌둥 정부를 알고 있기에 공산주의국가인 중국을 초대하듯 필요에 따른 여러 나라들의 참석을 알렸습니다.

의향 타진을 받은 대다수의 나라들이 반대할 경우, 예고된 회의는 여하튼 헤이그에서 개최되지 않을 것입니다.

분 씨는 마지막으로 자신이 얻은 정보들에 따르면 국민들로부터 증오를 받고 있는 국민당 정부가 이끄는 대만과 관련해 미국이 취한 주된 태도는 가장 심각한 파문들 중에서도 위험하고 격렬해 보인다고 했습니다.

가르니에

【55】 한국 사태에 관한 브라질의 반응(1950.7.10)

[전   보] 한국 사태에 관한 브라질의 반응
[문 서 번 호] 291
[발   신   일] 1950년 7월 10일
[수   신   일] 1950년 7월 13일 18시
[발신지 및 발신자] 리우데자네이루/아르방가¹⁾(주브라질 프랑스대사)

6월 30일자 전보 제265-275호에서, 본인은 한국 사태에 대해 브라질 정부기관들에서 보여준 초기 반응에 대해 주목하였습니다.

본인이 대체적으로 평가했던 비관적인 여론 동향은 사라지지 않았습니다. 오히려 그 반대로 군사작전이 전개됨에 때라 더욱 걱정스러워하는 듯합니다.

『코레리오 다 만하』²⁾도 이러한 분위기를 반영하고 있습니다. 신문에는 다음과 같이 적혀 있습니다.

> "우리 모두는 한국에서 벌어지는 일을 심히 염려한다. 몇몇 사람들은 벌써 미래의 아시아 됭케르크³⁾를 예상한다…… 위험하다는 것은 명백한 사실이다. 겉으로 보기에 미국의 실패처럼 보이는 것은 순전히 과도기적이고 미래에 아무런 의미가 없더라도 러시아의 오래된 독재가 결사적으로 해볼 시간이 왔다고 생각하게끔 부추길 수 있을 것이다." 브라질의 기독교 신문도 이러한 염려를 공유하고 있습니다. "우리 모두는 만일 전쟁에서 신속하게 이기지 못한다면, 소련이 오랫동안 이 전쟁터를 유지하려고 할 것이고 훈련된 병사들인 중국인들을 이용할 것이라고 생각한다. 한국 사태를 바라보는 패에는 어떠한 낙관주의도 없다. 오히려 비관주의로 넘어가고 있다."

---

1) 질베르 아르방가(Gilbert Arvengas, 1892-?), 주브라질 프랑스대사(1949-1953).
2) 『코레리오다만하(Correio da Manhã』, 1901-1974 동안 출간된 리우데자네이루의 일간지.
3) 프랑스 노르 주의 도시. 벨기에 국경과 가깝고 북해에 면한 항구도시. 제2차 세계대전 시, 독일군에 포위당한 영국군과 프랑스군이 영국으로 탈출한 장소.

분명, 여론은 여기서 한국의 군사 사태에 대해 직접적으로 염려하지는 않으며, 그보다는 그러한 사건이 나라 안의 고요함에 미칠 수 있는 영향에 대해 걱정하고 있습니다. 『코레리오다만하』는 비공식적으로 이 점에 대해 쓰고 있습니다.

"전쟁이 더욱 심각해질 경우 우리도 전방에서 싸워야 한다는 것을 생각해야 한다. 왜냐하면 적은 우리 국경 내부에서 수천 명의 첩자로 이루어진 종대를 유지하고 있기 때문이다. 그러므로 이러한 부문에서는 산업적·과학적·기술적 재무장은 효과적이지 못하다. 무엇보다, 그리고 특히 브라질에서는 우리 사이에 있는 공산주의 광신도들과 매국노들에 대항해 우리 국민을 지키기 위해 정신적으로 재무장된 군사작전을 개시해야 한다." 다른 리우데자네이루의 비공식적인 기관지 『아노이치』[4]는 다음과 같이 쓰며 좀 더 멀리 나아갑니다. "우리는 제툴리우 바르가스[5] 씨와 공화정 직 입후보를 지지하는 모든 사람들을 위해서, 공산주의와 인민주의의 파괴적인 작전에 대항해 국내 질서를 지키고 방어해야 할 시간이 왔음을 간곡하게 선언한다."

국내외적으로 결합된 위험이 현존하는 가운데, 보수적인 『오조르날』[6]은 신속하고 강력하게 행동할 것을 권합니다.

"세계의 평화를 수호하는 유일한 방법, 그것은 러시아인들이 지구의 다른 지점에서 새로운 도발에 뛰어들었음이 입증되었다면, 강력하고 효과적으로 한국에서 바로 지금 행동하는 것이다. 미국의 위신뿐만 아니라, 미군의 이름으로 한국에서 싸우고 있는 유엔의 위신 또한 직접적으로 문제가 된다. 모든 패배와 타협은 평화를 수호하는 국제기구의 권한에 매우 중대한 결과를 낳게 할 것이다."

하지만 한 편을 격려하고 다른 편을 낙담시키는 유엔의 역할에 대해서는 의견이 분분합니다. 『도브라질』[7]은 유엔의 행동에 신뢰를 보내고 활력 있고 용감

---

4) 『아노이치A Noite』.
5) 제툴리우 바르가스(Getúlio Vargas, 1882-1954). 브라질 대통령(1930-1945, 1951-1954) 역임.
6) 『오조르날O Jornal』.
7) 『도브라질Do Brasil』.

한 태도에 찬사를 보냅니다. 반면 『코레리오다만하』는 "유엔이 침체에 빠져들기 전에 실패하거나 혹은 제네바의 창시자가 사라졌다"고 선언합니다.

여하튼, 언론은 대체로 단호함과 저항의 논조를 띠고 있습니다. 사회주의적 성향을 띤 『폴라카리오카』[8]는 보수 신문들에 보조를 맞추며 다음과 같이 씁니다.

> "우리의 자리는 어제도 오늘도 민주주의의 힘 곁에 있으며, 우리의 의무는
> 전체주의의 속박이 지구에서 완전히 사라지도록 모든 노력을 다하는 것이다.
> 현재의 상황 속에서 포기나 마찬가지인 중간자적 입장에 대한 자리는 없으니,
> 그것은 지금 벌어지고 있는 인류 고유의 운명이기 때문이다."

공산주의 언론의 반응들은 우리가 알고 있는 질서라는 단어를 따르고 있습니다. 그 얘기들을 요약할 필요는 없어 보입니다.

현재까지 한국 사태는 보통 사람이 대통령 계승을 위한 캠페인에서 들먹이는 식의 일시적 관심에 불과합니다. 아시아의 전쟁은 그에게 자신의 존재에 즉각적인 피해를 일으키지 않는 먼 곳의 사건입니다. 반면 지금 브라질에서 열리고 있는 월드컵 축구에 대해 대중들의 많은 관심이 쏠리고 있습니다. 지도층만이 국제적 사건에 대해 진지하게 우려하고 있으나, 아직 막연히 커다란 위협과 심각한 결과를 감지하고 있을 뿐입니다.

아르방가

---

8) 『폴라카리오카Folha Carioca』.

【56】한국 사태(1950.7.10)

[보 고 서]	한국 사태
[문 서 번 호]	없음
[발 신 일]	1950년 7월 10일
[수 신 일]	미상
[발신지 및 발신자]	모스크바/샤테뇨(주소련 프랑스대사)

크렘린이 현재까지 한국전쟁에 관해 견지하는 난해한 태도는 중국의 가리개 뒤에 숨어서 들키지 않고 미국과의 대결을 시작하고자 하는 것이라고 생각할 수도 있습니다. 크렘린은 다른 국가의 내정에 미국이 군사 개입 행위를 할 때 그러한 군사적 행위로 나타나는 침략정책의 위험들을 규탄했던 자신의 통찰력이 얼마나 대단했는지 평화지지자들에게 보여줄 기회를 놓칠 수 없었습니다.

미국의 신속한 행동, 미국에서 일어난 열기, 외국으로부터 얻은 거의 만장일치에 가까운 지지에도 불구하고, 만약 소련이 사태를 악화시킬 의도가 없다면, 소련 정부를 끌어들여야만 할 것입니다. 이미 충분히 선전차원에서 언급했던 분쟁의 신속한 해결을 촉구하기 위해 평양 정부에 영향력을 발휘하여 평화에 대한 신성한 사랑을 기원하도록 말입니다. 미국의 행보에 맞선 크렘린의 갑작스러운 거절, 데이비드 켈리 경의 제안에 대한 막연한 대답은 이제 북한군이 거의 남한의 끝까지 진격한 때에 끼어들면서, 크렘린이 어떤 측면에서는 그러한 상황을 병사들의 탓으로 돌릴 수 있다는 것이어서 더욱 더 놀랍습니다.

게다가 요즘 발행되는 신문의 어조에서도 그러한 기색을 조금도 누그러뜨리지 않은 채 미국의 공격에 대해 전례 없는 모욕적이고 거만한 태도로 기사들을 싣고 있습니다.

결국, 또 무엇보다 그러한 암시는 미국의 한국 개입이 소련의 이익인 봉쇄뿐만 아니라 소비에트 연방의 안보에까지 직접적인 위협을 가하기 시작하는 것입니다.

결과적으로, 미국의 계획을 보여주기 위해 최근 여러 기사들이 쓰여졌으며, 그저께 『가제트리테레르』에서는 "우선 미국은 남한을 소련과 중공, 또 국민들이 국가 독립 투쟁을 벌이는 모든 아시아 국가들을 공격하기 위한 군사기지로 간주하고 있다"는 기사를 읽을 수 있습니다.

그러한 언어폭력과 우려되는 주장은 한국 사태를 악화시키려는 결정에서 나온 것일까요 혹은 단지 소련이 물러나서 신중히 싸우기 전에 선전을 강화하기 위해 필요한 술책일까요?

첫 번째 가정은 거의 있을법하지 않지만, 아직은 한국 사태가 전반적인, 아니면 의도적인 전쟁, 마찬가지로 소련이 냉철하게 검토한 전쟁의 전조가 아니라고 드러난 바는 아무것도 없습니다. 여하튼 확인해 보자면,

1. 아무도 그 파장을 예상하지 못할 한국 사태의 신속한 해결을 용이하게 하려고 이제까지 나타낸 모순된 모습은 단지 주의를 돌리게 하려는 것뿐만 아니라 이미 영국과 프랑스의 거대한 군사력이 자리 잡고 있는 극동에 미국의 군사력이 자리하는 것을 막기 위한 것일 수 있습니다.

그것은 모스크바가 유럽과 동양의 경계 지점 중의 하나 혹은 여러 지점에 동시에 전면 격돌을 부추기는 일련의 사태들, 필시 공산주의자들에게 새로운 성공을 이루게 해줄 사태들을 일으키기 위해 선택한 순간일까요?

2. 한국이나 인도차이나에 대한 중국의 거대한 무력 개입 가능성은 우선적으로 배제되어서는 안 됩니다. 베이징 정부는 이제까지 즉각적으로 대만을 획득할 수 있는 모든 가능성을 앗아가는 한국 사태에서 결국은 서방 세계로부터 더한층 자신을 소외시키는 자세를 취하는 모스크바의 태도를 따를 수밖에 없는 것으로 보입니다.

어떤 측면에서 소련 정부는 이제 마오쩌둥의 체면을 차리게 해줄 중국의 군사작전을 지지하고 고무시키고, 만일 소련이 끝까지 현재 자세를 고수하면서

한국 사태가 극동에서 공산주의 운동의 후퇴를 낳게 되면 흔들릴 위험이 있는 연대관계를 확인시키려는 것이 아닐까요?

그 경우 어쩌면 실패할 수도 있다는 예측에도 불구하고 크렘린은 중국이 대만을 상대로 움직이도록 부추긴 것은 아닐까요?

결과적으로 명실상부한 권리를 가지고 있는 영토에 대한 중국의 어떤 행위는 아시아에서 공격처럼 간주되지 않을 것이며, 몇몇 나라들에서는 동의도 얻어낼 수도 있을 것입니다. 공산주의의 선전은 당연히 미 제국주의 정치를 다시금 강력하게 고발하는 것을 잊지 않을 것입니다. 본인은 이에 더해 모스크바 주재 미국대사관이 현재 이러한 가능성을 검토하고 있음을 알려드리고자 합니다.

3. 현 사태는, 비록 국지적이라 해도 미국의 군사준비와 대서양 열강들의 방위기구 계획에 새로운 충격을 줄 것입니다. 현재 아직 제대로 단결되지 않고 군사적으로 덜 준비된 상대편 보다 자신들의 전력이 훨씬 우월하다고 인식하고 있는 소련이 서구와의 전쟁을 피할 수 없다고 판단하는 한, 원자폭탄이라는 불리한 조건이 있더라도 1955년보다는 1950년에 성공의 기회가 더 많을 전쟁을 촉발시키기 위해 중국을 자극하려 한다는 것은 상상가능한 일입니다.

하지만 모스크바에서 소련 언론의 반응을 엄밀히 살펴보면, 우리는 보통 크렘린이 전쟁의 신속한 해결을 원치 않으면서도 반드시 그 전쟁이 더 격화되기를 원하지는 않는다는 생각으로 기울게 됩니다. 필시, 소련은 무엇보다, 북한이 중국과 소련에게 받는 은밀하지만 실질적인 물적 지원으로 적대감을 지속하기 바라고, 미국의 군사적 위엄이 극동에서 심각하게 흔들리기를 바라는 듯합니다. 다른 한편으로는 미 정부가 현재 제3차 세계대전을 피하는 것으로 보이는 것에 기대를 걸고, 미국이 38선 이북에서 군사작전을 계속하겠다고 결정한 날 처하게 될 위험에 대해 경고하는 것도 놓치지 않습니다.

여하튼, 소련 언론이 점점 더 선동을 제기함에도 불구하고 소련 정부는 평화로운 해결의 가능성을 열어놓고 있는 것으로 보입니다. 모든 신문에 실린 그로미코 씨의 최근 성명이 중요한 증거가 될 것입니다. 『프라우다』는 7월 9일 이 성명에 대한 외국 언론의 반응을 분석하면서, 다음과 같은 특징적인 문장으로 논평을 마칩니다.

　"부르주아 언론은 영국과 미국의 선전 지침을 맹목적으로 따르고 있지만, '유엔은 안전보장이사회가 미국 군사개입의 조건 없는 중단과 한국에서 미군의 즉각 철수를 요구할 경우에만 평화 유지의 사명을 다할 것이다'라고 한 소련 성명의 매우 중요한 결론을 놓치고 있다."

　소련 정부는 결과적으로 유엔이 어떤 해결책을 제시할 권한을 지니고 있음을 부인하지 않는다는 것을 애매한 표현 속에서도 분명하게 제시되어 있습니다. 그럼 유엔 자체가 전쟁의 평화적인 해결을 용이하게 할 수 있다는 말일까요? 크렘린은 받아들여질 수 없다는 것을 알면서도 요구를 공식화하여 무엇보다 시간을 벌고 싶은 듯합니다.

　만일, 사실상 소련이 제안하고 있듯이, 미국이 한국 사태가 악화되기를 원하지 않는다면 유엔이 이전의 의견을 취소하게 하지 않은 채 난관을 빠져나갈 방법을 찾는 것이 남아 있을 것입니다.

　현재 영국이 미국 옆에서 취하고 있는 행보를 크렘린이 체계적으로 저지하지 않는다는 사실은, 전쟁의 해결을 용이하게 하는 직접적 개입은 거부하면서 그것에 대해 논의하는 것은 거부하지 않겠다는 쪽으로 생각하게 합니다.

　남은 문제는 군사 작전의 전개가 소련이 받아들일 수 없는 요구를 하게끔 부추기지 않는지 알아야 할 것입니다. 평화를 최우선 관심사로 두고, 모스크바와 워싱턴이 한국 사태를 중단시켜야 할 필요성을 느끼고 있다고 가정할 때, 호의적인 중재자 혹은 유엔이 제안한 협상안을 지금의 소련이 받아들일지는 의문입니다. 협상안은 적어도 공산주의가 38선 이북에서 받아들여지고 대만을 중국으로 즉각 반환한다는 것을 보장하지 않는 입장은 인정하지 않을 것입니다.

샤테뇨

【57】 미군과 한국군의 접촉에 대해(1950.7.12)

[전 보]	미군과 한국군의 접촉에 대해
[문 서 번 호]	277-280
[발 신 일]	1950년 7월 12일 19시 45분
[수 신 일]	1950년 7월 12일 21시 10분
[발신지 및 발신자]	코펜하겐/샤르보니에르[1](주덴마크 프랑스대사)

보안

긴급

1급 비밀

미 대사관 참사관은, 미국대사가 방금 워싱턴으로부터 받은 정보에 의하면, 미국군과 한국군 사이의 첫 접촉이 미국인들에게 참기 힘든 놀라움을 안겨주었다고 전했습니다. 아직도 세계 대전 말기에 자신들이 썼던 것을 들고 그것들이 옛날 무기가 아니라고 생각하는 한국군들에 비교하면 미군은 최고의 무기를 장착하고 있었던 것입니다.

이러한 무기는 커다란 전술적 용이함과 놀라운 군사적 훈련을 대변하는 사람들의 완벽한 능력을 통해 다루어졌습니다.

결국 북한군은 극도로 고무되었고, 지대한 결의를 가지고 전투에 임했습니다. 그래서 북한군은 모든 면에서 유럽의 우수한 군대에 버금갔습니다.

그러한 상태에서, 미국인들에게 있어 군사작전은 식민지 군사작전과는 완전히 다른 관점에서 생겨났으며, 상황의 매우 심각한 성격을 인정하지 않으면 안

---

1) 기 드 지라르 드 샤르보니에르(Guy de Girard de Charbonnière, 1907-1990), 주덴마크 프랑스대사(1945-1951). 이후 아르헨티나, 그리스, 스위스 대사 및 정부 외교고문 역임.

되었습니다.

북한군을 물리치기 위해서는, 그 당시 가장 현대적인 장비를 갖춘 수많은 부대를 전선에 배치할 필요가 있을 것입니다. 하지만 미국은 극동에 그러한 부대를 배치한 적이 없었고, 원하는 시기에 불러 모을 수 있을지도 확실치 않았습니다. 다만 지금까지 미국 공군은 그 우수성을 보여주고 있으며 북한군의 진격을 늦추거나 저지할 수 있으리라는 어느 정도의 희망을 주기도 하였습니다. 어쨌든 실망스러운 결과가 기다리고 있었고, 심각한 시련을 준비해야 했지만, 미국 정부는 종국에 승리하기 위해 무엇이 장애물이고 난관들인지를 해결하는 데 필요한 모든 노력을 다할 것입니다.

샤르보니에르

【58】 한국문제에 대한 이집트의 태도(1950.7.12)

[전   보]   한국문제에 대한 이집트의 태도
[문 서 번 호]   767-768
[발   신   일]   1950년 7월 12일 08시 30분
[수   신   일]   1950년 7월 12일 12시 05분
[발신지 및 발신자]   카이로/쿠브 드 뮈르빌[1](주이집트 프랑스대사)

외무부에 타전
베이루트, 다마스, 암만, 바그다드 공문

이집트 외무부장관은 오늘 한국 사태에 대한 이집트의 태도를 설명하고 한국
사태의 여파를 확실히 최소화시키기 위해 언론 간담회를 가졌습니다.

그는 이집트가 북한의 압력이 있었는가에 대해 반박하지 않았으며 자신은 그
러한 태도를 비난한다고 강조했습니다. 게다가 이집트 대표는 북한군이 38선
이북으로 후퇴할 것을 명령하도록 결의하는 안전보장이사회에 찬성을 표했습니
다. 반대로 만일 이집트가 남한 지원 결의안을 돕는 편에 속하지 않았다면, 이
집트는 단지 유엔의 절차에 대한 불만을 제기하는 데 그쳤을 것입니다.

이집트는 결론적으로 유엔이 약소국의 피해에 대해 무관심하며, 열강들을 보
호하는 데만 열의를 보인다고 비난했습니다. 외무부장관은 또한 이집트가 동양
군대의 편에 서기를 원한다고 생각하면 잘못이라고 덧붙였습니다.

분명 이집트는 제국주의적 야심에 대해 대립 입장을 취하고 있습니다. 하지
만 이집트는 공산주의 주도국들에게도 같은 힘으로 대적하고 있으니, 이 나라

---

1) 쿠브 드 뮈르빌(Couve de Murville, 1907-1999). 드골의 외교정책을 대표하는 인물. 카이로, 나
   토, 워싱턴, 본 등에서 프랑스대사 직 수행. 프랑스 외무장관(1958-1968), 총리(1968-1969) 역임.

는 극소수의 반공 국가들 중 하나입니다. 이러한 정책은 카이로가 중공의 인정을 거부하는 태도를 취한 것에서도 확인되었습니다.

마찬가지로 베트남의 경우도, 이집트는 모스크바로부터 나온 호치민 정부도, 제국주의의 후견을 업은 바오 다이[2] 정부도 인정하지 않았습니다.

한국 사태에 대해 이집트가 취한 행동 노선이 세계대전의 경우에도 유지되는 것인지를 묻는 한 기자의 질문에, 이집트 외무부장관은 이러한 정책은 "제한된 범주일 뿐이며, 세계대전의 경우에는 다를 것"이라고 대답했습니다.

그는 자기 나라의 정부가 취한 입장을 비난할 수는 없었습니다.

쿠브 드 뮈르빌

---

[2] 바오 다이(Bảo Đại, 1913-1997). 베트남 응우옌 왕조 황제(1925-1945), 베트남 공화국 국장 (1949-1955).

【59】 한국문제에 대한 미국 여론의 반응(1950.7.12)

[전 보]	한국문제에 대한 미국 여론의 반응
[문 서 번 호]	2627-2630
[발 신 일]	1950년 7월 12일 19시 20분
[수 신 일]	1950년 7월 13일 15시 00분
[발신지 및 발신자]	워싱턴/보네(주미 프랑스대사)

보안

뉴욕 공문 제313-316호

이번 주 초부터 38선 이남에 있는 미군의 어려움들이 분명해짐에 따라, 한국과 극동에 대한 트루먼 대통령의 결정을 환영한 만장일치에 대해 미 행정부를 향한 비판의 물결이 이어지고 있습니다.

다른 부서에 비해 좀 더 너그럽게 보아 넘겼던 미 국무부와 관련해서 어떤 부서도 그냥 넘어가지 못했고, 공화주의자의 관점을 열렬히 지지했던 많은 뉴스진행자들은 최근의 일에 대해 다시 언급하게 된 것을 다행으로 여기면서 "딘 애치슨과 그의 전임자들이 전후 극동의 다른 편과 중국에서 취한 정책이 앞뒤가 맞지 않는다"고 평가했습니다.

당연히 국방부와 국무부가 가장 공격을 받았으며, 정보부는 6월 25일 적발된 일로 비난 받았습니다.

공군사령부는 극동으로 국지전에 적합하지 않은 유형의 비행기를 보낸 것으로 비난받았습니다.

소련 탱크의 우월성과 미국 대전차포가 이제까지의 별로 성공적이지 못했다는 사실은 왜 오래전부터 일본을 통해 최고의 대전차포를 보내지 않았는지 묻는 여론을 걱정하지 않을 수 없게 합니다.

요컨대 행정부는 모든 방면에서 준비 부족으로 비난받았고, 뉴스해설자들은 신문 독자들로부터 나오는 전반적인 의견들을 충분히 요약했습니다.

> "만일 미국이 의회 제도를 가지고 있었다면, 미국 정부는 오늘부터 뒤집혔
> 을 것이다."

미국의 여론이 낙담하는 쪽으로 결론을 낸다면 잘못된 일입니다. 반대로, 본인이 방금 전한 비판들은 분명 이 나라의 국민과 행정부가 의지를 가지고 한국에서 미군의 모든 헌신과 더불어 잘 이끌어나가도록 활기를 주는 결과를 가져올 것입니다.

보네

【60】 극동 아시아 상황의 진전(1950.7.13)

[전 보]	극동 아시아 상황의 진전
[문 서 번 호]	976-978
[발 신 일]	1950년 7월 13일 20시 30분
[수 신 일]	1950년 7월 13일 23시 00분
[발신지 및 발신자]	헤이그/가르니에(주네덜란드 프랑스대사)

보안

　본인은 이미 전보 제950호, 제957호를 통해 외무부 사무국장과 인도네시아에 있는 국무장관이 극동에서의 상황 전개로 인해 걱정하는 태도를 보였다고 우리 외무부에 전달했습니다. 그들이 보이는 비관주의는 며칠 전부터 어떤 면에서는 네덜란드 신문에서 보이듯이 국민들까지 나누어가진 듯합니다.

　다수의 네덜란드인들은 사건이 점차 빠르게 진행되는 것에 대한 두려움으로 외국으로 휴가를 떠나는 것을 포기하는 것이 눈에 띄었습니다. 주부들은 항상 그랬듯이 서둘러 식량들을 마련해 저장해두려 했습니다. 헤이그에서, 암스테르담에서, 다수의 신문들이 끊임없이 전광판에 양산해내는 소식들로 걱정스러운 긴장 속에서 군중집회가 이어지고 있습니다.

　언론은 모두 한결같이 미국이 무엇보다 불확실한 확장 태세로 심각한 분규를 낳고 있는 것이 아닌가라고 생각하고 있습니다. 네덜란드 신문들은 분명 독립을 되찾으려는 한국을 돕는 유엔의 결정에 주저 없이 찬성합니다. 하지만 대만에 대한 안전보장이사회의 결의안 사례는 미국과 중국에만 관련된 예외적인 사안이라는 것 역시 매번 명시하고 있습니다(본인의 전보 제972호 참조).

　다양한 대표 여론 기관에서 가장 흥미로운 언급을 발췌해 다음 문서로 외무부에 전달하겠습니다.

가르니에

【61】 3척의 구축함을 남한 방어를 위해 보내기로 결정한 캐나다(1950.7.13)

[전　　　　보]	3척의 구축함을 남한 방어를 위해 보내기로 결정한 캐나다
[문 서 번 호]	216-219
[발　신　일]	1950년 7월 13일
[수　신　일]	1950년 7월 17일 17시 00분
[발신지 및 발신자]	오타와/바드방[1](주캐나다 프랑스대사관 참사관)

　캐나다 내각은 7월 12일 회의 도중 지난 주 영국령 콜롬비아 기지를 떠나 퍼트 항에 막 도착한 구축함 세 척, 시욱스[2]호, 아다바스칸[3]호, 카유가[4]호를 남한 방어를 위해 맥아더 장군이 지휘하는 유엔연합군에 배치하기로 했습니다.

　이러한 결정은 유엔 캐나다 대표에 의해 트리그브 리 씨에게 같은 날 통지되었습니다.

　레스터 피어슨 장관은 이러한 조치를 언론에 알리면서 한편으로는 구축함 세 척의 임무는 엄격히 한국 군사작전에 한정되어 있으며, 캐나다 정부는 현재 휴회 중이고 필요한 경우 소집될 수 있는 국회의 동의 없이 또 다른 캐나다 군대를 극동으로 보낼 의사는 없음을 강조했습니다.

　피어슨 외무부장관은 연방 정부가 안전보장이사회의 결의안에 지체 없이 전적인 지지를 보내며 대만의 문제는 미 정부의 입장에 대비해 유보적임을 분명히 했습니다.

　결국 미국이 극동에 대처하기로 결정한 것에 재빠르게 전적인 찬사를 보내면

---

[1] 장 바드방(Jean Basdevant, 1912-1992), 1948-1951년 주캐나다 프랑스대사관 참사관.

[2] Sioux.

[3] Athabaskan.

[4] Cayuga.

서도, 사람들은 민주주의 국가들이 공통으로 상황을 고찰하고 장기적으로 조직된 정책을 검토하도록 해줄 틀을 규정하지 못한 것을 오타와 연방 정부에 아쉬워했습니다.

사람들은 한국에서 미국의 군사계획에 따라, 인도차이나에서 프랑스의 계획에 따라, 인도와 영국에 의한 정치 외교적 계획에 따라 주도된 행위가 단지 극동 사태들이라는 틀만이 아닌 세계 정치의 관점에서 협의에 의해 준비된 검토 대상일 수 있기를 바랄 것입니다.

태평양 연안의 캐나다는 극동에 대한 책임의 몫을 피하지 않으며 대외 정치의 기본 토대를 이루는 북대서양조약의 중심에 선 본국의 위상을 약화시킬 수 있는 사태 속에 빠져들지 않으려 합니다.

워싱턴 공문 제13호, 유엔 프랑스대표단 공문 제17호.

바드방

【62】 계속 공격 중인 북한군(1950.7.13)

```
[ 전      보 ]   계속 공격 중인 북한군
[ 문 서 번 호 ]   805
[ 발   신   일 ]   1950년 7월 13일 01시 00분
[ 수   신   일 ]   1950년 7월 13일 11시 00분
[발신지 및 발신자]   도쿄/드장(주일 프랑스대사)
```

1. 7월 12일 23시 30분 미국 발표에 의하면, 서쪽에서 전진하는 적군은 4개 대대만을 보유한 미군 제1, 3사단과 4사단의 3개 사단을 도로를 따라 추격하고 있습니다.

금강 후부에서도 또 다른 미군퇴각부대가 기다리고 있습니다.

청주와 음성 사이에서 남한군은 논 사이를 흐르는 작은 시냇물인 포공 강을 따라 방어태세로 후퇴해야 했습니다.

반대로 청주를 장악한 북한의 제5사단은 강창과 금천을 잇는 주요 노선인 남쪽을 향해 일렬로 밀고 나갔습니다. 북한 제5사단은 10마일 남쪽 옹천리 부근에서 남한군 제6사단과 충돌하게 될 것입니다. 북단양을 방어하고 한강을 건너려는 미확인 북한군과 싸우고 있는 남한의 제8사단의 배후를 공격하기 위해 한 제5사단의 다른 부대들은 동쪽으로 향했다고 합니다.

이 부대들은 이미 단양 서쪽 15㎞ 거리의 오치리에 이미 닿았습니다. 북한 제15사단의 몇몇 부대들은 북한 제5사단과 청주에서 합류하기 위해 동쪽으로 움직였습니다.

동쪽에서는 어떤 중요한 움직임도 나타나지 않았습니다. 연합군 해군은 해안도로를 이용하여 분견대를 계속해서 공격하고 있습니다. 그 부대들은 또한 7월 12일 38선 이북 양양의 미확인 대상들을 공격한 바 있습니다.

7월 12일 저녁 평양 라디오에 따르면, 북한군이 11일 낮 조치원 남쪽에서 미

군 1종대를 포위했습니다. 그들은 미군 700명과 싸워 500명을 포로로 잡고, 15대 전차를 파괴하고, 4개 전차와 1,100여 정의 자동 화기, 상당수의 대전차포를 차지했을 것이라고 전했습니다.[1] 북한 라디오는 또한 단양을 함락할 것이라고 전했습니다.

국방부에 전달 요망.

드장

---

[1] 미 제24사단 제34연대는 7월 8일 천안전투에서 패배해 공주 방면으로 철수하고, 미 제21연대는 전의-조치원전투에서 큰 손실을 입고 7월 12일 대평리 방향으로 철수하여 금강방어선을 점령함.

【63】한국 전선의 상황에 대한 뉴스(1950.7.13)

[전   보] 한국 전선의 상황에 대한 뉴스
[문 서 번 호] 823
[발   신   일] 1950년 7월 13일 02시 00분
[수   신   일] 1950년 7월 13일 23시 00분
[발신지 및 발신자] 도쿄/드장(주일 프랑스대사)

1. 7월 13일 오후 1시 전달된 내용은 오늘 아침 이미 밝힌 방향으로 북한군의 압박이 계속되고 있다는 것입니다. 서쪽으로는, 우측은 공주에 기대고 북쪽 고리를 담당하고 있던 것으로 보이는 미군이 금강 남쪽까지 퇴각했습니다. 남한군 제6, 제8사단이 북한군 제15, 제5사단 앞까지 후퇴하는 동안 남한군 제1, 제2사단은 샛강인 미호와 포강 후방에서 방어조직을 계속해서 정비하고 있다고 합니다. 남한의 제8사단은 단양을 포기해야 했습니다. 미국과 호주 공군이 북한군을 폭격했습니다. 미-호주 공군은 어제 229회 출격하여 38대의 전차와 수많은 병력 차량을 폭파한 것으로 보입니다.

2. 통신사 뉴스에 따르면, 금강 후부에서 퇴각하고 있는 미국 부대는 청주 지역에서 미군과 남한군 사이에 넓은 틈새를 열어놓았을 것입니다. 이곳을 통해 북한군은, 함창 방면으로 진격하는 북한군들에 의해 포위당해 위기에 처한 남한군을 배후에서 공격하기 위해 병력을 투입했다고 합니다. UP통신에 따르면, 미군은 주둔지 배후의 게릴라 세력에 대해 잘 알고 있을 것이라고 합니다.

다른 한편으로, 동해안 쪽에서는, 해안도로를 따라 진격한 북한군 사단이 38선에서 30km거리의 청하 북쪽에 나타났습니다.

국방부에 전달 요망.

드장

【64】 연합군의 조직과 히커슨 씨의 대화(1950.7.13)

[전 보]	연합군의 조직과 히커슨 씨의 대화
[문 서 번 호]	2649-2651
[발 신 일]	1950년 7월 13일 22시 28분
[수 신 일]	1950년 7월 14일 09시 40분
[발신지 및 발신자]	워싱턴/보네(주미 프랑스대사)

보안

1급 비밀

본인의 이전 전보에 이어

국방부에 전달 요망

뉴욕 공문 제335-337호

4. 어제 개인 회담에서, 히커슨[1] 씨는 프랑스 정부가 인도차이나의 전투 부대를 한국에 출동시킬 수 없는지 물었습니다. 모든 병력 지원과 관련하여, 프랑스, 영국, 남태평양 영연방 자치령의 군대들만이 정부가 참여시킬 수 있을 것입니다. 본인은 관련 국가들의 상황이 베트민[2]에 대적하는 부대의 수를 줄이는 것을 분명 허용하지 않을 것이라고 그에게 대답했습니다. 우리는 오히려 필요한 병력이 부족한 것을 걱정하고 있습니다. 히커슨 차관보는 강력한 공습 전술의 개입이 우리에게 가장 유용한 것 같다고 말했습니다. 그는 이러한 지적에는 결론을 내지 못했습니다. 이번 회담은 전적으로 개인적인 성격을 띤 것입니다.

[1] 존 히커슨(John Hickerson, 1898-1989). 미 국무부 유엔담당 차관보(1949-1953). 이후 핀란드와 필리핀 주재 대사 역임.

[2] 호치민(胡志明)을 지도자로 하는 1941-1954년의 베트남 독립 동맹군.

본인은 오늘 아침 미 국무부에서 히커슨 씨와 다시금 한국문제에 대해 대화를 나눴고, 그는 미국의 군 당국과 민간 당국 간 관점들에 대해 어떤 암시도 내비치지 않았습니다. 우리 상주 대표들에게도 이런 류의 어떠한 암시도 하지 않았습니다. 하지만 주요 부대의 출격을 원했던 히커슨 차관보는 우리가 언론에서 발견하는 관점이자 경계하고 있는 관점을 언급했습니다.

보네

【65】 한국전에 관해 불가리아에서 온 소식(1950.7.14)

[전 보]	한국전에 관해 불가리아에서 온 소식
[문 서 번 호]	208-210
[발 신 일]	1950년 7월 14일 02시 20분
[수 신 일]	1950년 7월 14일 10시 30분
[발신지 및 발신자]	소피아/샬롱1)(프랑스 외교관)

보안

한국 사태에 있어서 여론이 특히 예민해지고 있습니다. 그들의 해방에 관련된 전면전을 기원하는 불가리아 사람들은 해방이 이루어질 것이라고 믿으며 가장 다양한 이야기들을 내놓고 있습니다.

사람들은 큐스텐딜2)과 파트리치3)에서 유고슬라비아와 그리스를 위협하고 있는, 소련 장교가 지휘하는 대규모 군대의 집중에 대해 공개적으로 이야기합니다. 사람들은 또한 적개심이 표출될 경우 발칸 반도 북쪽 지방 플레벤4)을 정부 관청의 퇴각 진지로 가리킵니다.

불가리아 군대를 구성하는 100,000명은 대부분 국경에 효과적으로 집결되어 있는 것으로 보입니다. 작은 부대들의 군사훈련은 얼마 전부터 국가 중심부의 다양한 지역에서 이루어지고 있지만 현재 48, 49년도 징집병과 몇몇 전문가들만 군복무 중입니다.

완전히 방어 작전이라고 내세우며 소련의 명령에 따라 남쪽이나 서쪽의 이웃

---

1) Chalon.
2) Kustendil. 불가리아 남서부 도시.
3) Patritch.
4) Pleven. 불가리아 북부 도시.

나라 중 한 곳에 갑작스런 공격을 하게 될 경우, 불가리아 군은 필시 소련 사단의 도착을 기다리면서 수비대로 유용하게 쓰일 수 있을 것입니다

유고슬라비아 라디오와 불가리아 관보의 자극적인 소식을 자주 접하여 놀란 정신 상태를 고려하면, 우리가 지금의 상태를 실제로 위협적인 상황이라고 생각할 필요는 없어 보입니다.

그렇지만 좀 더 우려되는 상황 전개를 예견할 수도 있는 모든 징후들을 조심스럽게 지켜보겠습니다.

샬롱

【66】 대구로 정부를 이전한다는 결정(1950.7.14)

```
[ 전        보 ]   대구로 정부를 이전한다는 결정
[ 문 서 번 호 ]   6
[ 발  신  일 ]   1950년 7월 14일
[ 수  신  일 ]   1950년 8월  7일 17시
[발신지 및 발신자]   대구/드장(주일 프랑스대사)
```

브리옹발 씨로부터 전달받음

어제 정오, 대전에서 외무부차관은 본부를 대구로 옮긴다는 정부의 결정에 대해 보고하러 왔습니다. 그는 상황 때문에 유엔위원회의 '연관단체'가 대전을 지체 없이 떠나도록 모든 조치를 취했다고 주장했습니다.

미 대사관이 아침부터 직원들 대부분을 철수시킬 정도로 어제 밤부터 갑자기 상황이 악화되어, 본인은 정부 이전이 어려워질 경우에는 대사관 차량 한 대의 무초 대사 옆에 자리를 만들어줄 것이라는 약속을 받았습니다. 우리의 부서기관과 두 감독관에 대해서도 똑같은 조치를 검토한 것은 시의적절하다고 판단했습니다.

이렇게 해서 차관의 교섭으로 간신히 제가 우리 직원들과 합류할 수 있었습니다. 오후 2시에 대전을 떠나며, 연관단체 역시 밤에 대구에 도착했습니다. 거기서 이제부터 필요한 조치들을 취할 것입니다.

대전을 떠나기로 한 한국 정부의 결정은—통지에 따르면 성급했던— 사실 지난밤부터 서쪽이 포위되는 곤경에 처하게 되면서 시간이 지날수록 더 예상되었습니다. 그리고 동쪽에서는 북한군이 대구 쪽으로 향해 가고 있으며 거기에 더해 동서쪽으로 공산군 부대들이 포항 지역에 도착했다고 합니다.

드장

【67】 한국의 군사령부에 대해(1950.7.14)

[전   보] 한국의 군사령부에 대해
[문 서 번 호] 824-828
[발   신   일] · 1950년 7월 14일 07시 30분
[수   신   일] 1950년 7월 14일 12시 10분
[발신지 및 발신자] 도쿄/드장(주일 프랑스대사)

보안

국방부에 전달 요망

만일 한국 대부분 지역을 일시적으로 포기하는 일이 처음부터 불가피한 것처럼 보였다면, 그것은 사령부가 예견했던 것과는 다른 상황에서 실행된 것 같습니다. 사령부는 이중 책임을 지게 되었습니다. 견고한 교두보 구축과 보충 병력의 도착에 필요한 시간을 벌기 위해 적군의 진격을 충분히 늦춰야 합니다. 그와 동시에, 아직은 본진에 있는 부대 대부분을 전진 배치하는 위험은 피해야만 합니다.

어느 정도 균형을 유지해야 했었으며, 그것을 위해 사령부는 공군의 우세함과 포병대의 능력을 많이 고려했습니다. 초기 2주 동안은 이러한 균형이 유지되고 있다고 느꼈고, 다만 좀 약한 분견대가 크든 작든 위험에 처한 남한군을 지원하러 갔습니다.

하지만 7월 11일부터, 미군사령부는 대비책을 보완하여 상대적으로 대규모의 군대가 비행기를 통해 금강 북쪽으로 파견되었고 그 수와 무기에 있어 매우 우수한 적군과 싸웠다고 밝혔습니다.

발표에 따르면, 6개의 전투가 문제였는데, 2개 전투는 이미 심각하게 곤경에

처한 상황이었고, 4개 전투는 위험한 상황이었습니다. 6개의 전투는 2개 연대, 즉 1차로 일본에서 파견된 대규모 부대인 24사단 대부분과, 이미 참여 중이었던 제25사단 포병대 중 1개 포대가 참여한 것으로 보입니다. 기갑사단 수송은 아직 이루어지지 않았습니다.

일본에 주둔 중인 사단과 아직 일본에 있을 수 있는 제25보병사단의 소대들을 한국군을 위해 전적으로 차출한다는 것은 거의 불가능해 보이며, 여하튼 그다지 신중치 않은 처사 같기도 합니다. 여수와 홍도 북쪽 사이에는 제7사단이 배속되어 있습니다.

필요한 보충병력은 미국에서 도착할 수밖에 없습니다. 결국 시간적 요소가 중요합니다. 북한군의 진격과 미국의 수송 사이에 속도 경쟁이 붙었습니다. 곧 결론이 날 것입니다.

이 점과 관련해, 7월 13일부터 한국의 육군 사령관을 맡고 있던 제8사단장 워커 장군은 제자리로 돌아가 진격부대를 편성했습니다. 한국 부대 사령관은 사라졌습니다. 군사적 관점에서, 한국과 일본은 하나의 부대나 마찬가지입니다.

이러한 것들이 육군 참모총장 콜린스[1] 장군과 공군 참모총장 반덴버그 장군[2]이 맥아더 장군과의 협의를 위해 매우 서둘러 도쿄에 도착했을 때의 상황입니다.

드장

---

[1] 죠셉 "라이트닝 조" 로턴 콜린스(Joseph "Lightning Joe" Lawton Collins, 1896-1987). 미 육군 참모총장(1949-1953).

[2] 호이트 샌포드 반덴버그(Hoyt Sanford Vandenberg, 1899-1954). 미 공군 참모총장.

【68】 이본 경이 아데나워 서기관과 가진 면담에 대해(1950.7.15)

[전 보]	이본 경이 아데나워 서기관과 가진 면담에 대해
[문 서 번 호]	3456-3459
[발 신 일]	1950년 7월 15일 14시 28분
[수 신 일]	1950년 7월 15일 14시 55분
[발신지 및 발신자]	본/프랑수아 퐁세(주서독 프랑스대사)

보안

2급 비밀

아르망 베라르 씨는 동료 이본 커크패트릭[1] 경이 아데나워 수상과 나눈 최근의 대담에 대한 보고서를 올릴 것입니다. 수상은 휴가를 떠나려던 참이었습니다.

본인의 견해로는, 수상은 서구 열강이 상황에 개입하는 것은 한국 사태에 비추어보는 것이 좋다는 것을, 이본 경이 현재 의장으로 있는 최고위원회의 중재자를 통해 교섭 상대에게 들려주기를 원했습니다. 그러한 노력을 통해, 소련이 베를린 혹은 독일의 영토를 갑작스럽게 공격한다는 가정 속에 준비된 조치로서도, 연방 정부는 여하튼 알고자 할 것입니다.

아데나워의 목표를 통해, 그리고 그의 성명들의 함축적인 내용으로서, 아직도 두 가지 지시를 읽고 기억해야 한다고 봅니다.

첫 번째는, 연합국이 정말로 철저하고 풍부한 역량으로 서독연방공화국에 효과적인 안전 보장을 마련해줄 때에만 어느 때라도 서독에 노력에 협력해줄 것

---

[1] 이본 커크패트릭(Ivone Kirkpatrick, 1897-1964). 당시 주독일 고등판무관. 2차 세계대전 시 BBC 고문으로 전시 심리 정치 공작기구인 정치전 집행부 활동에 협력. 전 후 외무성에서 정보 부문을 맡아 소련 정책 분석. 외무성 부차관을 거쳐 주독 영국 고등판무관을 역임하였고 외무성 사무차관으로 재직 시 수에즈 위기 발발.

을 요구할 수는 있다는 것입니다.

두 번째는, 만일 서독연방공화국이 안전이 충분히 보장되었다고 판단하지 않을 경우에는, 연합국 열강들 속에서의 신뢰는 흔들리리라는 점입니다.

아데나워 수상은 어떤 때에는 매우 실질적인 생각을 지녔으므로, 최고위원회가 자신이 얼마 전부터 주장했던 연합군 체제의 창설을 승인해줄 것을 바라고 있습니다.

뿐만 아니라, 수상과 이본 경의 대담은 한국 사태로 매우 동요된 독일 여론의 상태를 매우 정확히 반영하고 있음을 숨기지 않고 있습니다. 여론은 미국의 강력한 역량에 대해서 의심하게 만들 수 있으며, 예전의 나치, 공산주의자들, 독일 국방군의 옛 우두머리들처럼 가장 센 쪽으로 돌아서기 쉬울 것이라고 생각하게 될 수도 있을 것입니다. 우리는 그러한 경향으로 빠져들지 않도록 분투해야 할 것입니다.

이 점과 관련해, 슈만플랜과 독일의 유럽의회 참여, 특히 유럽의회 참여는 과감하고 현실주의적임을 보여주며, 값진 도움이 될 것입니다.

프랑수아 퐁세

【69】 인도 수상에게 총사령관 스탈린의 답신 메시지 전달(1950.7.15)

[전   보] 인도 수상에게 총사령관 스탈린의 답신 메시지 전달
[문 서 번 호] 1657-1658
[발   신   일] 1950년 7월 15일 22시 00분
[수   신   일] 1950년 7월 15일 23시 45분
[발신지 및 발신자] 모스크바/샤테뇨(주소련 프랑스대사)

　인도대사관에서 보도진에게 발표한 바에 따르면, 라피타크리슈난[1] 씨는 오늘 오후 3시 30분에 그로미코 씨의 호출을 받았습니다. 그로미코 씨는 그에게 스탈린 총사령관이 인도 수상에게 보낸 답신을 전달했습니다. 그 내용은 공표되지 않았습니다.

　한편, 인도대사관 대변인은 네루 수상이 자신의 호소에 대한 소련과 미국의 반응에 따라 평화 재건을 위한 새로운 행보를 할 계획임을 언론에 공표했음을 저는 오늘 오전 알게 되었습니다.

　우리 대사관의 만찬에서 어제 만났던 인도대사는 조심스럽게 비밀을 유지했습니다.

샤테뇨

---

[1] Rafithakrishnan.

【70】 요시다 씨의 연설(1950.7.16)

[전 보]	요시다 씨의 연설
[문 서 번 호]	857-859
[발 신 일]	1950년 7월 16일 07시 30분
[수 신 일]	1950년 7월 16일 10시 45분
[발신지 및 발신자]	도쿄/드장(주일 프랑스대사)

본인의 전보 제794호 참조

요시다[1] 씨는 14일인 어제 의회에서 한국전쟁에 대해 연설한 것과 관련하여 일본이 적극적인 역할을 하고 있는 상태가 아님에도 가능한 범위 내에서 협력하고 있다고 확인했습니다. 그는 일본과의 빠른 평화를 위해 미국과 영국에서 전개되고 있는 움직임을 언급했으며 정책에 따라 모든 일본인들이 화합하기를 촉구했습니다.

늘 그렇듯이 이런 상황에서 라디오 방송국은 애매모호한 그의 성명을 비난합니다. 『지지신보』는 성명 내용을 명확히 하는 일을 맡았습니다.

『지지신보』는 미국의 몇몇 견해들, 특히 일본의 재무장에 대한 리프먼[2]의 견해를 요약한 후 요시다 씨와 일본 외무성의 견해를 보여주고 있습니다. 『지지신보』가 진술하는 것처럼 다른 여론도 모든 재무장에 단호히 반대합니다. 이에 대해서는 보수적인 몇몇 군인을 제외하고는 거의 같은 의견을 보이는 일본 여론을 지켜보고 있을 뿐입니다. 한국 전선에 미국인들이 오게 된 것은 대만이나 인도차이나에 물자와 인력을 보낸다는 공산주의자들의 새로운 선언으로 인한

---

[1] 요시다 시게루, 일본 총리.
[2] 월터 리프먼(Walter Lippmann, 1889-1974). 『뉴욕 월드』 논설기자, 『뉴욕헤럴드트리뷴』의 칼럼 「오늘과 내일」 난에서 미국 및 세계 정계에 영향을 미치는 평론 발표. 퓰리처상 수상.

것은 아닐까 하며, 마찬가지로 일본은 좋건 싫건 어떤 형태로든 재무장 준비를 해야 할 입장에 처할 수 있습니다. 이 경우 전 국민을 대신하는 요시다 씨는 공산주의와 싸우기 위해 무궁무진한 인적 자원을 만들고자 하는 일본의 시도에 반대할 것입니다.

이것은 총리가 국익에 더 바람직하다고 여기면서 미리 조치를 취하거나 미군 기지를 제공하는 것, 일본 안보라는 문제를 완전히 재검토하는 것과 같은 극단 적 선택을 피하기 위해서입니다.

드장

【71】 한국 전선의 상황(1950.7.16)

[전　　　보]	한국 전선의 상황
[문 서 번 호]	860
[발　신　일]	1950년 7월 16일 11시
[수　신　일]	1950년 7월 16일 18시
[발신지 및 발신자]	도쿄/드장(주일 프랑스대사)

워싱턴 공문 제229호, 뉴욕 공문 제54호, 사이공 공문 제573호

7월 16일 연합군최고사령부 공문 제0110호

　공주 남서쪽으로 5㎞ 지점 삽교에 세운 북한군의 서부 교두보는 미공군 지상군이 적군에 가한 대규모 폭격에도 불구하고 유지되었습니다. 상황은 유동적입니다. 미군 야포대 포위에 참여한 적군의 규모도 모를 정도로 정보는 부족합니다. 후퇴해야 하는 상황임에도 미군의 사기는 충만합니다. 연합군 공군은 적군 집결과 도강하려는 부대에 맞서 적에게 큰 손실을 입혔습니다. 청주 지역이 고산지대여서 몇 번의 후퇴가 있었음에도 남한군은 상황을 유지하고 있는 것 같습니다. 북한군 제15사단이 청주에서 함창으로 향하며 거의 문경에 다다르는 동안, 북한군 제5사단은 단양-용주 전선 남동쪽으로 계속 전진하고 있었습니다. 아직은 적은 수인 동해안 쪽 적군은 북한 국경헌병 제1여단에 속한 것으로 보입니다. 이들은 해군 연합군의 화력에 진압되었습니다. 적은 김포비행장을 정비해 대공포대를 배치한 것으로 보입니다. 북한 공군은 연합군 요격기를 모두 피하면서 W.S.폭격기를 공격했습니다. 통신사 전문에 따르면 공주는 15일 저녁 적군의 손에 무너진 것 같습니다. 금강 안쪽 굽이, 미군의 왼편으로 공주 남서쪽 12㎞ 지점에 위치한 삼지리에서 전투가 벌어졌던 것 같습니다. 미군 오른편

으로는 금강을 따라 적의 압박이 강해지고 있습니다. 미 공군정찰대에 의하면 적은 15일 저녁 3개의 교두보를 설치한 듯합니다. 탱크가 지나가게 했던 것 같습니다. 미군 포위 움직임은 분명했습니다. 토요일 저녁, 최초의 북한 포병대 포탄이 대전 비행장에 떨어졌습니다. 『시카고트리뷴』특파원에 따르면 게릴라 부대들이 미군 후방에서 점점 더 기승을 부리며 불안감을 조성하는 것 같다고 합니다. 연합군 정보부는 더 어려운 일에 직면하게 될 것입니다. 미 국방부 대변인이 7월 14일 발표한 성명서에 관한 UP통신 기사를 신문들이 인용하고 있습니다. 대변인은 연합군 육공군이 그들에게 대규모 피해를 입혔음에도 불구하고 북한군이 계속 압력을 가할 수 있다면 그것은 소련의 원조 때문으로만 설명될 수 있다고 했습니다.

국방부에 전달 요망.

드장

【72】 한국군의 상황(1950.7.16)

[전 　　　 보]　한국군의 상황
[문 서 번 호]　863-875
[발 　신 　일]　1950년 7월 16일 23시
[수 　신 　일]　1950년 7월 17일 11시 15분
[발신지 및 발신자]　도쿄/드장(주일 프랑스대사)

보안

사이공 공문 제374-386호, 워싱턴 공문 제230-242호, 뉴욕 공문 제55-67호
국방부에 긴급 전달 요망

1. 금강 도하 후 한국에서의 상황은 심각해졌습니다. 당장 미국은 최초의 기
갑사단 수송이 끝난 것 같지 않은데도 여전히 포병부대만을 배치하고 있습니다.
　제24사단의 두 연대는 아주 심각한 상황에 빠졌습니다. 이 두 부대는 작전
초기 포위되었습니다.
　두 사단 포병대만 위험에 빠진 것은 아닙니다. 몇몇 포병대가 포위되었고, 전
투현황 중 다른 포대들도 적에게 포위당했다고 알렸습니다.
　두 사단 포병대는 105㎜ 18개 중대, 155㎜ 6개 중대만으로 이루어졌는데도,
미국 사령관은 포병대의 많은 우위를 점쳤습니다. 일본에 있는 군수품 보관소
에서 먼저 잃었던 대포를 대체할 수 있음은 분명합니다. 하지만 확실한 부대
개편은 상황이 급박해도 시간이 필요합니다.

2. 우리는 거의 100여대의 탱크를 보유한 미군의 행동개시를 원했지만, 주
둔군은 20톤과 30톤의 경전차만을 받았습니다. 반면 공산당은 더 강력한 러시

아 탱크로 99개의 대포를 탑재한 48톤급을 배치했습니다.

작전지휘관 워커[1] 장군은 전차 전문가입니다. 그는 매우 유능한 사람이지만 적이 보낸 48톤 전차를 기다리는 동안, 절대적으로 강하고 역동적인 적의 기갑 병력 때문에 더 어려운 임무에 직면하게 될 것 같습니다.

3. 연합군 전투기는 악천후와 연결부족, 기지와의 먼 거리 때문에 효과적이지 못했습니다. 연결에 관한 문제는 나아졌습니다. 부산과, 이후로 거의 섬에 가까운 남서쪽에 한 군데 더 세워져 두 개가 된 기지는 곧 추격대가 사용하게 될 것입니다. 공교롭게도 요즘은 전국에 흐린 날씨가 계속되고 있습니다.

4. 게다가 적의 보병대는 손실을 입었음에도 5대 1정도는 차이 날 만큼 여전히 큰 수적 우위를 유지하고 있습니다.

5. 처음에는 미국인들이 소홀히 여겼던 게릴라들은 최근 정보에 따르면 흥분해 있는 현재 상태로 볼 때 그 중요성이 강조될 것입니다.

제시된 다양한 요인으로 볼 때, 미군은 예정되었던 것보다 더 빨리 대전 지역과 금강 전선을 포기하게 될 것이 분명합니다. 미국에서 급파한 지원군이 도착할 때까지도 위태로운 상황입니다.

6. 현 상황에서 가장 불안한 양상 중 하나는 북한이라는 작은 정부의 군대 앞에 아직도 후퇴해야 한다는 미군 자존심에 가해진 혹독한 시련입니다. 국무부나 미군사령부가 내린 명령은 중국 공산당이나 소련의 개입을 증명하는 모든 일을 묵과하라는 것입니다. 이러한 엄명은 한국주재 특파원들에게도 내려졌습니다. 지금까지는 중공이나 소련 소속 대원을 보지는 못했습니다.

하지만 다른 증거들은 많습니다. 북한군 일부는 중국 공산당 사병으로 전투

---

[1] 월턴 워커(Walton H. Walker, 1889-1950). 한국전쟁 당시 미 제8군 사령관으로서 인천상륙작전을 비롯한 낙동강전투 등을 지휘함.

를 했었던 한국인으로 구성되어 있다는 사실입니다. 특히 김포에서는 중공군 군복을 입은 한국 병사 시체들이 많이 발견되었습니다. 실제로 북한군에 편입되거나 중공군 내의 고참 한국군의 수는 75,000명에 이른다고 합니다. 이는 북한군 병력과 전투력의 막대한 규모를 부분적으로 설명되고 있습니다. 또 북한군의 물자인 야크기나 전차, 대포 등은 소련제라고 알려졌습니다. 지금까지 미국 지도자들이 보여주었던 신중함은 국가 자존심에 상처를 입은 여론의 압력 때문에라도, 이미 어쩔 수 없이 배후, 즉 중공과 소련이 북한에게 확실한 원조를 했다는 더 이상 근본적으로 숨길 수 없는 사실을 설명고자 하는 것을 길게 막지는 못할 것입니다.

그래서 실제로 워싱턴은 북한의 시도가 중국과 모스크바의 조종과 개시로 이루어진 것이며 최대한 조심스럽게 준비된 위장침공을 했다는 사실을 알리게 되리라고 봅니다. 그때 국제 정세는 위험하게 악화될 것입니다.

그래서 충돌을 방지할 기회는 상당 부분 미국 입장의 가치와 힘에 대해 자각하는 나라로서 어느 정도 고된 시련을 겪고 있는 미국 대중이 유지해야 할 책임감과 평정심에 달려 있습니다.

연합군 언론 자체는 이러한 조치와 냉정함을 표하면서 이 결과에 유용하게 협력할 수 있을 듯합니다.

드장

【73】한국 전투의 결과에 따른 미국의 반응(1950.7.16)

[전   보] 한국 전투의 결과에 따른 미국의 반응
[문 서 번 호] 2682-2687
[발 신 일] 1950년 7월 16일 21시 35분
[수 신 일] 1950년 7월 17일 07시 30분
[발신지 및 발신자] 워싱턴/보네(주미 프랑스대사)

보안

출장 조사를 마친 두 명의 미국 참모총장이 한국에 대해 보고한 의견서는 이틀 후 하게 될 의장의 결정에 중요한 요소가 될 것입니다. 어제 그들의 복귀 후 열린 기자회견에서 콜린스와 반덴버그 두 장군은 온건한 낙관주의적 의견을 표명했습니다. 두 사람은 우선 이미 도착했거나 도착 예정 지원병들, 계속 이어지는 군대와 보급품 파견으로 한국이 유지되고 이후 적군을 격퇴하는 것이 가능할 것으로 평가합니다. 그것이 군대에 주어진 임무이며, 이 임무가 완수되도록 노력할 것입니다. 지휘관들의 의도나 희망은 그 이상의 것을 바라지는 않는 것 같습니다. 미국 정책은 아시아에서 곤경에 빠지지 않을 것이며 참모부의 풍부한 지원을 받을 것이 틀림없습니다.

그런데 한국 사건의 영향이 군사적 관점으로 점차 복잡해지지는 않는다 하더라도 장기간이 될 것임에 분명합니다. 초기의 실패가 기대를 무너뜨렸습니다. 미군이 전 세계의 다양한 지점에 주둔해 책임을 다해야 하는 나라라고 생각했을 때, 바로 중심도시에 대기 중이던 미군부대의 수는 터무니없이 부족하게 나타났습니다. 지금 문제는 어디까지 아는가에 달려있습니다. 미국은 만천하에 드러난 그들의 방어 시스템 결함을 보충하기 위해 어떤 조치를 취하고 준비를 추진할 것입니다. 곧 대통령의 답변이 있을 겁니다. 다양한 의견이 맞서고 있습

니다. 소련의 공격 의도가 있음을 의심하지 않는 쪽에서는 나라의 추진력 있는 동원령을 요구합니다. 다른 편은 극동에서 전개된 상황에 맞서 꼭 필요한 대비와 긴급조치를 취하는 것으로 그치자고 합니다. 새로운 군사 예산 지급을 요구하는 것으로 이미 노력이 시작되었습니다. 경과를 예측하기는 힘들지만 좀 더 진전될 것 같습니다. 군사준비 담당 대통령 보좌진들 및 직접 관련된 각료들은 총동원까지는 아니지만 전보다 매우 강력하고 빠른 준비 방법의 과정이 확실히 보이도록 분명히 노력하는 것 같습니다. 군수품 작업과 사용에 대한 부대 재편에 대해서는 너무나 여러 관점이 있기 때문에 국회에 강력한 조치를 요구하기를 기대해 보아야 합니다.

한편 소련과 민주국가들의 단절이 더 이상 메울 수 없을 정도로 벌어졌다는 생각이 각계에 널리 퍼져 있습니다. 국제 관계의 미래를 봤을 때 이처럼 위협이 악화된 것은 미국과 서방의 방어 문제를 신국면으로 접어들게 한 북한군의 갑작스런 공격 탓으로 돌려야 합니다.

위험 징후의 중요한 영향은 곧 확실히 알려질 것입니다. 이 사태가 있게 한 과정과 소련의 태도는 중요 영향이 차차 확장될 것인지, 준비할 수 있는 노력이 더 강해질 것인지를 말해주게 될 것입니다. 이미 상황은 너무 위험하게 되었지만 더 이상 악화되지 않으려면, 미국 여론 현황에 비추어 볼 때, 한국에서 이전 현상으로의 회복은 꼭 필요한 조건이며, 유엔이 그만한 대가정도는 기대할만한 기회를 줄 수 있는 중재자일 것 같습니다.

보네

【74】 외국 정치에 관한 세미나에 대해(1950.7.17)

[전 보]	외국 정치에 관한 세미나에 대해
[문 서 번 호]	1664-1668
[발 신 일]	1950년 7월 17일 15시
[수 신 일]	1950년 7월 17일 18시
[발신지 및 발신자]	모스크바/샤테뇨(주소련 프랑스대사)

모닌[1] 기자의 보고와 이후 7월 13일 폴리틱뮤지엄에서 열린 외교정책 회담
은 한국문제에 대해 언론에 드러난 소련 정부의 의견과 몇몇 관점을 보완하고
확인하게 했습니다.

군사 작전의 결정권은 남한에 돌아갑니다.

하지만 이번 사건을 주도한 미국은 그들 보호국의 실패로 인해, 북한에 맞서
자력으로 공격을 시도하게 되었습니다. 미군은 차례로 부산을 떠나 그들 기지
로 후퇴했습니다.

한국에서 시작된 전투가 확장될 위험이 있는지의 여부를 묻는 질문에, 모닌
기자는 미군의 불운 때문에 전 세계에 미국의 영향이 미치게 될 며칠 혹은 몇
주 후 이점에 집중하게 될 것이라고 답했습니다.

모닌 기자는 미국의 원조가 즉각 이루어지리라는 희망으로 침공협정을 맺은
서방 국가들은 미국의 무능함을 깊이 생각하고, 한국군의 내부 자극을 억제하
는 것과 자기 나라와 관련된 전투의 경우 남한보다 더 보호받거나 방어되고 있
지는 않다는 두려움에 이르게 되지 않을까라고 말했습니다. 그때부터 미국 정
부는 권력 유지를 위해 펼쳐진 전장에서 아마도 모든 수단을 사용해 무운을 걸
어보고자 할 것이고, 다른 전투 중심지를 일으키기 위해 스스로 도발할 것이라

---

1) Monine.

는 예상도 할 수 있다고 했습니다.

소련 정부가 평화의 명목으로 공격 선언을 하기 위해, 소련 국민이 갖게 되는 전쟁에 대한 두려움을 진정시키려 애쓰면서, 모닝 기자는 이 나라가 선동이라는 함정에 빠지지 않을 것이며 전 세계에서 평화를 지지하는 증원군이 전쟁을 선동하는 군사력보다 더 강력할 것이라고 말했습니다.

전쟁을 초래하는 어떠한 구실도 소홀히 하지 않는 것 같은 그의 이러한 논증 태도는 직간접적인 침략 전쟁을 겪기 전에, 국제 분쟁을 해결하는 모든 평화적인 수단을 총동원한 정부의 결단을 인정하기 위해 특히 경우에 따라서는 소련 내 여론을 형성하려는 목적이기도 합니다.

하지만 소련 정부는 서방세계의 조치에도 불구하고 전혀 무기력한 대책이 아니라 오려 적극적으로 임하고 있습니다. 최근 국경 문제에 대한 동독과 폴란드, 이후 체코슬로바키아, 루마니아와 헝가리 사이에 체결된 다양한 협정은 대부분의 소련 조치가 유럽에서 마음껏 펼쳐진다는 것을 드러내고 있습니다.

어쨌든 우리는 이러한 조치가 자국 통일을 점점 더 요구하는 모든 독일인들의 주장과 미국인에 의한 서독의 재무장을 알리기 위해 지금 언론이 이중전을 펼치는 것이라고 생각할 수 있습니다.

지금, 한국의 통일에 대한 열망은 단지 38선 이남으로 김일성 군이 개입했다는 이유 뿐만은 아닙니다.

샤테뇨

【75】 한국문제에 관한 국제적인 반응(1950.7.17)

[전   보]   한국문제에 관한 국제적인 반응
[문 서 번 호]   1670
[발   신   일]   1950년 7월 17일 15시
[수   신   일]   1950년 7월 17일 18시
[발신지 및 발신자] 모스크바/샤테뇨(주소련 프랑스대사)

언론과 아시아에 대해

1950년 7월 17일자 소련 언론

『프라우다』의 3면 절반과 4면 전체를 가득 채울 만큼 많은 양의 기사에도 불구하고 한국에 관련된 기사와 정보는 오늘도 특별한 흥미를 제공하지 않고 있습니다. 군사 성명에 이어 북한군에 포로로 잡힌 미군 중위에 대한 발표는 지난주 동안 언론에 나타난 이런 류의 또 다른 증언들에 덧붙여질 것입니다. "미국의 침략"에 반대해, 로마 통신『파에세세라』1)에 따르면 다시 성명을 낸 톨리아티2)의, 타스통신이 요약한 기사에서『데일리콤파스』3)의 옵서버인 스타운 씨의 또, 타스통신원이 재수록하기도 한 것으로, 평화 수호에 대해 애치슨 씨에게 전보를 보낸 뉴욕 노동조합위원회의 목소리가 더욱 높아지고 있습니다. 상하이 공문은 일본에서 "한국에 미국이 개입하는 것을 반대하는 저항 운동이 날로 확대되고 있으며" 반군국주의 전단 배포로 체포된 많은 평화지지자들이 미군 군사재판에 회부되어 강제 노역 5년을 선고 받기도 했음을 알리고 있습니다. 코르

---

1) 『파에세세라Paese Sera』. 이탈리아 언론 매체.
2) 팔미로 톨리아티(Palmiro Togliatti, 1893-1964). 이탈리아 정치가. 이탈리아 공산당 창당에 참여한 국제 공산주의 운동 지도자.
3) 『데일리콤파스Daily Compass』. 뉴욕시 좌파 일간지.

닐로프 씨는 전화를 통한 현장 보도로 남한에서 직접 목격했던 "미국의 잔인성"을 이야기하고 있습니다. 끝으로 〈국제 개관〉이라는 국제란에서 한국의 전투개전까지 거슬러 간 마리니노[4] 씨는 최근 3주 동안 아시아와 유엔에서 이루어진 미국 정책에 대해 소련 언론이 실은 의견들을 요약하고 있고, 외국 발 뉴스 두 가지도 3면에서 다루어지고 있습니다. 첫 번째는 체코슬로바키아에서 감자잎벌레 퇴치에 관련된 일입니다. 이 뉴스에서 우리는 감자 파종 계획이 90.3%만 채워졌다는 것을 알 수 있습니다. 두 번째는 「이집트의 미국 원조 거부」라는 제목입니다. 이 문제를 담당한 위원회는 이집트가 "미국의 원조"를 받아들인다면 미국의 전문가들은 그만큼 더 요구할 것이기 때문에 이집트 경제에 관한 통계자료를 제공하는 것이 이집트의 이익에 적합하지 않을 거라 평했다는 내용입니다.

샤테뇨

---

4) Marinino.

【76】 서부와 동부지역의 상황(1950.7.17)

[전   보] 서부와 동부지역의 상황
[문 서 번 호] 876
[발   신   일] 1950년 7월 17일 01시
[수   신   일] 1950년 7월 17일 12시
[발신지 및 발신자] 도쿄/드장(주일 프랑스대사)

사이공 공문 제387호, 워싱턴 공문 제243호, 뉴욕 공문 제67호

1. 7월 16일 12시와 17일 9시 연합군최고사령부 공문.

서부 지역:

적군은 걸어서든 뗏목으로든 금강을 건너려는 다양한 시도 중에 막대한 손실을 입었습니다. 금강의 북쪽 굽이에서 공주까지 미군 제34보병연대는 섬교에서, 제19보병연대는 소항에서 격렬히 맞섰으며, 제24사단의 63포병대는 새로운 방어진지에서 철수해야 했습니다. 북한군 5사단이 미군 우측을 공격할 때 제19보병연대는 적은 수가 침투에 성공했습니다. 북한 지원군은 서쪽과 중앙 지역을 향했습니다. 포병 탱크 트럭 행렬이 안성, 조치원, 충주와 청주 등의 노상에서 포착되었습니다. 금강에 대한 공산당의 압력은 미군과 남한군 간의 틈을 벌리는 것이 목적입니다.

북한군 2사단은 동청주의 여러 곳에서 남한군 2사단을 공격했습니다. 남한군은 저항하면서 공격을 막아내고 있었습니다. 중앙에서 북한군 15사단은 문경과 가까운 삼청을 향했습니다. 7월 15일 남한군은 이 도시 서쪽 6㎞ 지점에서 맞서고 있었습니다. 공산당 5사단은 남한군 제8사단이 후퇴한 것을 이용해 풍기에서 영주 북부 2㎞ 지점까지 전진했습니다. 태백 산지에서는 남한군 제6사단이 북한군 제5사단과 제15사단의 공격에 완강한 저항을 하고 있었습니다. 열정적

인 남한군 6사단은 함창의 서쪽과 북쪽에서, 제8사단은 영주, 청양 지역에서 버티고 있습니다.

동부 지역:

상륙 중대는 절벽에 뛰어올라 영덕 북쪽 연안로를 차단했습니다. 그래서 움직이지 못하게 된 적군 중대는 연합군 건물에 불을 질렀습니다.

2. 통신사 뉴스에 따르면, 금강 굽이에서는 좌안에 확고히 자리 잡고 있던 공산당 부대 병력을 정확히 모른 채 북한군에게 매우 많은 희생이 따랐던 전투가 있었습니다. 미군 진지 왼편에서는 금강과 황해 사이에 병력수를 알 수 없는 공산군이 별다른 어려움 없이 금강 하구와 군산항으로 진군했습니다.

UP통신 기사에 따르면 남금강 영산과 대전 남서쪽 20여 km 지점은 16일 오전에 북한군에게 점령됐을 거라고 합니다. 서쪽의 미군진지에서는 북한군 2개 사단이 작전을 주도할 것입니다. 미군 우측의 남한군은 적의 압력에 굴복하면서 대전 동쪽 16km 지점까지 금강을 따라 후퇴해야 했을 겁니다. 공주에서 출발한 적군은 대전 북서쪽 13km 근방에 있었고 대전 북쪽 3km 지점의 대전 비행장은 북한포병대의 포화를 받았습니다.

3. 미국의 공식 평가에 따르면, 전투 초기부터 7월 13일까지 북한군은 8-9,000명이 사망내지는 부상, 포로가 되는 손실을 입었습니다. 같은 기간 동안 미군의 손실은 500명이 채 되지 않습니다. 같은 자료에 의하면 갖가지 다른 정보가 있지만 북한군이 사용한 대공탱크는 88mm포를 갖춘 34-35톤의 러시아 전차가 전방에 섰다고 합니다. 북한군은 그동안 평가되었던 100대가 아니라 처음부터 300대는 배치하고 있었을 거라고 합니다.

국방부에 전달 요망.

드장

【77】 한국에서 공산주의에 대한 미국의 태도와 인도차이나에서 프랑스의 태도 (1950.7.17)

[전 보]	한국에서 공산주의에 대한 미국의 태도와 인도차 이나에서 프랑스의 태도
[문 서 번 호]	2695-2705
[발 신 일]	1950년 7월 17일 22시
[수 신 일]	1950년 7월 18일 06시 40분
[발신지 및 발신자]	워싱턴/보네(주미 프랑스대사)

보안

외교부로 타전한 본인의 이전 전보에 이어짐

뉴욕 공문 제382-395호

2. 저는 애치슨 국무장관에게 영국대사와 그로미코[1] 간의 협상이 분쟁 해결을 앞당길 수 있다고 생각하는지 물었습니다. 이 점에 관해 귀하의 50001호 전보에서 보듯, 저는 작전 행위의 목적이 그들 지역에서의 북한군 철수이지만, 미국이나 서방 편에서는 중국과 소련의 입장과 이익에 이르게 할 어떠한 의도도 없다는 것을 뚜렷하게 드러내는데 역점을 두었습니다.

대만의 결과는 평화조약이나 유엔의 책임으로 해결될 것이라고 했던 트루먼 대통령의 선언을 상기할 필요가 있을 수도 있습니다.

한국이 속도전으로 완전히 정복되기 전에 미국의 발 빠른 반응과 배치에 놀랐을 소련을 생각하면, 애치슨 국무장관은 그로미코가 교섭은 시작했지만 더 진전시키는 것까지는 기대하지 않는 것 같습니다. 데이비드 켈리 경[2]과의 회담

---

[1] 국제연합안전보장이사회 소련대표. 소련 외무부차관.

에 대해 애치슨 국무장관은 특히 소련 차관이 켈리 경에게 제안했다가 곧 영국 정부의 결정을 따를 뿐이라는 말을 들었다는 사실을 잊지 않고 있었습니다. 애치슨 씨는 영국인들이 "무척 정확한" 태도를 지녔다고 말했습니다. 그들의 의견서는 단호했고, 해결 요건으로 38선 이북에서 북한군의 철수를 언급하고 있었습니다.

모스크바는 그 제안에 답하지 않았고 소련의 관점을 알리기 위해 판디트 네루[3]가 제안하는 더 좋은 기회를 잡았습니다. 누구도 그러한 임무를 부여하지 않았고, 결정권이 있는 것으로 보이지도 않던 인도 총리는 발표에서 안전보장이사회에 베이징 정부의 대표 자리를 앉힐 수 있다는 가능성을 상기시켰고, 스탈린 사령관은 평가받을 만한 건설적인 제안이었다며 얼른 인도 총리에게 화답했습니다. 인도 총리의 제안은 레이크석세스[4]에서 이 문제를 다루고 거기서 "한국 국민" 즉, 애치슨 씨가 주목했던 북한 대표들을 이해시키자는 것이었습니다. 미국은 오늘 저녁이나 내일 아침에 네루 총리에게 답변하게 될 것입니다. 미국은 이사회의 결정이 무조건 집행되어야 한다는 답변을 유지할 것입니다. 애치슨 국무장관은 미국은 "침략자가 대가를 치르게 한다"는 것만을 인정할 수 있다며 단호했습니다.

유엔이 요구를 관철시킨 이후에나, 미국은 다른 모든 문제를 논의하는데 동참할 것입니다. 특히 대만에 대해서는 적당한 모든 포럼에서 논의될 수 있을 겁니다. 어쨌든 애치슨은 장관님의 제안대로, 현재의 대립 속에서 미국은 현상 회복 외에 다른 어떤 것도 추구하지 않고 다른 열강들을 불안하게 만들 수 있는 의도는 없을 거라고 저와 확인했습니다.

애치슨은 대통령이 이러한 입장을 명확히 표명할 기회를 곧 갖게 될 거라고 말했습니다.

2) 데이비드 켈리(David Kelly, 1891-1959). 주소련 영국대사.
3) 판디트 네루(Pandit Nehru, 1889-1964). 인도 초대 총리.
4) 미국 북동부, 뉴욕 주 남동부의 마을. 롱아일랜드 서부에 있음. 유엔안전보장이사회 본부가 이곳에 있었음(1946-1951).

3. 한편, 미국은 분쟁이 확대될 수 있는 시도를 아무 것도 하지 않도록 조심해야 합니다. 미국은 아시아에서 전혀 정체되고 싶어 하지는 않습니다. 애치슨 국무장관은 인도차이나에 있는 우리의 커다란 난관이 만족스러운 해결에 이르렀음을 보여주고 싶어 했습니다. 또한 지금 현재 그들의 모든 노력을 기울이고 있는 한국문제에서 벗어나면 우리와 인도차이나 문제를 돕는 방법에 대해 논의할 것이라고 말하기도 했습니다. 물론 애치슨 국무장관의 이러한 발언은 인도차이나에 대해 이미 채택된 군사 및 경제 원조 과정과 연관이 있는 것은 아닙니다.

4. 북한군의 공격은 장기간이 될 것입니다. 애치슨 국무장관은 미국 정부의 이런 단호한 반응을 의심하는 것 같지 않습니다. 기업이 미국과 미국 동맹국에 필요한 물자 생산을 시작해 결과물을 내놓게 하기 위해 취해질 조치를 실행하는데 필요한 기금 방식과 삼군의 병력 및 군사력 증가를 위해 마련된 조치와는 별도로, 대통령은 곧 정해질 결정을 이틀 후 알릴 예정입니다.

서방 유효 방어 시스템 조직과 유럽의 요구에 대한 협의는 유럽의 별도 위원회와 대서양 주요 3국의 군사대표단 간에 워싱턴에서 이루어질 것입니다. 애치슨은 스포퍼드[5] 씨가 계획을 제시할 수 있을지 여부는 아직 모르고 있지만, 처음부터 가능한 한 빠르고 효과적인 서방의 대안이 제시하는 모든 문제에 유익한 회담이 시작될 것이라 생각하고 있습니다. 애치슨 국무장관은 회담을 꼭 서둘러야 할 필요성과 긴급한 실행을 강조했습니다.

5. 한편으로는 그는 소련이나 유럽 위성국들이 실행할 수 있는 군대 개편이 어쩌면 신경전이 될 수도 있다고 생각하는 경향도 보였습니다.

6. 나와 동행했던 국무장관 측의 직원 중 한 사람은 프랑스 해군함대에 대한 맥아더 장군의 새로운 조치가 확인되었는지 물었습니다. 그는 또 미국 정부가 우리 프랑스에게 인도차이나 전선의 지원부대를 한국에 파견하라고 요구할 생

[5] Spofford.

각은 전혀 하지 않는 것 같다고 자연스레 덧붙이기도 했습니다. 그는 프랑스가 소련의 팽창에 맞서는 입장을 고수하고 있다는 것과 프랑스가 극동에 배치한 모든 병력을 사용해야 한다는 것은 누구나 알고 있는 사실이라고 말했습니다.

보네

【78】 뉴욕 관점에서 본 한국문제(1950.7.17)

[의 견 서]	뉴욕 관점에서 본 한국문제
[문 서 번 호]	미상
[발 신 일]	1950년 7월 17일
[수 신 일]	미상
[발신지 및 발신자]	뉴욕/라코스트[1](주유엔 프랑스 대표대리)
[수신지 및 수신자]	미상/마르주리[2](프랑스 외교관)

라코스트 씨가 마르주리 씨에게 타전한 의견서

3주 만에 뉴욕에서 보는 한국문제

한반도 38선 이남에 북한군이 대포로 침공함에 따라 갑자기 개입하게 된 유엔 상황의 중요 요소 중 가장 눈에 띄는 하나는, 유엔국가 중 실제로 작전에 참여하고 있거나 지금부터라도 참여할 회원국들과 미국에게는 안전보장이사회의 투표 끝에 유엔이 방어하게 된 입장이 본질적으로 애매해 보인다는 것입니다. 소련의 영향권에서 벗어나 있는 모든 국가들의 반공주의 운동을 위한 총동원에서 기인했음에도 불구하고, 서방 세계가 중요하면서도 어려운 입장에 대한 결정을 단호하고 명확하게 내리게 되었거나 그러한 결정을 초래하도록 했다는 점은 여전히 유감스러워하는 것 같습니다.

소련처럼 미국도 절반의 한국에서 5년 동안 완전한 활동의 자유가 있었습니다. 미국은 북한인과 민족적 물리적으로는 구분되지 않지만 더 지적이면서도

---

[1] 프랑시스 라코스트(Francis Lacoste,1905-1993). 주유엔 프랑스 대표대리(1950-1954).

[2] 크리스티앙 자켕 드 마르주리(Christian Jacquin de Margerie, 1911-1991). 마드리드, 워싱턴, 로마, 베를린 등에서 외교관으로 지내다, 주아르헨티나 프랑스대사, 주네덜란드 프랑스대사, 주그리스 프랑스대사 역임.

윤리적으로 더 많이 다르지도 않은 38선 이남의 한국인들에게 정치적 "교화"를 실시할 여유가 충분히 있었습니다. 실제로 미국인들은 남한에서 그들이 시행한 민주주의 선전 활동 분야에서 특히 큰 노력을 펼쳤습니다. 그래서 한국인들에게 깊은 영향을 주고자 하는 것에 일단은 더 유리한 상황 속에서 북쪽에 러시아가 있었던 것보다 미군은 더 오래 남한을 강점하고 있기도 했습니다. 결국 미국인들은 떠났고, 당연히 한국은 남과 북 양 편에서 소련과 미국이 각자 계속 행사해온 영향을 받았지만, 곧 표면상으로는 아무렇지도 않게 얼마간 스스로 존속하고 있었습니다.

6월 25일 갑자기 북한은 "이승만 정권의 억압과 북미 자본주의의 속박에서 남한 형제들의 해방을 위해" 진군합니다. 그리고 무슨 일이 벌어졌을까요? 24시간도 안되어 남한군의 반은 흩어지고 사라져버렸습니다. 하룻밤 사이에 남한에서는 혼란이 퍼지고 곧 "제5열"3)들이 나타나더니 점점 그 수가 많아지고 있습니다. 국제적 지위도, 그들 자신의 국가라는 법적 실재도 없이 반군으로 여겨졌던 북한군은 미 정규군과 맞설 때도, 미군 지휘 장교에 대한 공포감을 떨어버릴 만한 용기와 희생정신, 즉 신념으로 싸웠습니다.

당장은 초기에 거둔 이 놀라운 성공이라는 군사적 측면과는 별도로, 사건의 연속선상에서 볼 때 우선, 한국인들처럼 순박하고 가난한 대중들에게 소련과 미국 선전활동의 침투력이 비교되는 것은 정치적으로 결론내야 하지 않을까요? 다음으로, 언젠가는 오게 될 한국문제의 해결 관점에 대해 또는 유엔이 38선에서 북한을 몰아내면 한국의 국제적 위상을 규정하고, 어떤 조건에서 어떤 파트너와 한국의 기호와 필요에 적합한 제도를 설립하도록 원조해야 할지 결론내야 하는 것은 아닐까요?

한국에서 국민 투표가 가능하다면, 그 투표가 정말로 자유롭다고 누가 감히

---

3) 제5열(la cinquième colonne). 대적 협력자, 스파이. 진격해 오는 정규군에 호응하여, 적국 내에서 각종 모략활동을 하는 조직적인 무력집단, 또는 그 집단의 구성 요원. 제5부대라고도 함. 1936년의 에스파냐내란 당시, 4개 부대를 이끌고 마드리드 공략작전을 지휘한 E.몰라 장군이 "마드리드는 내응자(內應者)로 구성된 제5부대에 의해서 점령될 것이다"라고 하여, 자기 부대 이외에도 협력자가 있음을 시사한 데에서 유래됨. 평시에도 상대국의 내부에 잠입해서 모략 공작을 하는 자, 즉 간첩에 대해서도 넓은 의미로 제5열이라고 함.

단언할 수 있으며 다소 사회주의적인 소련의 체제에 국가 전체에서는 과반수를 줄 수도 있지 않을까요? 또한 유엔이 한반도에 전쟁의 참화를 불러일으켰음이 증명되어 그냥 두었더라면, 지난 6월 25일 이후 평양에서 전 영토로 인민공화국의 지배가 확장되는 것을 한국인 전체가 저항 없이 열렬히 수용 했었다면 유엔은 어떤 태도를 보일까요?

아마도 이것을 증명하기 위해 필요한 조건은 절대로 실현되지 않을 것입니다. 게다가 어쩌면 그러한 조건이 있다 하더라도 어떤 결과를 야기하지는 않을 것입니다. 하지만 이미 너무나 많은 가정이 가능하고, 대중적 지역감정에 비추어 근본적인 정치현실이 모호하기도 하고, 앞으로의 전개 역시 불분명한 사건에 있어서 미국이 그들의 모든 힘을 쏟으며 유엔의 모든 기구를 설득했다는 것이 중요합니다.

* * *

남한에 북한군이 들어선 것으로 갑자기 야기된 문제는 우선 모든 도발 사건을 해결할 준비를 아무것도 안했었건, 또는 어떤 형태의 결정을 했건 간에 사건이 확실히 밝혀지기 전이라 해도 오랫동안 더 깊이 생각해 볼 필요가 있었을 겁니다. 그래서 이 사건은 미국사령부를 비롯해 미 정부에서도 군사적 차원 및 전략적 차원으로도 거의 완전한 준비 부족이며 완벽한 기습사건이자 깊은 무지를 드러내 주고 있습니다.

1946년 초, 일본과 워싱턴의 참모부와 국무부 신조는 38선으로 군을 제한한 러시아인들이 서울뿐 아니라 남한 항구들까지 "취하기" 원하는 날에는, 하지 장군[4]의 2개 사단은 "이틀도 지키지 못할" 정도로 행진 훈련만큼이나 간단히 진행될 거라는 점입니다. 부속기관에 불과하게 된 한반도는 방어가 불가능했습니다. 그런데 왜 우리가 한국을 지켜야 했을까요? 군사적으로 한국은 "자산"은 아

---

[4] 존 하지(John Hodge, 1893-1963). 더글러스 맥아더의 참모. 맥아더의 명령에 따라 하지 중장이 이끄는 미국 제24군단 소속 미군 제7보병 사단이 인천에 상륙.

니지만 하나의 "책임"입니다.

지난 6월 25일까지 포함해 미 참모부, 적어도 워싱턴에서는 이러한 의견이 유지되었습니다. 어쨌든 우선, 한반도를 지키기 위해 싸운다는 계획은 아니었고, 그 준비를 위해 해놓은 일도 전혀 없었습니다. 십중팔구는 공격을 당할 경우 한국인들 스스로 방어할 준비를 시킨다는 의무로 다소 결연히 정치적 "과업"이자 민주주의의 교화로 여기며 군사 지휘와 군대식 훈련을 다시 시작했습니다.

달리 말하자면 미국 정부의 일반 정책은 더 계획적이지도 현실적이지도 않았습니다. 즉, 다른 극동처럼 한반도에 비교적 대규모 미군이 주둔하고 있었더라도 25일에 일어난 사건은 생각지도 못한 일이었습니다.

어쩌면 38선의 다른 편에서 준비하고 있었던 일을 알고 있었는지 생각해보았을 겁니다. 거기에 감독관을 보내고 머무르게 한다는 것은 아마 거의 불가능하고 어려운 일임에는 틀림없지만 몇 년 동안은 생각해 볼만하지 않을까요? 이 일은 일주일이나 8개월 만에 벌어진 일이 아니기 때문입니다. 북한군의 초기 당원 대부분은 모집되어 현대식 군대 관리를 시작으로 보다 완벽에 가까운 전투 방법을 훈련받았습니다. 북한이건 어디건 상관없이 미 사령부가 전혀 알지 못한 채 말입니다. 한국 정보원들도 그 증거를 사령부에 주지 않았을까요?

지금에서야 정보부는 정보를 얻었었으며 그들의 정보를 관련 참모부에 전달했었다고 주장하고 있습니다. 모든 것은 관련 참모부들이 이러한 준비를 거의 몰랐던 것처럼 되었습니다. 더구나 미국 지휘부는 탱크, 포병대, 전투기 등과 전술적 지원의 양과 질에 대해 적어도 대략적이나마 알고 있었습니다. 수뇌부들은 초기에 스스로 발표했던 것처럼, 별거 아닌 엄호 작전에도 터무니없이 약하고 서툰 지상군을 국경 주변에 투입했으면서 이번에는 이들조차 파견하지 않고 어떻게 해군항공대 활동으로만 가공할만한 적군을 격퇴하려는 것이 가능하다고 생각할 수 있었는지의 문제에 직면하게 될 것입니다.

* * *

또 한편으로는, 반드시 스스로에게 불리하게 될 명성에 대한 어떠한 고려도,

이러한 조건에서는 거의 비효율적인 지연전에 대한 어떠한 생각도 결정할 수 없었을 겁니다. 어떤 일이 벌어질지 정말로 알고 있었다면 운 좋으면 유지할 수도 있는 저항선을 훨씬 남쪽 전선에 불과 며칠 전부터 바로 구성할 바에야 차라리 수뇌부의 무능함을 증명하려고 했을 것입니다. 전 세계에서 미국과 다소라도 연결되었거나 떨어져 나간 나라들에게도 다음의 사실은 중요합니다. 즉 현재 새로운 "전략" 무기는 비교적 제한적인 지리적 사정거리를 지닌 소위 "경찰" 진압작전이 필요한 경우에는 부적합하다는 뜻밖의 사실입니다. 또한 그 무기들이 준비되어 있지 않았고 오래 지속할 수도 없었을 거라는 것은 큰 문제이고, 다양한 "전술" 무기인 새로운 "무반동" 총, 바주카포, 몇몇 대인 폭탄 종류도 기대만큼의 효과를 보여주지 못했습니다. 결국 무엇보다도, 미군의 일반적인 전투대형이 불완전하고 비조직적이라는 것을 세계에 실제로 보여준 것입니다. 미군사력을 집중할 중요한 곳에 가까이 있었다 하더라도 말입니다. 미군의 개입은 너무나 부족하고 너무 늦었다는 것을 보여주었습니다.

* * *

유엔이 참전한다는 것에 대한 정치적이고 외교적이면서도 나름대로 혼란스럽고 우려스러운 다른 관점은, 안전보장이사회 내에서조차 이번 참전 회의에서 상황의 오류가 지배적이라는 것입니다.

소련의 자발적 철수가 책임만 없어지는 비합법적인 일을 이루는 것이 사실이라면, 거부권을 가진 상임 회원국 중 한 나라가 불참하였을 때 내린 유엔의 위원회들, 특히 안전보장이사회의 결정 역시 유효하다는 것 아닌가요? 또 그렇다면, 정식으로 불참 회원국에 대해 대응할 수 있는 것 아닌가요? 유엔 법률가들과 서양 대표단 대부분의 공식 의견은 그렇다고 합니다. 소련이 모든 법적인 문제 외에 중요한 문제라는 것을 인정하지 않는다는 점에는 변함이 없습니다. 또한 소련의 태도를 비난하는 가장 설득력 있는 모습을 보여주는 대표단들은 현재도 신경 써야 할뿐더러 미래도 생각해야 한다는 것을 솔직히 인정하고 있다는 점 역시 변함없습니다.

한편, 안전보장이사회의 결정, 즉 한국에서 일어난 너무나 중대한 사건과 같은 일에 대한 결정은 극히 불확실하거나 크게 이론의 여지가 있을 경우일수록 과반수 그 이상으로 정해졌습니다.

사실, 이사회 심의에서 정규 회원국 중 한 곳이 불참했을 뿐 아니라 그 불참의 이유가 5개국의 안전보장이사회 상임 회원국 중 한 나라는 권위가 없는 정부의 사절단이라 더 이상 이사회에서 대표하지 못한다는 것입니다. 이게 사실이라면 중국의 모든 인구에 대한 권력기관이 없다면, 대만에 있는 국민당 중국군의 존재, 대만과 외국에 있는 국민당에 충성하는 이주 중국인들, 또 몇몇 민족주의 게릴라들이 있는 작은 섬들까지 고려해야 한다는 말이 됩니다.

(부분 판독 불가)

지금까지 필적할만한 나라가 없을 만큼 한쪽 편의 역할을 크게 한 러시아 앞에, 현재 서구의 강대국들이 논쟁을 벌이는 이상한 상황을 만든 몇 가지 특성을 여기에 제시해 보겠습니다.

최근의 움직임, 즉 러시아가 원조해 큰 혼란을 적진에 던져준 북한군의 비약은 기대했던 것보다는 덜 만족스러운 결과를 얻게 될까요? 이번 타격은 모두의 눈, 특히 미국의 눈을 뜨게 하면서 현재 소련에 매우 유리한 것처럼 보이는 균형을 다시 세울 수 있는 전반적인 냉정함을 되찾도록 할까요?

혹은 이번 반응 역시 예상되었던 것일까요?

만약 그렇다면, 중요한 최종 의도까지 적이 숨 쉴 틈을 주지 않으려는 연속 타격의 시작인 걸까요?

아마도 후자가 더 가까운 것 같습니다.

그렇지 않으면 미국이 자신들의 산업 역량을 끝까지 동원해서라도 징집병을 교육하고 수적으로 충분한 사단을 구성할 의지와 시간이 있을까요?

이처럼 불안한 상태에도 특히 확실해 보이는 것은 핵무기에 대해 미국이 긍정적인 관점을 갖고 있다는 점입니다.

또 소련 정책이라는 그럴듯한 가설도 있습니다. 가능한 한 피해나 위험 없이 즉각적인 이익을 추구하려는 의도이거나, 처음에 유리해 보였을지라도 장기적으로는, 북미가 잘 훈련된 예비역이 있고 경제력도 크게 우위를 점하고 있기 때문에 성공 확률을 의심해볼 필요가 있는 무력을 통한 완전한 대립이라는 운명으로 치닫게 하려는 소련의 정책일 수도 있습니다.

* * *

끝으로, 어쩌면 가장 중요한 것으로서, 극동에 미군이 점진적으로 더 투입되어 합병하고 그들의 뜻대로 삼킬 위험도 있습니다. 거대한 아시아의 늪에서 이런 방법으로 서방세계 예비역의 힘은 점진적으로 고갈될 것이고, 이 과정에 따라 대서양 유럽은 러시아 연방의 뜻대로 남게 될 것입니다. 먼저 순진한 자신감만큼이나 불안한 "월드 리더"의 역할을 수용하면서, 1947년 2월의 트루먼 독트린과 케넌[5]의 봉쇄정책을 행하는 미국, 또 부상이 회복되지 않은 늙은 영국 직업 군인이 전투에 보이는 미국은 그들의 새로운 의무가 확대된다고 깨달은 것 같았습니다. 아마도 미국과 비교할만한 어떤 나라도 없다고 인정했을 정도로 가장 놀라운 추진력을 보이며 발전을 이루었던 마법과도 같은 일은 다소 사라지게 되었습니다. 이후, 미국의 권위와 발전이 미국 자신과 세계에 대해 만들어낸 의무감, 이와 더불어 미국과 세계에 대한 위기의식이 점점 더 드러나게 되었습니다.

정말 경솔하게 시작된 것 같은 어쨌든 무모하게 저질러진 한국 사건은, 특히 자존심에 치욕적이도록 초반의 패배를 당한 것 때문에 더 열심히 분발하도록 만든 것 같습니다. 미국에 과해진 도덕적이고 물리적인 많은 노력을 끝까지 밀고 갈까요? 좀 더 지속할 시간이 있을까요?

---

5) 조지 케넌(George Kennan, 1904-2005). 미 국무부 러시아문제 담당고문. 미국의 고문, 외교관, 정치가, 역사가. '봉쇄의 아버지'라고 알려져 있는 미소냉전의 핵심 인물.

* * *

　미국은 1945년 프랑스인들에게 인도차이나에는 돌아올 방법을 인정하지 않으면서, 그곳 프랑스인의 자리에 국민당군대를 들어오게 하면서, 인도차이나에서 네덜란드가 타협하게 하면서, 남아시아에서 약해지고 낙심한 영국의 단념에 환호하면서, 공산주의에 대항하기 위해 아시아와 아프리카에서 민족주의의 해방을 이용하면서 이 모든 일에 관계했었습니다.

　아마 간접적으로, 어쩌면 부득이하게, 미국인들은 5년 전 인도차이나에서 완전히 우리를 몰아내려는 움직임의 시작과 발전을 원조하면서 이미 비교적 강한 문명개화 행위에 근거했으며 적어도 부분적으로는 지역 엘리트를 만족시킬 수 있으면서 대중의 진정한 이익을 수호하는데 꼭 필요한 프랑스의 참여에 피해를 입히지 않으면서 정치체제의 발전에 대한 방법을 바꾸고 있습니다. 이제야 양식 있는 미국 여론의 극히 일부분이 너무나 천천히 때로는 반복하기도 하면서 자신의 과오를 어렴풋이 느끼기 시작할 뿐입니다.

* * *

　자국과 세계에 대해 매우 강한 책임이 있는 프랑스에 있어서도 오늘날 부드럽지만 단호하게 권위와 영향력을 표명할 의무가 있습니다. 5년 전부터 군사조치 및 현대전에서 보잘것없어 보이지만 중요한 것, 즉, 프랑스뿐 아니라 다른 나라에서도 겨우 진정한 특성을 깨닫기 시작한 명분이라는 것을 많이 앞세웠습니다.

　과거 이상으로 이제부터라도 우리가 항상 원하지 않았거나 몰랐던 조언에서 프랑스는 자신의 의견을 듣도록 해야 합니다. 몇 년 전부터 들으려는 습관을 가지려 했던 만큼 다시 시작해야 합니다. 그것은 몇 가지 질문을 하고, 어떤 의견을 제시하고 어떤 결정에 참여하는 것에 있다는 것이 너무나 명확합니다. 최근 몇 주간의 경험은 이를 더욱 증명하고 있습니다.

【79】 극동 아시아 사건에 관해(1950.7.18)

[전   보] 극동 아시아 사건에 관해
[문 서 번 호] 544
[발   신   일] 1950년 7월 18일 18시 30분
[수   신   일] 1950년 7월 18일 21시 00분
[발신지 및 발신자] 본/쿠르종[1](프랑스 외교관)

본 고등판무관 공문 제509호

극동의 사건에 대해 서베를린의 기독 민주당 기관지 『태그』[2]의 기사 두 편에서 점령이라는 규정을 재검토하는데 영향을 줄 수 있는 정보들을 다루고 있습니다. 이 기사는 "본에 대한 보다 넓은 영향력"을 요구하면서 다음과 같은 근거를 대고 있습니다.

한편으로 한국전쟁은 이때까지 너무 자주 표명되었던 의견과는 반대로 공산주의자들이 공공연하게 국경을 공격할 수 있다는 것을 보여준다. 극동 전쟁의 연장이 더 대규모 작전 중 하나에 불과하다고 드러난 만큼 처음 영향권의 원칙을 어겼던 소련은 유럽, 특히 독일에서 있었던 유사한 작전을 시도할 수도 있다. 한편, 모스크바는 한국전을 완전히 내부 문제로 다루는 것을 멈추었다. 이러한 전술은 구동독 인민경찰[3]의 습격 시 연방공화국이 보여주었던 무력함을 생각해 보게 한다. 게다가 한국에서의 군사 작전 전개 역시 생각했던 것만큼 쉽게 상공에서 공군이 지상군을 제압할 수 있는 게 아니라는 것을 보여주고 있다.

1) Courson.
2) 『태그Tag』.
3) Volkspolizei.

신문은 모스크바가 취할 수 있는 술책을 막고자 한다면, 유럽 문제의 중심에 있는 독일연방공화국이 내부 논쟁을 멈추고 새로운 상황에 직면해 약화된 지배력을 복구할 수 있는 새로운 활동 자격을 얻기 위해 런던 회담에서 노력해야 한다고 끝맺고 있습니다.

쿠르종

【80】 한국의 군사적 상황 진전(1950.7.18)

[공 문 (우 편)]	한국의 군사적 상황 진전
[문 서 번 호]	미상
[발 신 일]	1950년 7월 18일
[수 신 일]	미상
[발신지 및 발신자]	헤이그/가르니에(주네덜란드 프랑스대사)
[수신지 및 수신자]	파리/외교단

2급 비밀

오늘 오전 회담했던 외교부장관 비서실장은 앞서 본인의 전보 제950-955호로 한국의 군사 상황 전개에 대해 알렸던 것보다 더 비관적이라는 태도를 보였습니다. 비서실장은 미국이 매우 비싼 대가를 치르면서도 아주 초라한 결과만 얻을 뿐인 교두보 확보 노력을 계속 기울일 거라 생각지 않습니다. 게다가 그는 지금까지 특히 미국인들만 한국에서 생명의 위험을 무릅쓰고 있다는 사실에 민감한 미국의 몇몇 격렬한 여론 반응에 걱정하는 모습을 보였습니다.

분 씨는 이 사건이 미국에서 일관되게 유지되어 왔던 환상을 깨뜨리는 데만 기여한 것이 아니라 육군성과 국무부 간에 필요한 연관성이 결여되어 있다는 것을 보여주는 것으로 여깁니다. 그에 따르면 국무부는 군부 의견에 반해 좀 경솔하게 미국의 위신을 매우 위험한 모험에 빠뜨리게 했던 것 같습니다. 분 씨에 따르면 남한 주민들은 미국인들에게 너무나 완전히 적대적이고 북한의 통치 하에서라도 통일이 되기를 더 바랄 것이라고 합니다. 중국의 영향과 힘은 계속 커지고 있습니다. 이승만은 신뢰가 완전히 떨어진 허수아비에 불과한 것 같습니다.

비서실장은 신문에 보도된 정보가 정확하다고 확인해주었습니다. 정보에 따르면 트리그브 리가 유엔 회원국을 소집한 후, 미국은 아직 인도에 주둔해 있는 네덜란드 관군 부대의 원조를 받으려는 바람을 표명했습니다. 그러나 네덜란드 당국이 이 요구에 따르기는 불가능한 것 같습니다. 왜냐하면 주둔군 구성이 돈만 잘 받으면 항상 싸울 준비가 되어 있고 게릴라전에 잘 훈련되어 있는 인도네시아 외국인 용병으로 구성되어 있기 때문입니다. 어쩌면 이 사병들이 T.N.I.[1] 소속은 아니더라도 신생공화국 시민이기에 자카르타 정부의 허가 없이 이들을 고용할 수는 없습니다. 그래서 한국 사건에 있어서 자카르타 정부가 취하는 태도를 보면 한국에 인도네시아 자국민 파견을 승인하지 않을 게 명백합니다. 이런 모든 이유로 미국이 할 수 있는 모든 요구를 호소해야 하는 곳은 바로 자카르타입니다.

최근 몇 주 동안 헤이그 주재 미국대사가 이런 식으로 여덟 가지 단계를 실행했던 반면, 미국인들은 극동에 전략무기 수출 금지라는 문제는 아직 준비도 하지 않았었고, 할 생각조차 없었습니다(본인의 전보 제950-955호와 전보 제957-963호 참조). 네덜란드 편에서 보자면, 영국과 항상 완전히 일치해서, 그곳에서 벌어진 일이 극히 중요한 문제이고, 이에 관한 모든 결정은 유엔의 계획 차원에서만 내려질 수 있을 거라고 생각합니다.

미국을 도울 수 있을 것 같은 분 씨는 일본에서만 보이는 유일한 군사 원조를 끊임없이 생각했습니다. 최근 그에게 얻은 몇 가지 정보에 따르면, 한국에서 싸울 준비가 된 일본인 200,000명을 모집하는 게 불가능하지는 않을 것 같습니다. 그는 욱일승천의 제국인 일본이 이제부터 미국의 카드 역할을 할 의향이 있고, 아마 맥아더 장군은 꼭 필요한 경우라면 일본의 원조를 호소하는 것에 큰 거부감을 갖고 있지 않을 거라 생각하고 있습니다. 어쨌든 국무부는 확실히 비슷한 정책에 강하게 반대할 것입니다. 하여튼 이것이 비서실장이 저를 잡아두었던 발언입니다.

대만 문제에 있어서, 비서실장은 미국이 매우 위험스러운 입장을 채택하게 될 거라고 여기는 것 같습니다(본인의 전보 제950호 참조). 게다가 외교부에서

[1] T.N.I.(Tentara Nasional Indonesia, 인도네시아 국군).

는 장제스 체제의 잔재를 강화하는 것이 전혀 바람직하지 않았다고 여기고 있습니다. 이 경우 반 부에셀러[2]의 보고서에 따르면, 헤이그와 파리에서도 미국 정부가 취한 태도에 전적으로 동의하지 않는 것 같습니다.

가르니에

---

[2] 반 부에셀러(Pim van Boetzelaer van Oosterhout, 1892-1986). 주프랑스 네덜란드대사. 네덜란드 외무장관 역임.

【81】 중국과 소련의 관계(1950.7.18)

[전   보] 중국과 소련의 관계
[문 서 번 호] 1684-1691
[발 신 일] 1950년 7월 18일 16시 30분
[수 신 일] 1950년 7월 18일 22시 10분
[발신지 및 발신자] 모스크바/샤테뇨(주소련 프랑스대사)
[수신지 및 수신자] 파리/로베르 슈만(프랑스 외무부장관)

보안

2급 비밀

장관님께,

영국대사의 요청으로.

어제 저녁 21시 30분 접견 차 그로미코 외무차관이 소환한 자리에 영국대사는 저녁 식사에 참석하지 못했고 저와 미국대사 고문이 참석했습니다.

차관실에 15분만 머물기로 했었음에도, 그로미코 씨는 외무부에 보낼 보고서 내용을 다듬고 작성하느라고 10시 30분에야 손님인 우리에게 돌아왔습니다.

세 명의 언론 통신원과의 저녁 식사 이후 참석한 회담에서 어쩌면 비밀리에 제게 조치를 말해야 했던 것이 난처하게 됐던 것 같습니다. 그래서 그로미코 씨는 참석자들의 경솔함을 걱정하며, 제게 일반적인 토론의 방향성에 대해서만 이야기했습니다. 첫 번째는 담배를 받지 않으려고 불도 갖추지 않은 그로미코 씨의 정중함에 대해서였고, 두 번째는 전혀 만족을 이끌어내지 못했던 부족한 협상 진행 과정에 대해서였습니다.

회담 내용을 제게 알려주기 위해 데이비드 켈리 경이 오늘 오전 11시에 방문했습니다. 켈리 경은 그로미코 씨가 전에 받았던 질문들에 답하기 위해(본인의

전보 제1489호 참조), 이미 최종적으로 다를 것은 없지만 그래도 사적인 형태로 작성된 문서를 제게 줄 것이라고 합니다.

그는 분쟁을 조정하고 한국에서 시작된 충돌을 멈추게 하려는 제안과 주장을 심의하고 그 나라 국민의 목소리를 듣기 위해 중화인민공화국의 대표를 인정하는 조건에서 안보리로 돌아왔다고 말했습니다.

켈리 경은, 안전보장이사회 회의 때 북한이 북한군 전진을 완전히 포기하거나 퇴각시키는 것에 동의하던지, 반대로 이사회의 결정 때까지 공격을 계속하던지 간에 북한이 시작한 군사작전이 중지될 수도 있는 일을 방해하는 소련 정부의 의도를 밝혀내려 노력했습니다.

켈리 경은 그로미코가 습관적으로 회답을 주지 않고 피하기 위해 자기에게 제기된 문제를 파악하지 못하는 척하며 시작했다고 합니다. 켈리 경이 끈질기게 답변을 재촉하자, 그로미코는 마침내 이 문제에 관한 한 어떠한 개입도 하지 않을 것이라는 소련 정부의 결단을 밝혔습니다.

다른 한편, 판디트 네루에게 보낸 총사령관 스탈린의 메시지는 영국 정부가 시작한 협상과의 연관성을 전혀 포함시키지도 않았고, 어제 영국대사에게 준 답변은 이러한 메시지가 있다는 보고도 하지 않았습니다.

타고난 천성과 나름의 방식으로 협상을 밀어붙이는 켈리 경은 인도 정부가 취한 결정이 유용했었다고 합니다. 저는 켈리 경이 적당한 시기를 잘 알고 있었다고 생각하게 되었습니다. 켈리 경은 스탈린 사령관과 그로미코 씨의 답변이 모든 협상을 막는다고 판단하지는 않습니다. 하지만 그는 안전보장이사회가 의견을 피력하기 전일지라도 한국인들이 남한 쪽에 군대를 전진시키는 것을 막는 이유를 숨기려 하지 않습니다.

그 경우, 논쟁에서는 소련과 중국의 영향력이 북한군의 우위로 유리하게 작용될 것입니다. 유엔에 입성한 중국 공산당 당국은 유일하게 소련의 원조로 아시아 전역에서 소련의 영향력만큼 강화될 것입니다. 이 두 나라 간에 맺어진 관계도 긴밀해질 것입니다.

그래서 켈리 경은 중국과 소련의 관계에 대한 전망과 소비에트의 영향권에서 중국을 떼어놓기에 효과적인 방법이 있는지 제 의견을 물으면서, 바로 영국이 이 관계를 느슨하게 만들고 싶다는 관심을 드러냈습니다.

샤테뇨

【82】 한국문제에 따른 국제 정세(1950.7.18)

[전　　　보]	한국문제에 따른 국제 정세
[문 서 번 호]	2721-2730
[발　신　일]	1950년 7월 18일 22시 10분
[수　신　일]	1950년 7월 19일 07시 30분
[발신지 및 발신자]	워싱턴/보네(주미 프랑스대사)

보안

매우 긴급

뉴욕 공문 제411-420호

1. 어제 미 국무장관이 확인해주었던 바대로, 한국 사건에 대한 미국 정책은 당장은 한국문제를 협상으로 해결할 가능성은 배제된 듯합니다. 믿기 어려울 만큼 깜짝 놀랄만한 소련의 입장 전환이 없다면 말입니다. 판디트 네루의 개입은 오히려 일을 그르치고, 영국과 어쩌면 우리까지도 모스크바에서 계속해야 하는 일을 복잡하게 만들어버렸습니다.

공격이 이익이 될 기회가 없음을 보여주고 있으면서도 미국의 가끔 보이는 성공은 협정으로 가는 과정을 조금 용이하게 할 수 있을 뿐인 듯합니다. 이번과 같은 유리한 일이 전쟁 발발 전과 같은 상황은 아니더라도, 이 분쟁의 확대를 막고 어쩌면 해결할 수도 있는 모든 기회를 잡을 수도 있다는 가능성은 여전합니다. 전쟁의 연장은 이미 위협적인 상황을 더 악화시킬 뿐이기 때문입니다.

2. 항상 그렇듯 소련의 의도는 의혹에 쌓여 있고, 다양하고 설득력 있는 추측을 불러일으킵니다. 반대로 미국의 입장은 명확합니다. 저는 어제 매우 침착한

동시에 알고 있는 위기에 대해서도 전혀 과장하지 않는 미 국무장관을 만났습니다. 그는 유럽에서는 대립보다 오히려 신경전이 확대될 거라고 생각하고 있었습니다. 국무장관은 제가 두 번에 걸쳐 질문한 것에 대해 미국은 아시아에만 국한되지 않는 결정을 내렸다고 명확히 답했습니다. 중요한 결정이 내려지기 전에 알리고 의논해 달라는 우리의 희망을 제가 강조했더니, 그는 파리와 런던이 완전한 연합국 연대 의식으로 동의해주기 바란다고 했습니다. 미국의 재무장을 가속화시키는 동시에 유럽 방위와 유럽 국가들의 힘을 증대시키기 위해 취하는 조치들은 워싱턴의 최우선 관심사일 것입니다. 한국사건이 치러야 하는 것이 무엇인지 누구보다도 잘 알고 있으며, 결국 서양 방위화라는 중요한 임무라고 간주되는 것으로부터 방향을 전환해야 할 작전 참여에 되도록 조심해야 할 미 국무장관은 이러한 견해를 전적으로 이해하고 있었습니다.

하지만 미국 견해에서 볼 때, 유엔의 이름으로 한국 공산당이 38선 이북으로 밀려나야 할 것이라고 여깁니다.

3. 이 작전이 성공적으로 수행되기 전에 갑자기 위험이 나타날 수도 있습니다. 대만 공격의 경우, 베이징과의 복잡한 과정과 차이가 있을지라도, 소련은 한국에 불화의 원인을 남겨두려, 작은 노력을 기울여 미국이 군사작전을 연장하도록 할 수 있다는 겁니다. 어쨌든 소련은 미국이 부당하게 유럽의 재무장에 제시할 원조 규모를 줄이기를, 즉 연합군의 군설비 재건이 더 이상 지속할 수 없을 것처럼 미국에 좀 더 신중한 경제 노력을 요구하고 싶을 것입니다.

모든 낙관론을 경계해야한다고 여기는 사람들은 전쟁을 결심한 소련이 위험을 감수하고, 상대가 준비되지도 않았을 때 러시아 공산당계에 새로운 진지를 확보하려 하는 것을 두려워합니다. 예전에 보루를 잃었던 이란이나 유고슬라비아, 베를린처럼 한국이라는 곳은 정치적 승리를 보장할 수 있는 곳도, 경제 이익 협정으로 얻을 수 있었던 곳도 아닙니다.

4. 미국의 예상치 못한 빠른 반격에 놀란 소련이 새로운 모험에 뛰어들려 하지 않는다 해도, 미국과 소련은 그 어느 때보다도 더 서로를 자극할 것입니다.

이곳 여론은 매일 조금씩 더 뜨거워지고 있습니다. 미국의 재무장은 엄청난 속도를 낼 것입니다. 첫 단계만 설정하는 것에도 강력한 조치들이 취해질 겁니다. 긴장이 고조되면서, 전쟁 방지를 보장하기 위한 이러한 재건은 위험과 오산이라는 수준까지 가게 될 것이고, 소련의 고집스러움은 모든 것을 걸 준비가 안됐어도 돌이킬 수 없는 일을 야기할 수도 있습니다.

국제 관계의 현 상황에서 서양 방어 기지가 평화에 기여할 수 있다는 것은 분명합니다. 점차 확대되는 상황에 직면해 미국은 동맹국이 공격에 맞섰던 것처럼, 자국을 보호할 수 있을 것 같은 군대 준비를 포기하지 않을 것입니다. 하지만 집단안보는 아직은 도달하지 못한 목표인 상태입니다.

극동에서 제기된 문제들이 그렇게 복잡하다면 이번에야말로 한국 분쟁을 해결하기 위해 유엔이 제시했던 조건들을 타협으로 얻어내거나 채울 수 있을 겁니다.

보네

【83】 한국문제에 관해 독일에서 온 소식(1950.7.19)

[전　　　보]	한국문제에 관해 독일에서 온 소식
[문 서 번 호]	543
[발　신　일]	1950년 7월 19일 1시
[수　신　일]	1950년 7월 19일 1시 30분
[발신지 및 발신자]	베를린/쿠르종(프랑스 외교관)

본 고등판무관 공문 제508호

독일에서 DPA통신[1] 특파원은 7월 15일 한국전쟁의 영향에 대한 독일의 행정적 입장을 알아보기 위해 소련관리위원회 정보과 직원에게 전화했습니다. 통신사 보도에 따르면, 통화한 소련인은 특파원에게 한국문제는 분쟁 정도로 간주되어야 하며, 그러한 분쟁 안에서 소련은 아무런 영향력도 없다고, 한국전과 같은 내전은 결코 독일에서는 일어나지 않을 거라 대답했다고 합니다. 또한 그는 독일은 해야 할 일도 많고, 서독은 재무장하지 않을 것이라는 점, 게다가 소련의 영향권이 있는 지역은 어떠한 전쟁 가능성도 없을 것이며 평화를 위협하는 전형으로 여겨질 수 없을 거라 덧붙였다고 합니다.

DPA통신 특파원은 한국에 몇몇 인민경찰 부대를 보낼 검토를 한다는 것이 맞는지도 물었습니다. 소련 공무원은 그런 계획은 전혀 아는 바가 없다고 했습니다. 마지막으로 독일 기자는 지난 금요일 소련문화회관에서 러시아 장교가 공개적으로 국민전선 범주에서 독일민족해방운동 창설을 제창했었다는 점을 거론했습니다. 그는 독일에서는 전쟁을 반대한다는 명목으로 독일 통일 지지자들을 고무시키는 표현이었을 뿐이라고 답변했습니다. 7월 16일 『태그』는 DPA통

---

[1] 독일통신사(Deutsche Presse-Agentur). 1949년 창설.

신 기사 일부를 재수록 했습니다. 어쨌든 이러한 선언이 미치는 진정한 영향력에 대해 의문을 가져보는 것이 신중할 것이라는 점을 보여주었습니다. 사실 통신사에 전화상 답변한 소련 공무원의 이름도 모르고 그가 입장을 취할 자격이 있었는지조차 전혀 확실하지 않습니다. 어쩌면 독일 기자가 이러한 선언을 조금은 장황하게 설명했을 수도 있습니다.

쿠르종

【84】 한국전쟁과 원자폭탄 사용(1950.7.19)

[전   보] 한국전쟁과 원자폭탄 사용
[문 서 번 호] 352
[발   신   일] 1950년 7월 19일
[수   신   일] 미상
[발신지 및 발신자] 워싱턴/보네(주미 프랑스대사)
[수신지 및 수신자] 파리/로베르 슈만(프랑스 외무부장관)

아시아-오세아니아 사무국, 유럽 사무국, 회담 사무국 공문

미군이 한국에서 겪은 실패, 특히 북한군이 저지른 잔인성은 미국으로 하여금 원자폭탄을 사용하자는 주장을 하는 원인이 되었습니다. 그래서 텍사스 주민주당 대표 벤슨[1]은 미 공군이 북한 주요도시를 핵공격 할 수 있으니, 일주일 후 남한에서 철수할 것을 촉구하는 최후통첩을 보내라고 주장했습니다. 메인주의 공화당 상원의원 브루스터[2]는 맥아더 장군에게 한국에서 원자폭탄을 사용할 수 있는 재량권을 주면, 그것은 "우리 병사들이 뒤로 손이 묶인 채 잔인하게 살해되는 것을 막을 수 있는 방법"이 아니냐며 적극 호소했습니다.

하지만 이러한 주장은 강한 비판을 받았습니다. 핵에너지위원회 위원장인 상원의원 맥마흔[3]은 핵무기 사용과는 멀어져야 하는 것이 한국전쟁의 특성이라

---

[1] 로이드 벤슨(Lloyd Millard Bentsen Jr., 1921-2006). 1949년 최연소 하원의원에 당선. 1976년 대통령 후보 경선에서 지미 카터에 밀려 중도 포기하고, 1988년 대선에서는 마이클 듀카키스 러닝메이트로 민주당 부통령후보에 나섬. 상원 재무위원장(1987-1992)을 거쳐 재무장관(1993-1994) 재직시 북미자유무역협정(NAFTA)과 우루과이라운드 협상 타결과 의회 인준을 주도.

[2] 오웬 브루스터(Owen Brewster, 1888-1961). 공화당원. 연방하원의원(1935-1941). 연방 상원의원(1941-1953).

[3] 제임스 오브라이언 맥마흔(James O'Brien McMahon, 1903-1952). 1950년대 미국의 핵에너지위원회 위원장. 미국의 초기 핵 정책을 형성하는 데 중요한 역할을 했음.

고 주장했습니다. 원자폭탄이 전쟁에 있어서 결정적일 수는 있지만, 우선은 생산 거점이나, 대규모 군부대 집결지를 타격해야 할 무기라 생각한다고 했습니다. 그런데 북한에는 그러한 목표물이 없습니다. 북한에는 중요한 전쟁 물품 공장이 없고, 지상군들은 넓게 흩어져있습니다. 이 같은 조건에서 핵무기는 군사적 관점에서 볼 때 한국에서 시작된 전투에 적합한 무기가 아닙니다.

핸슨 볼드윈[4]은 『뉴욕타임스』에 원자폭탄 사용을 반대하는 도덕적이고 정치적, 심리적, 군사적인 이유를 길게 기술했습니다. 도덕적 논지는 명백합니다. 정치적 관점에서 핵무기 사용은 전 세계로 전쟁을 확장시키게 될 것입니다. 심리적 관점에서 폭탄을 투하하는 것은 여전히 미국인의 친구인 아시아의 대부분 국민들까지 미국에 반대하게 하여 북한과 결집하게 할 것입니다. 핵무기를 법적으로 통제하는데 목적을 둔 스톡홀름 호소문[5]은 한국에 핵무기를 사용하자고 주장하는 몇몇 사람들의 무책임한 선언을 겨누고 있습니다. "특히 군사 지휘관들이 우리 방어선의 마지노선으로써 핵무기의 중요성을 강조했기 때문에, 미국을 공격적이고 호전적 열강으로 여기고, 우리가 끝없는 전쟁의 장본인이 될 거라고 알리기 위한 전 세계의 여론 결집은 이미 많이 미루어졌습니다. 볼드윈은 우리가 친구들과 아시아에 아직 남아있는 영향력을 잃고 싶다면 북한에 원자폭탄을 투하하는 것이 좋은 방법"이 될 거라고 합니다.

핵폭격에 반대하는 군사적 동기는 훨씬 더 강합니다. 우선 미국은 핵무기가 비교적 적습니다. 그래서 목표물에 대한 전략적 중요성을 검토해보아야 합니다. "다시 말해 러시아의 가장 중요한 목표물을 포격하기 위한 것이라 해도 우리는 충분한 핵무기를 보유하고 있지 않습니다." 그 다음, 북한에는 이 무기에 적합한 목표물이 없습니다. 북한에는 확실히 중요한 공업 지역으로 평양, 신의주, 원산, 흥남, 청진[6]이라는 5개 구역이 있으나 어디도 핵무기 사용을 동원할

---

4) 핸슨 볼드윈(Hanson W. Baldwin, 1903-1991). 『뉴욕타임스』 종군기자.

5) 1950년대 초 핵군비 경쟁에 반대하여 벌인 평화운동. 핵무기 제조금지, 핵무기 사용금지를 위한 철저한 국제 관리 실현을 위한 내용. 1950년 3월 스톡홀름에서 열린 세계평화옹호회 제3차 상임위원회 총회에서, 핵무기의 무조건 사용금지, 최초로 핵무기를 사용한 정부에 대해 인류에 대한 범죄자로 간주할 것, 핵무기 사용금지를 위한 국제관리 등을 호소하였음.

6) Changjun.

만큼 충분한 규모나 중요성을 지니고 있지 않습니다.

볼드윈은 어쩌면 한국 전투에서 핵무기를 사용하면 안 될 기본적인 군사적 이유는, 핵사용이 효과가 없다는 것이라고 말을 이었습니다. 핵무기 사용을 주장하는 사람들은 한두 개의 폭탄이면 북한 공산당이 전투를 멈추게 할 수 있을 거라고 생각합니다. 하지만 그런 결과에 이르게 될 거라고 보장할 수 있는 것은 아무 것도 없습니다. 실제로는 전혀 다를 수도 있습니다.

통신을 방해하고 지상군을 멈추게 하거나 방해하는 유일한 폭격 형식은 저공 비행으로 도로나, 철도, 다리, 터널, 탱크, 트럭, 부대 등을 대상으로 끊임없이 이어가는 전술적인 포격입니다. 이런 공격은 한국의 목표물이나 통신 연결, 철도 수리 작업, 북한의 발전소에는 충분히 위협적인 보잉 B-29 슈퍼포트리스 같은 폭격기로 완성될 수 있습니다. 이 모든 것에는 원자폭탄이 아니라 집중적으로 사용될 많은 폭격기, 다양한 형태의 재래식 무기들이나 "네이팜" 같은 것이 필요합니다.

볼드윈은 끝맺으면서 원자폭탄 투하를 바라는 이들에게, 핵무기는 더 이상 미국만의 것이 아니며, 소련은 이미 5개에서 20개의 원폭이 있을 것이라는 점, 또한 미영토의 민간방위 계획도 이제 막 시행초기라는 사실을 상기시켰습니다.

『크리스천사이언스모니터』의 한 논설기자는 브루스터의 주장을 살펴보면서, 7월 14일 다음 내용의 기사를 씁니다.

"원자탄 사용 결정은 군 지휘관에 맡기면 안 된다. 이는 단순히 미국의 생각만이 아니라 인류애에 대한 여론과 세계대전의 가능성까지 포함된 국가 정책의 문제이기 때문이다. 게다가, 한국전에 폭탄투하 효과를 확신할 수 있을까? 아마 전투가 그치고 미국인의 목숨이 좀 더 구해질 수도 있지만, 북한주민의 증오는 더 악화되고 어쩌면 미국의 희생도 더 커질 것이다.

원폭을 주장하는 몇몇 사람들은 한국사건은 시작일 뿐이며, 목숨을 조금이라도 더 살리기 위해서는 공격에 맞서 최대한 빨리 단호한 조치를 취해야 한다고 강조한다. 그들은 소련이 전투 자체를 시작하지 않는 자유민들에 대해 위성국을 차례로 부추겼을 거라고 생각한다. 한국전쟁이 보여주는 것처럼, 미국과 연합국은 원자폭탄이 투입되는 것 이외에 위성국을 저지할 준비가 제대로 되어있지 않았다. 또한 유고슬라비아에 대한 모든 공격을 원폭으로 응수할 수 있다는 불가리아나 헝가리에 대한 경고를 한국의 최후통첩에 포함시킬 수 있다고 생각한다."

하지만 보스턴 신문의 논설기자는 그러면 소련의 반응은 어떨까 자문하고 있습니다.

"바로 세계 대전이 나는 것은 아닐까? 어떤 이들은 러시아인들이 분명히 공격받았다고 느끼지 않는 한 소련 정부가 러시아인을 전투에 바로 임하게 하는 것은 어려울 수도 있다고 생각한다. 러시아보다 위성국에 폭탄을 사용하는 것이 더 낫다고 여기기 때문일 것이다. 그러나 소련 공산당 정치국이 국민을 얼마나 밀어붙일 것인지 아니면 속일지 아무것도 알 수는 없다. 그래도 한국에서의 폭탄 사용이 인명을 구할 수 있는지의 여부를 밝히고 싶을 때가 바로 중요한 요인이다.

그러한 결정이 전 세계의 다른 여론에 미치는 영향도 고려해야 한다. 공격에 맞서기 위해 이러한 힘을 보여주는 것으로 미국의 우방들과 중립국을 독려할 수 있을까? 어쩌면 미국을 혐오스럽거나 공포스럽게 여기게 되지는 않을까? 이 질문에 대한 가장 좋은 답변은 유엔의 결정에 맡기는 일일 것이다. 직접적으로 이해관계가 얽혀있을 아주 많은 다른 국민들의 분명한 동의로 미국이 유엔의 통수권자로서 행동한다면, 폭탄 사용은 훨씬 더 확고한 근거에 기초하게 될 것이다. 또한 이것은 목숨의 가치, 미국인들의 목숨 자체에도 깊이 관계되는 요인이다."

기자는 문명화된 인간은 이처럼 끔찍한 무기의 사용을 논의한다는 자체를 싫어한다고 끝맺고 있습니다. 하지만 인명을 구하는 것에 대한 논쟁은 그전보다 훨씬 더 신중하게 제기하고 검토해야 합니다.

우리는 애치슨 국무장관이 스톡홀름 호소문에 반대하며, 원자폭탄을 금지하기에 앞서 공격자체를 비난해야 할 것이라고 주장했음을, 또 필요한 경우 공격에 맞서기 위해 원자폭탄 사용에 대한 미국의 권리를 부여해 두었음을 알고 있습니다. 그러나 원자폭탄이 전세를 결정적으로 호전시킬 수는 없을 것이기 때문에 미국이 한국에 이 무기를 동원해야하는지는 사실 의심스러운 시기입니다. 여론은 여전히 이 문제를 다루고 있습니다. 미국 참전군인회 "앰베츠"[7]는 그 점에 대해 "원폭 사용이 국가와 세계 안보에 필요하다면 우리는 찬성한다. 우리는 폭탄 사용에 관한 결정이 그것이 야기할 도덕적 결과를 철저히 고려해 내려질 것이라고 전적으로 믿는다"며 신중한 입장 표명을 했습니다.

[7] Amvets(American Veterans). 1945년에 창립한 제2차 대전과 그 후의 전쟁들에 참전한 미국 재향군인회.

【85】 크렘린의 사고에 대한 무닌 씨의 보고(1950.7.20)

[공 문 (우 편)]	크렘린의 사고에 대한 무닌 씨의 보고
[문 서 번 호]	1749
[발 신 일]	1950년 7월 20일
[수 신 일]	1950년 7월 29일
[발신지 및 발신자]	모스크바/샤테뇨(주소련 프랑스대사)

본인의 전보 1664호를 통해 간단히 보고된 국외정치보고서에서 사무원이었던 무닌 기자는 『Obozrevatel』에 "연대기작가"라는 필명으로 언론에 게재했던 비평으로 알려졌습니다. 저는 그가 외무부의 대변인들 중 레온티예프[1]와 로조프스키[2]와 함께 하는 소련공산당 정치국의 밀정이라고 생각합니다. 이런 점에서 볼 때 그의 발표는 소련 정부의 생각을 나타내는 것이라고 받아들여질 수 있습니다.

1. 무닌은 스톡홀름 호소문에 대한 보고서에서 한국문제를 집중적으로 다루었습니다. 그는 현명하게 자신의 주제를 계속 이어갑니다. 결코 목소리를 높이지도 않으며 강하고 단호하게 자신의 논지를 유지합니다. 그는 일반적으로 이런 부류의 모임에서 만났던 사람들보다 훨씬 더 많은 대중에게, 또 전쟁에 대한 두려움과 커다란 상실감으로 마음이 확실히 동요된 많은 가난한 남녀노소에게 조용하고 절도 있는 인상을 남기고 싶어 하는 것 같습니다.

1) 한국에 미국이 개입하는 것은 이 나라에 소련을 무너뜨리려는 목적으로

---

[1] Leontiev.

[2] Losovski.

세계대전을 준비하는 예비 작전 근거지를 세우는 것이 목적이다. 어쨌든 이 계획을 실행하는 것은 소련을 보루로 하는 세계평화수호운동에 맞서는 것이다.

2) 견고히 창설된 이 세계평화수호운동은 서구의 노동자협회, 특히 이탈리아 노동자협회의 후원으로 유지되고 있다.

이를 공고히 하려고 우리는 그들의 지성을 쉽사리 사상에 맡겨버리고 부르주아 계급의 방법에 맞추도록 내버려두는 미국과 영국 공산당을 기대할 수는 없다.

반면, 이탈리아 공산당은 로마정부에 틈을 주지 않고 자신의 요구를 하는 노동자들에게 힘을 실어주는 소요상태를 계속 유지하기 위해 끈기 있게 적용했었기 때문에 모든 경우 이탈리아 공산당을 위와 같은 부류에 포함시키지는 않았다.

무닌은 자기 주장을 설명하기 위해 피에몬테 주와 롬바르디아, 리구리아 주의 공장에서, 또 칼라브리아와 로마냐, 플리아 주에서 끊임없이 일어나는 파업 사태를 인용하고 있습니다.

프랑스와 이탈리아의 상황이 유사한 모습을 보인다고 덧붙이면서도, 무닌은 파업 인용에 근거하지 않아도 우리나라를 자극시키는 이 단순한 주장에 만족했습니다.

2. 그의 강연이 끝난 후 연설가에게 제기된 질문들은 모두 전쟁이 일어날 것인지, 또는 피할 수 있는 것인지 알고 싶어 하는 성질의 것들이었습니다.

무닌은 청중의 기대를 저버리지 않았습니다. 그는 불안해하고 두려움에 사로잡혀 있는 청중들에게 세계평화수호운동의 결정적인 힘과 자신감을 주는 것으로, 또 소련 정부의 침착함으로 안심시키려 애썼습니다.

그에 따르면 세계평화수호군은 소련과 다른 나라에서 스톡홀름 호소문이라는 약속의 결실을 맺기 위해 각자의 뜨거운 협력과 정해진 약속을 이행한다는 단호한 해결책까지 요구하는 항구적인 기구라고 합니다.

3. 무닌 기자의 강연회는 허세뿐 아니라 이런 종류의 행사로 습관이 된 거만함이 묻어나는 자신감이라는 결함을 보였습니다.

그는 자기 강연이 사건의 심각함에 관심을 끄는 것만큼이나 두려움을 진정시키는데 목적을 둔 것 같습니다. 어쩌면 그 강연이 소련 정책의 착오를 보여주고 있는 것은 아닐까 합니다. 왜냐하면 통상적인 그의 태도대로라면, 모스크바 정부는 한국에서의 계획에 대한 모든 결과를 면밀히 따져 보았을 것이고, 올해 한국에서 일어난 사건을 2년 전 미국의 기민한 응수에 깜짝 놀랐던 베를린 사건처럼 여겼던 것 같습니다. 그렇다면 베를린에서 행했던 것처럼 고집을 부릴 수는 없겠지만 다른 관점에서의 이익을 취하려 할 것입니다. 저의 전보 786호의 정보를 다시 되새겨 보면 중국 동맹이라는 노력보다 오히려 인도차이나를 향한 노력으로 선회하는 것은 아닐까 걱정되기 시작합니다.

샤테뇨

【86】 분함대가 포항에 상륙했다(1950.7.20)

[전 보]	분함대가 포항에 상륙했다
[문 서 번 호]	902-906
[발 신 일]	1950년 7월 20일 07시
[수 신 일]	1950년 7월 20일 12시 30분
[발신지 및 발신자]	도쿄/드장(주일 프랑스대사)

보안

사이공 공문 제412호
워싱턴 공문 제265호
뉴욕 공문 제90호

1. 열흘 전 요코스카에서 승선한 기갑사단이 18일 포항 영일만에 하선했습니다.

이 사단은 최근 일본에 도착한 수륙양용특수선을 타고 이동해 요코스카에 가까운 캠프 맥길에 주둔했습니다. 몇몇 배는 일본승무원이 있었습니다. 이동 대열은 내해[內海]를 이용했습니다. 호송은 해군 제7함대가 맡았습니다. 1,000마일의 항해는 무사히 이루어졌습니다. 하선은 예포 없이 행해졌습니다.

포항은 혼잡한 부산항의 부담을 덜어주고 특히 부산으로 적이 침투하려는 시도를 막기 위해 선정되었습니다. 하선은 특히 이 지역에 몇 번 출몰했던 게릴라에 대비해 안전 보장의 임무를 맡은 부대를 먼저 보냈습니다.

2. 이러한 하선을 계기로, 미국 공식 성명은 한국에 25보병사단이 있으며, 이미 이 부대의 소대들이 투입되었음을 알렸습니다. 제25사단 사령부는 8군단이

있는 대구에 설치됐습니다.

3. 제24사단은 많은 피해를 입어 모든 포병대를 잃은 것 같습니다.

이 세 연대의 낙오자들은 대전에서 포위된 것 같습니다.

주한 영국 담당관의 보고에 따르면 제24사단은 전멸된 것으로 여기는 것 같습니다. 제25보병사단의 도착과 기갑사단의 상륙 및 배치를 위해 제24사단은 희생된 것 같습니다.

4. 유엔사령관은 현재 재집결할 수 있었던 남한군이 돕고 있는 미군 부대 2개만을 배치했습니다. 불행히도 군장비가 미비했던 이 군대들은 연대나 대대 규모의 다른 부대들과 2개의 사단을 포함했던 것 같습니다.

현재 오고 있는 미국의 2개 사단인 제1군단과 제2보병사단은 7월말 전에는 거의 도착하기 힘듭니다.

5. 적은 연합군에게 9개 사단 병력을 맞서게 했습니다. 최근 이들은 전혀 사기를 잃지 않았고 상실감을 대체할 수 있었던 것 같아 보였지만, 작전 초기부터 투입된 몇몇 부대는 꽤 힘들었을 것입니다.

6. 일본에 단 1개 사단만을 배치해 둔 연합군최고사령부는 작전을 성공적으로 수행하기 위해서는 남한군의 6개에서 8개 사단 이상이 필요할 거라고 여깁니다. 사령부는 병력을 매우 걱정하고 있고 지상군을 보낸다는 것에 성의를 보이지 않는 지도부에 어느 정도 실망감을 나타내고 있습니다. 부차적으로 사령부는 국제지원군 창설을 생각하고 있습니다. 회원국이 국가 징집 형태로 편성한 부대를 훨씬 선호하는 것은 물론입니다.

국방부에 긴급 전달 요망.

드장

【87】 한국문제에 있어서 정치적이며 군대적인 사건에 대한 프랑스 정부의 관점 (1950.7.25)

[전 보]	한국문제에 있어서 정치적이며 군대적인 사건에 대한 프랑스 정부의 관점
[문 서 번 호]	231-233
[발 신 일]	1950년 7월 25일 17시 20분
[수 신 일]	1950년 7월 26일 04시 30분
[발신지 및 발신자]	오타와/바드방(주캐나다 프랑스대사관 참사관)[1]

보안

2급 기밀

귀하의 전보 제266호 참조

저는 극비리에 한국의 정치 및 군사적 사건에 대한 프랑스의 견해를 캐나다 외무부 국무차관에게 보여주었고, 그는 7월 18일 비망록을 되새기면서, 이 정보 전달이 보여주는 신뢰감에 깊은 감사를 표했습니다.

리치[2] 차관은 분쟁 확장을 유발할 수 있는 모든 발의를 피할 수 있으면서도, 서유럽 및 대서양 방위에는 본질적으로 평화유지에 대한 보장이 필요하고 유엔의 보편성을 회복시킬 어떠한 가능성도 소홀히 하면 안 된다는 시각을 잃지 않는 것이 정부의 입장이라는 것을 확인해 왔다고 했습니다.

그는 자국 정부가 현 상황의 정확한 양상에서 수행 가능한 인도와 파키스탄의 중요한 역할을 아는 것에 아주 특별한 중요성을 부여하고 있다고 강조했습

---

[1] 장 바드방(Jean Basdevant, 1912-1992), 주캐나다 프랑스대사관 참사관(1948-1951).

[2] Ritchie.

니다. 두 아시아 자치령의 행동은 사실상 극동에서 결정적일 수 있으며, 캐나다는 그런 행동이 어떠한 경우에도 등한시 여겨지거나 무시되면 안 된다고 평가하고 있다고 합니다.

리치 차관이 밝힌 바에 따르면 캐나다 정부는 런던에 모인 대리인들이 한국 문제에 이어 대서양 방위 계획에 대해 취할 조치를 검토하는 것에만 그치지 않기를 희망한다고 합니다. 또한 깊은 의견을 교환하고 극동에서 따라야 할 정책에 대한 협의까지 이룰 수 있기를 희망한다고 했습니다.

바드방

【88】 한국전쟁(1950.7.25)

[보　고　서]	한국전쟁
[문 서 번 호]	676
[발　신　일]	1950년 7월 25일
[수　신　일]	미상
[발신지 및 발신자]	리우데자네이루/질베르 아르방가(주브라질 프랑스 대사)
[수신지 및 수신자]	파리/로베르 슈만(프랑스 외무부장관)

한국전쟁 관련 브라질의 반응에 관한 저의 보고에 이어, 이곳 대사관 무관의 보고를 부처에 첨부하게 됨을 영광으로 생각합니다. 우선 상당한 원조를 승인하는 데 보이는 브라질 여론의 반감을 강조해야 할 것 같습니다.

아르헨티나의 답변이 무엇인지 모르는 동안에는 이곳도 어느 정도 주저했습니다. 하지만 아르헨티나가 최대한 유보하는 태도를 취하자, 이곳 브라질에서도 미국의 노력에 효과적으로 원조하자는 경향이 점점 줄어들고 있습니다. 공산주의자들은 매우 격렬한 캠페인으로 여론을 자극했으며, 전쟁장관은 한국에 파병한다는 것은 어림도 없는 일이라고 언론에 말하며 여론을 안심시켜야만 했습니다.

제가 보고했던 바대로, 워싱턴 뉴스에 의하면 부샬레[1] 대령은 브라질과 아르헨티나가 각각 20,000명과 15,000명을 파견할 수 있을 거라 기대하고 있습니다. 부샬레 대령에게 이 수치는 아무렇게나 주어진 것은 아닌 것 같습니다. 그는 성격이 다른 소대들로 구성될 수 있으니 브라질 파견군은 하나의 사단만으로 구성할 수 있을 거라고 생각합니다. 이런 형태의 부대는 16,000명에서 20,000명 정도를 요합니다. 파견군을 지원할 준비가 된 훈련된 증원군과 후방부대로 브

---

[1] Buchalet.

라질은 상임회의에서 약 35,000명에서 50,000명의 유엔파견단을 요청받을 수 있습니다.

그런데 브라질 군 체제는 현재 있는 군에서 그런 부대를 따로 떼어낼 수가 없습니다. 때문에 파견군은 완전히 제로 상태에서 구성되어져야 합니다. 훈련과 장비 준비로 많은 기간이 필요합니다. 훈련된 예비군 소집과 신병 입대를 할 수 있도록 총동원령을 실행해야 할 필요가 있습니다.

유엔의 요구에 대해 매우 유보적인 브라질 정부의 태도는 이렇게 설명되고 있습니다.

아르방가(서명)

【89】 한국문제에 대한 판디트 네루의 중재(1950.7.26)

[보　고　서]	한국문제에 대한 판디트 네루의 중재
[문　서　번　호]	605-AS
[발　신　일]	1950년 7월 26일
[수　신　일]	미상
[발신지 및 발신자]	뉴델리/크리스티앙 벨[1])(주인도 프랑스 대리공사)
[수신지 및 수신자]	파리/로베르 슈만(프랑스 외무부장관)

　인도 당국자들은 판디트 네루와 스탈린 총사령관 간의 메시지 교환에 대해 모스크바가 단독으로 발표한 것은 "잘못된 절차"라고 규정할 필요가 있다고 판단했습니다. 이후 한국사건에서 판디트 네루가 중재시도를 하고자 하는 것을 미국이 유보적인 태도로 거절한 것에 대해 침묵을 유지했습니다.

　처음엔 인도의 중재 계획에 대한 소련의 답변을 격려로 해석한 후, 인도 지도부는 미국의 응답에 매우 당황했습니다. 하지만 그렇다고 해서 이 경우에는 실수를 저질렀었다는 생각을 가졌던 것 같지는 않습니다. 도덕적 이익도, 정치적 계획이라는 다른 관점에서도, 논리적으로 볼 때 인도가 "중립" 입장을 선택한 것으로 얻은 주도권을 인도가 실제로 가져올 수 있는지 효과적으로 평가해보지 않았습니다.

　인도정부 측 역시 미국 태도에 대한 감정과 적개심을 표하는 것을 조심스레 피하고 있습니다. 제가 외무부에 보고한 바대로, 이 같은 배려는 미국의 민감한 현 여론을 자극하지 않기 위해 충분히 일반적이고 정중한 표현으로 작성되었던 애치슨에게 보내는 7월 19일 자 인도의 답변 내용을 설명하고 있습니다. 워싱턴을 움직였던 현실주의적 의견의 가치를 평가하는 것은 삼간다 해도, 인도가 자신

---

1) Christian Belle.

의 의무를 다하고, 평화를 수호하기 위해 자기 나름의 방식으로 계속할 것임을 자랑스레 강조하는데 만족할 것입니다. 사실 우리는 결국 인도까지 덮칠 수 있게 전개되는 어쩔 수 없는 재난이 일어나기 전에, 반대 진영들을 연결시키려 모든 노력을 기울여야 하는 것이 중립국에 주어진 역할이라고 생각합니다.

아마 현 단계에서는 거의 없을 법하고, 이제 막 실패를 감수했던 판디트 네루는 모스크바와 서방 강대국 양측 간의 접근을 시작하기 위한 새로운 과정에 착수할 준비가 되어 보입니다. 워싱턴 발 정보에 따르면, "연합국에 중공을 받아들이게 하는 새로운 노력을 시도할 목적으로" 판디트 네루 총리가 국무장관에게 두 번째 메시지를 보냈다고 하는데, 외무부 대변인은 오늘 이 같은 뉴스를 명확하게 부인했습니다.

그래도 나중에는 강한 이상주의로 행동하는 정부 수장 판디트 네루가 중재하게 될 수도 있다는 가능성을 배제하지는 않았습니다. 그는 평화를 열망하는 국제 여론, 더 특별하게는 국제 공산주의의 위협 앞에 너무나도 약하게 드러난 방어시스템을 지닌 불안하고 동요하는 동남아시아 국민들 사이에서 위엄을 이끌어 낼 수 있는 인물이기 때문입니다. 이러한 시도에 따른다면, 인도 정부의 결정에 많은 영향을 미친 영국의 의견에 잘 따르는 판디트 네루가 더 이상 혼동된 태도가 아니라 이번에는 좀 더 분별력 있게 행동하기를 기대해야 합니다.

모든 인도 언론이 판디트 네루의 교섭을 유보하는 워싱턴의 거절에 관해 같은 태도의 신중함을 유지하지는 않았습니다. 영국 경향 일간지 『더스테이츠맨』[2]을 제외하고는 지금까지 언론은 일반적으로 한국의 분쟁이 국지전이 아니라면 마치 자기들이 세계 대전에 대한 모든 책임을 맡고 있는 듯한 미국의 태도를 매우 심하게 평가했습니다.

* * *

이 문제가 이번 공문의 주제와 직접적인 연관은 없다 해도, 몇몇 신문이 미국

---

[2] 『더스테이츠맨The Statesman』. 1875년 창간된 인도의 일간지.

일간지의 제안을 해석 없이 지금 다시 다룬 것을 주의해 보는 것은 흥미로운 일입니다. 일간지 기사에 따르면 대만 문제와 인도차이나 문제가 안보리에 상정되었던 것처럼 아시아 대륙에 직접적인 영향을 주는 중요한 문제가 사실 그들을 제외한 체 다루어지고 있다는 느낌을 아시아인들이 갖지 않게 하는 것이 적절한 것 같습니다.

언젠가 한국문제에 대해 인터뷰했던 바즈파이[3] 경은 다음을 개인적으로 넌지시 말하는 것이 좋은 것이라고 생각했습니다. 그의 의견에 따르면 어쨌든 그가 잘 이해하고 있는 인도차이나에서의 우리 "어려움"은, 중공이 속해있을 유엔에 따랐더라면 그 해결책에 적절하고 자연스러운 범위를 찾게 되었을 거라는 점입니다.

저는 물론 뜻밖일 정도로 역설적인 그런 말에 곧바로 응수하지는 않았습니다.

서명 판독 불가

회담 사무국 공문
사이공 공문

---

[3] 기리자 샹카 바즈파이(Sir Girja Shankar Bajpai, 1891-1954). 인도 외무부 사무총장 역임.

【90】 판디트 네루의 중재 시도(1950.7.27)

[공 문 (우 편)] 판디트 네루의 중재 시도
[문 서 번 호] 371
[발 신 일] 1950년 7월 27일
[수 신 일] 1950년 8월 2일
[발신지 및 발신자] 홍콩/조베즈[1](주홍콩 프랑스영사)

베이징 공산주의 관보 『인민일보』는 7월 24일 판디트 네루의 중재 시도 건을 중점적으로 다룬 "평화군 계속 강해지다"라는 제목의 논설을 게재했습니다. 인도 총리의 노력은 굉장히 긍정적으로 해석되었으나, 논설기자는 미 정부가 한국 분쟁에 대한 평화적인 해결을 원하는 게 아니라는 점을 밝히기 위해 그가 할 수 있는 모든 것을 했습니다. 분명히 선동적인 이 기사를 통해, 우리는 공산주의자들의 공식 의견을 파악할 수 있습니다. 유럽 언론이 인용한 비슷한 기사에서도 한국에서는 전쟁 이전의 상태로 돌아갈 방법은 더 이상 없다고 보고 있습니다. 반대로 베이징은 정치적 관점에서 필요에 따라 북한이 안보리의 토론에 들 수도 있다는 유엔의 승인이 이루어졌다는 것을 만족스럽게 여기는 것 같습니다.

평화를 호소하는데 그친 이 기사와 막 조직되어 전쟁을 선동하는 반미 위원회와 공산당 지도자들의 성명과 담화들 간에는 비슷한 모순점이 있습니다. 베이징은 지금 딜레마에 놓인 것 같습니다. 다시 말해 베이징은 대만에 대한 통치권을 계속 주장하도록 하는 국위선양의 의견과 대만에 대한 미국의 성명을 인정할 수 없다는 것, 다른 한편 힘에 의지하지 않고 현 상황에서 빠져나오도록 하는 신중함 사이에 놓여있습니다. 결국 제외되지 않은 것은 동조할 해결안이

---

[1] 로베르 조베즈(Robert Jobez, 1898-1980). 주홍콩 프랑스 영사(1946-1951).

고, 모스크바가 교란작전으로 북한을 붕괴에서 구해내기 위해 중국을 압박하지 않으면 모를까 한국에서의 전세가 빨리 나아지지 않으면 대만 작전이 좀 더 용이해 보일 만큼 더 편해질 것입니다. 언제나 부가적인 것을 더 얻고자 하는 국민당원들은 새로운 소식을 알렸고, 그 소식에 따르면 만주의 중국 공산당 서기장인 가오강²⁾이 북한의 최고 작전 지휘실에 임명되었습니다. 분명 하얼빈이나 선양 혹은 더 가까운 공산당의 압력으로 파견된 러시아 고문들이 좋은 전략가도 장군도 아닌 한 중국 공산당원의 이익을 위해 자신들의 권력을 포기할 이유는 아무것도 없습니다. 아직 중공군의 참여가 이루어지지 않았음에도, 수많은 다른 정보들처럼 이번 정보도 대륙에 국민당의 개입을 증명하기 위해 한국분쟁에 중공군이 참가한다는 것을 보여주는 목적만 있을 뿐입니다.

답변해야 할 중요한 질문은 북한의 전쟁이 중공과 계획된 것인지, 아니면 마오쩌둥도 이미 벌어진 일을 대면하게 되었던 것인지의 여부를 아는 일입니다. 이 점에 대해서는 확실히 대답할 수 없어서 모든 억측이 가능합니다. 그래도 대만에 대한 새로운 혼란의 위협이 급박하지는 않더라도 여전히 남아 있다는 사실은 의심할 나위가 없는 것 같습니다.

조베즈

---

²⁾ 가오강(Kao Keng, 高崗, 1905-1954). 중국의 정치가. 국공(國共)분열 후 중국공산당 중앙위원회 위원, 공산당정부가 수립된 후에는 중앙인민정부 부주석, 국가계획위원회 주임 등을 역임.

【91】 한국전쟁의 양상(1950.7.27)

[전   보] 한국전쟁의 양상
[문 서 번 호] 952-958
[발   신   일] 1950년 7월 27일 01시
[수   신   일] 1950년 7월 27일 14시 40분
[발신지 및 발신자] 도쿄/드장(주일 프랑스대사)

긴급

뉴욕 공문 제111-117호, 워싱턴 공문 제285-291호, 사이공 공문 제436-442호

25일, 어제 도쿄를 며칠 다녀온 트리그브 리의 대리인인 카친 대령의 방문을
받았습니다. 군사적 관점에서 그는 매우 걱정하고 있었으나, 동시에 가까운 미
래에 완전히 역전될 거라고 예상하고 있었습니다.

그가 미국인들에게 얻은 정보에 따르면 적은 작전을 위해 15개의 사단을 배
치하고 있습니다. 이 중 10개 사단은 전체 병력 수 10,000명이고 5개 사단은
6-8,000명의 사병으로 병력이 좀 적어서 후방 부대는 차치하더라도 135,000명의
병사는 되리라고 봅니다. 예비역은 지금까지의 인명피해를 대체할 수 있었고,
대치상태인 남북한 주민들의 징집은 굉장히 많이, 엄격하고 가차 없이 진행되
었습니다. 하지만 대령은 부정확한 소식으로 보이는 미 참모부의 정보에 절대
적인 가치를 부여하지는 않았습니다.

그는 적의 전차 수에 대해 어떠한 명확한 정보도 제공받을 수 없었습니다.
파괴된 전차를 대신할 탱크가 블라디보스토크에서 계속 도착하고 있습니다. 전
차는 지금까지 미국이 맞설 수 있었던 것보다 훨씬 우수했습니다. 그들의 실전
능력은 무기나 이동 능력, 방탄벽의 품질 뿐 아니라 포탄을 부드럽게 잘 다루기

위해 신중을 기하는 방식에도 있습니다.

미 사령부는 북한군의 모든 전략이 소련의 것이며 가장 높은 단계의 작전은 소련의 붉은 군대 장교들이 지휘한다는 것을 확신했습니다. 그렇지만 전투에 참여 중인 어떠한 소련인도 보이지 않았습니다. 북한군 가운데는 틀림없이 만주족들과 타 지방 중국인들이 있었지만 그들을 한국인들과 구별하기란 무척 어려웠습니다. 분명한 사실은 대부분의 북한군들이 중공군 진영에서 소련 방법으로 훈련받았으며, 또한 탱크, 트럭, 탄약, 연료 등의 전쟁 물자들이 소련을 통해서만 제공될 수 있다는 것입니다. 전쟁 물자는 보통 러시아 군대에서 2차 대전 말에 사용한 최근 모델로 구성되어 있었습니다.

내륙과 후방, 전선과 인접한 곳에서의 게릴라 활동은 미군에게는 커다란 어려움이었고 거의 강박관념이 될 지경이었습니다. 빨치산은 특히 도시 근처의 공항을 공격했던 대구 지역에 많고 더 활동적이었습니다. 24일 8군단은 틀림없이 몇몇 시민이 희생됐을 토벌 작전을 통해 대구 근처로 전진해야 했습니다.

한국전쟁에 대한 다른 국면은 카친 대령에게 강한 충격을 주었습니다. 그것은 너무 잔혹하다는 점입니다. 공산당은 가차 없었습니다. 멀쩡한 포로건 부상당한 포로건 가리지 않고 학살되었습니다. 특히 시설과 차량, 적십자 직원들일수록 적들의 공격 위험에 더 노출되었습니다.

남한군 역시 잔인함으로는 북한 동포에 거의 뒤지지 않아서 미군의 시선에서 벗어나면 증오감을 마구 쏟아냈습니다. 카친 대령은 남한군의 군사적 중요성을 그리 크게 생각하지 않았습니다. 사병들은 용감했지만 지휘관들은 업무능력이 부족했습니다.

게다가 남한군 부대는 무장도 제대로 되어 있지 않았습니다. 두 사람당 소총한 자루를 가진 경우가 흔한 일이었습니다. 초반의 패배 후 재편성된 남한군 2개 사단은 상당한 기여를 했습니다. 나머지는 천차만별이었습니다. 결국 미군은 증원군이 올 때까지 미군 스스로만을 믿는 수밖에 없었습니다. 적은 엄청난 수적 우위와 연합군이 지금까지 사용한 것 보다 훨씬 풍부한 물자를 갖추고 있습니다. 미군은 이러한 적과 대항해야 할 테지만, 한반도의 남동쪽에서라도 상공과 해상을 완벽히 장악해서 유지해야 할 것입니다.

그러나 적과 대항하려면 엄청난 병력이 필요합니다. 그래서 다양한 유엔 회원국들이 맥아더 장군의 지상군 조치를 중요하게 여기는 것입니다.

국방부에 전달 요망.

드장

【92】 유고슬라비아에 대해(1950.7.28)

[전   보]   유고슬라비아에 대해
[문 서 번 호]   1093-1102
[발   신   일]   1950년 7월 28일 21시 30분
[수   신   일]   1950년 7월 29일 07시
[발신지 및 발신자]   뉴욕/쇼벨(주유엔 프랑스대사)

보안

중요 문건

워싱턴 공문 제306-315호

본인의 이전 전보 참조

오늘 오후 공식 회의 중 그로스 미 대사[1]는 워싱턴에서 검토했던 국무부가 가장 중요하게 여기는 계획에 대해 긴 보고를 했습니다. 이달 31일이나 말리크 씨가 돌아오기 전날까지는 결의해야 한다는 것을 알리고 싶었던 것 같습니다.

그로스 대사는 소련의 선전활동을 유고슬라비아 탓으로 돌리고 있으므로 실제로 그러한지 전쟁 준비 조사 위원회를 유고슬라비아에 파견하자는 인도 대표의 제안을 보고했습니다.

그는 또한 대만 대표가 지난번 제게 이야기했던 내용, 즉 중국 근해와 마찬가지로 대만에도 유엔 감독관을 파견하고자 하는 중국의 생각을 암시했습니다.

국무부는 유엔이 한국에서 시작한 활동이 평화 의지의 표명이라는 것을 알리고, 이 같은 의지가 세계의 모든 위협 요소들에 영향을 미친다는 것을 강조하고

---

[1] 어니스트 그로스(Ernest A. Gross, 1906-1999). 주유엔 미국대사.

자 했습니다. 그래서 위원회 창설을 투표하고, 위협의 대상이 되었다고 생각하는 정부의 요청에 따라 감독위원회 파견을 결정할 정부 대표들로 구성된 안보리 분과위원회 창설을 제안했을 겁니다.

전문에 비추어 볼 때 이 주제에 대한 결의는 한국에 대한 이사회 회원국의 정치적 무관심을 표현하면서 한국에서의 유엔 활동에 대한 기준과 헌장 내용에 평화 유지라는 가장 중요한 책임을 규정하고 재천명하면서 유엔 회원국이 그들의 분쟁을 평화적으로 조정하도록 강력한 권고를 포함한 것 같습니다.

그가 우리에게 읽어보도록 준 회람에 따르면 미 국무부의 생각은 분과위원회에 이사회의 권한을 위임한다는 것입니다. 즉 소련 대표가 아직 불참하고 있을 동안 안보에 관해 러시아가 거부권을 실행할 수 없도록 결정 할 자격이 있는 기구를 소련은 포함하지 말고 창설하자는 겁니다. 좀 더 정확히 말하면 그로스 미 대사의 최근 내밀한 이야기로 판단컨대, 이는 지난 6월 27일 대만에 대한 트루먼 대통령의 발의를 머지않아 이사회의 일반 정책과 연결시키고자 하는 유엔의 결정을 얻어내는 방법인 것 같습니다. 아시다시피, 대만에 대한 이 발의는 현재 영국이나 인도 같은 몇몇 이사회 회원국 편에서는 유보적인 입장을 취하고 있습니다.

영국대사는 이사회의 그러한 입장 표명이 침략이 일어난 어떤 곳에서 군대를 공격에 맞서게 한다는 것에 반대 의향을 표하는 것으로 해석될 수 있는지 지켜보도록 했습니다.

유엔 정부들은 실제로 이런 의향을 가졌었나요? 그에 따라 대만에 예정된 절차는 어떻게 이루어질까요?

저로서는 소련이 항상 이의를 제기했던 새로운 기구를 창설하고 소련의 거부권을 무효화하는 권한을 이 기구에 위임할 것인지의 여부를 소련 복귀 이전에 정확히 결정하는 일이 중요할 것 같다고 표명했습니다.

이때 그로스 미 대사는 그의 명령에 따라 개인적으로 분과위원회와 이사회 간에 유지될 수 있는 관계를 알려주었습니다. 분과위원회는 이사회에 위원회의 계획을 알리고 이사회는 위원회가 실행하기 전에 반대할 수 있다고 말입니다.

그의 말에 따르면 제가 말했던 결과처럼 실제 위임을 맡은 위원회이던지 아니면 아무 소용없는 위원회 같았습니다. 그래서 이사회 자체가 실행할 수 있는 모든 권한을 분과위원회에 위임하는 것은 너무 뻔한 방법 같습니다.

어쨌든, 파리, 런던, 오슬로 주재 미국대사들이 우리 정부에 보이는 그런 설명과 더불어 제가 요구해서 우리가 얻은 명문화된 법안이 내일 아침 제출되던지 바로 전달되던지 간에, 주제가 복잡하고 우리가 사용할 수 있는 시간도 매우 짧기 때문에 월요일에는 결정되어야 합니다.

회의 후 저와 몇 마디 나눌 수 있었던 영국대사는 미국의 제안을 별로 달가워하지 않는 것이 분명해 보였습니다.

내일과 일요일 4시에 예정된 다음 회의에서 이 건에 대해 취할 태도에 대한 각하의 중요한 지시 사항을 가능한 빨리 받을 수 있기를 희망합니다.

쇼벨

【93】 한국의 군 상황(1950.7.28)

[전 　　　 보] 　한국의 군 상황
[문 서 번 호] 　984-990
[발 　신 　일] 　1950년 7월 28일 09시
[수 　신 　일] 　1950년 7월 28일 14시
[발신지 및 발신자] 　도쿄/드장(주일 프랑스대사)

매우 긴급

워싱턴 공문 제295호, 뉴욕 공문 제121호, 사이공 공문 제446호

1. 한국의 정세가 위태롭습니다. 미군이 진지를 안전하게 확보하기 전인데 아직도 후퇴해야 합니다. 매우 강한 적군 앞에 이러한 후퇴는 위험과 변수가 많습니다. 그래도 지금까지는 미군이 어떠한 규모의 포위망도 피할 수 있었습니다. 때문에 손실은 적었습니다.

2. 한편, 남한군 재편성은 진전이 있었습니다. 남한군은 각각 완전무장한 2개 사단 이상을 포함한 2개 집결지를 만든 것 같습니다. 제1군단은 '수도사단'이라 부르는 부대와 제1사단으로 구성되었습니다. 제2군단은 6사단과 8사단으로 구성되었습니다. 예비사단인 3군단은 현재 훈련 중인 2개 연대로 구성되었습니다. 이 군단의 병력은 매우 적습니다. 총 25,000명에서 30,000명 정도밖에 되지 않습니다. 군대는 훌륭합니다. 미군은 지휘관의 부족함을 메우려 하고 있습니다. 게다가 미군은 지금까지 너무 열악한 무장 상태였던 부대를 최근 미국에서 받은 물자로 정비하고 있습니다.
3. 3주 전 미국에서 동원된 상선으로 엄청난 수의 장비와 군 병력이 부산항에

도착했습니다. 짐을 가득 실은 함선이 전쟁 물자를 대체하기 위해 하선했습니다. 도착한 화물은 미군이 가장 필요로 한 대전차 장갑차와 탱크였습니다.

4. 해군 증원군과 □□□ 사단은 각기 다른 날에 도착했습니다.

5. 매우 위급한 요소가 몇 가지 남아 있습니다. 작전 지역이 좁혀질수록 게릴라는 그 수가 더 많아지고 후방이던 전선 내부이던 중심부와 주요 도로를 망라하여 출몰하고 활동한다는 것입니다. 특히 당장 부산과 대구 근처에서 눈에 띄었습니다. 게릴라는 지역주민들 보다는 사복차림으로 전선을 넘어온 북한군으로 구성된 경우가 더 많습니다.

한편 저과 마주한 15개 사단 중 단지 8개 사단만 진투에 참어하고 있습니다. 예비역으로 알려진 7개 사단 중 5개 사단은 현역 미군으로 확인되었습니다. 그래서 언제든 개입해서 적군에게 효과적으로 커다란 우위를 차지할 수 있습니다.

게다가 공군정찰대는 적군에게 점령된 남한 지역에 몇 군데의 비행장이 있음을 알렸습니다. 지금까지는 별로 없었던 북한의 비행기가 부산에 마지막 공세를 위해 남겨둔 것은 아닌지 불안할 법합니다. 그러나 결정적인 순간에 개입해서 최근 증원군이 도착해 한국 영해에서 4기가 실종되어 총 259기를 보유하며 크게 증대된 유엔 공군에 북한 공군이 저항할 수 있는 가능성은 거의 없습니다.

6. 도쿄의 군사 및 외교계는 며칠 전보다 낙관적입니다. 유엔군이 지킬 수 있는 저지선이 부산, 포항, 대구, 낙동강과 남강이 남측의 한 지점인 진주까지 이어질 거라고 여기는 느낌입니다.

최근 경향은 이곳이 무슨 일이 있어도 유지되어야 할 최소한의 전략 요지로 여기고 있습니다.

총사령부는 어떤 관점에서는 이 지역을 개선하는 것을 포기하지 않았지만, 예비역이 확실히 지칠까 싶어 더 야심적인 다른 계획을 포기한 것 같습니다.

국방부에 전달 요망.

드장

【94】 한국의 군 상황(1950.7.28)

[전 보]	한국의 군 상황
[문 서 번 호]	176
[발 신 일]	1950년 7월 28일 12시 30분
[수 신 일]	1950년 7월 29일 11시 30분
[발신지 및 발신자]	워싱턴/뮈르탱 장군[1](주미 프랑스대사관 무관)

제9,265호

한국 상황

1. 지상군

48시간 전부터 상황이 안정됨. 남해안의 하동과 동해안 김천 부근에 펼쳐진 180마일에 이르는 포물선형태의 전선 형성됨. 북서지역과 대구 북쪽 지방에 이르는 중부 전선에 미군 제1기병사단과 제25보병사단, 남한 주력군이 북한 제7사단의 강한 진격에 맞서 진지를 고수하고 있다. 동쪽의 영덕지역은 아직 상황이 변하지는 않았으나 지금은 총 1개 사단인 적이 배치를 증대하는 징후가 있다. 남쪽 상황은 북한군 2개 사단이 시도하는 우회 기동에 대비해 거의 모든 서부지역에 배치되어 있어야 했던 미군 제24보병사단이 대전에서 철수해 부산 서쪽 50마일 지점에 있는 진주를 받치고 있다. 미 해병 1사단 분대는 주말 전까지 대기했고 제2보병사단은 출발했다.

---

[1] 자크-루이 뮈르탱(Jacques-Louis Murtin, 1904-1966). 2차 대전 시 유명 전투 조종사. 한국전쟁 당시 미 공군 편에서 활약함.

2. 공군

매우 제한적인 북한 공군 활동. 전투 초부터 적군의 손실

공중에서 폭파된 43기를 포함해 80기 격침

28기 손상

14기 추정

지난 몇 주 간, 미 공군은 유리한 기상 조건의 덕을 봤다. 일본에서 작전 수행을 하던 B-29는 신막과 평강 비행장, 교량, 통신선 석유 저장소 등 38선 이북의 목표물을 공격했다.

F-80의 야간 임무에 대해서는 아무런 정보가 없다. 일별 출격횟수는 F-80 75회, B-26 85회, B-29 22회, F-51 42회로 총 224회이다. 곧 대구와 포항 진지에서 출격할 수 있게 되면 F-51는 150회도 가능할 것이다.

3. 해군

1) 미 해군항공 참전은 원조 작전 중인 남한 영토에 편성된 목표물을 포격하는 것이다. 기상이 나쁜 경우 평균 출격은 2개의 항공모함에서 110회.

2) 포위 유지.

3) 해안에 효과적인 포격.

4) 미 공군을 위해 F-51을 탑재한 항공모함 "복서함"[2] 도착.

5) 해병 제1사단 도착 예정(전원은 아니며 최대 전투 팀 3개 대대).

4. 미 국방부의 분위기

합류 지대에서 교두보를 더 잘 방어할 가능성과 개선된 군 조합으로 좀 더 완비된 해병대, 공군, 해군이 신속하게 도착할 예정이라는 사실과 작전을 낙관

---

[2] Boxer. 미국 해군 에식스급 항공모함 24척 중 13번함. 당시 캘리포니아에 배치되어 있던 복서함은 한국으로 출동명령이 떨어져, 태평양 최단시간 횡단 기록을 갱신. 1950년 7월 14일 캘리포니아를 출발해 7월 23일 일본 요코스카에 도착. 8일 7시간 걸림.
복서함에는 미국 공군을 위한 45대의 F-51 머스탱과 6대의 L-5 센티넬 연락기가 탑재되어 있었음. 19대의 해군 항공기와 1,012명의 함재기 지원요원, 필수 수리부품 등 유엔군을 위한 2천 톤의 보급품이 실림. 복서함은 7월 28일 요코스타를 떠나 8월 4일 캘리포니아로 복귀했음.

적으로 보는 맥아더 장군의 견해는 지난 48시간 동안 약간 흔들렸던 엘리[3] 장
군의 신뢰를 회복시킨 것 같았다.

뮈르탱 장군(서명)

---

3) 폴 엘리 장군(Paul Ély, 1897-1975). 1949년 이후 서유럽연합 상설군사위원회 프랑스 대표. 북대
   서양조약기구NATO의 상설군사위원회에서 활동. 1953년부터 1959년까지 프랑스 국방부 육군
   참모총장을 지냄.

【95】 한국 작전의 국제 연합군 참여(1950.7.29)

[전 보]	한국 작전의 국제 연합군 참여
[문 서 번 호]	1125-1131
[발 신 일]	1950년 7월 29일 20시 59분
[수 신 일]	1950년 7월 30일 06시 20분
[발신지 및 발신자]	뉴욕/쇼벨(주유엔 프랑스대사)

보안

워싱턴 공문 제336-342호

한국 작전이 어렵고 참혹하다는 것이 알려질수록 유엔 지상군의 한국전 참전은 언론과 여론의 관심을 더 받고 있습니다.

유엔 사무총장 트리그브 리의 호소에 최초의 답변이 있기까지 며칠이 걸리는 것으로도 대중의 동정심을 느끼게 했습니다. 대중들은 놀라움과 고통스러운 심정, 불안감을 함께 느껴야 했습니다. 이후 몇몇 긍정적인 답변이 나오기 시작했습니다. 이러한 긍정적인 답변은 곧 후한 기부자와 미국의 신조로 활용되었습니다.

현재, 지상군을 지원한 나라들은 두 그룹으로 나뉩니다. 한쪽은 영국과 태평양 인근 영연방자치령으로 그들의 실제 연대를 구체적으로 보여주고자 하는 쪽이고, 다른 쪽은 크림전쟁[1] 당시 카보우르[2]가 했던 계산을 떠올리게 하는 터키

---

[1] 1853-1856년 러시아와 오스만투르크·영국·프랑스·프로이센·사르데냐 연합군이 크림반도·흑해를 둘러싸고 벌인 전쟁. 나폴레옹 전쟁 이후 유럽 국가들끼리 처음 벌인 전쟁으로 이 전쟁에서 패한 후 러시아는 본격적으로 근대화를 추진하게 됨.

[2] 카밀로 벤소 콘테 디 카보우르(Camillo Benso Conte di Cavour, 1810-1861). 이탈리아의 정치가. 농업장관 겸 재무장관, 총리를 지냈고 파리평화회의에서 이탈리아의 통일을 유럽의 중요 문제로서 열강에 인식시킴. 나폴레옹 3세의 지지로 오스트리아군을 격파, 롬바르디아를 해방시켰고 샤르데냐왕국을 중심으로 점진적 통일을 추진하여 국가통일을 이루었음.

나 태국 같은 쪽입니다.

신문이나 라디오 논평은 한 달 전만 해도 꽤 낮았던 신뢰가 여론의 움직임에 따라 눈에 띄게 높아진 영국의 참전을 강조합니다.

반대로 지상군을 전혀 지원하지 않은 나라들은 의심을 받기 시작했습니다.

우리 프랑스 내부정책상 어려움은 트리그브 리의 첫 교서에 대해 다른 나라들이 배를 지원한다고 할 때, 우리는 이사회 활동에 원칙적으로 동의한다는 답변을 보냈고, 이어 프랑스 군함 "라 그랑디에르"³⁾ 호를 원조하겠다는 발표는 다른 정부들의 지상군 징집병을 원조하겠다는 발표와 동시에 이루어졌다는 것입니다.

따라서 우리의 첫 번째와 두 번째 제스처는 약한 광고 정도로만 받아들여졌고, 라 그랑디에르 호를 맥아더 장군이 반겼다는 사실을 여론은 전혀 알 수 없었습니다. 저 역시 워싱턴의 전언으로 어제서야 그 사실을 알게 되었습니다.

파리 주재 미국대사관과 국무부는 유럽과 북아프리카, 인도차이나에서 우리가 느끼는 부담감을 완전히 알게 되었습니다. 물론 미국 대중은 이런 사정을 아무것도 모르고 있습니다. 대중은 단지 그들의 감정으로만 움직이고 오늘날 그들의 감정은 위기의 순간 등장할 라파예트 장군⁴⁾ 같은 사람이 없다고 느끼는 것입니다. 그래서 미국 대중의 반응은 얼른 국무부와 파리주재 미 대사관의 책임을 다하라고 요구합니다.

제가 각하와 이야기했던 이 문제에 대해 다시 다루어야 한다고 했던 이유는 바로 이 때문입니다. 이달 25일과 26일 파리 수신용 사이공발 전보 제458호와 제464호는 저의 이러한 생각을 더 뒷받침해 줍니다.

특히 우리가 맡을 동남아시아 사령부 조직에 관한 보고 제464호는 매우 중요해 보입니다. 이는 문제 여건들을 검토해야 하는 인도차이나에 대한 원조에 당장 더 속도를 낼 것과 현재 여론의 폭넓은 동의를 전제해야 한다는 예측하지

---

3) La Grandière. 아시아와 아프리카에서 작전을 수행하도록 주조된 프랑스 해군 통보함.

4) 질베르 뒤 모티에 드 라파예트 후작(Marie-Joseph-Paul-Roch-Yves-Gilbert du Motier, Marquis de La Fayette, 1757-1834). 프랑스의 사상가이자 장교. 미국독립전쟁 시 1777년 도미하여 독립군으로 참전하여 워싱턴의 신임을 얻고 미국의 영웅으로 칭송받고 있음.

못한 일들 때문에 생긴 것입니다.

저는 다수가 동의하지도 않은 인도차이나 건을 고려하고 있는 우리의 노력이 크지 않은 것처럼 보여진다면 결국 유엔에서의 우리 입장이 매우 불편해질 거라는 점을 더 말씀드립니다.

쇼벨

【96】 한국인을 위한 물품과 의약품 원조(1950.7.29)

[전 보]	한국인을 위한 물품과 의약품 원조
[문 서 번 호]	1132-1133
[발 신 일]	1950년 7월 29일 20시 28분
[수 신 일]	1950년 7월 30일 06시 20분
[발신지 및 발신자]	뉴욕/쇼벨(주유엔 프랑스대사)

절대우선문건

워싱턴 공문 제343-349호

미 대표단은 오늘 오후 아르네 선데[1] 씨의 거처에 모인 프랑스, 영국, 노르웨이 대표단과 회담했습니다. 대표단은 소련 대표단이 참석하게 될까 염려하며, 전쟁으로 힘든 한국인들에게 의료 및 물자 원조단을 구성하고자 하는 방안을 안보리가 사무총장 앞에서 7월 31일 월요일 회기 내에 신속하게 살펴보기를 원했습니다.

미 국무부가 현재 작성 중인 해결 방안은 자국에 곧바로 보고할 수 있도록 오늘 저녁이나 밤에 동시에 안보리와 미국 주재 대사관의 각국 대표단에게 전달되어야 합니다.

이 문건은 한국을 위해 가능한 모든 의료 및 물자 원조를 유엔의 모든 정부에 호소하고자 하는 것으로, 이 계획의 실현을 위해 통일된 지휘체계가 유엔 사무국과 긴밀히 협력하며 반드시 사무국에 의견을 묻고 행동해야 할 것임을 기대하면서 통일된 명령 조치를 취하기 전의 원조와 일반기관의 원조를 제한, 실질

---

1) 아르네 선데(Arne Sunde, 1883-1972). 주미 노르웨이대사. 당시 유엔 안전보장이사회 의장.

적인 원조조치 시행, 구호물품의 보급 등에 대한 내용을 담고 있습니다.

유엔 경제사회이사회는 "전문 기관들"과 비정부기구들이 금번 구호 노력에 협력하고 한국에 장기간 경제 원조를 고려하도록 재촉할 일을 맡게 될 것입니다.

트리그브 리는 이 분야에서 사무국의 특권을 특별히 강조하지는 않았습니다. 그는 무엇보다도 만장일치 투표가 이루어지거나 아니면 유고슬라비아, 인도, 이집트 같은 나라가 이 문제에 찬성하도록 설득되지 못했다 하더라도 거의 만장일치로 보였으면 하는 정치적 중요성을 강조했습니다. 세계 여론은 한국의 "평화적 재건"이 이루어지는 시기와 즉각적인 원조를 고려해야 하는 것이 유엔이라는 점을 보여주었다고 하면서 말입니다.

트리그브 리는 소련의 거부권 소지가 있는 만큼 이 방안에 거부권을 행사하지 않을까, 또 한반도 전체에 영향력을 펼치려는 한국인민정부를 선포하게 하고, 한국에 대한 모든 원조를 받게 하려는 것은 아닐까 하는 우려를 나타냈습니다.

오늘 오후까지도 국무부가 해결하지 못한 문제 중 하나는 안보리 의결이 있던 6월 25일, 27일, 7월 7일처럼 해결안을 명백히 언급할 적절한 시기입니다.

그런 언급은 결의안 의결을 기권했던 국가들이 원조에 대한 이번 네 번째 결의안 의결까지 막을 수 있습니다. 이 분야에서 미 정부의 활동이 용이할 수 있을까 염려되더라도 의회의 관점으로 볼 때 이 언급은 하게 될 것입니다.

미국 주재 대사관이 따라야 할 안건의 주요 쟁점을 런던과 오슬로로 알려야 하는 영국과 노르웨이 대사들 때문에, 아주 긴급히 경우에 따라서는 전화로라도 각하의 지시사항을 늦어도 뉴욕시간으로 월요일 오전 9시까지 받을 수 있기 바랍니다.

쇼벨

【97】 전선의 상황(1950.7.30)

[전 보]	전선의 상황
[문 서 번 호]	1013-1022
[발 신 일]	1950년 7월 30일 08시 00분
[수 신 일]	1950년 7월 30일 11시 30분
[발신지 및 발신자]	도쿄/드장(주일 프랑스대사)

보안

워싱턴, 뉴욕, 사이공 공문

1. 저는 28일 저녁을 알몬드[1] 장군 및 조이[2] 제독과 보냈습니다.

조이 제독은 특히 필요했던 "라 그랑디에르"호가 도착한 것에 대해 만족감을 표했습니다. 그는 자신에게 맡겨진 모든 일에 대처할 수 있는 침착한 사람 같았습니다.

2. 반대로 알몬드 장군은 신경질적이고 조급해 보였습니다.

전선에서 적이 공세를 다시 펼쳐서 고된 하루였습니다. 북한군은 여전히 활력 넘치고 물자와 병력 보급이 풍부하다는 것이 밝혀졌습니다. 장군은 간선도

---

[1] 에드워드 알몬드(Edward Mallory Almond, 1892-1979). 한국전쟁에서 10군단장으로 인천상륙작전과 원산상륙작전을 지휘하였으며, 흥남철수에서 작전계획에 없던 민간인수송을 명령하여 피난민 10만 명을 거제도로 탈출시킴. 현리 전투 당시 자신이 지휘하던 10군단의 관할 내에 있던 오마치 고개에 대한 방어를 소홀히 하고, 잘못된 상황을 전하여 현리 전투의 패배에 일조함.

[2] 찰스 터너 조이(Charles Turner Joy, 1895-1956). 2차대전과 한국전쟁 당시 미 해군 제독. 한국전쟁 중 많은 해군 활동을 지시함.

로가 파괴되었는데도 어떻게 탄환과 예비 병력이 계속 도착할 수 있는지 궁금해 했습니다. 적은 아직도 피곤하거나 지친 기색을 전혀 보이지 않습니다.

하지만 적도 엄청난 손실을 당했습니다. 하루 동안 제1사단의 전선 앞에서 북한군 2,500명이 사라졌습니다. 그러나 적은 3개 보병 종대로 나누어 포병 장막을 뚫을 수 있었습니다.

북한군이 배치한 예비군 병력에 대해 장군은 정보가 부족했다는 것을 인정했습니다. 어쨌든 그는 주요 지역을 강하게 공격할 때에도 적군은 수원 이남으로 여전히 대규모 병력을 집결시키고 있었습니다. 적은 동해안 쪽에서는 거의 이해할 수 없이 비싼 대가를 치르면서까지 고집스레 영덕을 돌파하려 하고 있습니다. 사실 산길을 이용할 수도 있을 텐데 말입니다. 분명 한국인만으로는 설명할 수 없는 많은 병력을 엄청나게 쓰고 있습니다. 우리가 한국인 신분을 지닌 몽골이나 중국 계열과는 출신이 다른 사람들을 상대하고 있는 것이 확실합니다. 분명 소련이었습니다.

3. 장군의 태도에는 결연한 만큼 불안감도 있었습니다. 또 지상군 파견을 꺼려하거나 늑장부리는 유엔회원국에 대한 원망도 보였습니다. 장군은 홍콩 주둔 부대에서 1개 여단을 보내줄 수 있었을 거라며 영국을 비난했습니다. 장군은 지금이 가장 절박하게 유엔과 평화의 승패를 결정짓는 중요한 역할을 할 증원군이 필요할 때라고 몇 번이나 말했습니다.

참모총장은 인도차이나와 북아프리카에 있는 병력에 대해서도 잊지 않고 물었습니다. 저는 4년 전부터 아시아와 아프리카, 유럽 대륙에서 공공의 이익을 위해 우리가 지고 있는 책임과 의무에 대한 입장을 강조했습니다.

프랑스군은 극동에서 주요 지점을 차지하고 있으며, 이 지역에서의 감축은 끔찍할 결과를 가져올 수도 있습니다. 참모총장과 헤어질 때 그는 여전히 농담 반 진담 반으로 한국에서는 정말 프랑스군을 볼 수 있는 어떠한 희망도 없는 것이냐고 물었습니다.

4. 대화 도중 조이 제독은 한국전은 3군의 긴밀한 협력이 요구된다고 강조했

습니다.

지난 2차 세계대전은 특히 해병대가 주도했고 독일에서의 작전은 주로 군대와 공군의 위업이었습니다.

현 작전에서 중요한 역할은 3군 각각에 주어졌습니다. 그 점에 있어서 한국전쟁은 전례 없는 경험의 연속이며 전쟁사의 한 획을 긋게 될 것입니다.

드장

【98】 전선의 상황(1950.7.30)

[전 보]	전선의 상황
[문 서 번 호]	1023
[발 신 일]	1950년 7월 30일 09시
[수 신 일]	1950년 7월 30일 15시 30분
[발신지 및 발신자]	도쿄/드장(주일 프랑스대사)

뉴욕 공문 제149호, 워싱턴 공문 제314호, 사이공 공문 제466호

1. 29일 미 25사단에 하달된 일일명령에서 제8군 지휘관 워커 장군은 미군이 이미 한계에 이르렀으며 거기서 더 물러설 수 없다고 선언했습니다. 워커는 이 전선에서는 공격만 있을 수 있다고 했습니다.

"방어를 위해서는 전례 없는 북한군 학살이 필요할 것이다. 됭케르크나 바탄[1]의 비극을 다시 보게 되지는 않을 것이다. 더 이상 한 치의 땅도 양보할 수 없다. 후퇴하는 자들은 전우 수 천 명을 죽이는 장본인이다. 승리가 가까이 왔다. 아무것도 우리를 멈추게 할 수 없다. 그러나 운명이라면 우리 모든 장교와 병사들이 증원군이 도착할 수 있도록 희생해야 할 것이다."

2. 30일 공문
남쪽. 부산으로 향하는 공산당의 공세가 거의 진전되지 못함. 연합군 해군항공대의 공격과 점점 많아지는 지상군은 이 지역에서의 위험을 억누르고 있음. 북한군이 고창 근처와 거기서 10마일 지점 하동에 이르렀음.
반대로 더 강한 사단이 참전 중인 중요 지역에서는 특별한 변화가 감지되지

---

[1] 미군이 태평양전쟁에서 일본군의 공세에 밀려 철수한 곳.

않았음. 제1기갑사단과 25보병사단은 그들의 방어진지를 무너뜨리려는 시도를 몇 차례나 물리쳤음.

북쪽. 공산당이 조금 전진해서 북한군의 압박이 영주·안동 축과 단양·예천의 2개 축으로 커지고 있음.

3. 언론 뉴스

29일 저녁. 영동근처에서 함창 근처까지 65㎞에 이르는 전선에서 공산당은 29일부터 지금까지 점점 더 거센 공격을 개시하고 있다. 포병대와 전차의 강력한 지원으로 적은 대치 중인 미군 2개 사단을 함락하려한다. 미군 참호는 호우로 침수되어 특히 더 힘든 조건에서 싸우고 있다.

28일 밤, 남해안 하동 남단 16㎞ 지점 광양에서는 북한군이 바다 쪽으로 밀어붙였던 미군 400명을 남한 해병대가 구출했다.

어제 29일 게이 소장[2]과 회담하러 온 워커 장군은 진주 지역의 상황에 대해 공산당 공격의 심각성을 모르고 있다고 했습니다. 그는 할 수 있는 모든 지원을 아끼지 않았습니다. 그런데 아무도 미군 병력이 부족하다는 것은 모르고 있었습니다. 『마이니치신문』 뉴스에 따르면, 남한을 통해 일본에 도착한 게릴라는 북한에서 침입한 공산당원들, 1948년부터 오랫동안 은신해왔던 반란군, 농민과 노동자, 좌익 지지자들과 이승만 정부에 대한 반체제 인사들도 포함되어 있다고 합니다. 게릴라의 무기는 경찰한테 탈취하거나 만주나 산동을 통해 들어오는 밀수로 확보되었습니다. 2군대 주요 출입지점은 한반도 남서쪽의 목포와 38선 이남 60㎞ 지점의 동해안에 있는 삼척입니다.

국방부 공문.

드장

---

[2] 허버트 게이(Hobart R. Gay, 1892-1983). 한국전쟁 당시 미군 제1기병사단장.

【99】 안전보장이사회 회의 보고(1950.7.31)

[전   보] 안전보장이사회 회의 보고
[문 서 번 호] 1148-1163
[발   신   일] 1950년 7월 31일 17시 20분
[수   신   일] 1950년 8월 1일 03시 30분
[발신지 및 발신자] 뉴욕/쇼벨(주유엔 프랑스대사)

우선문건

보안

워싱턴 공문 제359-374호

본인 전보 제1132호와 제1139호로 알려드렸듯이 아래의 회의보고서를 보내
드립니다.

1. 평화유지를 위해 중요하게 판단되는 지역에 상임 감독이나 점검기구 조직
을 담당할 위원회 창설.

미대표단은 이사회에 이 안건을 제출하고 오늘 7월 31일 긍정적인 결정을 얻
는 것에 대한 정부의 우려를, 가능하면 러시아의 거부권을 피할 수 있는지, 아니
면 내일로 미루어졌던 것은 아닌지 하는 정부의 걱정을 강하게 표출했습니다.

미 대표 정보에 따르면 인도 정부는 기권하기로 정했다고 합니다. 하지만 쿠
바와 에콰도르가 찬성표를 던질 것 같고 중국 역시 거의 확실합니다.

이집트와 유고슬라비아 대표단의 의향을 알 수 없지만 미 대표단은 십중팔구
그들이 지지할거라 여겼습니다. 특히 베오그라드 대표단은 현재 그들을 향한
호전적인 비난이 있을 거라는 강한 불안감 때문이라도 그러리라 여겨졌습니다.

반선동적 가치를 강조하면서 유고 정부는 만장일치에 가까운 다수로 결의안이 채택되는 것에 집착했습니다. 어쨌든 미 대표는 이런 관점에서 서유럽 대표단의 반대 혹은 기권이 분명 야기할 수 있는 심리적으로 난처한 결과를 피하기 위해 그들의 빠른 동의를 얻는 것이 불확실하다면 이사회에 안건을 상정하지 말라는 명령이 있었다고 했습니다.

신속한 동의를 얻는 것이 확실치 않다면 이사회에 이번 안건을 제안하지 말라는 지시가 있었다고 합니다.

노르웨이 대표단이 불명확할 때, 저는 동기가 너무도 정확히 표시된 귀하의 전보 제1466호에서 분명히 하고 있는 프랑스 정부의 입장을 알렸습니다.

영국 대표는 명확히 저와 같은 의견을 표명했습니다. 특히 우리 서로는 양 정부가 이사회 협상 테이블에 소련 대표단이 돌아오라는 전날의 제안에 협력하는데 특히 내켜하지 않는 상황을 표명했습니다.

영국 대표 글래드윈 젭 경은 이사회에서 세계 모든 곳에서의 공격에 대비해 설립한 공동전선이 무너질 위험을 상기시켰습니다. 또 미 대표단이 결의안을 제출하면 반대표를 던져야 하기 때문에 회의 연기를 요청받게 될 거라고 밝혔습니다. 이것은 비단 그 혼자만의 생각이 아니었습니다. 제가 프랑스의 관점을 표명하고 나서, 그 역시 자국 정부에 이 문제를 재검토해달라는 요청을 했었기에 이는 그의 개인적인 입장이 아닌 것입니다.

이러한 이중적 태도 표명 앞에 미국은 이미 예상해야 할 것을 알고 있었으며, 그로스 미 대사는 즉각 자신의 법안제출을 포기한다고 선언했습니다. 본국 정부가 다시 좀 더 나중으로 제출을 보류한다고만 밝히면서 말입니다.

2. 한국 민간인 원조

미 대표단이 준비한 새 작성 안에서 본문을 따로 전보로 보냄.

이 내용은 우리 각자의 정부가 찬성한다는 전제로 노르웨이와 영국, 프랑스의 동의안을 모은 것입니다. 우리가 말하는 원조는 유엔 점유지에 있는 모든 민간인에게 남북한 주민의 구분 없이 당장 펼치자고 명시되어 있습니다.

오늘 아침 국무부에서 받은 전화 승인에 따라 같은 의견을 표명한 영국과 노르웨이 대표단의 동의하에 저는 프랑스 대표단이 이 결의안을 발의할 준비가 되었음을 알렸습니다.

권해주신 바대로 우리는 특히 이 결의안이 만장일치로 채택되기를 희망한다고 밝혔습니다. 어쨌든 유고슬라비아와 이집트가 통합사령부의 언급 때문에 이번 결의안에 찬성할 가능성은 거의 없습니다.

특히 유고슬라비아는 적십자 같은 기구에 맡겨진 일을 알고 싶었을 겁니다. 하지만 미 정부는 통합사령부가 이 방면에서 집행하는 모든 권한과 책임을 맡게 된다는 것을 분명히 했습니다.

3. 의장에 대한 조치

소련 대표가 갑작스럽게 사임하는 경우더라도 8월에 언제라도 결정만 된다면 안보리를 소집할 수 있게 보장.

> 1) 안보리에 재출석한 다른 국가 대표단의 비공식 합의는 말리크 씨가 갑자기 사임하는 경우 영국대표가 그 자리를 수행한다고 인정한다.
> 2) 8월 내내 안보리는 회원국이 제안하는 다음 회의 날짜를 정한 후에만 연기될 수 있다.
> 3) 회의 날짜가 정해지기 전에 긴급한 경우, 소련 대표가 이사회 회원국이 제안한 소집 요구를 거절하는 경우에는 영국대표 주재 하에 개최될 것이다.

4. 한국전 확대 방지를 위한 주요 안보리 결의안

미 대표단은 다음의 의결안을 우리에게 회부했습니다.

> "안전보장이사회는
> - 북한 당국이 유엔과 계속 대립하며 도발을 일삼는 것을 비난한다.
> - 북한 당국이 도발을 멈추도록 영향력을 행사해 달라고 모든 국가에 권고한다.
> - 한국전이 다른 지역까지 확전되어 국제 평화와 안보를 해치는 위험을 악화시킬 수 있는 모든 행위의 자제를 각 국가에 권고한다."

미 대표는 오늘 이 결의안을 발의할 생각이며 이제 발의할 준비, 즉 때가 되었다고 밝혔습니다. 이미 그는 인도, 쿠바, 에콰도르가 찬성표를 던질 거라 확신하고 있었으며, 중국과 유고슬라비아 역시 지시를 받았다면 긍정적인 표를 주리라 기대하고 있습니다.

5. 저는 전보 제11□호에서 중국 대표에 대한 문제를 다룬바 있습니다.

쇼벨

【100】 대서양과 극동아시아 정책 범위 내에서 프랑스(1950.7.31)

[전 보]	대서양과 극동아시아 정책 범위 내에서 프랑스
[문 서 번 호]	2932-2938
[발 신 일]	1950년 7월 31일 11시 40분
[수 신 일]	1950년 8월 1일 09시 15분
[발신지 및 발신자]	워싱턴/보네(주미 프랑스대사)

보안

본인의 전보 제6423호 참조

제게 전달하신 의견에 완전히 동의하는 바입니다. 아울러 극동과 대서양 정책에서 프랑스가 추구하는 노력의 중요성을 이해시키고 평가받도록 계속 애쓰겠습니다.

저는 책임 계층에서 공동의 이유로 프랑스가 기여한 부분과 우리가 수용한 모든 분야에서의 희생을 모르거나 등한시한다고 생각하지는 않습니다. 아시다시피 한국전이 발발된 후에도 정부 권한 대표자들은 프랑스군이 인도차이나에서 요충지를 차지하고 있으며, 군을 원조해야 할 필요성, 군의 활동을 약화시키거나 막지 않아야 한다는 필요성을 어느 때보다도 더 잘 알고 있다고 제게 계속 반복해서 말해왔습니다.

총리가 발표한 800억 프랑의 군비 증가는 모든 정계에서 굉장한 환영을 받았습니다. 저나 특히 국무부에 몇 번이나 만족감을 표했습니다.

저는 오늘도 역시 국무부의 의견이 바뀌지 않았다고 확신했습니다. 전후 복구가 끝나기도 멀었고 아직도 생활수준을 높여야 하는 한 나라 때문에 국방에만 6,000억 가까이 할애한다는 것은, 그곳이 국제 문제에 정통한 사람들이 인정할만한 가치가 있는 곳이며, 우리를 비방하는 자들이 이 지역에 대한 효과적인 선동거리를 찾지 못할 것이기 때문입니다.

사실 이사회 의장의 발의와 국회의 찬성투표는 당면 요구에 단호히 맞서는 프랑스의 확고한 결정으로 여겨졌습니다. 중요한 것은 이러한 확고한 태도를 미 언론에 지속적으로 알리는 것입니다. 현 상황에서 어떤 흥분 상태가 나타나는 것은 당연한 일입니다. 한국 원정의 좌절감, 완수하는데 기나긴 노력이 필요할 것이라는 전망, 자주 국방과 유럽의 국방을 위해 그 나라에 요구되는 재정 손실 등, 이러한 어려운 상황에서 연합국 간의 연대가 진정성 있고 결연하지 않다면 언짢은 기분이 들게 될 수도 있습니다.

지금까지는 특히 프랑스에 대한 이러한 생각이 거의 표출되지 않았습니다. 너무 헌신적이거나 정보가 불충분한 공무원들은 각하의 전보 내용과도 관계된 그 건을 상기시키는 말을 할 수도 있습니다. 하지만 이것은 비평가의 태도도 행정가의 태도로 아니었습니다. 유럽의 경제 부흥을 지키려는 생각은 매우 큽니다. 긴급 재무장이 필요하다는 주장이 이 목적을 잊게 해도 말입니다.

일반적으로 대중들에게는 우리의 민간예산이나 군 예산의 숫자는 달러로 바꾸면 크다 할 수 없습니다.

하지만 유럽에서 프랑스가 발의하는 일, 또 공동의 이유로 프랑스의 국가적 집단 재무장 노력과 유엔의 이름으로 수행한 작전에서 프랑스가 미국을 평가라고 이해한다는 것을 보여주는 일은 두 나라를 연결하는 연대감에 어떠한 의혹도 감돌게 하지 않을 것입니다. 양국이 이미 시작한 민감한 협상에 서로 우호적인 분위기를 유지하는 것은 프랑스에게도 미국에도 직접적으로건, 유엔이나 런던을 통해서건 중요한 일입니다.

보네

【101】 안전보장이사회가 한국 사태를 다루다(1950.8.1)

[전 보]	안전보장이사회가 한국 사태를 다루다
[문 서 번 호]	1182-1186
[발 신 일]	1950년 8월 1일 21시 35분
[수 신 일]	1950년 8월 2일 07시
[발신지 및 발신자]	뉴욕/쇼벨(주유엔 프랑스대사)

　말리크 씨가 의장의 자격으로 국민당 대표는 회의에 참석할 자격이 없다고 선언하며 안보리 회의를 개회하였습니다. 오스틴 미 대사는 이사회 법규 제30조를 인용하며 이 결정의 정당성에 대해 즉각 반박하고, 이런 문제에 대해 의장이 "판결"을 작성할 권한은 없다는 명제를 표결에 부치자고 요청했습니다. 영국 대표는 법규 17조를 언급하며 오스틴 씨를 지지했습니다. 저도 전체적으로 같은 방향으로 간단히 발언했습니다.

　말리크 씨는 중국 국민당 대표는 한 사람의 사적 개인일 뿐이며 이런 상황에서 법규 17조는 이 주제에 언급될 수 없다고 반박했습니다. 문제는 중국 대표의 권한이 아니라 그 대표를 중국의 이름으로 정부의 행위를 하라고 보낸 자들이 그럴 권리가 있는지가 문제라는 것입니다.

　미국 입장에 대해 이집트, 쿠바, 에콰도르 대표의 의사발표 후 의장은 자신의 결정을 표결에 부쳤습니다. 그러나 자유중국에 대한 찬성 8 반대 3으로 결정은 부결되었습니다. 소련, 유고슬라비아 그리고 인도가 자유중국 대표권을 반대했습니다.

　유고슬라비아 대표 베블러 씨는 자국 정부는 중공대표를 인정하는 것이 유엔 생존의 본질로 여긴다고 강조했습니다. 인도 대표는 절차문제에 얽매이지 말고 본질을 생각하여 의사표시를 하고 국제기구의 붕괴와 거기서 초래되는 평화 유지를 위한 막대한 결과를 피하기 위한 결정만을 내려야 한다고 선언했습니다.

격렬한 발언들을 주고받은 후 말리크 씨는 이어서 표결을 기록했습니다. 그러나 미국과 중국 대표와는 계속 연장하고 싶지 않은 표정이 역력했습니다.

이사회의 결정을 위법적인 것으로 간주하겠다고 다시 한 번 강조한 후 그는 의제 가결로 넘어갔습니다. 오스틴 씨는 곧바로 "대한민국에 자행된 침략에 대한 고발"이라는 문장과 함께 5주 전부터 표시되었던 안건을 첫머리에 기록할 것을 요구했습니다.

절차적인 문제로 보나 근본적인 문제로 보나 이 문제는 우선 당면과제를 유지해야 하며 중국의 대표권 문제는 더구나 이 문제와 무관한 것입니다. 결국 의장이 제안한 안건 3번인 한국문제의 평화적 처리는 단지 선전 문제에만 부응했을 뿐이었습니다.

말리크 씨는 자신의 답변에서 스탈린의 편지에서 네루에게 주장한 의견을 길게 전개하였습니다.

> "이사회의 정상적인 상황을 회복하는 것은 한국문제의 평화적 해결에 필수 불가결한 것이었습니다. 소련의 정책은 오직 평화에 목적이 있고 그 목적을 위해 유엔을 이용하는 것입니다. 미국은 평화를 위한 선전을 어떻게 범죄로 간주할 수 있단 말입니까?
>
> 네루의 제안에 대한 애치슨 국무장관의 거절이 보여주듯 미국 지도자들은 실상 전쟁의 길을 택하였습니다. 그들은 한국에서 가장 난폭하고 거친 침략을 서슴없이 개시한 것입니다. 그리고 미국 대통령은 자신의 최근 성명에서 이 침략정책의 장을 베트남, 필리핀 그리고 미국 제7함대가 이미 사실상 "점령"하고 있는 대만에까지 확장할 준비가 되어있음을 보여주었습니다."

결론적으로 소련 대표는 아시아 국민들의 자유를 잃게 하려는 계획이 존재하지만 소련은 아시아인들을 짓누르는 임박한 침략에 대한 위협을 배제할 수 있을 것이라 단언했습니다.

다음 이사회 회의는 내일 15시에 열릴 예정입니다.

쇼벨

【102】 미군의 상황(1950.8.1)

[전   보] 미군의 상황
[문 서 번 호] 1038-1046
[발   신   일] 1950년 8월 1일 23시 15분
[수   신   일] 1950년 8월 2일 10시
[발신지 및 발신자] 도쿄/드장(주일 프랑스대사)

보안

2급 비밀

국방부에 전달 요망

1. 미국이 보낸 첫 증원부대가 도착할 무렵 한국 상황은 매우 나쁨.

2. 도착한 병력은 보병 제2사단에 속함. 31일 상륙하여 즉시 진주 지역으로 수송됨. 여기서는 재편성된 제24사단과 남한군이 부산으로 가는 길을 차단하려 노력하고 있음.

동시에 해군 제1사단의 분대가 일본에 도착함.

사령부의 의도는 한국에 해군 제1사단 분대 대부분을 보내는 것으로 보임. 상륙작전의 전문 인력들을 고베 지역에 남겨둘 것으로 보임. 같은 지역에 주둔하고 있는 이 분대의 공군은 군 장비 전체를 받기 전에는 활동을 개시하지 않을 것임.

3. 증원부대 도착 전, 미국 병력은 공식 비밀 정보에 의하면 43,000명에 이름. 제24사단과 제1사단이 각각 11,000명 이상, 제25사단 12,000명, 전초 사령부

3,000명, 부산 기지 3,000명, 공군 700명.

동일한 정보에 의하면 재조직된 남한군은 95,000명에 이름.

4. 사령부는 도착한 증원부대의 사용에 관한 계획을 수정해야 했음. 그들의 상륙은 아산만으로 예정되어 있었음. 대전 점령 이후, 하동 주변이 고려되었음. 공산군의 진군으로 다시 한 번 계획을 수정해야 했음. 결국 제2사단과 해군 1분대에서 차출하여 진주 전투와 교두보 방어에 가장 절실히 필요했던 증원부대를 부산으로 급히 수송함.

5. 불행히도 이 교두보는 아직 명확히 정해지지도 확실하게 조직되지도 않음. 수적으로—그리고 지금까지는 장비 또한— 월등히 우위에 있는 적의 끊임없는 전선 공격에 굴복한 최초의 기갑 사단들과 제25사단은 철수하지 못하고 위험한 포위작전에 노출되어 있음.

동시에 해안 쪽에서의 부산 육로 방어는 안심하기에 요원함. 가장 최근 공식 소식에 의하면 여수를 점령한 북한군은 장산도 섬에 상륙하여 진주 서쪽에서 싸우고 있는 제24사단의 배후를 공격하려 위협하고 있음.

6. 전쟁 초부터 명예에 대한 고려 또는 미국 여론을 진정시키려는 바람이 사령부의 결정이나 계획에 좋은 영향을 주지 않은 것 같은 인상을 줌. 여러 번에 걸쳐 근본적으로 탄탄한 교두보를 조직하고 적의 진군을 늦추려 했던 처음의 계획에서 벗어나게 됨. 또 한편, 이 계획이 구상되었던 순간, 아무도 공산군의 세력을 파악하고 있는 사람이 없었다는 것은 명백한 사실임.

현재 외국 관찰자들의 주요 관심사는 미국 사령부가 자신의 능력 밖의 모든 전쟁은 포기하고 부산, 포항, 대구, 남해안 쪽으로 이어지는 낙동강 상류유역의 방어에 배치된 모든 병력을 집결하는지 여부에 있음.

많은 이들이 이 전략요지가 지켜질 수 있을지 의문을 가짐.

아직은 희망을 가져볼 수도 있으므로 이 목표에 도달하면, 많은 고통을 받은 미국 5개 사단을 잇는 후속부대가 필요할 것으로 보임.

이것은 준비하는데 꼭 필요한 시간과 수단에 대한 이해를 돕고 반격을 성공적으로 수행하게 해줄 것임. 그리고 우리의 한국문제에 대한 모든 염려와 어려움, 또 그것이 지니는 불확실성과 위험을 평가하도록 해줄 것임.

사이공 공문 제473호
워싱턴 공문 제321호
뉴욕 공문 제147호

드장

【103】 프랑스 군대의 한국 전투 참여 가능성(1950.8.1)

[전　　　　　보]	프랑스 군대의 한국 전투 참여 가능성
[문 서 번 호]	2942-2950
[발　　신　　일]	1950년 8월 1일 17시 15분
[수　　신　　일]	1950년 8월 2일 04시 20분
[발신지 및 발신자]	워싱턴/보네(주미 프랑스대사)

보안

절대우선문건

뉴욕 공문 제537-545호

귀하의 전보 제6490호에 대한 답신

1. 한국전쟁에 프랑스 육군의 잠정적 참여 여부가 정부에 제기하는 민감한 문제들을 충분히 이해합니다. 한 정무차관이 제게 개인적으로 우리 프랑스가 인도차이나에 주둔 중인 상당한 병력을 파견할 수 있냐고 물었을 때, 저는 이 핵심 전선에서 군을 철수하는 것은 불가능하다고 단호하게 대답했습니다(본인 전보 제2648호 참조).

정부의 여러 부처에서 여러 번에 걸쳐 제게 밝힌 데 이어 인도차이나 군대를 빼지 않는 것이 공익이기 때문에 그 이후 더욱 쉽게 이 입장을 고수하고 있습니다. 그런데 최근 예외가 한 가지 있었습니다. 며칠 전 공군서기관이 개인적인 대화에서 이러한 상황에 대한 유감을 표하면서 육군이 안 되면, 큰 해군 선박, 순양함이나 장갑함을 맥아더 장군에게 맡길 수 있는 가능성에 대해 암시하였습니다.

2. 여론이 정부보다 훨씬 예민하게 반응하는 것도 사실입니다. 몇몇 국가가 제시하는 군대 제공은 열성적으로 환영받았습니다. 현 상황에서 민중선동적인 발언도 의회나 언론에서 나올 수 있습니다. 지금까지 아무도 프랑스에게 직접 책임을 물은 적은 없지만, 흥분이 커져가면서, 미국의 주요 동맹국이고 유엔의 강력한 지지자 중 하나인 프랑스가 한국 지상전에 참여하지 않는 것에 대해 여론이 놀라지 않을 거라 생각할 수는 없습니다. 기회만 되면 저는 우리가 극동에 부여하고 있는 희생의 규모를 강조하는 것을 빼놓지 않습니다. 그러나 흥분된 여론에는 당연히 사실의 객관적인 평가에 기댈 수가 없는 것입니다. 이 상황에서, 그리고 우리가 유럽의 재군비에 관하여 미국 정부와 가져야 하는 회담 때문에, 영국의 반응과 유사한 불쾌한 반응을 방지하는 제스처를 생각해 볼 수 있습니다. 만약 정부가 이 결정을 하게 되면 거기서 기대할 수 있는 심리적 효과를 위해 빨리 알리는 것이 좋을 것 같습니다.

3. 한편 유럽 재무장(각하의 전보 제6423호) 문제에 대해서는 주요관계자들과 이 주제에 대해 지속적인 접촉을 해 나갈 것입니다. 어제 제가 알려드린 것처럼, 이 부분에서도 우리는 여론의 변화를 고려해야 합니다. 이런 관점과 대통령이 공식적으로 유럽에 대한 추가원조로 35억 달러를 요청한 지금, 우리는 기회만 되면 능력 대비의, 즉 국민소득과 프랑스의 전체 부담금 대비 규모를 보여주며 우리가 행할 노력을 강조할 뿐 아니라 유럽 방어라는 공동 계획의 성공을 보장하려는 우리의 의지를 강조해야 합니다. 미국 정부와 여론으로 하여금 공유하게 해야 할 것이 바로 이 확신입니다. 미국이 우리가 그들의 편이고, 할 수 있는 최선을 다해 서양의 안전장치를 설립하는데 공헌할 것이라고 안심하면 할수록, 우리는 점점 다른 차원의 요인도 그들에게 이해시키고 수용하도록 해나갈 수 있을 것입니다. 이 요인들에 대해서는 미국이 자국 여론의 전적인 지지와 함께 온 나라가 부담을 느낄 군사준비에 대한 노력을 약속할 때 우리 모두의 이익을 위해 고려해야 하는 것입니다. 또한 미국이 우리의 전적인 동참을 의심하지 않는 것이 중요합니다. 이러한 의심은 미국이 유럽 경제 재건의 필요성을 잊고 있다는 근거 없는 인상을 주도록 만들 수 있습니다. 우리의 확고한 태도에

대해 안심하게 되면 미국은 먼저 나서서 프랑스 국가 발전을 위험에 처하게 하거나 방해가 되는 그 어떤 것도 우리에게 요구하지 않을 것입니다. 우리의 확고한 태도를 알리기 위해 강한 인상을 줄 수 있는 성명을 통해서 설득하는 것도 중요할 것입니다.

보네

【104】 한국 분쟁을 평화적으로 해결하려는 소련의 의도(1950.8.3)

[전 보]	한국 분쟁을 평화적으로 해결하려는 소련의 의도
[문 서 번 호]	1803-1807
[발 신 일]	1950년 8월 3일 15시
[수 신 일]	1950년 8월 3일 20시
[발신지 및 발신자]	모스크바/샤테뇨(주소련 프랑스대사)

인민해방군 창립 25주년 기념을 계기로 중국 정당들과 대만연맹을 포함한 민주단체들이 발표한 축하메시지에 소련의 신문과 라디오 방송은 많은 중요성을 부여했습니다. 이 축하메시지는 군의 협조를 상기하고 농지개혁, 아직 실행해야 할 해방, 또는 조국의 단일성을 이룩하기 위해, 즉 티베트와 대만의 단일성, 이 단일성을 방해하는 장애물, "베트남, 필리핀 그리고 다른 여러 나라에서 아시아 국민들을 억압하기 위해 반동체제 유지를 유지하려고 하는 제국주의"의 미국 함대 등을 담고 있습니다.

말리크 씨가 안보리에서 한국 분쟁을 평화적으로 해결하려는 소련의 의지를 천명하는 동안 소련 정부는 수세기 동안 그들을 구속하는 빈곤으로부터 민중을 해방시키는 것으로 민족들의 행복을 가로막는 족쇄를 끊는 아시아의 각성을 촉구하는 발언을 빼놓지 않고 있습니다.

현 상황에서도 자신들의 구호처럼, 지난 세기의 자유주의적 민족적 열망에 대한 혼동을 되풀이하는 동시에 소련은 자국에 유리하도록 동아시아와 근동아시아를 정복하고 아프리카에도 이미 제안한 국가적이고 사회적인 열망을 부추기고 있습니다. 두 전선의 전쟁에 연루되지 않으려 끊임없이 조심하는 러시아 대외정책의 동서 균형이라는 관례에 충실하기 때문에, 소련 정부는 자신을 절대 드러내지 않고 위성국가와 동맹국을 매개로만 개입을 할 것입니다.

그런데 현재 소련 위성국과 아시아 동맹국들이 상승 가도를 달리고 있는 반면에, 중앙유럽에는 인민민주주의가 방위권을 형성하고 서유럽에서는 프랑스와 이탈리아 공산당이 방위권을 마련해주었음에도 불구하고, 서양에서는 소련이 바라는 확실성을 아직 얻지 못했습니다.

　대만, 베트남, 필리핀 국민을 탄압한다고 비난받는 열강들은 이들을 해방시키라는 협박을 듣고 유엔에서 소련이 원하고 인도가 제안한 협정에 찬성하지 않으면 경고를 받는다는 사실에는 변함이 없습니다. 이 경고는 프랑스에도 명확하게 표명된 것으로 보입니다.

샤테뇨

【105】 의사결정에 포함된 항목에 대한 논쟁(1950.8.3)

[전 보]	의사결정에 포함된 항목에 대한 논쟁
[문 서 번 호]	1196-1200
[발 신 일]	1950년 8월 3일 12시 01분
[수 신 일]	1950년 8월 3일 20시 30분
[발신지 및 발신자]	뉴욕/쇼벨(주유엔 프랑스대사)

본인의 전보 제1192호 참조

"한국문제에 관한 평화적 해결"이라는 항목을 상정하는데 미국이 반대한 이유는 다음과 같이 설명됩니다. 5주 전부터 우리가 토의하고 행동하고 있는 "대한민국에 가해진 침략에 대한 고발"이라는 항목은 한국문제의 평화적 해결 모색을 포함하고 있고 또 포함해야 하는 것이 옳은 일이며, 그것은 이미 언급된 일입니다. 같은 주제에 관한 두 가지 의제 항목이 공존하는 것은 같은 일을 완벽히 두 번 말하게 하는 결과를 가져올 뿐이라는 것 역시 맞는 말입니다. 그런데 소련의 제안은 단지 무용한 것에 그치는 것이 아닙니다. 미국과 유엔의 행동에 적대적으로 본질을 속단하고 있습니다. 8월 1일 회의 중 오스틴 미 대사에게 응답한 말리크 대사의 논거는 다음의 3가지 논점을 포함하고 있습니다.

1. 안보리는 상임이사국 2개국이 불참한 상태에서 유효하게 결정할 수 없다.
2. 그러므로 한국에서 착수된 활동은 유엔의 활동이 아니라 미국의 활동이다.
3. 이 활동은 "그 무엇으로도 정당화할 수 없는, 미국 지도층이 주도한 한국에 대한 폭력적, 공개적, 불법적 침략행위"이다.

사실 말리크 대사는 원점에서 다시 시작하고 이전 항목에서 채택된 6월 25일 결의안을 취소하자는 것입니다. 제 생각에는 오히려 소련 대표에게 우리의 유일하고 확고한 기반인 이 결의안을 정확히 인지하고 인정하게 하는 것이 꼭 필요한 것 같습니다. 그러므로 저는 미국 주장을 지지할 계획입니다. 그렇지만 저는 평화적 해결안과 같이 그르게 표현된 것을 거부하면 소련은 그것을 선전용으로 이용할 수 있다는 점에 대해 동료들에게 주의를 주었습니다. 그래서 만약 단락별로 투표하게 되면 저는 이런 평화적 해결의 개입을 보고자하는 프랑스 정부의 희망과 소련 제안의 편향성을 매우 자세히 설명하면서 이 점에 대해서는 기권하겠다는 의사를 밝혔습니다. 두 번째 항목을 첫 번째의 진전된 사항으로 만들어 두 항목을 하나로 융합하는 것도 생각해 볼 수 있을 것입니다. 그러나 미국 대표가 이 타협안에 동의할시는 의문입니다.

워싱턴 공문 제398-402호

쇼벨

【106】 미국의 의도에 대한 두 가지 요점(1950.8.3)

[전 보]	미국의 의도에 대한 두 가지 요점
[문 서 번 호]	1203-1206
[발 신 일]	1950년 8월 3일 16시06분
[수 신 일]	1950년 8월 4일 4시 28분
[발신지 및 발신자]	뉴욕/쇼벨(주유엔 프랑스대사)

워싱턴 공문 제404-407호

본인의 전보 제1196호에 이어

어제 우리의 비공식회담에서 미국의 의도에 대한 두 가지 새로운 요점이 관건으로 떠올랐습니다.

그 첫 번째는 안보리에서의 중국 대표단 관련 문제입니다. 미 대표단은 전날의 오스틴 대표의 연설에서 우리가 특별히 주의를 기울이지 않았던 한 문장을 인용하면서, 워싱턴의 의도는 단지 5주 전부터 현안 의제로 등록된 항목과 31일 결의안 토론에 대한 우선권을 얻는 것만이 아니라 중국 문제에 관한 모든 언급을 배제하는 것이었다고 밝혔습니다. 그로스 미 대사는 미 정부가 실제로 한국 사태를 논의하는 동안은 중국 문제에 관한 토론은 자제하기를 바라고 있다고 덧붙였습니다.

그는 한국문제와 중국문제 사이를 연관 짓는 모든 일을 자제해야 한다고 강조하며 미국의 이러한 요청을 정당화하였습니다. 말로 표현되지는 않았지만 워싱턴은 이사회 구성을 변경할 경우 한국에서 진행되고 있는 활동을 위험하게 만들 수 있는 표결 사고를 피하려 노심초사하는 것으로 생각됩니다(본인의 전보 제1169-1170호 참조).

저는 미 대사에게 현재 우리 정부 지시상 그것을 따르기가 힘들 것 같다고 말했습니다. 분명히 다른 관점인 두 문제를 연결하는 것을 매우 명확하게 거부할 수도 있겠지만 중국 문제에 관한 모든 토론에 반대하는 것은 좋지 못한 전략 같다고 말했습니다. 따라서 한국 관련 의제의 독점이 표결에 부쳐지면 저는 기권할 것입니다.

영국대사 글래드윈 젭 경도 저처럼 신중함을 표명했습니다. 그러나 표결의 방향은 불투명한 상태입니다.

국무부에 자문을 구한 후, 그로스 대사는 한국 사태 토론 기간 내내 중국 문제를 차단하겠다고 고집하지는 않겠지만, 토의 중인 의사결정 의제가 단 한 차례의 회기로 정해진 만큼, 오스틴 대표가 우리의 기권 이유를 충분히 이해하고는 있지만 전날 공개적으로 밝힌 입장을 번복할 수는 없을 것이라고 말했습니다.

쇼벨

【107】 한국문제의 평화적 해결에 대해(1950.8.3)

[전　　　　보]	한국문제의 평화적 해결에 대해
[문 서 번 호]	1207-1212
[발　신　일]	1950년 8월 3일 15시 35분
[수　신　일]	1950년 8월 4일 00시 15분
[발신지 및 발신자]	뉴욕/쇼벨(주유엔 프랑스대사)

워싱턴 공문 제408-413호

미 대표단이 거론한 두 번째 문제는 더 중요한 문제입니다.

그로스 대사는 원고를 손에 든 채 말리크 소련대사가 평화적 해결에 관해 휴전, 북한의 38선 이북으로의 철군, 미군의 동시 철수를 제안할 경우에 대한 아주 상세한 분석과 오스틴 대표에게 준비된 입장을 전했습니다. 미 정부에서는 그와 같은 제안을 거절하기로 결정이 났고, 우리는 안보리 미 대표단에게도 이 방향으로 지시가 내려졌음을 확인했습니다.

거절의 이유는 아주 분명합니다. 남한에서의 무조건적인 철수는 모든 것을 휩쓸어간 전쟁 직후에 온갖 목적에 이용될 수 있는 군사적, 정치적, 행정적 공백을 38선 이남에 남기게 되고, 이것은 서양의 패배로 보일 수 있으며 이러한 결론은 유엔의 종말이 될 수도 있는 것입니다. 더구나 이것은 소련이 자신의 주장을 펼치도록 부추길 수 있다는 것입니다.

이어, 그로스 대사는 만약 상황에 의해 미군을 38선으로 이끌게 되면 겨우 몇 마일 떨어진 곳에서 적이 재편성할 수 있는 위험을 무릅쓰고 미 참모부가 미군을 이 선에서 멈추게 할 것인지는 단언할 수 없다는 사실을 감추지 않았습니다.

이러한 설명에 저는 우리 프랑스 정부의 지시는 그로스 대사가 생각하는 가정을 전혀 포함하지는 않는다고 아주 명료하게 답했습니다.

휴전과 38선으로의 북한군 철수는 6월 25일 결의안에 명시된 명령에 부응하는 것입니다. 만약 한국에서의 군사 상태 회복을 약속한 유엔의 책임이 정치 상태 회복에도 해당된다고 미국 정부가 판단한다면, 미국이 공개적 결정을 표명하기 이전에 이 약속 행위에 참여한 다른 국가들에게도 그것을 알리는 것이 중요할 것입니다.

상대국의 동의 없는 미 정부의 모든 결정은 명백히 이 상대국들에게 책임을 지울 수 없는 것입니다. 저로서는 파리의 반응이 어떨지에 대해 대답할 수가 없었습니다.

영국대사도 같은 태도를 취했습니다.

이와 같은 이유로, 우리가 한국전쟁에 할당할 목표에 대해 이사회 대다수의 의견이 될 수 있는 정확한 견해를 형성하는 것이 아주 시급하다고 보여 집니다. 지금부터 한국 분쟁의 해결은 한국문제의 해결과 분리될 수가 없는 것입니다. 저의 소견으로는 영국과 상담하여 워싱턴에 공동 행동을 준비하는 것이 좋을 것 같습니다.

쇼벨

【108】 말리크 씨가 한국에 대한 미 정책을 비판하다(1950.8.4)

[전 　　　　 보]	말리크 씨가 한국에 대한 미 정책을 비판하다
[문 서 번 호]	1825-1829
[발 　 신 　 일]	1950년 8월 4일 21시 30분
[수 　 신 　 일]	1950년 8월 5일 15시
[발신지 및 발신자]	모스크바/샤테뇨(주소련 프랑스대사)

　　말리크 씨가 미국이 한국에서 전쟁으로 치닫는 정책을 펼치고 있다며 유엔의 연단 위에서 공식적으로 비난할 때, 분명 우연이 아닌 우연의 일치로 모스크바에서는 신문『이즈베스티야』와『프라우다』가 그들의 사설과 1면을 서명운동 성공을 축하하는데 할애했습니다. 지금까지 거의 성인 전체 인구인 1억 1천 5백만 명의 서명을 받았다는 것입니다.

　　반면 이 신문들은 안보리의 회담을 기술한 일간 타스통신의 전보를 실었으나 이에 대해서는 아무런 언급도 없습니다. 게다가 말리크 씨의 연설 전문 발행은 내일로 미루었습니다.

　　그렇지만 소련 대표의 태도는 소련이 추구하는 목적을 분명히 보여줍니다.

　　어제 안보리에게 평화와 전쟁의 길 중 하나를 선택하라고 거침없이 독촉한 후, 말리크 씨는 내일 안보리에 남한에서의 즉각적인 미군 철수 문제를 제출하기 위해 오늘 미국 결의안에 거부권을 행사할 준비를 하고 있을 것입니다. 안보리의 정식 결정에 의해 더 이상 정당화되지 않는 순간부터 미국은 개입을 자동적으로 멈추어야하며, 즉각 철수 하지 않으면 소련 또는 중국이 평양 정부에 전쟁 행위를 저지르지 않으면서도 침략자를 격퇴하기 위해 필요한 모든 원조를 제공할 수도 있다고 주장하지 않을까요?

　　한편, 오늘 말리크 씨가 중공 문제로 인도, 영국, 노르웨이를 압박하여 소련 쪽에 표를 더하고 미국과 프랑스에 반대하도록 할 수 있게 된다면, 처음 이 문제를 제시할 때부터 소련 대표가 보여준 과격성은 그들이 여기서 정말 원하는 것은 중국을 안보리에 가입하게 하는 것이 아니라, 대만을 공격할 기회 또는 한국에 중국의 개입 기회를 아직 망설이는 베이징 정부를 설득하는데 있어서 소련에게 무게 있는 설득 논리를 실어줄 거부행동을 각인시키는 것에 그 목적이 있었다는 생각을 점점 하게 됩니다.

샤테뇨

【109】 남한, 북조선인민공화국, 중국 인민공화국에 대한 안보리 논의(1950.8.5)

[전 보]	남한, 북조선인민공화국, 중국 인민공화국에 대한 안보리 논의
[문 서 번 호]	1229-1231
[발 신 일]	1950년 8월 5일 12시 17분
[수 신 일]	1950년 8월 5일 20시
[발신지 및 발신자]	뉴욕/쇼벨(주유엔 프랑스대사)
[수신지 및 수신자]	파리/로베르 슈만(프랑스 외무부장관)

보안

워싱턴 공문 제423호

본인의 전보 제1222-1225호 참조

　이달 4일 회의에서 시작된 토론에서는 원칙적으로 다음 화요일에 남한, 조선민주주의인민공화국, 중화인민공화국이 자문자격으로 안보리에 참석하는 문제에 관해 3가지 투표를 하는 것으로 결정되었습니다.

　안보리는 이미 6월 25일 회의에서 남한 대표를 회담에 참석할 수 있도록 초청하기로 결정하였으므로 이 문제는 다음과 같은 이유가 없는 한 더 이상 제기될 수 없다고 보여집니다. '안보리가 이전의 결정을 번복하고자 하는가?' 그리고 나머지 두 문제는 긍정적으로 검토될 수 있는 '조선민주주의인민공화국과 중화인민공화국 대표를 회담에 받아들일 이유가 있는가?'하는 문제입니다.

　각하의 다른 지시가 없는 한 저는 안보리 이전 결정의 번복에 대해서는 반대, 중화인민공화국 초청은 기권, 조선민주주의인민공화국 초청에는 반대투표를 할 생각입니다.

사실 이 마지막 안에 대해서는 6월 25일 조선민주주의인민공화국에 의해 자행된 침략이라는 이유로 안보리는 이들의 이야기도 들어보자고 한 유고슬라비아의 제안을 기각했습니다. 저도 이때 안보리의 대다수처럼 투표했었습니다.

그때부터 평양 정부는 지난 6월 의결안에 포함된 권고에 따르기를 거부하였습니다. 게다가 북한은 이를 계기로 유엔 사무총장과의 전언에서 안보리의 권한에 공식적으로 이의를 제기했습니다. 그러므로 북한은 안보리 토의에 피해자 대한민국과 동등한 입장으로는 참석하지 못할 것입니다.

쇼벨

【110】 한국문제에 대한 안전보장이사회의 토론(1950.8.5)

[보 고 서] 한국문제에 대한 안전보장이사회의 토론
[문 서 번 호] 미상
[발 신 일] 1950년 8월 5일
[수 신 일] 1950년 8월 5일
[발신지 및 발신자] 파리/회의사무국
[수신지 및 수신자] 파리/로베르 슈만(프랑스 외무부장관)

장관을 위한 보고서

소련 대표의 주재 아래 진행된 세 차례의 안보리 회의는 절차에 할애되었습니다. 이 토론 기간 동안 안보리 회원국은 당연히 근본적인 문제에 대해 충분히 자신들의 관점을 밝혔습니다. 내려진 결정은 다음과 같이 요약될 수 있습니다.

1. 8월 1일 회의 초기부터 소련 대표는 의장 자격으로 중국 국민당 정부를 안보리에서 배제했습니다.

2. 미국과 영국, 프랑스가 반박하고 투표에 부쳐진 이 의장국 권한 결정은 3(소련, 인도, 유고슬라비아)대 8로 부결되었습니다. 내부규정 15항과 17항에 의거한 대다수의 주장에 따르면 어떤 회원국의 권한에 대한 의사표시는 이사회가 하는 것이지 의장에게만 주어진 권리가 아닌 것입니다. 그러므로 장제스 총통은 중국 대표 자리를 계속 지킬 수 있게 되었습니다.

3. 이어 의제에 관한 전쟁이 시작되었습니다.
실제로 안보리는 2개의 의제 앞에 놓이게 된 것입니다.

그 하나는 미국 대표단이 제안한 것으로 대한민국을 침략한 북한의 행위를 규탄하는 의결안을 안보리를 통해 검토하는 것을 목적으로 하는 의제입니다.

또 하나는 소련 대표가 제시한 의제로 그 자체가 두 가지 논점을 내포하고 있습니다.

- 중공 정부 대표에 대한 안보리의 승인
- 한국분쟁의 평화적 해결

그러니까 문제는 이 논점들 중 이사회가 어떤 의제에 대해 논의하고 검토할 것인지를 결정하는 것입니다.

3일 간의 토론을 거친 후, 이사회는 다음과 같은 결론에 도달했습니다.

1) 소련대표단이 제안한 안건을 우선적 의제로 등록하자는 말리크 씨의 의장국 권한 결정을 이사회는 반대 7표, 찬성 2표(소련, 인도), 기권 2표(유고슬라비아, 이집트)로 부결시켰습니다.

2) 따라서 연이어 미국 대표가 제출한 결의안을 의제로 우선 등록하고자 하는 미국의 동의안도 투표에 부쳐졌습니다. 이사회는 이 동의안을 찬성 8표, 반대 1표(소련), 기권(유고슬라비아, 인도) 2표로 승인했습니다.

3) 마지막으로 이사회는 소련이 제안한 두 가지 의제 등록에 반대를 표명하였습니다.
   - 중국 대표권 문제는 반대 5표(미국, 프랑스, 에콰도르, 쿠바, 자유중국), 찬성 5표(소련, 유고슬라비아, 인도, 노르웨이, 영국), 기권 1표(이집트).
   - 한국 분쟁의 평화적 해결 문제는 반대 7표, 찬성 3표(소련, 이집트, 인도), 기권 1표(유고슬라비아).

원칙적으로 미국의 안건에 대해서만 토론이 이루어질 것입니다. 그러나 소련 대표와 인도 대표는 자신들의 안건을 통과시키기 위해 이 토론에 참여하지 않을 수도 있습니다.

반면, 회담에 새로운 방향의 발전이 있으면 모르겠으나, 적어도 당분간 중국 대표권의 문제는 다시 거론되지는 않을 것입니다. 이런 점에서, 소련은 자기들이 추구하는 목적을 이루기 위하여 가장 불리한 전략을 선택했습니다. 만약 소련이 회의에서 의장국 권한 결정을 강요하려 하기보다 문제를 다른 식으로 제시했더라면, 원하는 목적에 도달하지는 못했더라도 적어도 몇 대표단을 매우 난처한 입장에 배치할 수 있었을 것입니다.

소련은 사실상 중공이 유엔에 가입하는 것을 내심으로는 바라지 않는다는 결론을 내려야 하지 않을까 생각합니다. 특히 마오쩌둥 정부가 대만에 어떤 행동을 취하기 직전에 말입니다.

그런데 더 주목할 것은, 연속적인 실패에도 불구하고 말리크 씨가 물러나지 않았다는 것입니다. 그는 여전히 자신이 중국 문제에서 투표 참여에 문제를 제기했던 치앙[1] 박사와 같은 테이블에 착석하였습니다. 그의 눈에는 이 투표를 불법으로 얼룩지게 한 주체인데 말입니다. 선전, "한숨 돌릴" 필요성, 현재의 갈등을 확대하지 않고자 하는 바람 등 매우 다양한 이유에 의해 생겼을 수도 있는 이러한 소련의 태도 변화는 실질적 타협 의지를 나타내는 것인지, 아니면 단지 소련이 새로운 침략전쟁을 개시하는 날 안보리를 마비시킬 목적에서 안보리로 돌아오는 하나의 전략일 뿐인지는 모르겠습니다. 또 한편으로는 소련이 이사회 토론 참여를 통해 다음 9월에 열리는 총회에 복귀를 준비하려는 것인지도 모르겠습니다.

마지막으로 인도의 발의에 대한 소련대표의 찬사로 가득한 암시는 필요한 경우 소련이 네루의 안건을 답습할 수도 있다는 것을 의미합니다. 여하튼 소련은 이미 예상되는 위원회의 다수파 해체 경향을 강조하기 위해 틀림없이 몇 국가의 "중립적" 경향에 의지하려 할 것입니다.

어쨌든 이 3일간의 토론으로 소련이 정치선전 목적을 달성하기 위해 유엔 단상을 사용하려는 확실한 의도와 토론을 연장하기 위해 절차라는 방편을 쓸 수 있는 한 다 쓰겠다는 의지가 확실히 드러났습니다. 모스크바의 이러한 조처는

[1] 치앙 팅푸(Tsiang Tingfu, 蔣廷黻,1895-1965). 주유엔 베이징대사.

새로운 것이 아닙니다. 현재로서는 이것이 미국의 입장을 강경하게 만들 수밖에 없고 반대자들이 하나 둘 표명하는 반대표 때문에 필요한 경우 다수의 결정이 취소되면서 결과적으로 토론을 궁지로 몰고 가게 될 뿐입니다.

이런 이유로 몇몇 감독관은, 안보리 활동의 무의미함에 대한 증거가 충분히 제시될 경우, 미국이 투표와 상관없는 유엔의 한 기관을 통해 한국문제에 대한 점유권을 주도하려 할 수도 있다고 보고 있습니다.

【111】 한국문제에 관한 위원단의 보고(1950.8.16)

[전   보]   한국문제에 관한 위원단의 보고
[문 서 번 호]   1164
[발   신   일]   1950년 8월 16일(부산 발신 1950년 8월 7일)
[수   신   일]   1950년 8월 16일
[발신지 및 발신자]   도쿄/드장(주일 프랑스대사)

파리 외교부 타전 제17호
주일 프랑스대사관 공문 제15호
브리옹발 대리공사로부터 발송

위원단은 9월 총회에 제출해야하는 보고서 준비에 착수했습니다. 이 보고서의 큰 틀은 위원단이 대전과 대구에 체류하는 동안 이미 정해졌습니다.

1월 1일부터 전쟁 초기를 포함하는 1부에서 위원단은 다음 사항을 기록하려 합니다.

1. 한국에서 무력 분쟁을 일으킬 수 있는 사태나 마찰을 겨냥한, 위원단이 주목한 다음과 같은 사항이 드러나는 여러 가지 관측들

     - 지난 6월 25일의 대규모 공격이 갖는 기습적 성격
     - 비밀리에 이루어진 힘든 준비로부터 추론되고 귀착되는 북한 무력 침략
       정황 판단

2. 다음 사항을 포함하는 확인된 사실

     - 1950년 1월 1일부터 6월 5일까지의 남한 정부의 표상적인 성격과 발전

- 이 정부를 대하는 민중의 자세(1948년 선거와 1950년 선거)
- 북한 당국을 대하는 이 정부의 자세
- 마지막으로 대한민국 정부가 직면한 경제적 어려움

하지만 한편으로는 현 전쟁 때문에 한국문제는 모두 어떻게 될지 모르는 상황이고 또 한편으로는 현재 군 상황의 불확실성이 지금의 모든 전망을 가리고 있기 때문에, 위원단은 실제로 그 임기나 경험에서 나오는 제안이나 충고조차도 할 수 없는 입장일 것입니다.

그럼에도 불구하고 위원단은 카친[1] 대령에게 영향을 받은 것으로 보이는 사무국의 특이한 압력에 의해, 임박하지만 긍정적일 것으로 추정되는 전개 상황을 다루기로 되어있는 보고서 부록에 이 제안과 충고를 삽입하기로 했습니다.

새로운 지침이 없는 상황에서 위원단은 한국에서의 설립목적과 임무를 유지하고 강화하면서, 6월 27일 유엔이 채택한 임무와 동시에 전쟁 발발에도 폐지되지 않은 원래의 임무 조항도 실행은 미루지만 그대로 유지된다는 것을 사실상 인정합니다. 사실 원래 임무 조항 역시 단 한 가지, 한국의 통일이고 거기에 현재 더해지는 것들은—이 역시 연기되긴 했지만— 잠정적으로 유지된다고 간주되는 1950년 6월 26일자의 안보리의 명령들입니다.

- 전쟁 중단을 이끌기 위한 제안과 충고
- 휴전 명령의 잠정적 통제
- 남한으로부터의 북한군 철수에 대한 잠정적 감시

본질적으로 군사 전문적 판단에 달린 문제인 이 논점들에 대하여 유엔 사무국은 제가 보기에는 상당히 어설프지만 어떤 계획을 마련해야 한다고 생각했고, 위원회는 유엔군에게 유리한 전선의 안정에 모든 것이 달려있는 이 계획을 아직 검토하지 않았습니다.

---

[1] 알프레드 카친(Alfred G. Katzin, 1890-1989). 유엔사무총장의 특사.

정치적 문제는 더구나 그것이 같은 이유에 달려있다 해도 현재의 우발적 사태와는 별개로 일반적이고 항구적이며 위원단에 익숙한 요소를 내세웁니다. 그러므로 당연히 위원회에게 문제 해결의 기본 요소를 제공하도록 요청하는 것입니다.

이런 의미에서 가장 식견 있는 대표들은 이 점에 대해서 "영향을 받은" 유엔 사무국의 현재 제안들을 매우 신중하고 조심스럽게 수용했습니다.

다음과 같은 사항들은 명백합니다.

- 먼저, 통일을 위해 검토해야 할 해결책은 전적으로 잠정적인 승리의 성격과 범위에 달려있다는 점(합의에 의한 38선 휴전과 6월 25일 이전 상태로 돌아간다는 가정도 이 가정에 연루된 모든 것과 함께 배제될 수 없음).
- 완전한 승리는 겉으로만 문제를 단순화할 수 있다는 점과 이루어야 할 통일은 필요한 모든 안정 보장을 제공하기 위해서 무력행사가 되어서도 그것을 드러내어서도 안 된다는 점.
- 마지막으로 이런 상황에서도 문제는 수많은 어려움과 함께 새로운 국면으로 나타날 것이라는 점, 특히 전투가 끝난 후 승자가 가지게 될 의식을 감안한 이 근본적인 정치적 전개의 경우, 대한민국 정부가 승인한 통치권을 존중하면서도 그 통치권을 엄중하게 제한해야 하는 모순적 필연성을 드러낼 것이라는 점.

다른 한편, 모든 한국문제는 6월 27일부터 더 이상 한국만의 문제가 아니게 되었다는 점, 그리고 그것이 유엔에서 훨씬 높고 넓은 차원의 중요한 토의를 하는데 바탕이 되었으며, 그 토론들은 적어도 미래의 해결책을 주문하는 경향은 줄이게 될 것이라는 점 역시 매우 명백해 보입니다.

이러한 생각으로 저는 회장으로서 다음과 같은 사항을 제안하게 되었습니다.

1. 이 문제는 특별히 민감한 성질 때문에 가능하면 전적으로 비공식 회의에서, 대표들이 각자의 정부에 의견을 물을 수 있는 여유를 주면서 시간을 두고 검토되어야 한다.
2. 검토된 해결책들 중 가장 보편적인 노선만 채택되어야 한다.

이 범위 안에서 내려진 토론 결과는 제가 다음호 공문으로 그 원본을 부서에 송부할 계획안에 요약되어 있습니다. 이는 물론 공식 결정은 아니지만 말입니다.

지시가 없는 상태에서 저는 이 계획안 작성에 적극적으로 참여하는 것을 최대한 줄이려 노력했습니다.

외무부가 이 특별한 사안에 대해 취해야할 입장에 관한 지시를 가장 빠른 시간 내에, 한국전쟁에 관해 취해진 입장에서 드러나는 새로운 분위기를 감안하여, 지금부터 위원단 내에서 우리 대표단이 취할 적절한 태도에 관해 훨씬 보편적인 방식으로 내려주시면 감사하겠습니다.

외무부로 전달해줄 것을 도쿄에 요청함.

브리옹발
드장

【112】 안전보장이사회에 북한 대표 초청에 관해(1950.8.8)

[전 보]	안전보장이사회에 북한 대표 초청에 관해
[문 서 번 호]	1235-1238
[발 신 일]	1950년 8월 8일 20시 25분
[수 신 일]	1950년 8월 9일 06시 30분
[발신지 및 발신자]	뉴욕/쇼벨(주유엔 프랑스대사)

이사회는 8월 8일 오늘 15시에 열렸습니다.

의제 채택 후 의장은 평양발 전보를 낭독하였습니다. 한국에서 민간인에 가해진 미국의 폭격을 규탄하는 내용이었습니다.

회의 끝 무렵에 말리크 씨는 소련 대표단의 이름으로 결의안 하나를 제출했습니다. 그 원문을 각하께 따로 송부합니다.

나머지 오후 시간은 6월 25일 위원회가 대한민국 대표를 초청한 것이 여전히 유효한지를 알아보기 위해 지난 금요일에 시작된 절차에 관한 토론으로 이어졌습니다. 중국 대표는 말리크 씨에게 이 논점에 관해 결정을 내리라고 요청했습니다. 의장은 이에 대해 거절하였고, 대한민국 대표를 초청할 이유가 있는지 여부를 알아보기 위해 이사회가 이 문제에 관해 투표를 해야 한다고 단정했습니다. 자신의 거부권 행사를 가능하게 해줄 수 있는 이 입장을 토론 내내 고집했습니다. 유엔헌장이 위원회가 양쪽 입장을 다 들을 것을 의무화하고 있다는 주장을 뒷받침하기 위해 긴 연설문을 읽었습니다.

그는 8월 1일 이전에 이사회가 내린 결정들은 이사회가 지금까지 대한민국 주장만 들었기 때문에 그만큼 효력을 지니지 못한다고 주장했습니다.

중국, 영국, 미국 대표는 의장이 법규 제30조 적용을 거부했다며, 법규 위반에 대한 유감을 표했습니다. 상원의원 오스틴 씨는 소련이 이사회 진행을 방해한다고 비난하기 위해 짧은 발언을 했습니다. 처음에 그는 안보리 회원국들 사이에 침략자를 원조하는 나라가 어디인지 물었습니다. 이어서 이 질문에 대한 정확한 답을 했습니다. 바로 소련이라고 말입니다.

　미국대표 오스틴 씨는 마지막으로, 소련 대표가 자신의 정부로부터 방해전술을 끝낼 수 있는 지시를 받을 수 있도록, 그리고 "만약 의장이 계속 법규를 위반하려 들 경우 다른 대표단들이 이사회의 권위를 세우기 위한 대책을 검토하는 데" 협의할 수 있도록 회의를 48시간 연기할 것을 제안했습니다.

　말리크 씨가 격렬한 응수를 한 후, 이사회는 찬성 9표, 반대 1표, 유고슬라비아의 기권으로 목요일 15시로 연기되었습니다.

쇼벨

【113】 한국문제에 대한 안전보장이사회의 토론(1950.8.5)

[보 고 서]	한국문제에 대한 안전보장이사회의 토론
[문 서 번 호]	미상
[발 신 일]	1950년 8월 8일
[수 신 일]	1950년 8월 8일
[발신지 및 발신자]	파리/회의사무국
[수신지 및 수신자]	파리/로베르 슈만(프랑스 외무부장관)

장관을 위한 보고서

회의사무국은 8월 5일 보고서 제72호를 통해 장관님 앞으로 8월 1, 2, 3일 안보리 회의 기간 중, 즉 소련이 의장국 행사를 시작한 시점부터 가장 눈에 띄는 일들을 요약해드렸습니다.

사무국은 8월 4일 회의에 관한 다음과 같은 보충 정보를 전달해드립니다.

이사회는 결국 북한을 규탄하려는 미국 대표의 안건을 등록하면서 의제로 채택하였습니다. 더구나 미국의 이번 안건은 "대한민국에 자행된 침략에 대한 고발"을 주제로 현재 열리고 있는 이사회 토론의 일반적 범위 내에서 검토되어야 할 안건입니다.

그 전날 자국의 안건을 "한국문제의 평화적 해결"이라는 특별 항목으로 상정하는데 실패한 상황에서 소련 대표는 8월 4일 이사회가 내용 토론을 시작할 무렵 자국 안건을 다시 소개하였습니다.

소련의 안건은 다음과 같은 필요성을 주장합니다.

- 한국문제에 관한 토론에 중화인민공화국 대표들을 초청하고 한국 대표들의 입장 또한 들어볼 것.

- 한국에서의 전쟁을 끝냄과 동시에 외국 군대들은 한국에서 철수할 것.

이 안건은 완전히 상반된 두 경향을 이사회에 다시 한 번 기록하도록 한 첫 의견교환을 이끌어냈습니다. 실제로 말리크 씨에게 한국 사태는 하나의 "내전"이며 "외국 군대들"은 단지 미국 군대를 가리킵니다. 말리크 씨는 북한군이란 말도 38선이란 말도 언급하지 않았습니다. 이사회의 대다수는 이러한 상황 판단에 반대할 수밖에 없었습니다.

토론의 주제는 특히 한국 대표와 중공 대표가 자문 자격으로 이사회에 참석하는 문제에 관한 것이었습니다.

이 특별토론은 이사회가 3번의 투표로 연기되어 8월 8일에 마감될 것 같습니다.

그중 하나는 남한 대표 청문에 관한 것입니다. 이미 6월 25일에 이사회는 이 방향으로 의사를 분명히 표명한 바 있으므로, 문제는 이사회가 그 결정을 번복하느냐에 달려 있는 것으로 보입니다.

두 번째는 북한대표 청문에 관한 건입니다.

마지막 세 번째는 베이징 대표 초청 건입니다.

이사회 다수는 이 경우 유엔의 권한에 이의를 제기하고 그 명령에 따르기를 거부한 북한과 중공 대표의 참석을 승인하지 않을 수 있습니다. 적어도 상황이 해결되지 않는 한 공격자와 피해자를 동등한 자리에 배치할 수는 없을 것입니다. 게다가 이 시점에서 중공 대표를 끌어들이는 것은 한국분쟁과 중국 대표권의 문제 간에 어떤 연관성을 인정하는 것처럼 보입니다.

소련 대표가 당분간은 이사회에 머물며 시간을 끌려고 한다는 인상이 지배적입니다. 소련에게 중요한 것은 아시아에서 깊은 반향을 얻기 위한 자체 선전 발언권을 끼워 넣는 것입니다. 소련의 이러한 계획이 성사되려면 당분간 이사회가 정상 작동되어야 합니다. 말리크 씨는 이 목적을 이루기 위해서 소련대표단이 통상적으로 보여 온 민감한 자존심은 접어두고, 이전에는 끊임없는 집요함으로 어김없이 제기했던 법률적 반론을 대부분의 경우 제기하지 않고 있습니다.

【114】 한국문제의 평화적 해결 가능성(1950.8.8)

[전 보]	한국문제의 평화적 해결 가능성
[문 서 번 호]	미상
[발 신 일]	1950년 8월 8일
[수 신 일]	미상
[발신지 및 발신자]	파리/로베르 슈만(프랑스 외무부장관)
[수신지 및 수신자]	뉴욕/쇼벨(주유엔 프랑스대사)

　본인이 이미 알린 바와 같이, 경우에 따라 검토될 수도 있는 한국문제의 차후 해결 가능성에 관해 우리 외무부가 준비한 사전 조사를 아래 동봉합니다.

　이 검토안은 온전히 비공식적인 것입니다. 귀하가 이 조사 자료가 유용하고 적절하다고 판단될 때 미국과 영국 동료들과의 대담에서 사용할 수 있을 것입니다. 어쨌든 본인은 이 검토 자료에 대한 대사님의 견해를 알고 싶습니다. 다른 제안들도 마찬가지로 필요한 때에 귀하가 설명해주는 것이 좋다고 판단되면 알려주길 바랍니다.

【114-1】 별첨 1—한국문제의 평화적 해결 가능성

의견서

비록 현 군사적 상황에서 한국문제 해결의 가능성과 조건을 지금부터 검토하는 것은 시기상조라 볼 수도 있겠지만 커다란 행동 방침에 대한 검토는 무익하지 않을 것으로 봅니다.

시간이 지날수록 한국 사태의 해결은 한국문제와 분리될 수 없다는 사실이 분명해지고 있습니다. 국제기구는 침략자를 격퇴하고 이 지역의 평화와 안전을 회복시킬 목적으로 최선을 다했습니다. 그러나 국제기구의 임무 이행조건 자체가 일단 목적을 이루고 나면 틀림없이 단순한 이전 상황으로의 복귀가 아닌 다른 결말들을 요구하게 될 것입니다. 더구나 안보리에서 소련대표단이 전력을 기울이고 있는 선전과 분열 작전 앞에서 서양 열강들은 무조건 부정적인 태도를 취한다는 느낌을 주지 않고 본인들은 어떤 건설적인 구상도 제시하지 않으면서 모든 해결안을 자동적으로 기각한다는 인상을 주지 않는 것이 좋을 것 같습니다. 이런 관점에서 이 열강들이 이사회 토론의 정확한 의미를 파악하지 못하는 국제 여론에서 뿐 아니라 한국 사태를 계기로 인도, 이집트처럼 중립적 경향을 확실히 드러낸 나라들에서도 설 곳을 잃었다고 인정할 수밖에 없습니다.

한국문제 해결이 예측 불가능한 군사 정세의 변화 상황과 연결되어 있으며 이 군사적 정세가 띠게 되는 양상에 따라 단호한 해결책에 은밀히 도움을 요청하게 될 것은 자명한 일입니다. 그러므로 문제에 상세히 접근하기 이전에, 이미 표명된 의견들을 잊어서는 안 되며 주의를 촉구할 필요가 있어 보입니다.

무엇보다 우선 협상에 동의하는 것과 안보리의 결정을 문제 삼고 38선 이북으로의 공산군 철수를 고려하지 않는 계획을 제안하는 것은 배제되어야 할 것입니다. 그렇지 않을 경우, 기정사실 앞에 굴복하여 침략자에게 선물을 주고, 세계 다른 민감한 지역에서도 전개될 수 있는 한국과 비슷한 상황에서 위험한 전례를 만들 것이며, 결국은 동서간의 관계 때문에 특별히 불안에 떠는 몇 나라의 여론에 사기저하를 유발하게 되는 것입니다. 이러한 태도의 영향은 언급할 필요도 없을 만큼 자명한 이유로 특히 독일에서 위험할 수 있습니다.

그렇다고 해서 처음부터 우리가 모든 협상시도를 거부해야 한다는 뜻은 아닙니다. 오히려 앞에서 언급한 이미 표명된 의견에 부응할 수 있는, 평화롭게 분쟁을 해결할 기회를 진심으로 포착해야 할 것으로 보입니다. 서양 열강들이 전쟁을 준비하고 있는 이 시점에서 그 시간이 유익하게 활용될 수 있다면 시간을 버는데 아주 많은 신경을 써야 할 것입니다. 또 한편으로는, 무력으로 해결해야 할 상황을 제외하고, 외교 분야 또는 국제기구 내부에서의 교류 유지는 늘 확실한 이익을 가져다줍니다. 그러므로 비타협적 의사표시나 거부로 해석될 수 있는 모든 태도를 피하는 것은 중요합니다.

그런데 말리크 씨가 8월 4일 표명한 주장의 내용은, 그가 발표할 때 머릿속에 오로지 선전 술책과 군사적 상황의 전개를 기다리며 시간을 벌겠다는 의지 밖에 없었다는 사실을 명백히 보여주었습니다. 겉으로 보여주는 타협 의지 아래, 이런 계략을 숨기기 위한 시도는 전혀 보이지 않았습니다. 소련 대표는 실제로 이사회에 의한 한국 대표의 청문과 전쟁 중단, 그리고 한반도에서의 외국 군대의 철수를 제안했습니다.

소련의 한심한 태도는 서양열강들이 소련의 진짜 의도를 분명히 밝혀야 하는 또 다른 이유를 제공합니다.

그런데 한국문제의 일반적 해결에 관해 6월 25일과 27일 안보리가 채택한 결의안에는 언급되지 않은 암묵적 내용이 매우 많습니다. 단지 대한민국 정부의 합법성에 대한 확인과 어느 수준까지인지 자세한 언급도 없이 침략자를 격퇴하기 위해 대한민국에 필요한 원조를 제공하라는 권고만 있을 뿐입니다. 마찬가지로 "이 지역"의 평화와 안전을 회복할 필요성에 관한 단락도 침략당한 지역인지 한국 전체를 말하는지 밝히지 않고 있습니다.

* * *

한국문제 그 자체에 대한 만족스러운 유일한 해결은 자유롭게 표명된 민중의 바람에 부합하는 제도의 확립과 이 나라의 통일을 가능하게 하는 해결일 겁니다. 이 해결책은 한국 민중이 의사표시를 해야 하는 순간에 유엔 병력의 가담 없이는 실현하기 힘들어 보입니다.

유엔군이 남한의 군사적 상황을 재건할 수 있고 북한군을 38선 이북으로 되돌려 보낼 수 있다고 가정할 때 제기되는 첫 번째 문제는, 유엔군이 이 선에서 멈출 것인지 혹은 그 너머로 계속 진군할 것인지에 관한 것입니다. 이 두 번째 가능성은 비록 그것이 임시 군사분계선을 없애는 유일한 방법이라 해도 배제되어야 할 것으로 보입니다. 그렇지 않으면 소련과 북한이 분계선 폐지를 멋대로 중단할 것이기 때문입니다. 사실 이 두 번째 가능성은 안보리의 6월 25일과 27일 결의문의 범위를 벗어나는 것이고, 당연히 소련군의 직접적인 개입과 그에 따른 모든 위험을 즉각적으로 부추길 수 있는 것입니다.

게다가 북한군이 38선 이북으로 후퇴하기 전, 그리고 유엔군이 38선에 도달하기 전에 소련이 북쪽 지역의 재점령을 시도할 가능성도 배제할 수 없을 것입니다. 그러한 관점으로 보면, 이런 위험을 피하기 위해서는 북한군의 38선 이북으로 철수하는 것에 대한 감독은 유엔위원회 산하 군사감시단이 책임지게 하고, 유엔군은 38선에서 약간의 거리를 둔 지점에서 멈추는 것이 낫지 않을까 생각해 볼 수 있습니다.

* * *

그렇다면 다음과 같은 방식들을 검토해 볼 수 있습니다.

1. 첫 번째 방식은 다음과 같이 요약될 수 있습니다.

- 유엔군 철수를 대가로 전쟁 중단과 38선 이북으로의 북한군 후퇴

- 유엔에 의한 북한과 남한 대표 청문
- 아시아 또는 인도, 미얀마, 이집트 등의 아랍 열강으로 구성된 특별위원회의 감독 하에 총선거 실시
- 국제회원과 남북한의 대표기관에서 선택된 한국 회원으로 구성된 혼합위원회 설립. 그 임기는 국가의 경제적, 정치적 복원을 통해 한국의 혼돈을 평화적으로 해결하는데 몰두할 수 있도록 충분히 유연한 기간으로 작성되어야 함.

그렇지만 상황이 안정화되고, 거기다가 이 방식은 북한에 유엔군의 영향력이 미치지 않는 현재의 급변한 군 상황으로, 이 방식이 소련에 의해 수락된다면 그것은 거의 반드시 소련의 협조아래 한국의 통일과 공산체제로의 통합으로 연결될 것이라는 것이 숨겨져서는 안 됩니다.

2. 또 다른 방식은 1945년 모스크바에서 3국 외무장관들이 서명한 협정 중 몇 가지 규정을 계승하는 것입니다. 예를 들어, 일정기간의 신탁통치, 임시정부 수립, 소련과 미국 대신 중소국가 대표들로 구성된 혼합 위원회 설립, 총선거, 반면 축소된 유엔 병력이 신탁통치 기간이 끝날 때까지 한국에 주둔하기로 합니다.

이 방식은 우리에게 그다지 유리하지 않은 원칙에 따라 유엔 기구의 직접 통치 구상을 답습한다는 문제점이 있을 뿐만 아니라 많은 한국인들 사이에서도 평판이 나빴었습니다. 이 방법은 또한 모든 통치기간 동안 한국에서의 유엔군 가담을 전제로 하는 한 적용하는데 심각한 어려움을 필시 유발하게 될 겁니다. 사실 유엔군은 지금과 다르게 구성될 수 있을 것입니다.

3. 세 번째 방식은 단기간(이 단어를 넣지 않고)의 신탁통치를 확립하고, 그 임기가 무효가 된 현 유엔위원단 또는 그러한 목적으로 설립된 다른 위원단에 1947년 11월 14일 유엔총회 결의에 언급된 것과 비슷한 계획을 적용하게 하는 겁니다. 다시 말해 "독립의 실현을 위해 위원단이 함께 의논할 수 있는 한국국민의 대표선출을 위하여 선거를 실시한다… 이들 대표자들이 가급적 속히 국회를 소집하여 정부를 수립하고… 위원단과의 협의로 정부가 자체 국방군을 조직

하여… 군정당국으로부터 모든 정부의 임무를 이양 받고, 한국에 주둔하는 점령군의 완전한 철수를 위해 관계국과 협의를 한다…" 등 입니다.

그 임기는 전혀 바뀔 필요가 없고, 소련군과 미군을 가리키는 "점령군"이란 표현은 "유엔"이란 단어로 바꿔어야 할 것 같습니다.

이런 방식 역시 유엔군의 개입을 내포하고 있다는 점에서 필시 이전의 방식과 같은 실질적 적용의 어려움에 부딪히게 될 겁니다.

그러나 이 두 가지 방식 중 하나를 제시하는 것은 그것의 검토를 거부할 경우 악의가 쉽게 드러나 소련을 적잖이 당황하게 할 것입니다.

* * *

어쨌든 이 방식들 중 하나가 적용될 수 있다고 드러날 경우, 남한이 전쟁에서 해방되고 난 뒤 이승만 정부를 그 권력 안에 무조건 복귀시키는 것은 적절치 않을 것 같습니다. 이 구상은 한국에서의 유엔기관의 개입을 이끈 고결한 원칙과 양립하기 힘들어 보입니다. 왜냐하면 이승만 정부는 너무 많은 실수를 저질렀고, 서울에 있는 여러 위원단들의 충고나 권고를 너무 받아들이지 않았고, 여전히 그를 신임하기에는 부정부패, 독재, 재정적 무능력 등 너무나 명백한 내부적 결함들을 드러냈습니다. 그가 다시 권력에 돌아온다는 것은 "적색 공포정치"에 추가된 "백색 공포정치"의 시작을 의미하는 것이고, 한국이 가지고 있던 두 진영 중 어디에도 가담하지 않았던 몇 온건파 엘리트들을 한국에서 완전히 박탈하는 결과가 될 것입니다. 더구나 1950년 5월에 있었던 남한 국회의원 선거에서도 이승만 정부에 반대하는 무소속 의원들이 대거 선출되어 국회로 입성했습니다.

그러므로 전쟁 이전상태로 단순히 복귀하기보다는 새로운 상황은 새로운 방식을 요구한다는 원칙에 근거를 두는 것이 더 현명한 일일 겁니다.

* * *

어떠한 방식이 동의를 얻어 채택되던지 간에 그것은 천천히 단계적으로 실행되어야 할 것이고, 총선거를 기다리면서 그 전에 유엔이든 점령군이든 현지 임시기관들이든 이들을 통해 내각의 역량을 기를 수 있는 일종의 정치적 휴전기를 가져야 할 것입니다.

이러한 휴식은 시간을 벌 수 있고, 흥분을 가라앉히고 전쟁의 기억을 완화할 수 있는 장점이 있습니다. 이를 통해 한국문제의 해결까지도 용이하게 할 수 있을 것입니다.

* * *

현 국제정세에서는 한국문제를 그 자체로 만족스럽게 해결하기가 어려울 것이라는 점은 숨길 수 없는 일입니다. 그러나 그 방법이 불완전하더라도, 유엔이 이 지역에의 개입과 평화 회복을 주창한 만큼 이 국제기구에게 가장 명예로운 조건에서 분쟁을 해결할 수 있는 방법을 찾는데 열중해야 할 것입니다.

【115】 한국의 군 상황(1950.8.9)

[전 보]	한국의 군 상황
[문 서 번 호]	1120
[발 신 일]	1950년 8월 9일 09시
[수 신 일]	1950년 8월 9일 17시
[발신지 및 발신자]	도쿄/드장(주일 프랑스대사)

워싱턴 공문 제355호

뉴욕 공문 제181호

사이공 공문 제513호

1. 8월 9일 공문

미국의 공격은 진주 방향으로 느린 진전을 보이고 있습니다.

해군 전선의 연안을 따라 특히 저항이 강합니다.

보병 제24사단은 또다시 낙동강 좌안 북쪽 적의 고립진지를 약간 정복했습니다.

이 사단은 후방부대로 즉각 병력을 모은 적군의 강한 압박을 받았습니다.

기갑부대 제1사단과 남한군 제1사단은 그 구역의 작은 교두보들을 정복하기 위해 전력을 다했습니다.

지난 밤 남한군 제6사단과 제8사단이 강력한 공격을 받았습니다.

8사단은 맹렬한 포화 속에서 함동 남쪽으로 후퇴해야 했습니다.

2. 언론 보도

8일 낮 남부지역에서 미국의 공격은 커다란 혼란 상태에 빠졌다고 합니다.

미국 공격 종대가 4시간 동안 후방부대로부터 단절되었다고 합니다.

워커 장군은 야간공격을 준비하기 위해 직접 최전방으로 간 킨 장군[1]과 상의하러 현장으로 갔답니다.

36시간 동안 해군은 몇 킬로미터밖에 진군하지 못해서 그들의 공격이 지연될 거랍니다. 적은 후방을 통한 침투를 계속할 것입니다.

낙동강 남서쪽 굽이에 있는 것으로 보이는 북한군 5개 대대를 몰아내기 위하여 제2사단이 8일 일출 1시간 전에 공격을 하였고 이어 제24사단이 네 번째 공격을 개시했답니다. 오후에 미군은 아군 공군기에 의해 일제사격을 당하였는데도 전진했습니다. 이 착각을 이용하여 북한군은 다시 공격을 했고 미군 전선으로 깊숙이 침입했답니다. 포병대의 맹렬한 전투가 벌어지고 있는 중이며, 북한군은 대포와 박격포를 낙동강 좌안으로 수송했다고 합니다.

대구 북쪽에서는 왜관 북쪽 8km 지점에 있는 강을 통과한 공산 부대가 보강되어 8일 저녁에는 약 6,000명 정도의 병력이 4-5개의 대대를 이루었습니다. 적의 이곳 진지는 9일 오늘 아침 연합군 제1사단의 반격으로 거의 완전히 정복당했다고 합니다.

그러나 북한군은 실패 후 다시 시도했고 잃었던 전장을 되찾았답니다.

또 북쪽에서는 송산에서 적군들이 강을 건넜다고 합니다.

한편, 10,000명의 북한군이 용기동 남쪽 주변의 북측 전면에서 남한군 전선을 통과하여 군위까지 도달한 것으로 보입니다. 그들 뒤로 북한군 2개 사단이 집합 중인 것 같습니다.

마지막으로 제1기병사단이 상륙한 포항동 북쪽 8km 지점에서 천여 명의 북한군 존재를 알려왔습니다. 내륙 쪽과 동시에 동해안 쪽으로 진군하고 있어 이들이 게릴라들인지 이틀 전부터 예의 주시된 북한군 두 연대 중 한 부분인지 알수 없었습니다.

국방부에 전달 요망.

드장

---

[1] 윌리엄 B. 킨(William B. Kean, 1897-1981). 미 제5사단장.

【116】 한국문제 전체에 대한 해결 계획안(1950.8.10)

[전 보]	한국문제 전체에 대한 해결 계획안
[문 서 번 호]	1260-1265
[발 신 일]	1950년 8월 10일 16시 30분
[수 신 일]	1950년 8월 10일 01시 30분
[발신지 및 발신자]	뉴욕/쇼벨(주유엔 프랑스대사)
[수신지 및 수신자]	파리/로베르 슈만(프랑스 외무부장관)

보안

국무부에 보내는 워싱턴 공문 제447-452호
본인의 전보 제1253호 참조

8월 9일 회의 중에 두 가지 긍정적인 제안이 있었습니다. 하나는 인도 대표가 제안한 것으로 이사회 비상임국인 6개 회원국들로 이루어진, 이사회를 위해 한국문제의 전반적인 해결에 대한 계획안을 구상하는 책임을 맡을 특별위원단 구성에 관한 것입니다. 다른 하나는 영국 대표가 제안한 것으로 이 또한 위원단 창립으로 해석될 수 있지만 이사회와 같은 구성으로 이루어진 위원단으로, 임무는 이사회 의제의 논점 즉"대한민국에 자행된 침략에 대한 고발"이라는 토론을 하는 것입니다.
미 대사 그로스 씨의 제안은 관심을 받지 못했고, 그도 더 이상 전개하려 애쓰지 않았습니다. 그로스가 제게 말한 바에 의하면, 제가 제1093호 전보에서 다루었던 제안을 형태만 완화하여 재연한 것으로 보입니다. 이사회의 권한을 이 위원단에게 위임하는 문제가 아니라, 미국 대표의 머릿속에서는 이 위원단이 의장을 뽑고 거부권에 지배되지 않게 하자는 것입니다.
그러면 결국 위원단도 결정권을 가지게 되는 것이 아닌지 모르겠습니다.

저는 그로스 씨에게 이런 기구를 설립하는 것은 근거가 성립되지 않아 보인다고 솔직히 말했습니다. 한국과 관련하여 유용한 모든 결정이 내려졌고, 새로운 사건이 발생하지 않는 한 그 문제에 전념하지 않아도 상관이 없습니다. 그러므로 한국문제에 관한 토론들이 격렬하든 결론이 없든 별로 중요하지 않습니다. 만약 말리크 씨가 이 문제를 소련 선전에 유리하게 이용한다면 우리도 같은 방법으로 우리의 이익을 챙기면 그만입니다.

실패하게 하려고 애쓸 것이 분명한 위원회 안건으로 소련대표에게 대항하는 것은 세계 여론에 제시할 논거에 아무런 유익한 도움이 되지 않습니다.

반면, 인도대표 베네갈 라우 경의 제안은 아주 흥미로워 보입니다. 이사회는 6월 24일 이전 상태로 회복시키기 위해 한국에 개입했지만, 회복이 되었다고 가정할 때 우리는 우리가 거둔 승리로 무엇을 해야 할지 모를 것입니다. 우리는 한국에 대한 정책이 없고 우리가 아는 바로는 우리 정부들 역시 그에 대한 정책이 없습니다. 정책을 갖는 것뿐만 아니라 지금부터 그에 대한 보고를 할 수 있는 것 또한 바람직할 것입니다.

이 점에 대해 언급될 수 있는 모든 것은 소련의 선전에 유용한 응수가 될 것입니다.

우리가 선언할 수 있는 공식 정책이 없는 상태에서 특별위원단 창설을 제안하는 것은 이미 긍정적인 일일 것입니다. 결국 위원단을 비상임이사국 회원들로 제한하는 것은 소련이 방침을 결정하기 힘든 진행방식을 통해 소련을 배제하는 일이 되는 것입니다.

각하의 반대 지시가 없는 한, 필요하다면 저는 계속해서 그로스 씨가 자신의 안건을 제안하지 못하도록 하겠습니다.

반면 베네갈 라우 경의 제안은 지지할 생각입니다.

6개 회원국으로 구성된 위원단이 창설될 경우 영국, 미국과 함께 우리는 저의 제1242호 전보가 제안하고 있는 합의된 검토안을 진행하는 것이 나쁘지 않을 것 같습니다.

쇼벨

【117】 트루먼 대통령의 언론 회견(1950.8.10)

[전 보]	트루먼 대통령의 언론 회견
[문 서 번 호]	3071-3072
[발 신 일]	1950년 8월 10일 21시
[수 신 일]	1950년 8월 11일 06시 30분
[발신지 및 발신자]	워싱턴/보네(주미 프랑스대사)

보안

 트루먼 대통령은 오늘 아침 언론 회견에서 한국에서의 작전 진행 상태에 대해 긍정적이면서도 세계 평화에 도움이 될 수 있는 모든 조치를 바라는 모습을 보였습니다. 유엔에서 우세한 분위기를 볼 때 이 점에 대해 열려있는 가능성은 약하다고 보는 것 같습니다. 최근 진짜 위기는 한국전쟁이 끝난 후에 올 것이고 이에 대해 대비하기 위해서는 동서양 간의 고위급회담이 필요할 것이라고 한 트리그브 리 사무총장의 발표문에 대한 질문에 트루먼 대통령은 사실 이 차원의 회담이 유엔 차원에서, 그리고 정부 차원에서 열려야 할 것이라고 대답했습니다. 한편 대통령은 정상회담의 가능성은 배제하였습니다.

 유엔 소련대표단의 행동방식에 대한 질문에는 그들이 매우 무례하였으며 특히 소련의 이익에 도움이 되지 않을 것이라고 대답했습니다.

 뿐만 아니라 그는 소련의 전략에 관심이 없으며 말리크 씨가 사용한 방해 작전이 그 자체로 평화의 미래에 좋은 전조인지 나쁜 것인지 알 수 없다고 말했습니다. 대통령은 미국과 영국 대표들의 안보리 발표에는 열렬한 칭찬을 하면서, 회견 동안 소련의 태도에 대한 불만을 눈에 띄게 표명했습니다.

보네

【118】 소련의 한국 침략에 대한 고발(1950.8.11)

[전 　 보]	소련의 한국 침략에 대한 고발
[문 서 번 호]	1279-1282
[발 　 신 　 일]	1950년 8월 11일 15시 04분
[수 　 신 　 일]	1950년 8월 11일 23시 05분
[발신지 및 발신자]	뉴욕/쇼벨(주유엔 프랑스대사)

보안

워싱턴 공문 제457-462호
본인의 이전 전보에 이어

　이 문장은 오늘 언론에 의해 소련의 한국 침략에 대한 고발처럼 해석되었습니다. 이것은 비약적입니다만 언론이 비약하는 것과 미국 정부가 드디어 소련에 대해 강경함을 표하는 것을 보고 즐기는 것이 요즘 흐름의 특징입니다. 다른 관점에서 이 해석은 미국의 군사적 준비 부족 상태를 비난하는 기자들이 쓴 것입니다. 그중 한 명인 『뉴욕헤럴드트리뷴』의 데이비드 로렌스 기자는 상황의 논리적 결과로 소련과의 외교관계 단절을 권합니다.

　본인의 전보 제1175호가 위험 신호를 알리고 제1244호와 제1273호에서 그 시작을 묘사한 변동이 뚜렷해지고 빨라집니다. 우리는 한국 사태의 무게중심 이동에 대한 가설을 배제할 수 없습니다. 미국 정부에 의해 단호하고 강경하게 이사회에 제시된 한국 사태의 무게 중심은 미국과 소련의 관점으로 옮겨온 것 같습니다. 이러한 전개는 이사회에서 특히 미국을 고립시키려하는 소련의 전략적 희망에 부응한다고 할 것입니다.

　제 생각에 워싱턴은 이 위험에 대해 인지하고 있지만 그로스 씨가 이달 9일 말했듯이(본인의 전보 제1253호) 행정부는 그 압력에 저항할 수 있을지 확신이 없는 것 같습니다.

이 압력은 국민들 자체에서 나옵니다. 한국전쟁은 당연히 인기가 없고 일반적인 미국인은 거기서 싸우고 싶은 어떤 개인적 욕구도 없습니다. 이런 점에서 뉴욕 같은 도시의 군사징병 불참율이 모든 것을 잘 보여줍니다. 그러나 이런 평범한 미국인이 수년전부터 그토록 여러 방식으로 유지해온 반(反)소련 감정은 말리크 씨의 비난과 한국에 대한 좌절감에 의해 과장되었습니다. 하지만 이러한 좌절감에도 불구하고 자기도취에 젖은 보통 미국인은 자국의 군대와 무기에 대한 신뢰를 키워갑니다.

쇼벨

【119】 한국문제(1950.8.16)

[전 보]	한국문제
[문 서 번 호]	1906-1908
[발 신 일]	1950년 8월 16일 15시 00분
[수 신 일]	1950년 8월 16일 18시 40분
[발신지 및 발신자]	모스크바/샤테뇨(주소련 프랑스대사)

본인의 전보 제1905호 참조

소련 언론은 국민 앞에 한국문제에 관한 소련 외무부[1]의 입장이 타당함을 알리고, 미군의 참전을 부당한 것으로 명시하기 위해 국제법 전문가들의 의견을 다시 게재했습니다. 기사는 남한이 북한 정부를 마음대로 정했고, 미국이 한국의 내부 분쟁을 해결하는 데 자국과 유엔의 의사를 강요했다는 듯 묘사하고 있습니다.

전문가들은 침략국을 규정하는 다양한 법적 정의를 인용하면서도, 1924년 9월 제네바에서 개최된 유엔총회에서 만장일치로 채택한 의정서는 빠뜨리고 있습니다. 의정서는 중재를 거부하는 국가나, 중재를 거쳤음에도 결정을 이행하지 않는 국가는 침략에 대한 책임을 져야 한다고 정하고 있습니다.

그뿐만 아니라, 이들은 침략군에 대한 지원에 관해서도 굳이 이의를 제기하지 않았습니다.

이들이 한국문제를 내전 성격의 분쟁으로 규정짓기 위해 동원하고자 하는 수단은 진영의 "지리적 경계가 없고" 그 "경계는 각 국가의 내부를 관통한다"는 소

---

[1] 원문에는 Chacellerie로 표기되어 있음. 해당 사무국이라는 의미인데 문맥상 소련 외무부로 추정.

련정치 시스템의 연장선에 다름 아닙니다(1949년 12월 17일자 본인의 전보 제1592CM호 참조).

이런 방식으로 소련은 현재는 아시아이지만 미래는 유럽이 될 분쟁의 무대에 적당한 때에 자신만의 방식으로 개입할 명분을 정당화하려는 듯합니다.

샤테뇨

암호과 추신: 전보 제1906호는 공보과에 제출됨.

【120】 한국의 군 상황: 덕산동 근처에서 도강을 시도한 적군(1950.8.16)

[전 보]	한국의 군 상황: 덕산동 근처에서 도강을 시도한
	적군
[문 서 번 호]	1180
[발 신 일]	1950년 8월 16일 07시
[수 신 일]	1950년 8월 16일 12시
[발신지 및 발신자]	도쿄/드장(주일 프랑스대사)

사이공 공문 제541호

워싱턴 공문 제387호

뉴욕 공문 제218호

1. 8월 15일 13시 20분 및 21시 공문

북한군이 대구 남서부 덕산동 인근에서 도강을 시도했으나 미 제1기병사단에 격퇴 당했습니다. 현장에서 북한군 1,000명이 사살되었습니다.[1] 포항 지역에서는 남한군이 기계면 남쪽 수 킬로미터에서 북한군을 제압했습니다. 인근 비행장 상황은 매우 평온합니다.

2. 언론 보도

진주지구에서 미국 킨 특수임무부대[2]가 후방에서 공격해 오는 적을 격파하

---

[1] 8월 14일 계속되는 낙동강 도하 공격에 실패한 북한군 제10사단이 도하를 시도하다 미 제7기병연대와 전투를 벌임. 미 제7기병연대는 이날의 전투 결과 북한군 1,500명이 살상된 것으로 추산함. 또 북한군 포로는 8월 12일부터 14일까지 전투에서 북한군 제10사단이 2,500여 명을 잃고 전투력의 50%를 상실했다고 진술함.

[2] 낙동강 방어선을 지키고 마산-진주 전선을 공격할 임무로 제5연대와 제1해병연대를 제25사단에 배속시켜 지휘권을 킨 소장에게 주었음. 그러나 결국 작전은 실패하고 8월 16일을 기점으로 해체되었음.

고 있는데, 초기에 그 수는 1,000명으로 추산되었으나 지금은 3,000명가량에 달할 것 같습니다. 적군의 주요진지는 마산 서쪽 14㎞ 지점인 함안 지역으로 추정됩니다. '킨 특수임무부대'의 집중 공격을 받은 북한군 제6사단은 제105기계화사단 소속으로 추정되는 2개 기계화 대대를 지원받을 예정입니다. 제105기계화사단은 각각 490명의 병력과 전차 40대로 이루어진 3개 전차연대와 각각 1,000명의 병력으로 이루어진 3개 기계화연대로 구성된 것으로 알려졌습니다. 사단에 소속된 대부분 부대는 대구전을 대비해 왜관지역에 집결한 듯합니다. 북한 제4사단이 점령한 낙동강 남서부 돌출부인 창녕 인근 지역에서는 월요일부터 공격과 반격이 이어졌습니다. 그 결과 제24사단은 탈환했던 2㎞를 다시 내주었습니다. 해당 지구에 위치한 주요 고지들은 다시 북한군의 손에 넘어간 것 같습니다. 양측 모두 막대한 손실을 본 듯합니다. 대구 남서쪽에서는 북한의 3개 대대 병력 3,000명이 덕산동 인근에서 수면 아래에 널빤지 가교를 설치해 낙동강을 건너려 했습니다. 하지만 이들은 미 포병대와 급파된 제1기병사단의 집중포화를 받은 것으로 보입니다. 월요일 주간에는 해당 지점에서 2㎞ 떨어진 곳에서 북한군의 두 번째 도강 시도가 있었으나, 제1기병사단이 교두보를 완벽히 제거하고 북한군 1,000명을 사살했습니다. 한편, 북한군은 대구 북서쪽, 왜관에서 북쪽으로 5㎞ 떨어진 오평동에서 병력 3,000명과 전차 4대 규모의 보병 연대를 동원해 도강을 시도했다고 전해집니다. 하지만 남한군 제1사단의 완강한 저지에 격퇴된 것으로 보입니다. 남한군은 계속 퇴각하며 북대구에서 8㎞ 후퇴했습니다. 북쪽 지구에는 남한 제6사단과 제8사단도 집결했습니다. 포항지역에서 미군은 비행장을 떠나 최소 1㎞ 전진했습니다. 남한 '수도사단'은 포항 북서 방향 25㎞ 지점의 임암리를 탈환한 것으로 보입니다. 12㎞ 떨어진 육통리도 남한이 탈환한 것으로 보이지만, 기계면은 아직 북한이 점령하고 있습니다.

국방부에 전달 요망.

드장

【121】 공산주의자들의 실제에 관해(1950.8.16)

[전 보]	공산주의자들의 실제에 관해
[문 서 번 호]	1190-1194
[발 신 일]	1950년 8월 16일 09시 50분
[수 신 일]	1950년 8월 17일 13시 15분
[발신지 및 발신자]	도쿄/드장(주일 프랑스대사)

보안

국방부에 전달 요망

알몬드 장군은 제게 공산주의 병력에 관한 몇 가지 정보를 전달했습니다.

1. 전장에는 지금까지 15개 사단이 투입되었습니다. 각 사단 병력은 약 11,000명에 달합니다.

병력은 손실 인원에 해당하는 만큼의 예비군을 ☐☐☐에 통합하는 방식으로 거의 일정한 수준으로 유지되고 있습니다. 병력은 16만 명 정도이며, 참모본부와 부속 기관들을 합하면 총 20만 명이 투입된 것으로 추산됩니다. 한편, 단위 부대 ☐☐☐는 30-40명 ☐☐☐으로 이루어져 있습니다.

전력을 완전히 상실한 북측의 손실은 4만 명에 이르는 것으로 파악됩니다. 알몬드 장군은 이 수치가 최소 추정치일 것이라 했습니다.

북한군에 더 지원될 수 있는 병력에 대한 질문에 참모장은 정확한 정보가 없다고 답했습니다. 하지만 얼마 전부터 유엔 공군은 서울로 이어지는 철도를 통해 북에서 내려오는 군대의 이동을 막는 데 각별한 주의를 기울이고 있습니다. 그뿐만 아니라 공군은 철로를 엇비슷하게 따라 난 도로를 면밀히 감시하고, ☐

ㅁㅁ 수송단을 집중 겨냥하고 있습니다.

2. 참모장이 받은 보고서에 따르면, 전쟁 초기에 북한군은 6개월 치 연료를 비축하고 있던 것으로 알려집니다. 하지만 정유 시설, 저장고, 수송 수단이 폭격을 맞아 비축량의 상당 부분이 손실된 것으로 추정됩니다. 한편, 다른 정보들에 따르면 이로 인해 북측에는 윤활유 부족 현상이 나타나고 있는 것으로 알려졌습니다.

3. 극동사령부 참모장은 미군 측의 병력 손실도 크다고 넌지시 말했습니다. 미군은 타격을 심하게 입은 전투 부대를 같은 번호의 부대로 교체하며 병력 손실을 감추어왔습니다. 대전에서 전멸하다시피 한 제24사단이 아직 남아 있는 이유도 바로 이 때문입니다.

4. 미 군사 당국이 한국에서 잃은 군인의 정확한 숫자를 애써 감추는 이유는 적군에게 유용한 정보를 차단하기 위해서이기도 하겠지만, 무엇보다 계속되는 실책에 진주만 공습 때만큼 심리적 타격을 입은 미 여론을 크게 자극하지 않으려는 목적이 더 크다는 게 유감스럽게도 사실인 듯합니다.

드장

【122】 미국의 여론과 한국의 폭격(1950.8.16)

[전   보]   미국의 여론과 한국의 폭격
[문 서 번 호]   3156-3160
[발   신   일]   1950년 8월 16일 20시 37분
[수   신   일]   1950년 8월 17일 06시 30분
[발신지 및 발신자]   워싱턴/보네(주미 프랑스대사)

보안

8월 15일, 북한군이 집중된 왜관지역에 실시된 대규모 공습은 얼마 전부터 이곳 미국에서 감지되고 있는 한국전쟁에 대한 초조한 분위기를 확실히 잠재울 것으로 보이며, 또 실제로 그렇기를 바라야 합니다. 사실, 미 의회 내 일부 집단과 몇몇 언론들은 초조한 태도를 보이고 있습니다. 소련문제에 관한 대책을 제시한 스타슨[1]의 토론토 연설이나 군사영역에서 한국에서의 미국을 돕는 데 소극적인 동맹국들을 비판한 8월 15일자 『필라델피아 인콰이어러』[2]의 논평은 이런 태도를 잘 보여줍니다.

미국의 B-29 슈퍼포트리스 100대 가량은 좋은 기상 조건에서 출격해 중량 1,000톤에 달하는 폭탄을 투하, 7.5마일×3.5마일 면적을 초토화한 것으로 보입니다.

아직은 미 당국도 이번 공습의 성과를 자세히 파악하고 있지 못하지만, 적군이 당분간 반격하지 못할 만큼 핵심 전력을 타격했기를 기대하고 있습니다. 미

---

[1] 해럴드 스타슨(Harold Edward Stassen, 1907-2001). 미네소타 변호사 및 주지사를 거쳐 샌프란시스코 국제 연합 창립 총회 미국대표, 유엔 군축위원회 미국대표를 역임.

[2] 『필라델피아 인콰이어러The Philadelphia Inquirer』. 1829년 존 R. 워커와 존 노벨이 발간한 펜실베니아주 필라델피아 지역을 담당하는 일간지로 퓰리처상을 8번 수상함. 미국에서 세 번째로 오래된 신문.

군사 당국 관계자들은 이에 관해 필요하다면 언제든지 같은 규모의 공습을 재개할 수 있다고 말하고 있습니다.

한편, 미 국방부는 미국과 남한이 낙동강 동쪽에 교두보를 마련한 북한군에 대해서 적진과 직각을 이루는 지점, 즉 왜관에서 약간 북쪽에 자리한 지점에 방어선을 구축했다는 보고를 받았습니다. 이는 포항과 같은 위도를 따라 동쪽으로 이동하기 위함으로, 포항지역 비행장의 피해는 생각보다 심각하지 않은 것으로 전해지고 있습니다. 가장 주요한 이유는 최근 남쪽에 위치한 부산지역에 2-3개 구축된 것으로 알려진 활주로 때문인 듯합니다.

남한군은 서쪽에서 도착한 남한의 수도사단인 제3사단과 포항 북쪽에서 연합하고 미국에서 지원받은 전차를 이용해 포항에 진입한 적군을 고립시킨 것으로 보입니다.

일본 발 일부 정보와는 달리 미 국방부의 정보에 따르면, 미군 제2사단이 전선에 투입되지 않거나 혹은 매우 일부만 투입된 상황이니만큼 맥아더 장군은 신중한 자세를 취하고 있는 것으로 보입니다. 한편, 일본에서 제게 전달한 전보를 보면 일본 내 분위기와 미 군사 당국 내 지배적인 분위기는 사뭇 다른 듯합니다.

'공식적인 낙관론'을 고려하더라도 지금까지 미 참모본부가 제2사단 파병 이후 미국에 주둔 중인 정규군을 남한에 추가 투입할 필요가 없다고 생각해 왔다는 사실에는 변함이 없습니다. 즉, 미 국방부는 포위망까지 좁혀오는 적군의 진격을 제압할 병력이 충분한 것으로 보고 있다는 결론을 지을 수 있습니다.

결국, 맥아더 장군이 방어를 위해 이미 충분한 병력을 보유하고 있다고 볼 수도 있지만, 전면전을 위해서는 상당한 병력 증강이 필요할 것입니다.

미국이 새로운 부대 훈련에 속도를 내지 않고 있다는 점을 고려하면 올해 말까지는 대규모 병력 지원이 없을 것으로 보입니다.

하지만 최근 미 언론과 일부 국회의원들의 반응을 볼 때, 레이크석세스에 있는 유엔 본부에서 7월 7일 결의안에 찬성표를 던진 국가들의 한국전 참전을 요구하는 미국 내 여론은 그때까지 점점 더 거세질 것으로 보입니다.

보네

【123】한국 내전에 대한 미국 개입에 대해(1950.8.17)

[전 보]	한국 내전에 대한 미국 개입에 대해
[문 서 번 호]	1910-1918
[발 신 일]	1950년 8월 17일 15시 00분
[수 신 일]	1950년 8월 17일 22시 00분
[발신지 및 발신자]	모스크바/샤테뇨(주소련 프랑스대사)

타스통신은 안전보장이사회가 지지부진한 탓이 모두 미국 때문이라고 주장하면서 편향적인 보도를 일삼고 있습니다. 한편, 며칠 전부터는 미국이 한국 '내전'에 무장 개입하여 국제법과 국제 조약이 정하는 전형적인 침략을 벌이고 있다는 것을 증명할 임무를 띤 소련 법률가들이 말리크가 일찍이 길게 늘어놓은 주장을 지지하기 위해 내놓은 의견을 상세히 게재하고 있습니다(본인의 전보 제1877, 1879, 1905호 참조).

더불어 주목할 점은, 소련이 안전보장이사회에 평화적 해결안을 제출한 데에 대해 미국이 악의적으로 "넘을 수 없는 방어벽을 쳤다"고 규탄하면서도, 유엔 회의의 무기한 연장은 너무도 담담히 내다보는듯하다는 점입니다.

물론 타스통신은 소련이 북한군에게 정세가 반드시 유리하게 변하리라 장담할 수 없는 상황에도 공공연히 시간을 벌려고 하는 이유는 밝히지 않았습니다. 하지만 현재 일부 안건이 집중적으로 다뤄지고 있다는 점을 고려할 때, 소련의 주요 목적은 다음 총회에서 안보리가 암묵적으로든 명시적으로든 6월 25일의 결정을 재검토하도록 끌고 가려는 데 있다고 봐도 무방합니다.

사실 처음부터 우리는 이 '분쟁'의 시초에 의문을 제기하고, 이른 시일 내에 적대행위를 중단하기 위해 분명 공정한 해결책을 제기했음에도 불구하고, 소련은 안전보장이사회가 미국의 압력에 못 이겨 내린 결정을 고집하면서 유엔의 격을 떨어뜨리고 있다고 주장합니다. 또한, 침략군이 다른 국가의 내정에 개입하는 것을 합법화하면서 한국인의 이익과 의지를 깡그리 무시한 채 야만적이고 불법적인 전쟁을 연장할 뿐이라고 비난합니다.

또한, 소련 군사 당국의 공식성명에 쓰인 어조를 보면 소련은 미군이 부산에서 실패할 가능성도 완전히 배제하지 않고 있다는 사실을 알 수 있습니다. 어쨌든 소련에서 말하듯 북한과 남한을 불문하고 한국인이라면 모두가 듣기 싫어하는 38선이라는 이 인공 경계선 북쪽으로 북한군이 점차 퇴각할 수도 있다고 여론에 마음의 준비를 시킨다는 것은 어림도 없는 이야기입니다.

이 같은 말리크의 전략에는 다음과 같은 두 가지 목적이 있는 듯합니다.

전쟁에 지친 유엔이 위신을 세우고 평화를 지키고자 실질적인 해결책을 부과하기로 결정할 때까지 기다리는 것입니다. 아마도 이 해결책이 한국문제를 완벽히 해결하지는 못하겠지만, 6월 25일 결의안의 원칙을 퇴색시킬 것이기 때문입니다.

타협안이 없을 경우, 토지개혁과 지도부의 숙청이 원만히 진행된 상태에서 국민투표로 새 체제의 합법적인 지도자를 선출하고, '내전'을 지속하는 의미가 완전히 사라질 때까지 북한군의 대항을 유지하는 것입니다.

어쨌든 소련이 가깝거나 먼 미래에 기존 정권에 맞서 대규모 혁명 운동이 벌어지는 곳에 일련의 '내전'을 일으키기 위해 내세울 선례를 한국에 만들고자 한다는 사실은 의심할 여지가 없습니다.

맥아더의 '침략 정책'이 위험하다며 연일 맹렬한 규탄을 이어가는 타스통신을 보면, 이러한 정세 속에 일본이 소련의 첫 실험장 중 하나가 되는 건 아닐까 의문이 들면서, 혹시 소련이 일본에서 공산주의 '무장 폭동'의 독려와 지원을 이미 준비하고 있는 것은 아닐까 하는 생각마저 듭니다.

더군다나 점령군 주력 부대가 부산에 묶여 있고, 미군이 한국에서 겪은 실패로 일본에서도 위상이 추락하고 있는 이 상황은 도쿠다[1]에게도 민중 봉기를 일

---

[1] 도쿠다 규이치(Tokuda Kyuichi, 德田球一, 1894-1953). 일본의 사회운동가이자 정치가로, 일본 공산당의 대표적인 활동가. 1947년 일본공산당 중앙위원회 서기장에 선출되어 중의원 의원에 당선되었으나 1950년 맥아더 지령에 의한 공직 추방 이후, 중국 베이징으로 망명하여 59세로 객사함.

으킬 좋은 기회입니다. 기꺼이 미국과 한배를 타고 침략자들과 공모하며 자국민을 새로운 국제 분쟁의 첫 희생양의 하나로 전락시킨 정부를 전복하고 점령군을 내쫓을 기회 말입니다.

샤테뇨

【124】 미국 내에서 한국문제에 관한 행정부 공격(1950.8.17)

[전 보]	미국 내에서 한국문제에 관한 행정부 공격
[문 서 번 호]	1326-1328
[발 신 일]	1950년 8월 17일 16시 30분
[수 신 일]	1950년 8월 17일 24시
[발신지 및 발신자]	뉴욕/쇼벨(주유엔 프랑스대사)

보안

워싱턴 전보 제3161호 참조

워싱턴 공문 제495-497호

미국에서 한국문제에 관한 미 행정부의 정책이 집중 공격을 받으면서 미 행정부가 직간접적으로 궁지에 몰리고 있습니다. 직접적으로는 미국 정부의 권위가 떨어지게 되었습니다. 어려운 싸움을 이끌면서 유엔까지 끌어들였지만 여태 실패한 모습만 보여주고 있는 미국 정부로서는 여론의 압도적인 지지가 필요한데도 말입니다. 여기에다 미국 정부 및 지지자들이 입장을 변호하려고 내놓은 발표 자체가 간접적인 여파를 낳을 수도 있습니다.

이런 상황에서 타이딩스[1] 상원의원은 공개회의에서 훼리[2] 의원의 비판을 반박하기 위해 미국이 1946년부터 남한에 투입해 온 원조금의 총액을 공개했습니다. 이는 총 49억 5,700만 달러로 이 가운데 군수 물자가 1억 4,100만 달러를 차지했고, 이 중 일부 물자의 교체 비용이 애초 5,600만 달러로 계상되었으나

---

[1] 밀러드 타이딩스(Millard Tydings, 1890-1961). 민주당 미 상원의원.

[2] 케네스 훼리(Kenneth S. Wherry, 1892-1951). 공화당 미 상원의원.

1억 1,000만 달러를 차지했습니다.

　이제 말리크는 소련의 대북 지원을 비난한 유엔주재 미국대사 오스틴에 대해 소련이 북한을 지원하는 만큼 미국도 남한을 지원하고 있다고 공개된 수치를 근거삼아 언제든지 반박할 수 있게 되었습니다.

　또한, 어떤 이들은 이로부터 한국문제에 대한 양측의 대응이 비슷하나, 한쪽은 효율적이고 다른 쪽은 전혀 그렇지 않다고까지 결론내릴 수 있게 되었습니다.

쇼벨

【125】 남한 왜관 지방 폭격(1950.8.17)

[전　　　보]	남한 왜관 지방 폭격
[문 서 번 호]	미상
[발　신　일]	1950년 8월 17일 10시
[수　신　일]	1950년 8월 17일 18시
[발신지 및 발신자]	도쿄/드장(주일 프랑스대사)

파리 외무부 공문 제1195호

사이공 고등판무관 공문 제543호

워싱턴 공문 제389호

뉴욕 공문 제220호

1. 8월 16일 17시 공문

8월 16일자 주요 소식은 B-29 슈퍼포트리스 99대가 대구 진격을 위해 왜관지역에 집결한 북한군을 공습했다는 것입니다. 북한군의 규모는 기갑부대를 포함해 4개에서 6개 사단으로 추정됩니다. 이번 작전의 지휘는 도쿄 공습에 참여했던 에멧 오도넬[1] 장군이 맡았습니다. 작전은 10시 50분부터 13시까지 계속됐습니다. 미군은 4발 비행기로 250kg 중량 폭탄 3,600개, 총 850톤 이상의 폭탄을 대략 26제곱마일 면적에 투하했습니다. 즉, 50m마다 하나씩 폭탄을 떨어뜨린 셈입니다. 시계는 양호했습니다. 낙동강은 미군의 서쪽 방어선을 선명하게 갈랐고, 그 너머로 미군 부대는 없었습니다. 북한군의 방공작전도, 요격기도 관찰

---

[1] 에멧 오도넬(Emmett O'donnell, 1906-1971). 미 공군 4성 장군. 제2차 세계대전에서 도쿄 공습을 이끈 베테랑. 한국전쟁이 터지자 참모부와 함께 극동군에 합류. 일본에 사령부를 설치하고 B-29 편대로 폭격임무를 수행했으며, 월튼 워커 장군이 낙동강 방어선을 설치하고 방어에 돌입할 때 왜관 일대로 내려오는 인민군에게 폭격을 가해 전선을 유지시킴.

되지 않는 상황이었습니다. 일본 본토와 오키나와에서 출격한 미 폭격기는 한반도 남쪽에서 만나기로 되어 있었습니다.

B-29는 작전지를 난사하고 로켓포를 발사했습니다. 전투기에는 종군 기자 15명도 탑승해 작전지를 돌아보았습니다.

미 공군 대변인은 이날 투하한 폭탄 3,600개가 대구경포탄 3만 개에 해당하는 위력을 발휘했다고 발표했습니다.

2. 언론 보도

남쪽 지구의 북한군은 여전히 미군 방어선에 막혀있다. 처음에 미 제8군은 이들의 숫자를 3,000명으로 예상했지만, 지금은 약 1,300명뿐인 것으로 전해진다. 창녕 남서쪽의 북한군은 남한 측의 위협이 거세질 것으로 예상되는 진지에 꾸준히 증원군을 보낸 듯하다. 북한군은 미 제24보병사단과 미 제1기병사단의 집결 지점인 덕산동 남쪽 8㎞ 인근 현풍에서 전날 3개 대대와 함께 확보한 교두보를 보강했다. 낙동강 서안에서 최소 1개, 최대 2개 북한군 사단이 도강을 시도할 듯하다.

미 제1기병사단은 왜관 남쪽 6㎞와 북쪽 2㎞ 지점에 군데군데 남은 북한군 진지를 거의 깨끗이 섬멸했다고 한다. 마을에는 북한군 일부만이 남아 저항하고 있는 것으로 추정된다. 북한군은 마을 5㎞ 부근에서 고지를 빼앗긴 듯하지만, 왜관 북동쪽 1㎞ 부근의 야산과 미군 전선 내부 1㎞ 지점의 야산은 지켜낸 듯하다. 해당 지구의 북쪽 진영에서는 전차로 무장한 북한군이 대거 남측의 방어선을 뚫고 들어가 포항 남서쪽 12㎞ 지점의 안강리에 도달한 것으로 전해진다. 안강리는 포항과 대구, 그리고 부산을 연결하는 주요 지휘 본부이다. 미 제5공군은 이들 북한군이 미 공군의 공격을 받았다고 발표했다.

3. 미국이 소련산 포탄을 노획했습니다. 포탄에는 러시아어 문구가 적혀 있으며 워싱턴에서 사진으로 촬영했습니다. 이 포탄은 1950년 7월에 생산된 것으로 보입니다.

해당 지구에서 최신 소련산 지프 여러 대가 노획되었다고 전해집니다. 차량들의 주행거리는 400㎞밖에 되지 않습니다.

　미군 비행사들이 대구 서쪽 24㎞ 근방에서 T34보다 큰 전차 2-3대를 목격했
다고 합니다. 스탈린 전차로 추정됩니다.

　국방부에 전달 요망.

드장

【126】 한국의 군 상황(1950.8.17)

[전 보]	한국의 군 상황
[문 서 번 호]	1199-1208
[발 신 일]	1950년 8월 17일 01시 00분
[수 신 일]	1950년 8월 17일 14시 00분
[발신지 및 발신자]	도쿄/드장(주일 프랑스대사)

보안

국방부에 전달 요망

본인의 전보 제1182호 참조

1. 8월 16일 오늘 참모본부는 악화 일로에 놓인 한국의 전투 상황과 미군의 방어 노력에 관한 기밀 정보를 전달했습니다.

'킨 특수임무부대'가 해체되었습니다. 이제 남쪽 방어선을 맡은 부대는 제25사단뿐입니다. 그러나 북한군은 미군 후방에 구축한 진지를 유지하고 있으며, 1개 부분 기계화 연대와 1개 오토바이 연대를 지원받고 있습니다.

제24보병사단을 지원하기 위해 남해안에서 해병대가 출발했습니다. 북한군은 이를 알아차리고 작전지를 탈환했습니다. 어제 100대 규모의 차량 행렬이 집중 사격을 받았습니다.

2. 창녕 남서쪽에 북한군 제4사단 80%와 1개 기갑연대가 집결해 있습니다. 미군 사령부는 해당 지구에 제24보병사단, '해병대' 1개 여단, 제9연대를 합친 부대를 편성했습니다. 부대는 어제 공격을 개시했지만 성과는 없었습니다. 북한군은 반격을 통해 미 연대 중 한 곳의 작전 구역을 돌파했습니다. 또한, 북한군은 제24사단 오른쪽에 새로운 진지를 구축했습니다. '해병대'는 진지를 야간

에 파괴하라는 명령을 받았습니다.

3. 북한군은 제1사단 앞에 대포와 전차를 대거 집결시키고 있습니다. 북한군 전차들은 미군 제1사단과 남한군 제1사단 사이에 자리 잡았습니다. 작전에 최초 투입된 B-29는 낙동강 서안에 자리잡은 북한군 집결지를 공격했습니다.

4. 영덕 남쪽에 단독 투입된 남한군 제3사단은 바다로 퇴각하여 포항지역에서 서쪽으로 다시 이동하는 ㅁㅁㅁ 사단을 대체할 예정입니다.

5. 아직 도착하지 않은 제2보병사단 예하 1개 연대가 오늘 밤 상륙할 예정입니다.

6. 소련 라보츠킨 LA-9[1]로 보이는 항공기 7대와 원격조종 고사포 사용이 목격되었습니다.

7. 청진항에서 가교와 터널 폭파 명령이 실행되었습니다.

드장

---

[1] 라보츠킨 설계국이 개발한 러시아 전투기. LA-11과 한국전쟁에 투입되어 YAK-9P와 함께 중국과 북한 공군 전력의 주력을 담당함.

【127】 서독의 안전이라는 일반적인 주제에 관한 아데나워 수상의 회견(1950.8.18)

[전   보] 서독의 안전이라는 일반적인 주제에 관한 아데나
워 수상의 회견
[문 서 번 호] 4116
[발   신   일] 1950년 8월 18일
[수   신   일] 1950년 8월 22일 12시 우편 전달
[발신지 및 발신자] 본/프랑수아 퐁세(주서독 프랑스대사)

아데나워 수상은 8월 17일 어제 샤움부르크 궁에서 『뉴욕타임스』의 인터뷰에
응하며 서독의 안전이라는 일반적인 주제에 관해 중요한 이야기를 했습니다.

아데나워 수상은 당장의 미래에 대해 회의적인 입장을 보였습니다. 특히 안타
깝게도 한국사태가 실망스러운 결과를 낳고 있다며 소련이 동독의 인민경찰을
침략군으로 만드는 상황을 예로 들었으며, 소련이 동독에 대규모 병력을 주둔시
키고 있는 상황도 지적했습니다. 그는 최근 소련이 지원한 1개 기갑사단 그리고
제트기까지 동원된 공군 병력이 동독에 도착한 사실을 아는 듯 했습니다.

수상은 현 상황에서 유럽에 미 병력을 증원한다면 서독이 즉시 마음을 놓을
수 있을 것이라 말했습니다. 미군의 파병 시기와 규모에 관해서는 3개월 안에
3-4개 사단을 보내되, 최종적으로 파병 인원에 10개 기갑사단이 포함될 수 있도
록 점차 증원해야 할 것이라고 덧붙였습니다.

한편, 수상은 서독도 병력과 위력 면에서 20만-30만으로 추정되는 동독 인민
경찰에 비견할만한 방위군을 창설해 북한 ㅁㅁㅁ과 같은 침략 사태를 피해야
한다고 설명했습니다. 그리고 방위군은 미국의 지원을 받아야 할 것이라 덧붙
였습니다.

수상은 유럽 군대에 서독이 참가하는 문제에 관해서는 연합국의 의견에 따를
것이며, 유럽 군대의 개입과 구체적인 유럽 방위책이 이른 시일 내에 시행되기

를 바란다고 말했습니다. 또한, 미국이 유럽 정치 무대에 적극적으로 뛰어들어 지지부진한 모습을 보이는 유럽의 정치·사회적 통합을 앞당겨야 한다고 했습니다.

그는 유럽에 강력한 방위군을 두면 동독, 체코슬로바키아, 헝가리에 조성된 지배적인 여론을 완전히 바꿀 수 있다고 내다봤습니다.

그리고 미국은 핵무기 부문에서 앞서가고 있지만, 소련은 이를 금세 따라잡을 것이라면서 그때는 전통적인 무기가 승부를 좌우할 것이라 예상했습니다. 또 이러한 상황에서는 서독군의 규모가 크게 중요해진다면서, 동독의 인민경찰 수준에 맞먹는, 그러나 더욱 체계적으로 훈련된 방위군을 창설해 공산주의자들이 서독에서 기재와 설비를 파괴하는 계획에 대비해야 한다고 다시 한 번 강조했습니다.

수상은 공산주의 선전에 맞서는 데 필요한 모든 조치를 취하겠지만, 이를 위해 연합군과 서독의 방위군이 필요하다고 강조했습니다. 왜냐하면, 서독은 연달아 일어나는 소련의 침공과 연합군의 탈환으로 나라가 황폐해질까 우려하기 때문이라는 것입니다. 수상은 미국이 서독에 더 많은 병력, 장갑차, 전투기를 지원해야만 이러한 우려를 잠재울 수 있다고 덧붙였습니다.

수상은 건강이 어떠냐는 질문에 괜찮은 것 같다고 답한 뒤, 서구 열강들이 좀체 속도를 내지 못하고 있어 동독의 공격이 우려된다며 화제를 바꾸었습니다. 그는 마지막으로 스트라스부르에서의 서독의 역할에 만족하며 서독이 서방 국가들의 완전한 일원이 되기를 바란다는 희망을 밝혔습니다. 하지만 그는 연합국이 국방에 노력을 집중해야 할 것이라고 말했습니다.

연방수상공관에서 공식 인터뷰 내용을 전달받는 대로 외무부에 보고하겠습니다.

프랑수아 퐁세

【128】 전 세계를 무대로 한 소련의 계획 실행(1950.8.18)

[전 보] 전 세계를 무대로 한 소련의 계획 실행
[문 서 번 호] 1939-1945
[발 신 일] 1950년 8월 18일 21시 30분
[수 신 일] 1950년 8월 19일 01시 30분
[발신지 및 발신자] 모스크바/샤테뇨(주소련 프랑스대사)

보안

서방국가들은 북한군이 한국에서 적대행위를 시작하고, 소련이 안전보장이사회에서 북한군의 개입을 규명하고 유엔 가입국들의 남한 지지를 비난하는 입장을 취하자 자신들의 전쟁 준비가 부족했음을, 무엇보다 군 장비가 부족함에 눈이 번쩍 뜨였습니다. 여기에서 우리는 모든 작전을 시작하기 전에 우발적 사태를 피하고 위험에서 멀어지기 위해 항상 주도면밀한 모습을 보이곤 했던 소련이 이런 관행을 버리고 한국전쟁에서 분명 끌어내고자 하는 우위와 균형을 맞추어 아시아에서의 권위를 높이고 세계를 무대로 소련의 계획을 실행하기 위해 그들을 ㅁㅁㅁ한 것은 아닌지 자문해 볼 수 있습니다.

어제 이를 주제로 본인과 스웨덴대사, 룩셈부르크대사가 벌인 토론은 서로 자신의 의견이 타당하다며 치열하게 논쟁하는 자리가 되어버렸습니다. 블룸[1] 룩셈부르크 장관은 소련의 원칙과 규범에 상당히 우호적인 태도를 보이는 인물이자, 소련에 얼마간 믿음을 갖고 있거나 소련 측 견해와 비슷한 의견, 심지어는 소련의 입장에서 의견을 내는 인물인 만큼 토론이 더욱 격렬했습니다.

솔만[2] 스웨덴대사는 소련이 자신의 계획에 득이 되지 않을 실책을 저질렀다

1) 르네 블룸(René Blum, 1889-1967). 주소련 룩셈부르크대사.

는 입장입니다. 서방국가가 대서양 연맹의 군사적 준비 부족에 대해 깨닫고, 잠잠해 보이지만 사실은 동요하고 있는 여론에 이 주제를 공개해 드러난 취약점을 보완하고 이를 달성하기 위한 수단을 마련하는 데 찬성하도록 여론을 끌고 갈 위험이 있다는 것입니다. 가령, 1930년 프랑스는 독일 기갑부대에 37㎜짜리 포탄은 무용지물이라는 스웨덴의 지적을 무시했지만, 미국은 전장에서 바주카포를 사용했을 때 발생한 역효과를 염두에 두었다가 미군의 무기와 연합군의 무기를 단단히 준비했습니다. 그 결과, 모두에게 예기치 않은 상황이 발생하는 것을 막고 결국에는 패배를 피했습니다.

한편, 블룸은 한국에 관한 정책에 있어 모든 상황을 정확히 예측한 소련은 무기와 전략을 시험해 미국과 비교하고, 현대전에서 적절한 무기와 병력의 비율을 시험하기 위해 북한의 계획에서 취할 수 있는 부분을 자세히 계산했다고 봅니다.

그런데 미 해군 및 공군의 화력은 항만시설, 군수품과 보급품 창고, 통신기지, 병력 집결지, 도시와 마을에 대해 파괴적이지도 위협적이지도 못했고, 북한 보병대와 전차 행렬에 □□□이었습니다.

이때부터 소련은 결국 전쟁에서 이기려면 우수한 장비를 갖춘 여러 부대가 있어야지 아무리 탁월한 장비를 가지더라도 병사가 없으면 이기기 힘들다는 의견에 □□□ 확신을 가진 게 아닌가 싶습니다.

소련은 자기 진영에 바로 이 병사들을 끌어들여 아시아에 주둔군 숫자를 늘리려 애쓰고 있고, 이로써 세계대전 발생 시 적군의 장비가 지역을 얼마나 □□□ 파괴하느냐에 관계없이 유라시아 지역 전체를 차지하고자 합니다.

□□□의 가치를 검토하는 일은 참모본부에 달려 있습니다. 그러나 만약을 위해 소련 진영이 □□□하고 아시아를 필두로 전 세계에 소련군 □□□를 늘리지 않도록 막는 일은 서방국가의 정책에 달려 있습니다.

샤테뇨

2) 롤프 솔만(Rolf R:son Sohlman, 1900-1967). 주소련 스웨덴대사.

【129】 한국문제에 관한 인도의 의도(1950.8.18)

[전 보]	한국문제에 관한 인도의 의도
[문 서 번 호]	1549-1357
[발 신 일]	1950년 8월 18일 20시 11분
[수 신 일]	1950년 8월 19일 04시 40분
[발신지 및 발신자]	뉴욕/쇼벨(주유엔 프랑스대사)

보안

워싱턴 공문 제512-530호
본인의 전보 제1695호 참조

　유엔주재 영국대사 글래드윈 젭 경도 프랑스 대표단이 유엔주재 인도대사 베네갈 라우의 제안을 긍정적으로 받아들이고 있다는 사실을 알고 있습니다. 제가 각하의 전보 제1649호를 받고 위원회에 내용을 보고했기 때문입니다.

　14일 회의 전에도 이 문제를 주제로 영국대사와 이야기를 나누었는데, 그때 그의 태도는 긍정적인 듯 보였습니다.

　오늘 아침 그와 다시 만나 이야기를 나누었습니다.

　글래드윈은 영국 대리대사가 외무부에 지침을 전달했다고 합니다. 그 내용 중 일부는 본인이 전보 제1322호에 보고한 바와 같습니다.

　그는 인도 정부가 베네갈 라우에게 전달한 지침을 제게 읽어주었으며, 인도 주재 영국 고등판무관도 인도 외무부 사무총장인 바즈파이 경으로부터 전달받아 그 내용을 알고 있는 상태입니다. 인도 정부의 지침은 인도의 제안을 결의안으로 공식화하기에는 현재 상황이 적절치 않은듯하다는 내용이었지만, 베네갈의 계획을 직접 반대하지는 않았습니다. 마지막으로 글래드윈은 이미 모두들 알고 있는 영국의 유보적 입장을 설명하며 이사회가 한국문제를 포기하도록 두고 □□□하는 데에 큰 반감을 나타냈습니다. □□□가 이달 말까지 계속될 수 있으며, 말리크가 부딪혔던 의사진행 규칙 문제를 적당히 피할 수 있을 것입니다.

글래드윈 경은 적당히 넘어간다면 매우 심각한 반발이 일어날 수도 있을 것이라 강조했습니다.

그는 만약 소련의 의장 임기가 끝날 때까지 인도 측 제안이 보류 상태로 남는다면, 9월에 절차가 정상화되고 남한 대표가 다시 이사회 회의에 참여할 때 논의를 재개하기가 더 쉬우리라 결론지었습니다.

저는 글래드윈 대사에게 그의 말도 일리가 있다고 답했습니다. 그리고 베네갈 라우가 자신의 계획을 실현할 모든 기회를 성급하게 날려버릴까 걱정한다며 제게 했던 말을 전했습니다. 당시 저는 신중을 기해야 한다고 충고했고, 그는 이를 □□□ 기꺼이 받아들였습니다.

□□□ 미국과 영국의 반대는 매우 미약해 보입니다. 지금 인도가 제안하고 있는 해법과 인도 총리 네루가 소련에 건넨 제안에는 공통점이 없는 듯합니다. 중재도, 이사회의 결정도 있을 수 없습니다. 한국문제와 중국문제는 분리됩니다. 이는 단지 한국에서 □□□을 검토하자는 것이고, 그 필요성에 대해서는 이견의 여지가 없습니다. 당연히 이사회는 계속해서 결정의 주체로 남습니다. 결국 베네갈 라우는 14일에 "적대행위가 중단되고 이사회가 이미 채택한 결의안에 따라 북한 당국이 군대를 철수하면" 이사회가 자체적인 해결안을 구상하고 확정해야 하는 때가 올지도 모른다고 했습니다. 다시 말해 그도 결의안이 재론의 여지가 없다고 생각하고 있다는 것입니다. 그때부터 그는 줄곧 이런 생각을 내비쳤습니다. 아마 베네갈 라우가 미국과 소련 사이의 반목과 '영토 확장을 위한 야망'을 언급했던 것은 이사회의 비상임이사국들은 이러한 야망을 품었다고 비난받을 일도, 의심을 살 일도 없음을 말하기 위해서였을 것입니다.

하지만 우리는 이런 식의 이야기를 숱하게 들었습니다. 그리고 저는 이러한 표현의 차이를 무시해서 생기는 어려움보다는 이 논의가 시작될 때부터 제안된 단 하나의 긍정적인 해결책이자 동아시아 국가들에 대해 우리가 내세울 수 있는 하나의 의도를 드러내는 유일한 해결책을 배제해서 생기는 어려움이 더 크다고 생각합니다.

마지막으로, 인도를 향한 미 외교 당국의 구애의 손짓에도 불구하고, 인도의 계획과 행보는 지금껏 서방국가보다 소련에 유리하게 작용하고 있다는 사실을 덧붙입니다. 최근 네루가 소련에서 보인 움직임은 이러한 사실을 보여줍니다. 오늘 베네갈 라우는 우리가 기꺼이 받아들일 수 있으며 우리의 목표에 도움이 될 수도 있는 방안을 제시하고 있습니다.

우리가 베네갈 라우와 그의 제안을 적극적으로 활용해야 함은 자명해 보입니다. 분명히 상대 진영도 그와 인도 정부를 회유할 것이기 때문입니다.

쇼벨

【130】 한국의 상황(1950.8.18)

[전 보]	한국의 상황
[문 서 번 호]	3187-3189
[발 신 일]	1950년 8월 18일 10시 25분
[수 신 일]	1950년 8월 18일 16시 48분
[발신지 및 발신자]	워싱턴/보네(주미 프랑스대사)

보안

2급 비밀

뉴욕 공문 제652-654호

미 국방부는 매주 회의를 열어 북대서양조약기구 회원국의 대사관 소속 무관들에게 한국상황의 경과를 알리는데, 오늘 회의는 완전히 '졸속으로 마무리'되었습니다.

북한군이 왜관의 북동지역에 밀고 들어온 상황과 관련해, 미 국방부 대변인은 왜관 지역이 '혼란스러운' 상황이라는 보고로 말을 아꼈습니다.

이탈리아 대사관 소속 무관은 지도상에 군사 배치를 기록하려 했으나 저지당했습니다.

한편, B-29 대규모 공습과 관련해, 미군 대변인은 '기술적' 성공은 쉽게 자랑했으나, 전술 계획상 성과는 파악하기 불가능한 상황이라고 밝혔습니다.

그러나 유감스럽게도 앞서 기술한 북한군의 진격이 이에 대한 해명이 되고 있습니다.

따라서 우리 대사관 소속 무관은 오늘 회의에서 미 국방부 내 일부 부서가 신경이 곤두선 상태라는 인상을 매우 뚜렷이 받았습니다.

맥아더 장군의 사령부가 점점 대구로 집중되는 위협을 막을 수 있을지 예측하기는 아직 이른 상황입니다. 하지만 앞서 일어난 북한군의 모든 돌파와 마찬가지로 이 위협 역시 유엔군의 수적 열세에 원인이 있으며, 유엔은 뚫린 방어선의 구멍을 모두 메웠다고 아직은 주장할 수 없는 상황입니다.

보네

【131】 미 국무장관에 대한 공화당의 공격(1950.8.18)

[전 보]	미 국무장관에 대한 공화당의 공격
[문 서 번 호]	3211-3213
[발 신 일]	1950년 8월 18일 20시 55분
[수 신 일]	1950년 8월 19일 04시 35분
[발신지 및 발신자]	워싱턴/보네(주미 프랑스대사)

　미 국무장관에 대한 공화당의 비난 횟수가 점점 많아지고 그 강도도 점점 거세지는 가운데, 그제 외교 정책 토론이 이어졌던 상원에서는 전에 없이 격렬한 공격이 이뤄졌습니다. 민주당 상원의원 타이딩스 군위원은 침략 전 미국의 대남 원조를 최소화해 국가가 그릇된 판단을 하게 만들고, 공적 신뢰를 무너뜨리게 했다고 네브래스카 주 훼리 상원의원을 포함, 여러 공화당 의원들을 비난하고 나섰으며, 훼리 역시 전에 하던 공격을 되풀이했습니다. 타이딩스가 모든 형태의 상호 원조를 항상 반대해 왔던 자들이 이제 와서 한국문제와 관련해 전혀 반대되는 비난을 쏟아 붓는 것은 적절치 않다고 응수하자, 훼리는 "내가 무엇을 했고 하지 않았고는 전혀 중요치 않다", "아시아가 또다시 비참한 상태에 빠지도록 둔 것은 애치슨의 정책이었다", "바로 한국에 있는 우리 아들들이 피를 흘리는 것은 그의 책임, 오직 그의 책임이다"라며 거칠게 받아쳤습니다.

　그러자 이번에는 훼리가 거센 반격을 받았습니다. 어제 13일 있었던 기자회견에서 대통령은, 전날 상원에서 한 발언은 "졸렬하기 그지없는 수준이었으며 언급할 가치도 없다"며 비난했습니다. 훼리는 이에 같은 날 저녁, 대통령이 자신의 '멍청한 외교정책을 버리고' 국무장관을 파면하지 않은 사실이야말로 졸렬하기 그지없는 수준이라 반박했습니다. 이렇게 험악한 언사를 주고받는 일은 아마도 여기서 끝나지 않을 것입니다. 어쨌든 우리는 이런 상황으로 비춰보아 이 나라에서 감정이 얼마나 격화되고 있는지, 선거 시기에 대외 정책을 둘러싸고 고조될 논란이 얼마나 과열되고 있는지를 가늠할 수 있습니다.

보네

【132】 한국문제의 차후 해결 가능성에 대해(1950.8.19)

[전 보]	한국문제의 차후 해결 가능성에 대해
[문 서 번 호]	3090-3096
[발 신 일]	1950년 8월 19일 19시 20분
[수 신 일]	1950년 8월 19일 19시 40분
[발신지 및 발신자]	런던/보데(주영 프랑스대사관 대리대사)

보안

3급 비밀

귀하의 전보 제7755-7757호 참조

저는 어제 한국문제의 추후 해결 가능성에 대해 데닝[1]과 대화를 나누었습니다. 대화 내용은 다음과 같습니다.

1. 영국 외무부는 한국문제에 대해서는 유엔 감독 하에 남북총선거를 실시하는 것밖에는 만족할 만한 해결책이 없으며, 그 후, 새로운 통일 국가가 형성되는 동안에는 유엔군을 무기한 주둔시키는 것밖에 없다고 평가한다.

2. 현 상황에 비추어 보면, 영국이 제시한 이러한 조건은 당연히 너무 판에 박힌 것으로 보인다. 비록 여기서 모두가 이 본질적인 문제의 검토에 최대한 관심을 기울여야 한다는 데 동의한다 할지라도, 바로 이게 우리가 당장 구체적인 계획을 추진할 때는 아니라고 생각하는 이유다. 유엔군이 궁지에 처해 있는

---

1) 에슬러 데닝(Esler Dening, 1897-1977). 영국 외무부차관. 극동문제 전문가.

한 우리의 의견은 거부될 것이 분명하다. 이는 현재의 긴장을 더 키울 뿐이고, 추후 전쟁의 판도가 바뀌었을 때 문제 해결만 더 어렵게 만들 수 있다.

3. 데닝은 유엔군을 38선 이남에 둔다는 우리 의도를 사전에 알릴 가능성에 대해 말하며, 이런 제스처를 사용한다면 소련을 격퇴하지 않고서도 소련이 북쪽을 재점령할 위험을 낮출 수 있다고 생각하는 우리와 의견을 함께하고 있다. 하지만 그는 이에 중대한 위험도 따른다고 생각한다. 그것은 바로, 이미 해결 불가능한 것으로 밝혀진 상황으로 돌아가는 길에 우리를 영영 묶어두는 결과가 될 수도 있고, 신임을 잃은 이승만 정부에 우리의 지지 의사를 밝히는 꼴이 될 수도 있다는 것이다.

4. 임박한 것 같지는 않지만 그래도 군사적 상황이 급변할 때를 가정해 본다면, 외무부는 어떻게 해야 소련과의 무력항쟁을 피할 수 있는지 모르는 상태다. 아마도 소련은 북한군이 후퇴하는 즉시 해결방안을 제안할 것이다. 이 제안이 그 자체로 수용 불가능한지는 확실치 않다. 소련은 1945년 12월 모스크바 선언 이후, 유엔의 행위가 위법이라며 끊임없이 비난을 가해왔다. 어쩌면 소련은 영토의 현상 유지와 4개국의 임시 신탁통치라는 과거의 상황으로 돌아가는 방안을 제안할지도 모른다. 반면, 이 제안에는 필시 용납할 수 없는 상황들이 잇따를 것이다. 소련 정부가 주한 유엔군의 철수를 요구하거나, 북한을 군사적으로 점령하려는 의도를 드러내거나, 그도 아니면 이 두 가지를 섞은 상황을 만들어 낼 것이기 때문이다.

데닝은 바로 이때야말로 한국문제가 진정 위험한 국면을 맞게 될 것이라 생각한다. 미국에서 일 수 있는 여론 때문이다. 그리고 그는 바로 이 점에 있어서 냉정함과 결연함을 나타내야 하리라 생각한다.

5. 영국의 소련 전문가들은 아직 타당하다고 여기는 가정, 다시 말해 소련이 대규모 전쟁을 피하려 한다는 가정에서 출발한다면, 유엔군이 강력히 반격을 가하는 상황에, 그리고 적절한 때에 유엔 감독 하에 통일을 이루고 한국 국민이

표출한 염원에 따라 체제를 구축하겠다는 요구가 단호히 표출되는 상황에 소련이 갑작스레 어조와 전략을 바꾼다 해도 전혀 놀랍지 않을 것이다. 하지만 데닝은 이러한 조건에서 선거가 열린다면 실망스러울 수 있다고 보고 있다. 따라서 그는 유엔군의 무기한 한국 주둔이 그만큼 필수적이라고 평가한다.

6. 영국외무부는 중국 측의 후환을 전혀 우려하지 않는 것으로 보인다.

데닝은 제게 자신의 의견을 말하면서, 이 대화는 오로지 개인적이며 순전히 추측에 의한 것이라고 강조했습니다.

보데

【133】 한국문제에 있어서 남아프리카 연방(1950.8.19)

[전 보]	한국문제에 있어서 남아프리카 연방
[문 서 번 호]	152-153
[발 신 일]	1950년 8월 19일 12시 50분
[수 신 일]	1950년 8월 19일 16시 15분
[발신지 및 발신자]	프리토리아/가젤[1](주남아프리카공화국 프랑스대사)

한국에 투입할 남아프리카 연방의 소함대가 아직 조직 중임에도 불구하고, 연방 국방부장관은 이미 출정했습니다.

에라스무스[2] 남아프리카 연방 국방부장관은 남서아프리카 지역의 선거운동 기간 동안 일련의 연설을 통해 국방 강화를 발표했으며, 아프리카 대륙에서 행해지는 모든 공격은 남아프리카 연방에 대한 공격으로 간주할 것임을 밝히면서 아프리카국가 간 차기 군사회담을 시사했습니다. 그는 여러 장군들과 월비스베이[3]를 방문한 참모총장을 빈트후크[4]로 소환하여 그곳에 해안방어포를 설치하겠다고 알렸습니다.

영국 및 아프리카 언론은 이 같은 사실과 발언을 긍정적으로 보도하였습니다. 또한, 프랑스와 영국 간 군사회담이 추후 마다가스카르에서 개최 예정임을 알리며 남아프리카의 불참에 대해 유감을 표했고, 에라스무스 장군이 국제통화기금 회의 참석차 파리로 출국한 하벵가[5] 재무부장관과 함께 9월 런던에서 유

---

1) 아르망 가젤(Armand Gazel, 1896-1981). 주남아프리카공화국 프랑스대사.
2) 프랑수아 크리스티앙 에라스무스(François Christiaan Erasmus, 1896-1967). 남아프리카 국방부장관. 1961년부터는 이탈리아 주재 대사를 지내며 공직생활을 마침.
3) 원문에 Walfih Bayu로 표기되어 있음. 월비스베이(Walvis Bay)로 추정됨. 현재 나미비아 대서양 중부 연안의 항만지역.
4) 남아프리카 남서부 나미비아의 수도.
5) 니콜라 크리스티앙 하벵가(Nicolaas Christiaan Havenga, 1882-1957). 남아프리카 재무부장관.

사한 회담을 할 것이라고 보도했습니다.

　정부는 아마도 8월 30일 총선 결과를 상당 부분 좌우하게 될 독일 구성원들이 지켜보는 앞에서 반공 입장을 표명하는 것이 시의적절하다고 생각할 것입니다. 또한 이렇게 하면 현재 인도가 서방에 실질적인 도움이 될 수 있는 모든 협력을 삼가고 있는 만큼, 남아프리카 연방은 연방 내 인도인들의 체제와 남서 아프리카 내에서 그 체제가 지닐 권리와 의무에 대한 논의가 시작될 때 유엔에서 유리한 입지를 확보할 수 있게 될 것입니다.

가젤

【134】 군 상황(1950.8.19)

[전 보]	군 상황
[문 서 번 호]	1218-1222
[발 신 일]	1950년 8월 19일 09시
[수 신 일]	1950년 8월 19일 16시
[발신지 및 발신자]	도쿄/드장(주일 프랑스대사)

사이공 공문 제549-553호

워싱턴 공문 제394-398호

뉴욕 공문 제225-229호

전쟁부에 전달 요망

1. 8월 19일 오후 연합사절단에 전달된 정보는 군사적 상황에 관한 것으로, 언론 보도 내용과는 상당히 차이가 있습니다.

영산 교두보의 규모는 알려진 규모로 축소되지는 않은 듯합니다. 미군은 해당 진지의 북쪽에서 적군이 도로 강을 넘어가게 만드는 중요한 승리를 거두었습니다. 한편, 북한군은 남쪽에서 별 성과 없이 계속 진입 시도를 하고 있습니다.

2. 참모본부 대변인은 미 제1기병사단이 배치된 지역은 매우 평온하다고 밝혔습니다. 그러나 오늘 오후 신문에는 규모가 정확히 밝혀지지 않은 적군 부대가 대구 서쪽 지점에 새로운 교두보를 마련했다는 기사가 보도되었습니다.

3. 어제 언론이 왜관과 군위 지역 사이를 돌파했다가 대구에서 약 20㎞ 떨어진 지점에서 저지당했다고 보도한 공산군 4개 사단에 대해서는 아무런 언급도 없었습니다.

4. 반면, 최고사령부가 포항지구의 상황에 대해 제공한 정보는 언론에서 보도

한 내용과 일치합니다. 포항시는 탈환되었고 포항-기계 전선은 남한군이 굳건히 지키고 있습니다. 비행장은 수송기가 이용하고 있습니다.

5. 기계와 군위 사이에서 한국 연합군과 인민군 제7, 제8사단과 교전이 완전히 중단돼 이들 인민군의 움직임에 대해 알 수 없는 상태입니다.

6. 17일 오후, 대구에서 동쪽으로 대규모 병력 이동이 포착되었습니다. 특히 공군은 김천 부근에서 백여 대의 트럭 행렬과 5km에 달하는 또 다른 행렬을 포착했습니다.

요약하자면 상황은 18일 오전에 매우 심각했다가 같은 날 저녁에는 다시 호전되는 등 매우 불안정한 상태입니다.

끝으로, 참모본부 대변인은 북한군이 4개 사단을 보유 중이며, 이들은 신속 이동이 가능하고 전선의 어떤 지점이라도 갑자기 등장할 수 있다고 밝혔습니다.

드장

【135】군 부대와 한국인에 대해(1950.8.19)

[전   보] 군 부대와 한국인에 대해
[문 서 번 호] 1324-1352
[발   신   일] 1950년 8월 19일 22시
[수   신   일] 1950년 8월 20일 06시
[발신지 및 발신자] 워싱턴/보네(주미 프랑스대사)

보안

2급 비밀

1. 어제 해리먼[1] 씨와의 대화에서 그는 극동지역 방문에서 한국의 군부대 및 국민의 태도에 대해 고무적인 인상을 받았다고 전했습니다. 그가 말하기를 남한군은 적군에게 제압당하고 궁지에 몰렸을지언정, 중국 전쟁처럼 적군과의 야합과 대거 항복은 없었다고 합니다. 그는 재편성된 남한군이 보여주고 있는 투지에 놀랐다고 했습니다. 남한군은 아직 원하는 수준의 무기를 갖추고 있지는 않지만, 치열하게 싸우고 있고 반격은 성과를 내고 있습니다. 후방은 매우 만족할만한 수준으로 거의 완벽히 지켜내고 있습니다. 또, 선박을 하역하고, 무기를 수송하는 것도 이들이며, 지금은 사라졌지만 원래는 미군이 수행하는 ㅁㅁㅁ 업무를 대신 맡아서 하는 것도 이들입니다. 이러한 이유로 대통령 특별보좌관 해리먼은 미래에 대해, 특히 장차 한국문제가 해결될 것에 대해 신뢰하고 있습니다.

---

[1] 윌리엄 해리먼(William Averell Harriman, 1891-1986). 미국의 철도왕 E. H. 해리먼의 아들로 퍼시픽 철도회사의 사장을 지냄. 1934년 전국부흥국 행정관, 1937년 미국 상무성 실업위원회 위원장, 1943-1946년 소련 주재 대사, 1946년 영국 주재 대사, 1946-1948년 상무장관, 1948-1950년 유럽부흥계획 실시를 위한 이동대사(移動大使)로 활동. 1963년 국무차관으로 부분적 핵실험 금지조약을 위한 미 교섭 대표, 1968년 '베트남평화 파리 회의'의 미국 수석대표.

2. 해리먼은 맥아더 장군이 자신과 장시간 대화를 나누면서 병력이 필요하다고 강조했고, 미군 외에 유엔 가입국의 병력 소집을 희망한다고 전하며 특히 프랑스를 언급했다고 합니다. 해리먼은 프랑스군 파병이 얼마나 환영받을 것인지를 알리며 "내가 당신에게 전하는 메시지는 사실 맥아더 장군의 개인적인 메시지"라고 말했습니다.

해리먼은 프랑스군의 참전이 필요하다고 생각하는 이유를 직접 설명하면서 특히 그가 감정적인 논거라고 지칭한 양국의 오랜 군사협력 전통을 강조했습니다. 그러면서 프랑스가 참여하면, 프랑스와 남한의 미래에 더욱 긴밀한 합의가 성사되는 반가운 결과를 가져올 수 있다고 강조했습니다.

저는 프랑스군이 한국에 파병될 경우 다양한 질서에 문제가 생길 것이라고 크게 강조했습니다. 해리먼은 이미 이에 대해 짐작하고 있었습니다. 그러나 본인은 인도차이나 반도 전쟁이 시작된 후로 우리가 잃은 병력과 1950년 들어 우리가 입은 피해에 대해 알려주었고, 그는 이에 놀란 표정을 지었습니다. 그리고 프랑스 및 미국의 특수기관들이 입수한 정보들에 따르면, 중국에서 훈련을 받고 군장을 갖춘 베트민이 내년 가을 대규모 공격을 벌일 우려가 있다고 덧붙였습니다. 또, 이에 대해 제가 얼마 전 미 국무부에 전달한 요청사항을 상기시켜주었습니다. 그리고 비록 유엔 지휘 하의 단체 행동일지라도 책임 분할이 이루어질 수 있으며, 이루어져야 한다고 덧붙였습니다. 모두 □□□를 알고 있습니다. 동남아시아의 □□□에서, 호주와 뉴질랜드 □□□ 국가는 앞으로 더 큰 걱정거리에 짓눌릴 것입니다. 그러나 큰 희생을 치러가며 이 즉각적인 위협을 저지하는 국가는 프랑스뿐입니다. 이 마찰의 다른 관련국과 인접국도 한국을 탈환하는 데 앞장서서 레이크석세스에서 열리는 유엔총회의 결정을 지켜내야 마땅하다고도 말했습니다.

그러자 상대방은 인도차이나 반도로의 물자 수송이 만족스러운 상황에서 진행되는지, 특히 항공기가 필요하지는 않은지 물었습니다. 이에 저는 우리의 마지막 요청사항은 이미 중지된 물자지원 계획을 벗어난 사항이었다고 말하고, 위험 상황에서 우리가 의지할 수 있는 실질적인 지원책은 무엇인지 알고 싶다고 물었습니다.

이러한 사항을 환기한 것은 불필요한 행동이 아니었고, 해리먼은 자신이 모든 □□□ 어려움을 이해하고 있으며 우리가 공동 전선에서 핵심적인 보루를 맡고 있다는 사실을 충분히 알고 있다고 거듭 말했습니다.

그러면서도 프랑스군 한국 참전 문제를 바라보는 미국 여론의 감정적 측면에 대해 끈질기게 얘기했습니다. 저는 그가 최근 며칠 동안 여러 사람에게 같은 얘기를 했다는 것을 알고 있었습니다. 그가 극동지역을 방문하기 전에는 알려지지 않았던 견해를 갖게 된 시점은 맥아더 장군과 몇몇 주한 미군 장교들과 대화를 나눈 이후로 보입니다. 제게 신속하게 완수되는 만큼 더 큰 효과를 낼 수 있는 상징적인 행동 하나면 충분하다고 □□□ 거듭 반복했습니다. 한 대대에 천 명의 병력이면 충분할 것이며, 총사령관도 이 점에 동의했다는 것입니다. 그는 프랑스가 식민지 병력을 파병할 수도 있을 것이라 덧붙였습니다. 그는 인도차이나 반도에 모로코 토착민 병사가 있는지 물었습니다. 그는 이 토착민 부대가 프랑스 국기와 유엔기를 들고 한국에 등장한다면, 상당한 효과가 있을 것으로 본다고 말했습니다.

그는 개인적으로 하는 얘기라고 강조하면서도, 제가 각하께 그의 견해와 급히 전달한 제시 사항을 알리기 바랐습니다. 저는 추후 이에 대한 미 국무부의 반응을 관찰할 계획이며, 혹시 각하께서도 바로 답변을 주셔야 할 상황이라면 의견을 주시면 감사하겠습니다.

3. 해리먼은 극동지역에서 동맹국의 단단한 연대가 필요하다고 강조하면서 중공이 안전보장이사회에 가입하는 문제에 미 정부가 매우 단호한 태도로 적대감을 보인다는 점을 기탄없이 인정합니다. 문제는 새로운 공격이 일어나지 않도록 저지하는 것인데, 공격에 대한 대가가 이루어지는 격이라고 말했습니다. 그리고 안전보장이사회가 소련의 참여만으로도 마비되는 것을 보았을 때, 베이징 정부에 대한 거부권을 줌으로써 이사회의 행동을 훨씬 어렵게 만드는 것은 경솔한 짓 같다고 말했습니다.

그는 영국이 인정한 □□□은 실수라고 생각하고 있습니다.

보네

【136】 8월 17일의 한국 상황(1950.8.19)

[전　　　보]	8월 17일의 한국 상황
[문 서 번 호]	195
[발　신　일]	1950년 8월 19일 13시 05분
[수　신　일]	1950년 8월 22일 20시
[발신지 및 발신자]	워싱턴/드 라 부아스[1](주미 프랑스대사관 무관)
[수신지 및 수신자]	파리/프랑스 국방참모본부

국방참모본부 배포

제2사단 및 '전쟁' 제2사무소로 구성된 참모본부 수신

8월 17일 17시 워싱턴 현지 시각 당시 한국 상황

첫째

적군은 대구 북서지점인 오평(왜관에서 5마일 떨어진 지점)에서 주로 공격을 가하고 있으며 공격부대는 낙동강과 다부동을 벗어났습니다. 정확하지는 않지만 적어도 지금까지는 언론이 보도하는 만큼 상황이 위험하지는 않은 듯합니다. 그럼에도 불구하고 적군 부대는 끊임없이 증강하고 있습니다. 미 국방부에 따르면 현재 전선에 배치된 10개 사단과 1개 기갑부대를 비롯해 북한군 총 15개 사단이 파악됐다고 합니다. 적군의 중심 세력은 왜관에 투입된 제3사단, 안동의 제15사단, 군위 남쪽 지점 하장동의 제13사단, 이렇게 총 3개 사단과 함께 왜관과 구미 사이에 위치해 있습니다. 한편, 성주(왜관에서 남서쪽으로 10마일)의 제9사단, 군위의 제1사단이 제2편대를 구성하며, 금촌에 투입된 제2사단과 대전

---
[1] De La Boisse.

지역에 투입된 제14사단을 비롯해 이미 전선에 배치되었을 수도 있는 제105기 갑부대, 총 3개 사단이 후방을 이루고 있는 상태입니다. 또한, 남쪽 지구에는 변함없이 제6보병사단과 제4보병사단이 위치하며 덕산동 지역에서 제10보병사단이 새로 포착되었습니다. 동쪽 지구에서는 의성 동쪽에 제8보병사단, 군상동에 제7사단이 위치하고, 토송동 동쪽으로 제12사단이 새롭게 관찰되었습니다. 포항에는 제5사단이 배치되어 있습니다. 메시지 제191호의 내용과는 달리, 제7사단과 제5사단에 사이에 투입된 것은 제12보병사단이며, 해당 사단은 지난주에 청송-포항 전선을 돌파했습니다.

둘째: 동맹국 군 배치

해군여단으로 축소된 미 제25보병사단은 함안과 배둔리를 지나는 짧아진 전선에서 낙동강과 바다 사이로 후퇴해 이전 반격에서 얻은 지역을 모두 포기했습니다. 미 제24보병사단은 창녕-영산 전선에서 주력부대와 함께 부곡리의 교두보 함락 노력을 이어가고 있습니다. 48시간 전, 창녕-영산 전선의 왼편에 해군여단을 투입해 전선이 강화되었고, 이 여단은 영산의 남쪽 지역인 낙동강을 따라 움직이고 있습니다. 마지막 전보에서 예비단으로 알려진 제25보병사단 예하 제27연대 전투단에 대한 소식은 없었습니다.

미 제1기병사단: 변화 없음.

남한-제1보병사단은 오평-다부동에서 적군에 의해 매우 강하게 □□□.

제6보병사단과 제8보병사단은 후퇴 명령 수행 후, 각각 다부동 북동 지역과 의흥 북쪽 지역을 점령 중입니다. 이 3개 대형 부대는 신녕에서 제2 C.A.P.C.의 지휘를 받고 있습니다. 더 동쪽에서는 제17연대전투단으로 증강된 수도사단을 포함한 제1군단이 위치해 있습니다. 제17연대전투단은 독립적으로 기계면 서쪽과 남쪽에서 움직이고 있습니다. 이 부대들은 차조동 북쪽 지역과 포항지역에서 미군 제2보병사단 예하 연대전투단의 방어를 받고 있습니다.

미군 제2보병사단 예하 제2연대전투단은 영천에서 예비 병력으로 있으며 사단 사령부는 경산과 대구에 배치돼 있고, 제3연대전투단은 최근 부산에 상륙한 것으로 알려졌습니다. 남한 제3보병사단은 영덕 남쪽 지역에 고립되어 있다가 해상으로 빠져나가 다시 포항에 자리 잡은 것으로 보입니다.

드 라 부아스

사령부 전달 추신: 참조에서 언급된 제191호 메시지는 공문 제9646호로 배
포됨.

【137】 베네갈 라우 경(1950.8.20)

[전 보]	베네갈 라우 경
[문 서 번 호]	1370-1374
[발 신 일]	1950년 8월 20일 12시 08분
[수 신 일]	1950년 8월 20일 19시 40분
[발신지 및 발신자]	뉴욕/쇼벨(주유엔 프랑스대사)
[수신지 및 수신자]	파리/로베르 슈만(프랑스 외무부장관)

매우 긴급

본인의 전보 제1365-1366호 참조
워싱턴 공문 제527-531호

어제 저녁 뜻밖에 베네갈 라우 유엔주재 인도대사에게서 문서를 받았는데 그 번역본을 아래 각하께 전달합니다.

베네갈 라우 경의 전갈은 이 안건이 안전보장위원회 6개 비상임이사국 회의에서 작성되었고 프랑스 대표단이 이를 찬성, 기권 또는 거부할 것인지를 제게 묻는 내용을 담고 있었습니다. 그의 전보가 초본이 아닌 것으로 보아 안전보장위원회의 다른 회원들에게도 분명 같은 서류가 전달되었을 것입니다.

베네갈 라우는 월요일 21일까지 답변을 받고 싶다고 덧붙였습니다.

안전보장위원회의 공식 회의는 22일 15시에 개최될 예정입니다. 외무장관은 본 제안이 너무 성급히 추진되지 않도록 해야 한다는 논거를 제시하고 있습니다. 따라서 저는 내일 라우 경에게 지시사항을 받지 못했다고 말할 계획입니다. 그리고 프랑스 정부는 라우 경의 제안에 담긴 원칙에는 긍정적인 태도를 보였으나 1-1) 조항은 내키지 않아 했다고 부언하겠습니다.

저는 오늘 영국 및 노르웨이 대사들과 점심을 함께 먹습니다. 따라서 비상임이사국과 영미권 이사국의 현재 조처에 관해서 신속히 확인할 수 있을 것이며 비상임이사국 대사들이 주유엔 인도대사의 제안에 얼마나 찬성하고 있는지 알 수 있을 것입니다.

인용

결의안

안전보장이사회는 본 회의에서 비상임이사국인 쿠바, 에콰도르, 이집트, 인도, 노르웨이와 유고슬라비아로 구성된 위원회를 설치한다.

1. 검토 대상
1) 유엔 원칙에 따라 한국의 평화 재건을 위해 제시되었거나/제시될 수도 있는 모든 제안.
2) 평화 회복 이후 한국의 미래와 관련한 모든 제안.

2. 이전에 안전보장이사회에 위원회의 권고안 제출을 위하여[1]
위원회는 고유한 절차를 정해 관할 안건을 검토할 때 위원회에 정보를 제공할 능력이 있거나, 다른 방식으로 위원회를 보좌할 수 있는 이는 누구든지 적합한 때에 초청할 수 있다.

인용 끝.

쇼벨

---

[1] [원주] 날짜 누락.

【138】 전보에 대한 논평(1950.8.20)

[전　　　보]	전보에 대한 논평
[문 서 번 호]	3255-3264
[발　신　일]	1950년 8월 20일 15시 27분
[수　신　일]	1950년 8월 21일 11시 10분
[발신지 및 발신자]	워싱턴/보네(주미 프랑스대사)

보안

우선문건

2급 비밀

　본인의 전보 제3223호, 제3234호, 제3241호에서 다루어진 일부 문제들은 논평이 필요합니다.

　회담은 사적으로 이루어졌으며, 다양한 제안들이 개인적으로 제시되었다고 여러 번 강조되었습니다. 그래도 회담 중 표출된 의견들은 관계 당국들의 우려가 그대로 반영된 것이며, 정부 회의에서 반드시 공식 거론될 것입니다. 상대방은 자신과 직접 관련 없는 분야를 침범하는 것처럼 보이지 않으려고 당연히 신경 쓸 수밖에 없었다는 사실을 염두에 두어야 하며, 앞으로도 이런 성격의 의견교환을 지속해 나가려면 우리 측에서 신중한 태도를 보여야 합니다.

　1. 한국 사태와 미국이 재무장 착수 과정에서 겪고 있는 어려움으로 인해 병력 문제가 전면에 부각되었다는 사실은 이론의 여지가 없습니다. 당장 병력을 주제로 중대한 문제제기가 이뤄지고 있고, 이에 따라 자연스레 정부 및 군 관계자들 사이에서 장기간 논의가 진행되고 있습니다. 이를 즉각 감지한 언론은 오해를 불러일으킬 소지가 있음에도 병력 문제에 대한 우려에 대한 논쟁을 더 할

것입니다.

2. 주한 유엔군의 필요성에 대한 발언들은 당장의 우려를 드러내고 있습니다. 전국 각지에서 미국의 정책 결함에 대해 격렬한 시위가 일어났습니다. 이 시위는 계속되리라 보는데, 바로 이것이 선거전을 위한 훌륭한 자양분이 되기 때문입니다. 사실, 미국은 최근 5년간 어마어마한 금액을 지출한 바람에 갑작스러운 어려움이 닥치면 국지적 공격에 투입할 보병도 충분치 않습니다. 그런데 현재 미국으로서는 한국에서 전투를 떠맡고 있는 5개 사단 외에 추가 병력을 파송하기가 벅찬 상황입니다. 외국부대를 들여오자는 맥아더 장군의 주장에는 증원군을 바라는 그의 솔직한 심정이 확실히 반영되어 있습니다. 미국에서 증원군을 모집하려면 정확히 얼마나 걸릴지는 모르지만, 꽤 긴 시간이 소요될 것이므로 맥아더 장군으로서는 이를 기대하기 힘듭니다. 그리고 군사 정책이 미흡한 것만큼이나 외교 활동과 이를 위한 준비가 엇박자를 탄다는 이유로 비판받는 미국 정부가 유엔군 사령관의 요청을 지원하려 하는 상황이 놀랍지는 않습니다.

3. 저는 최근 미 외교 관계자뿐만 아니라 심지어 상원의원들과도 대화를 나누었으나, 인도차이나 반도에서 프랑스가 치른 희생이 점점 널리 이해받는 상황이니만큼, 각하께서 유엔에 보낸 메시지에 밝힌 입장 때문에 프랑스가 비판을 받는다는 인상은 받지 못했습니다. 저는 여러 차례에 걸쳐 프랑스의 입장을 설명하고 옹호했지만 격렬한 반발에 부딪히진 않았습니다.

그러나 일부 언론 기관은 이 같은 신중한 모습을 보이지 않으며, 특히나 감정이 극도로 고조되는 시기에는 우리가 불쾌한 발언을 피할 수는 없으리라는 사실을 각하께 여러 번 알렸습니다. 요컨대, 이런 상황에서 그제 본인이 나눴던 대화는 결국 중도 입장에 있는 상대측의 발표로 이어졌다고 생각합니다. 그는 회담 끝머리에 우리에게 일정 부분 상징적인 제스처를 취할 것을 말 그대로 강력히 제안했습니다. 식민지 부대 병력 1,000명을 최대한 이른 시일 내에 파병하라는 제안이었습니다.

이 해결책이 어쨌거나 정부 측에 일으킬 수 있는 어려움에 대해서는 짐작 가는 바입니다. 비록 각하는 우리를 이 해결책에 참여시키는 일이 불가능하다고 생각하더라도, 저는 물론 이런 사실을 이해시키려 애쓸 것입니다. 게다가 상황이 개선되고 나서 한국의 군사작전을 협상으로 단축해서는 안 되는 상황이 찾아온다면, 우리가 새로운 요구를 피할 수 있으리라고 장담할 수도 없습니다. 긍정적인 결정을 내렸을 때 얻는 이점이 프랑스 측에서 봤을 때 생겨날 단점과 난점을 명백히 상쇄할 수 있을 것이라는 판단이 들면 이를 고려해 볼 가치가 있습니다.

4. 병력 문제가 더 오랜 기간에 걸쳐 일으키고 있는 우려는 매일같이 언론에서 보도되고 있습니다. 며칠 전 민주당 의원들에게 들은 바로는, 각하도 알다시피 여기저기서 격렬한 저항을 불러일으키고 있는 스페인을 위한 캠페인을 벌이는 것도 다른 이유가 있는 게 아니라고 합니다. 독일 예비 병력을 활용하자는 의견이 좀 더 그럴듯하게 널리 퍼져 있습니다. 전술한 저의 전보를 통해 각하에게 보고한 대담은 이를 잘 보여줍니다. 그러나 저는 우리가 신중한 해결안을 제안할 수 있을 것이라 생각합니다. 이런 점에서 9월 외무장관 회담은 유엔의 정책을 합리적인 길로 이끄는 기회가 되기를 바라며, 그리되리라 생각합니다.

한편, 독일 국방력을 사용하게 될지도 모른다는 것은 유럽의 방위가 안고 있는 문제의 일면에 불과합니다. 이와 관련해, 유럽에 더 많은 미군 부대를 파병하고 유지하는 문제가 점점 더 공공연하게 논의되고 있다는 점을 밝혀야겠습니다. 그러나 현재로서는 파병 가능한 부대도 없을뿐더러, 국제적 긴장이 새로 고조되거나, 새로운 대규모 예산 의결 투표가 예정되거나 혹은 장차 잇따를 모든 위험에도 불구하고 강력한 준 총동원령이 내려지지 않는 한 이를 즉각 이행한다는 것은 불가능하다는 점을 이해해야 합니다. 기한을 길게 잡고 본다 해도 결과는 마찬가지일 것입니다.

그러나 미국의 일부 언론기관이 거센 반응을 보인다 해도 실망해서는 안 됩니다. 병력에 대한 중대한 문제제기가 이루어지고 있으며 현재 발생하고 있는 각종 사건으로 인해 감정이 고조되고 있기 때문에 오해가 발생하고 언론이 이를 증폭시키는 상황은 피할 수 없습니다. 하지만 계획한 구상은 실제로 진전을 보이고 있습니다. 저는 이 구상이 미 하원 군사위원회에서 검토 중임을 각하에게 비밀리에 보고한 바 있습니다. 본인은 그때부터 국회 측 인사들과 나누었던 다양한 대화를 통해 프랑스군과 영국군을 미 부대에 포함해 재편성해 병력을 지원하는 방안이 지니는 이점을 그들이 이해했다는 사실을 알게 되었습니다. 최근, 상원의원들은 이 구상에 찬성한다고 공개적으로 입장을 표명했습니다. 당연히 이 구상의 운명은 대서양 국가들의 완전 재무장을 주제로 열릴 토론과 협상의 성공에 좌우될 것입니다. 우리가 이 분야에서 구상과 행동을 일치시키는 제안을 하고 이를 위해 실효성 있는 협력기구를 세운다면, 미국의 서구 방위 참여 문제와 관련해 우리가 바라는 해결 원칙을 이곳에 관철시키는 데 도움을 줄 것입니다.

보네

【139】 영국 정부가 보병사단을 파병하기로 결정했다(1950.8.21)

[전 보]	영국 정부가 보병사단을 파병하기로 결정했다
[문 서 번 호]	3122-3128
[발 신 일]	1950년 8월 21일 18시 10분
[수 신 일]	1950년 8월 21일 18시 20분
[발신지 및 발신자]	런던/보데(주영 프랑스대사관 대리대사)

전쟁부장관은 어제, 영국 정부가 주한 유엔군 총사령부의 요청에 부응하기 위해 홍콩으로부터 총 병력 2,000명에 해당하는 보병부대들을 즉시 파병하기로 결정했다고 발표했습니다.

홍콩에서 이 부대들의 빈자리는 영국과 말레이시아에서 오는 군부대들로 메워질 예정이었습니다. 교체부대는 9월 중순 이전에 홍콩에 도착할 것입니다.

『타임스』군사특파원은 이 소식을 전하며 오늘 오전 다음과 같이 기록하고 있습니다.

"주한 보병부대 파견은 바로 얼마 전 결정된 것이 분명하다.

홍콩은 한국과의 거리가 1,300마일에 지나지 않아 파병 부대를 차출하기에 가장 편리한 주둔지이다. 근래 홍콩이 매우 평온한 상황이었지만, 현재 홍콩 병력을 약화시켜도 되는지 지금까지 의아하게 생각했을 수 있다.

최근 정보에 따르면 요즘 홍콩에 주둔하고 있던 병력의 규모는 약 28,000명이며, 그 핵심은 1년 전쯤 편성된 제40사단으로 구성되어 있었는데, 당시 홍콩 방위군은 혹독한 검증을 거칠 수 있었을 것으로 보인다. 이 부대들이 훈련이 잘 안 되어 있을 리가 없다. 한국에서 들려오는 소식이 점차 나아지고 있다고는 해도, 그곳에 영국군이 필요하고 또 환영받을 것이라는 점은 분명하다. 현장에서 진행되고 있는 작전에 영국군이 투입되는 것은 단순히 그들이 존재한다는 사실 이상의 효과가 있다. 힘든 상황에서 자기편 동료가 있다는 것은 늘 힘이 된다. 우리는 이 나라에서 이를 충분히 경험해 그 효력이 대단하다는 것을 알고 있다.

영국 해군부대와 호주 공군부대는 개전 초기부터 전투에 참여하고 있다. 유엔군에 육군을 지원해주려는 영연방의 노력은 이번에 파병되는 증원부대로 끝나지 않을 것이며, 현재 홍콩 외 다른 곳에서 현재 육군 부대가 편성 중인 것으로 알려져 있다.

전투부대가 그리 많지 않은 홍콩 주둔부대에서 병력의 상당부분을 차출한다는 데 대해 거센 반발이 일어날 수도 있다. 한국에 파병된 부대들은 전부 다른 부대들이 대체해주겠지만, 그렇다고 해서 반발을 줄일 수는 없다. 대체되어 오는 부대들은 해당 부대가 없으면 힘들어질 지도 모르는 주둔지에서 차출되어 오는 것이 분명하기 때문이다. 만일 한국의 군사작전이 아시아의 이 지역으로 많은 병력을 끌어 모으는 것이 목표라면 그 작전은 대성공한 것이나 다름없다.

그러나 이 문제는 전략적, 통계적으로 바라볼 수 없다. 여기에는 정치적, 윤리적, 심리적 측면 역시 존재한다. 한국에 파병할 부대를 영국에서 편성하는 것은 분명 오랜 시일을 요구되기 때문에 어려운 결정을 내릴 수밖에 없으며, 정부는 역시 최선일 것으로 보이는 과감한 해결책을 선택했다.”

저의 직원들과 대사관 무관들이 수집한 정보를 보면, 한국에 지체 없이 파병할 부대를 홍콩 주둔지에서 차출하기로 한 영국 정부의 결정이 너무 갑작스러웠다는 『타임스』 군사특파원의 주장이 옳다는 것이 확인됩니다.

2,000명이라는 병력은 물론 상징적인 측면이 있습니다. 그러나 미국에서 수없이 우려를 표명했던 것을 고려해 미 정부에 최소한의 원칙적인 만족이나마 즉각 선사하려는 마음이 매우 컸으리라 확신합니다. 저는 이 점을 특히 본 대사관에 도착한 뉴욕 공문에서 발견했습니다.

보데

【140】 한국의 군 상황(1950.8.23)

[전 보]	한국의 군 상황
[문 서 번 호]	1234
[발 신 일]	1950년 8월 23일 08시 00분
[수 신 일]	1950년 8월 23일 14시 45분
[발신지 및 발신자]	도쿄/드장(주일 프랑스대사)

워싱턴 공문 제403호

뉴욕 공문 제234호

사이공 고등판무관 공문 제561호

1. 연합군최고사령부 공문 8월 22일 16시 15분

제25보병사단이 점령한 남쪽 작전 지구에서 대규모 군사 활동. 미국의 방어선이 구축된 함안 남서쪽에 위치한 서북산 야산 전선은 공격과 반격의 대상이었으며, 점령군이 수차례 바뀌었습니다. 이차 규모의 적군 진입을 격퇴하기 위한 공격이 진행 중입니다. 좀 더 북쪽으로 청암리 근방에서, 8월 22일 오전 일찍 후퇴해야 했던 제25사단 다른 소대들은 빼앗겼던 지대를 오전 중에 수복했습니다.[1]

2. 제24사단 모든 작전 지구는 영산 진지가 사라진 후 상당히 고요합니다. 미군 정찰대만이 북한군이 지키는 현풍 지역의 교두보를 집요하게 공격하고 있습니다.

---

[1] 격전지였던 함안 여항지구는 여항산(770m)과 서북산(739m) 일원을 최후의 보루로 삼고 1950년 8월 미군 제25사단과 함안군민이 적군 2만 명과 19차례 고지를 뺏고 뺏기는 혈전을 치르며 많은 사상자를 남기고 끝까지 지켜낸 상징적인 곳.

3. 남한군 제1사단의 모든 작전 지구에서는 대구 북쪽에서 미군이 제1사단과 더불어 교전 중입니다. 제24사단의 제27알연대전투단[2]은 세 차례에 걸쳐 공격을 물리쳤습니다. 적군 1개 대대는 탱크 9대를 밀고 왔으며, 그중 3대가 파괴되었습니다. 제24사단의 다른 소대들은 왜관 북동쪽의 만송동과 인동 사이 산지에서 몇 번 승리를 거두었습니다.

4. 동쪽 작전 지구에서 남한군 제3사단은 포항동에서부터 북쪽으로 8km를 진군했습니다. 수도사단은 기계의 북동쪽으로 진군했습니다. 이 두 부대는 더욱 거세진 저항에 부딪히고 있습니다. 나머지 전선은 평온합니다.

5. B-29 폭격기 70대는 8월 22일 낮 서산, 청진 지역에서 다양한 군사 목표물과 산업 시설물을 폭격했습니다. 해당 폭격기들은 폭탄을 700톤 이상 투하했는데, 그중 500톤 이상이 서산에 떨어졌습니다.

6. 언론 보도와 대부분의 신문 기사들은 현재 연합군이 작전을 주도하고 있음을 강조하면서, 북한군이 세 건의 대대적인 공격을 준비 중임을 알렸습니다. 항공감시 결과, 진주 지역과 포항 기계 전선에 "엄청난" 규모의 군 집결지를 찾아낸 것으로 보입니다. 더욱이, 북한군들은 군위 지역에서 지금까지 중 가장 집중적인 탄막 포격을 개시한 것으로 보입니다.

8월 18일 통영에 상륙한 남한 "해병대"는 최근 4일간 50km를 진군해 제25사단과 연락을 시도한 것 같습니다. 최근 3일 동안, 북한군의 병력 손실은 총 1만 1,000명에 달하는 것으로 보입니다. 제27알연대전투단 소속 장교의 말에 따르면 대구의 북쪽 작전구역이 가장 취약한 상황인 것 같습니다. 북한군은 잠입과 도로 차단 등의 방법으로 매일 야간에 미군의 후위 부대를 공격할 수도 있다고 합니다. 현재 교전 중인 적군은 9개 사단으로, 병력은 최대 8만 명에 달하는 것으로 보입니다. 그 외 북한군 사단들의 움직임은 현재 파악이 불가능한 상태입

[2] AL combat Team. 알컴뱃팀. AL연대전투단. combat Team은 연합전투부대를 말함.

니다. 『니치니치』[3] 신문에 따르면, 인천 먼 바다에 위치한 덕적도 점령은 미국이 태평양전쟁 당시 특히 오키나와에서 썼던 방식에 비추어볼 때 대규모 상륙작전의 전조인 것으로 보입니다. 영국 왕립해군 특공대가 드리스데일[4] 중령의 지휘 하에 항공기로 즉시 한국에 파견된 것으로 보입니다. 해당 특공대와 어제 예고된 2개 대대는 영국 정부가 약속한 5,000명의 분견대 중 처음으로 파견된 소대일 뿐이라 생각됩니다.

국방부에 전달 요망.

드장

---

[3] 『도쿄니치니치Nijiniji』신문을 표기한 것으로 추정됨. 1943년까지 발간되었다가 이후 『마이니치신문』에 통합되었으므로 『마이니치신문』을 가리키는 것으로 볼 수도 있음.

[4] 더글러스 드리스데일(Duglas Drysdale, 1915-1984). 영국특전대장. 장진호전투 시에는 하갈우리에 대한 보급 및 증원 임무를 띤 특수임무부대를 지휘하였음.

【141】 한국의 군 상황(1950.8.24)

[전   보] 한국의 군 상황
[문 서 번 호] 1243
[발   신   일] 1950년 8월 24일 01시 00분
[수   신   일] 1950년 8월 24일 16시 30분
[발신지 및 발신자] 도쿄/드장(주일 프랑스대사)

사이공 고등판무관 제562호, □ □ □

1. 공문 8월 25일 16시 00분

1) 남쪽 작전구역의 경우, 제25사단은 22일 낮 점령군이 수차례 바뀌었던 마산 서쪽 방어 진지들을 수복했습니다. 22일 저녁과 23일 낮에는, 동일 부대 소속의 소대들이 둔덕과 평암리 사이의 고지 방어선에 대한 공격을 수차례 물리쳤습니다. 좀 더 북쪽은 적의 공격이 줄었습니다.

2) 북서쪽 작전구역의 경우, 남한군 제1사단과 이들을 지원중인 미군 부대들이 적에게 대포와 박격포 공격, 후방 침투 등 지속적인 공격을 받고 있습니다. 북한군이 다부동 인근에 구축한 탄막은 제거되었습니다. 해당 작전구역의 전선은 전반적으로 거의 안정된 상태입니다.

3) 포항 지역의 경우, 수도사단과 남한군 제3사단이 계속해서 진군하고 있으며, 점차 커져 가는 적의 저항에 맞서고 있습니다. 적들로 인해 수도사단의 소대들은 용기동 인근에서 방어 태세로 머물러야 했습니다. 포항 북부에서는, 연합군 방어선이 흥해의 동서로 지나가고 있습니다.

4) 제24사단, 제1기병사단 및 남한군 제6, 제8사단 작전구역은 전체적으로 조용한 상태입니다.

2. 언론 보도

1) 남쪽 작전구역의 경우, 제7사단의 소대들로 증강된 북한군 제6사단은 미 예비군을 저지하기에 이르렀다.

2) 현풍 진지의 경우, 서쪽 연안의 포병 중대 지원을 받은 북한군 2개 연대는 제24사단의 공격을 받은 것으로 알려졌다.

3) 전투는 8월 23일 낮 대구 북방 14km 지점에서 재개되었다고 하며, 미군 주요 방어선은 IT[1]를 대구 북방 24km 지점에서 지날 것이다. 북한군 제1, 제3, 제13, 제15사단은 왜관과 군위 사이 지역에 집결해 있는 것으로 보인다. 북한군 □□□는 예비군으로 있다. 이 집결지는 8월 23일에 200톤 이상의 폭탄을 투하한 B-29의 폭격을 맞았다.

4) 남한 해군은 미 전함의 지원을 받아 인천 먼 바다에 위치한 섬 두 곳을 새로이 점령했다. 이 섬은 인천항에서 남서쪽으로 25km 지점에 위치한 영흥도와 45km 지점에 위치한 소이작도다. 덕적도는 지난 일요일 점령했다.

5) 미 정보부의 보고에 따르면, 대전 전투 중 부상을 입고 적의 포로가 되었던 제24사단 전(前)사령관 딘 장군이 칼에 찔려 살해된 것 같다고 한다.

6) 영문 및 일문 일간지들은 프랑스 정부가 한국에 각 대대마다 800-1,000명의 병력으로 구성된 것으로 보이는 지상군을 파병하기로 8월 22일에 내린 결정을 비중 있게 다루었다. 해당 일간지들은 벨기에 정부가 곧 유사한 결정을 내릴 것이라고 밝혔다. 네덜란드에서는 1,950명의 지원병이 있는 것으로 전해지며, 이 인원으로 1개 보병대대와 몇 개 해병소대가 조직될 수도 있다. 또한 영국에서 항공기로 파병된 특공대 외에 홍콩 주둔군에서 차출되는 2개 보병대대는 금주 코드[2] 여단장의 지휘 하에 한국으로 출발할 것으로 보인다.

---

[1] 추정 어려움.

[2] 바실 오브리 코드(Basil Aubrey Coad, 1906-1980). 영국 제27여단 여단장. 1950년 10월 평양 탈환 작전에서 사리원 탈환을 지휘함.

국방부에 전달 요망.

드장

【142】 한국문제에 대한 드장의 전보들(1950.8.24)

```
[ 전        보 ]   한국문제에 대한 드장의 전보들
[ 문 서 번 호 ]   1245-1248
[ 발    신    일 ]   1950년 8월 24일 07시
[ 수    신    일 ]   1950년 8월 24일 12시 25분
[발신지 및 발신자]   도쿄/드장(주일 프랑스대사)
```

보안
긴급

1. 외무부는 전보 325호를 통해 한국문제와 관련된 본인의 전보 일체를 뉴욕에 직접 보고하라는 지시를 내렸습니다.

워싱턴 주재 프랑스대사 역시 본인에게 같은 요청을 했습니다.

그런데 단어 당 200엔이라는 과도한 요금 때문에 일본 우체국을 이용하기가 불가능해 보였습니다.

그래서 프랑스 무선통신국을 통해 외무부, 뉴욕, 워싱턴에 본인을 발신자로 하여 문제의 전보들을 보냈습니다.

국방부는 워싱턴과의 연락이 불안정하고 제한적이며 뉴욕과는 직접 연락할 방법이 없기 때문에, 국방부가 워싱턴과 뉴욕으로 지속적으로 메시지를 발송하는 것이 불가능하다고 본 대사관 군사담당부에 얼마 전 알려왔습니다. 국방부는 이런 연락은 외무부가 담당할 수 있을 것이라는 암시를 주고 있습니다.

본인은 국방부의 동의하에 외무부가 내릴 결정에 따르는 수밖에 없습니다.

이 점에 대해 본인은 워싱턴과 뉴욕에 암호화된 전보의 사본을 항공편으로 발송하고 극히 긴급한 연락은 전보나 유선 연락을 통해 보고할 수 있음을 알립니다.

2. 이번 사태가 극동지역을 무대로 펼쳐지고 있는 만큼 도쿄에 파리와 직접 연락이 가능한 통신시설을 설치하는 문제에 대해 외무부는 동의할 마음이 있었습니다. 이에 대한 신속한 해결책을 받아야 할 것으로 보입니다.

본인은 필요한 장비를 현지에서 구하는 데 따르는 애로사항과 구하는 데 걸리는 기간에 대해 보고한 바 있습니다(본인의 전보 제921호 참조). 프랑스에서 상대적으로 단기간에 장비를 마련하는 것이 불가능할 경우, 미국에서의 구입을 고려해야 할 것입니다. 주한 프랑스군 파병으로 인해 통신량이 증가할 것으로 예상하는 것은 사실 바람직한 일이지만, 우리가 현재 이용 중인 통신시설이 다소 미비해 벌써부터 고역이 예상됩니다.

구입에 있어서든 설치에 있어서든 만일 미 당국의 반대에 부딪히게 될 경우에는 프랑스 정부가 한국으로 육군 파병을 준비하는 시점에 직접 연락을 취할 방법을 마련하기를 간절히 원한다는 이유를 대면 될 것입니다.

드장

【143】 미 국립심리전략위원회(1950.8.24)

[보 고 서]	미 국립심리전략위원회
[문 서 번 호]	4070-AM
[발 신 일]	1950년 8월 24일
[수 신 일]	미상
[발신지 및 발신자]	워싱턴/보네(주미 프랑스대사)
[수신지 및 수신자]	파리/로베르 슈만(프랑스 외무부장관)

미 국립심리전략위원회[1])에 대해

미 국무부는 8월 17일 "미 국립심리전략위원회" 설립을 발표했습니다. 해당 기관은 국무장관의 감독 하에 해외 정보 및 "심리 전략"을 담당하는 여러 정부 기구들의 활동을 총괄하는 임무를 담당합니다.

해당 위원회장은 에드워드 W. 배럿[2]) 미 국무부 공보담당차관이 담당합니다. 국무부, 참모장 위원회, 미 중앙정보국이 여기에 속하게 됩니다. 또한 미 국가안보자원위원회와 미 경제협력국[3])과도 관계가 구축될 것입니다.

물론 미국의 소리[4])와 미국공보원[5])은 냉전 당시 유용한 선전 도구였음이 밝

---

1) 국립심리전략위원회(NPSB: National Psychological Strategy Board). 1951년 4월 4일 한국전쟁 중 창설됨. 아이젠하워 정부에서는 조정기구의 역할을 하다가 1953년 9월 3일 폐지됨.

2) 에드워드 W. 배럿(Edward W. Barrett, 1910-1989). 트루먼 정부 시 미 국무공보차관.

3) 경제협력국(ECA: Economic Cooperation Administration). 유럽 부흥 계획을 관장하는 미국 정부의 한 기관. 1952년 폐지.

4) 미국의 소리(VOA, Voice of America, Voix de l'Amérique). 1942년 설립한 미 연방정부가 운영하는 국제방송. 한국어를 포함한 전 세계 43개 언어로, 라디오와 텔레비전, 인터넷, 1,200여 개의 각국 현지방송국을 통해서도 뉴스와 정보를 전달.

5) 미국공보원(U.S.I.S.: United States Information Service). 미국정부의 해외홍보를 담당하는 현지 기관. 미 외교정책의 대외홍보, 문화 소개 등을 담당함.

혀졌습니다. 하지만 이 두 매체는 소련의 공산주의 선전에 맞서지도 않았을 뿐 아니라 유럽과 아시아 대중에게 미국 민주주의와 그것이 전 세계에서 추구할 수 있는 목표에 대한 정확한 개념을 널리 알리지도 않았다며 중국 공산주의의 승리 이후 더욱 혹독하게 비난하는 의회와 언론의 비판을 피하지 못했습니다.

미 국무부는 국회의원들에게 이토록 야심찬 계획에 필요한 충분한 예산을 책정해주지 않았다고 틈만 나면 지적했습니다. 그럼에도 부처 간 자문위원회는 해외선전부서 기능 개선을 위해 제안된 사항들을 살피기 위한 업무에 착수했고 이미 몇 가지 실행계획을 생각해냈는데, 미 국무부에서는 이 계획에 대해 매우 신중한 모습을 보이고 있습니다.

미 국립심리전략위원회 신설은 새로운 기구에 시초가 될 연구결과를 제시할 것입니다. 향후 활동계획 중에는 동남아시아 국민에게 미국의 한국 참전 조건에 대해 알리는 전단을 작성하는 일도 포함될 것으로 예상됩니다. 『공산주의자들이 출현한다면? 어느 중국 마을의 실화』라는 제목의 책자가 이미 극동아시아 지역에서 배포되고 있습니다. 미 국립심리전략위원회는 주로 계획을 구상하는 역할을 담당하며, 그 실행은 기존의 집행기관들이 담당하게 될 것입니다.

언론은 미 국무부의 계획에 반색을 표하며 미국의 "메시지"가 세계인들에게 최대한 명확하게 전달되기를 바란다고 입을 모았습니다. 그러나 『워싱턴포스트』 논설위원은 8월 21일자 신문에서 "심리전" 공격을 하려다가 자칫 자신이 보기에 똑같은 중요성을 띠는 문화교류프로그램을 등한시하게 될 수도 있는 과오를 범하는 것을 미국 정부는 경계해야 할 것이라고 했습니다.

【144】로베르 슈만 외무장관님께 보내는 서신(1950.8.29)

[편   지] 로베르 슈만 외무장관님께 보내는 서신
[문 서 번 호] 미상
[발   신   일] 1950년 8월 29일
[수   신   일] 미상
[발신지 및 발신자] 제네바/뤼에게[1](국제적십자위원회 회장)
[수신지 및 수신자] 파리/로베르 슈만(프랑스 외무부장관)

사본

장관님 귀하

국제적십자위원회는 프랑스 정부가 한국사태와 관련해 내린 결정을 존중하며, 본 위원회가 1950년 6월 26일과 7월 7일에 남북한 양국 정부에 보냈던 아래의 통신문을 귀하께 알려드리게 된 것을 영광스럽게 생각합니다.

"1863년에 설립, 스위스 국민으로만 구성된 중립적이며 비정치적인 기관으로, 전쟁, 내전, 국내 분쟁 상황에서 인도적 차원의 중재 역할을 담당하는 스위스 국제적십자위원회는 1950년 6월 26일, 현재 한국의 상황에서 위원회의 수단에 따라 전통적 임무를 완수하기 위해 귀측의 요청에 부응할 준비가 되어 있음을 알립니다.

국제적십자위원회는 이와 관련해 2개 조약을 따릅니다. 첫째는 부상자 및 병자의 회복, 둘째는 전쟁포로 치료를 명시한 1929년의 협약과, 동일 대상들에 민간인 보호에 관한 특별 협약을 추가한 1949년 협약입니다.

---

[1] 폴 뤼에게(Paul Ruegger, 1897-1988). 국제적십자위원회위원장(1948-1955).

한국이 61개국이 조인한 본 국제협약의 당사국도 아니고 서명국도 아니라는 사실로 인해 위의 협약에서 규정하는 전쟁 희생자를 보호한다는 인도주의적 원칙을 실제로 적용하지 못해서는 안 될 것입니다. 특히 1949년 제네바협약 전체에 공통된 제3조의 내용은 다음과 같습니다.

협약체결국의 영토에서 발생한, 국제적 성격을 띠지 않는 무력 분쟁 시 각 분쟁당사국은 최소한 다음 규정을 따라야 한다.

1. 항복한 군대의 병사들, 질병, 부상, 억류에 의해 또는 기타 모든 이유로 전투력을 상실한 자를 포함하여 전투에 직접 가담하지 않은 자들을 어떠한 경우에도 인종, 피부색, 종교 또는 신념, 성별, 출신 또는 신분 또는 이와 유사한 기타 모든 기준에 근거한 불리한 차별 없이 인도적으로 대해야 한다. 이를 위해 상기된 자들에 대해서는 때와 장소를 불문하고 다음의 행위가 금지된다.

   1) 모든 형태의 살인, 상해, 가혹행위, 고문, 체형 등의 생명 및 신체 훼손
   2) 인질로 잡는 일
   3) 모욕적이고 치욕적인 대우 등 인간의 존엄성 침해
   4) 문명국인이 불가결하다고 인정하는 법적 보장을 받아 정식으로 구성된 법원의 사전 재판 없이 이루어지는 판결 언도 및 형 집행

2. 부상자 및 병자는 수용하여 치료해야한다. 국제적십자위원회와 같은 인도주의적 중립 단체는 그 용역을 분쟁당사국에 제공할 수 있다.

분쟁당사국은 특별 합의를 통해 본 협약의 기타 규정사항들이 전체 혹은 부분적으로 발효되도록 노력한다.

상기 규정의 적용은 분쟁당사국의 법적 지위에 영향을 미치지 않는다.

국제적십자위원회는 해당 주제에 대한 국제적십자위원회의 견해와 의도를 북한(남한) 정부에 알리게 된 데 대해 북한(남한) 정부에 감사를 표합니다. 국제적십자위원회는 귀 정부에 대표를 파견하여 귀측과 더불어 상기의 원칙 적용을 위해 취해야 할 조치들을 포함한 인도적 행동 가능성을 검토할 준비가 되어 있습니다. 국제적십자위원회는 남북한에 있는 전쟁 부상자와 환자, 전쟁 포로, 민간인 피억류자, 일반시민 보호를 위해 북한(남한) 정부에 이와 동일한 전보를 발송합니다. 추후 조처를 취할 수 있도록 조속한 답신을 드립니다."

"7월 7일. 국제적십자위원회는 귀측을 지원하여 전쟁포로, 민간인 피억류자, 일반시민 관련 소식을 수집하여 전달하게 되었음을 알립니다. 이는 본 위원회가 제네바에 설치한 중앙심인국[2]을 매개로 제2차 세계대전 전 기간 동안 교전국들 가운데 적용된 체계에 기초한 인도주의적 협약들에 따른 것이며, 전쟁포로 처우에 관한 1929년의 협약 제79조에 의거합니다. 중앙심인국은 여전히 역할을 수행 중입니다. 우리가 제안하는 방안은, 1929년 및 1949년 협약에 규정된 대로 억류 세력이 세운 포로정보국이 부상을 당했거나 당하지 않은 포로 및 피억류자 목록을 작성하는 것입니다. 해당 목록에는 성명, 생년월일, 출생지, 억류 장소나 주소, 건강 상태, 집주소 등을 기재해야 하며, 사망자와 관련해서도 동일 사항을 기재해야 합니다. 이 같은 세부 사항을 작성하는 목적은 첫째, 적군 측에 전달하기 위함이고, 둘째로 중앙심인국의 포로 가족 조사에서 답하기 위함입니다. 국제적십자위원회의 요청을 받은 이들에 관한 모든 조사와 응답을 담당하는 상기 포로정보국의 주소를 시민들에게 알려주기 바랍니다. 동일한 통신문이 북한(남한) 정부에게 전달됩니다."

국제적십자위원회는 호주, 볼리비아, 캐나다, 미국, 영국, 뉴질랜드, 네덜란드, 필리핀, 태국, 터키 정부에 비슷한 연락을 했음을 프랑스 정부에 알리고자 합니다.

국제적십자위원회는 전쟁 부상자, 환자, 전쟁 포로에 관한 1929년의 협약 2건 및 1949년 8월 12일자 제네바협약 4건을 한국의 특수한 상황에 실제 적용코자 하는 의도를 본 위원회에 전해온 프랑스 정부에 깊은 감사의 말씀을 드립니다.

P. 뤼에게

---

[2] 중앙심인국(CTA: Central Tracing Agency). 전쟁으로 인해 흩어진 가족들 사이의 연락을 해주는 인도주의적 임무를 맡고 있음.

【145】 남한에 관한 소련의 선전(1950.8.30)

```
[ 전      보 ]   남한에 관한 소련의 선전
[ 문 서 번 호 ]   2030-2036
[ 발   신   일 ]   1950년 8월 30일 08시 15분
[ 수   신   일 ]   1950년 8월 30일 10시 30분
[발신지 및 발신자]   모스크바/샤테뇨(주소련 프랑스대사)
```

소련의 선전기관이 사실을 왜곡하는 기술에 아무리 능란하다 해도, 북한 군대가 남한을 완전히 "해방"시키지 못했을 뿐 아니라 말리크가 레이크석세스의 유엔 본부에서 상대국들의 전선을 뚫지도 못한 상태로 안전보장이사회가 폐회한다는 점은 반박할 수가 없을 것입니다.

북한군이 부산 고립지대에 대한 집중 공격을 준비하는 이 시점에도 소련이 한국의 무력충돌을 확산시키는 중공 개입이라는 술책을 쓰고 있습니다. 분명 우연이라 할 수 없는 것은 이와 동시에, 맥아더 장군 부대가 반격할 시간을 벌어 38선으로 재진격하기 전에 적대행위를 중지하라고 강요하는 최후의 외교와 선전 노력을 펼치는 것을 보게 되는 것도 바로 그 때문입니다.

또 소련이 미 공군의 "의도적인" 중국 영토 침범에 대한 중국 정부의 항의에 선전활동의 가장 큰 부분을 할애하고, 일간지들은 영국 당국의 "이중성"을 또다시 암시함으로써 홍콩에 가해지는 위협을 오늘도 여전히 강조하고 있습니다. 그러는 동안, 언론 전체는 미국과 그 "위성국들"의 "침략 정책" 표명을 규탄하는 것으로 서구 열강의 재무장 및 슈만 플랜에 대한 반대 캠페인, "유고슬라비아의 도발" 및 독일과 일본의 전범 석방 고발 활동을 동시에 보게 되는 것도 바로 그 때문입니다.

마지막으로, 미국인들이 한국에서 "평화와 통일만을 열망하는 무고한 시민들"에게 가하는 전쟁의 야만성에 대해 거의 욕설 수준으로 어조를 높여 공식적으

로 격하게 증언하는 것을 보게 되는 것도 바로 그 때문입니다.

이 같은 짙은 연막으로 겨우 가라고 있는 술책은 점차 그 모습을 선명히 드러내고 있습니다. 레이크석세스에서 4주간의 회담을 마친 후 사실 소련은 미국 진영의 약점을 발견하지 못한 것이 아니었습니다. 중국 정부 스스로 유엔에 중공 승인 문제를 묻게 하고 중국 정부한테 대만 군 철수 명령을 요구하게 한 것은 미국과 영국 관계에 균열을 야기하는 일이 될 것임을 소련은 알고 있습니다. 또한 과거 마오쩌둥의 편에 섰다가 현재는 미국의 한국 폭격을 비난하는 인도를 서구 진영과 결별하게 만드는 결과를 야기할 수도 있습니다.

안전보장이사회에서 작전이 실패하면 소련 정부는 곧 유엔총회에서 이를 재시도할 것이 뻔합니다. 만주사변은 오늘날 곧바로 소련에게 설득 수단을 제공하고 있습니다. 안전보장이사회 과반보다 더 예민한 과반이 아마 이를 감지할 것입니다. 게다가 소련은 마오쩌둥이 마침내 오랜 신중함을 깨고 나오게 함으로써, 아시아의 여론을 상대로 자본주의 열강의 "제국주의 야망"에 대해 납득시킬 가장 효과적인 방법을 찾았는지도 모릅니다.

그러는 동안 소련은 태연히 스스로의 중립을 잃지 않은 채, "진정한 평화의 수호자들" 모두의 의지를 존중할 필요성을 유엔에 설득하기 위해 모든 위성국들을 적극적으로 규합하고 있습니다.

샤테뇨

【146】 미국 정책, 소련 그리고 유엔(1950.8.31)

[보 고 서]	미국 정책, 소련 그리고 유엔
[문 서 번 호]	4115/EU
[발 신 일]	1950년 8월 31일
[수 신 일]	미상
[발신지 및 발신자]	워싱턴/보네(주미 프랑스대사)
[수신지 및 수신자]	파리/로베르 슈만(프랑스 외무부장관)

소련에 대한 봉쇄정책은 이번 주 미국 언론의 여러 기사에서 다룬 주제였습니다. 조지 케넌 미 국무부 러시아문제 담당고문은 1년간의 휴가를 얻어 프린스턴대학교 고등연구소에서 보내게 됩니다. 미국의 일간지들은 조지 케넌 고문이 1947년 『포린어페어스』[1]에 발표된 논문의 저자임을 상기시켜 주었는데, 그는 이 논문에서 미국의 정책은 러시아의 팽창을 저지하는 데 목표를 두어야 한다고 지적했습니다. 이 논문은 당시에 거센 반발을 불러일으켰지만, 현재 미국 기자들은 미국 정부가 사실은 케넌의 정책을 따라야 했다고 하면서 그리스와 베를린에서 마셜 플랜을 통해 얻은 결과를 추켜세웁니다. 현재까지 러시아 공산주의의 확장은 무력충돌 없이 저지될 수 있었습니다. 그러나 한국 침략 이후로는 상황이 예전 같지 않습니다. 그럼에도 불구하고 논설기자들은 그 외에는 달리 가능한 정책이 없으며 온갖 수단을 동원해 봉쇄정책을 추구해야 한다고 입을 모읍니다. 케넌은 미국이 소련과 전쟁을 벌이지 않고도 세계평화 건설이라는 목표를 달성할 수 있을 것이라는 생각에는 변함이 없으며, 그러기 위해서는, "강건한 힘과 자신감, 결단력 그리고 강한 배짱이 있어야 한다"는 말을 기자들

---

1) 『포린어페어스Foreign Affairs』. 1922년 미국의 뉴욕시에서 창간된 국제관계 평론잡지. 1947년 7월 조지 케넌이 'X'라는 익명으로 「소비에트 행동의 원천」을 발표함. 이 논문에서 주장한 '소련봉쇄정책'이 이후 트루먼 행정부의 외교정책이 됨.

에게 한 것으로 보입니다.

맥아더 장군의 대만 관련 성명은 극동아시아 지역에 적용한 봉쇄정책의 눈에 띄는 예증입니다. 맥아더 장군이 의거하는 전략적 고찰은 잘 알려져 있었지만, 그는 이를 공개적으로 천명해 가뜩이나 좋지 않은 시기에 외교 뉘앙스는 무시하고 너무나 군사적으로 솔직하게 드러냈습니다.

미 국무부와 맥아더 장군 사이에 의견대립이 있다 해도, 장군의 주목할 만한 성명 때문이라고 생각할 만큼 근본적인 대립은 아닐 것입니다. 맥아더 장군은 미군이 대만의 공군 및 해군 기지에 대한 재량권을 유지하기 원하고 있습니다. 미 국무부는 유엔이 유엔군 총사령관에게 대만의 중립화 수호 임무를 부여한다면 맥아더의 이 같은 목표가 달성될 거라고 평가하는 듯합니다.

* * *

러시아 봉쇄정책은 적시에 소련 격퇴라는 당연한 결과를 가져올 것으로 보이며, 미국의 대 소련 정책 추진자들은 특히 스탈린의 사망으로 그의 후계자들 사이에 경쟁이 야기되어 위성국들이 소련의 속박에서 벗어날 기회를 얻거나 심지어 소련 체제가 붕괴될 것이라는 은밀한 희망을 특히나 품고 있음이 확실합니다.

일부 성명에 따르면 미국의 관련 인사들이 이제 격퇴 작전을 고려 중인 것으로 보입니다. 프랜시스 P. 매튜스 해군장관[2]은 얼마 전 "미국은 세계 평화 건설을 위해 대가를 치를 준비를 해야 합니다. 비록 그것이 여러 국가를 평화에 동참시키기 위해 전쟁을 촉발시키는 일이라 할지라도 말입니다. 우리는 대중적인 칭호를 하나 얻을 것이며 이에 대해 자부심을 느낄 것입니다. 그것은 바로, 평화를 위한 공격자라는 칭호입니다"라고 공개적으로 밝혔습니다.

이 같은 발언은 특히 스타슨 미 주지사가 일전에 밝혔던 생각을 좀 더 분명하고 노골적으로 표현한 것에 불과하며, 본 대사관은 이를 외무부에 보고하였습

---

[2] 프랜시스 매튜스(Francis P. Matthews, 1887-1952). 트루먼 집권 당시 미 해군장관. 예방전쟁 운동을 지지.

니다. 아마도 보통의 미국인이라면 예방전쟁을 일으키고 싶어 하지 않을 테지만, 한국사태와 유엔에서의 토론은 소련에 대한 미국의 여론을 ▢▢▢하게 만들었습니다. 공화당은 이러한 추세에서 득을 보고자 미국의 대소련정책 강화를 요구했습니다. 민주당의원이기도 한 매튜스는 한 술 더 떠 답했습니다. 매튜스 해군장관은 미국의 준비 부족을 허풍으로 덮어버리고 싶어 하는 일부 군대 계층의 대변인이지만, 그의 연설이 보스턴 해군조선소 150주년을 맞이하여 이루어졌다는 점과 이러한 발언에 대해 해당 조선소의 노조위원장이 "미국 노동자들은 전 세계에 떨치고 있는 독재의 행보가 이제는 중단되어야 한다고 확신한다"고 답했다는 점 역시 눈여겨보아야 합니다.

매튜스의 발언은 내각 전체의 시각을 표현한 것은 아니지만 미국의 여론과 흐름을 같이할 뿐만 아니라 유엔 등에서 이루어진 미국의 정책 발의를 어느 정도 규명해 줍니다. 비록 이것이 평화를 위한 것이라 해도 미 정부가 침략자로 규정되기를 원치 않는다는 점은 분명하며, 매튜스가 비난받는 가장 큰 이유는 공산주의 선전에 논거를 제공한다는 점입니다. 그러나 유엔이나 워싱턴, 그리고 미국 언론에서 수집 가능한 모든 징후들을 보면, 미 국무부가 유엔을 상대로 한 그 같은 정책의 결과는 따져보지도 않고 유엔을 거대한 반공 동맹으로 이용하려는 욕망이 보입니다. 미국 정부가 예방전쟁에 대한 생각을 포기하고, 그리하여 공격자가 되기를 원치 않는다 해도, 국제 헌병 역할은 아마 받아들일 것입니다.

* * *

미국의 대 소련 및 대 유엔 정책을 평가하기 위해서는, 미 국무부의 발의나 미국의 대외정책과 직접적으로 연관이 있는 여론을 살펴보는 것만으로는 충분치 않지만, 미국의 선거가 두 달도 남지 않았다는 점을 반드시 염두에 두어야 합니다. 그런데 시사평론가들은 한국 개입이라는 트루먼 대통령의 결정 덕에 민주당이 큰 인기를 얻었음에도 불구하고, 군사작전의 실패로 인해 민주당이 이미 확보했던 우위의 상당 부분을 잃었다는 데 의견을 같이 하고 있으며, 선거 결과가 상당 부분 11월 한국의 전쟁 상황에 달려있다고 입을 모읍니다.

반면, 감히 아무도 작전 전개에 대해 예상하고 있지 못합니다. 미국인들은 미군이 그들의 교두보는 지켜낼 거라 거의가 확신하고 있을 지도 모르지만, 반격에 성공해 그 여파로 민주당에 선거의 승리가 돌아갈지에 대해서는 의견이 분분합니다. 현재 미국에서 훈련 중인 증원군이 한국에 도착하기를 기다려야 할까요? 아니면 북한군이 성과 없이 반복되는 공격에 지쳐 갑자기 무너지기를 기대해도 될까요? 미국 언론과 일부 군 관련 인사들은 늘어나는 북한군의 탈영병 수와 포로군의 비관적인 진술에 큰 관심을 가지고 있습니다.

군사적 성공 없이, 민주당 행정부는 외교적 성공을 내세워 유권자들에게 말리크가 실패했고 미 정부가 거대한 반공 동맹의 선봉장임을 호소할 수 있을까요?

이처럼 선거를 앞둔 시점에서 미국의 대내 정책은 대외 정책을 위험하리만치 짓누르고 있으며, 미 국무부는 일부 행정부 인사들의 발의가 해외에서 불러일으키고 있는 우려의 목소리에 대해 알고 있습니다. 기자회견에서 애치슨의 발언은 이 같은 우려를 잠재우려는 데 목적이 있습니다. 또한 그의 협력자들도 유사한 지시를 받은 것으로 보입니다. 그 이유는 미국 대표단이 유엔총회에 제출할 결의안 사본을 우리 직원 한 명에게 넘기면서, 미 국무부 유엔부 직원들은 이 안건을 마치 단순한 절차 개정안인 양 소개하려 애썼기 때문입니다.

【147】 유엔한국임시위원회 프랑스 대표의 개인 비망록

[비 망 록] 유엔한국임시위원회 프랑스 대표의 개인 비망록
[문 서 번 호] 미상
[발 신 일] 미상
[수 신 일] 미상
[발신지 및 발신자] 미상/유엔한국임시위원회 프랑스 대표

유엔한국임시위원회 프랑스 대표의 개인 비망록(1948)[1]

한국에 관련해 1948년에 저지른 치명적 실수 때문에 "냉전"이 "임계온도"라 할 만한 상황으로 위태롭게 치닫고 있는 이때 본 비망록을 기록하는 것은 무엇보다 유엔한국임시위원회 대표를 통해 아직 때가 늦지 않았을 때, 미국의 정책을 덜 위험한 길로 인도하기 위해 프랑스가 펼친 노력을 잊지 않게 하려는 데 목적이 있다.

목차
1. 임시위원회의 경고
2. 경고 이유
3. 남북한의 점진적 연방 수립을 위한 평화적 계획
4. 서울에서의 프랑스 대표부 활동
5. 위원회의 활동 범위 확대
6. 워싱턴에서의 프랑스 대표부 활동
7. 샤요 궁에서의 프랑스 대표부 활동
8. 프랑스 외무부에서의 프랑스 대표부 활동

---

[1] 유엔한국임시위원회, 한국위원회, 임시위원단의 용어가 혼용되어 쓰이고 있는 문건.

9. 『피가로』기사

10. 본 비망록은 회고적 성격만을 갖는가?

필자는 마지막 장에서, 2년 전 권고하였으나 성과를 보지 못했던 것을 절충적인 위원회를 통해 현 시점에서도 타협안에서 끌어낼 수 있을만한 것들을 얻고자 한다.

1. 임시위원회의 경고

1948년 파리에서 열린 유엔총회에서 한국임시위원회는 최종보고서 36-38번째 단락에 다음과 같은 의사표명을 하였다.

> "본 보고서를 통해 단일민족이라는 유구한 역사적 전통이 한국인들을 얼마나 고무시키는지와 독립된 통일국가를 향한 그들의 염원이 얼마나 열정적인지를 읽을 수 있었는데, 기술적으로 보나 문화적으로 보나 이 나라는 단일하게 이루어졌다.
>
> 경제 분야에서 한국은 분단이 지속되는 상황을 오래 견디지 못할 것이다…. 제철화학산업, 수력에너지, 철광 및 석탄 자원은 북쪽에 분포하고, 농업 자원과 경공업은 남쪽에 분포해 서로가 자연스레 상호보완관계를 이루고 있다. 그렇기 때문에, 통일은 한국이 안고 있는 문제의 상당부분을 해결할 수 있을 것이며, 그 외의 문제들도 단순화될 것이다."

그렇지만, 유엔한국임시위원회는 신설 직후부터 모스크바, 소련 당국 및 소련에 의존하는 위성국들로부터 지속적으로 거부당한 까닭에, 한반도 남쪽 절반으로 활동지역을 제한할 수밖에 없었다는 것을 기억할 것이다. 임시위원회는 미국과 소련의 점령군 사이에 위치한 군사분계선인 38선 이북 땅에 발을 들인 적이 없었다.

단일국가인 한국을 순전히 추상적인 지리적 경계선을 따라 불합리하게 분리시켜 놓은 것을 보면, 1948년 보고서 작성 당시 유엔의 한국 내 활동이 훨씬 더 불완전한 방식으로 이루어졌음이 분명하다.

바로 이 점이 전술한 보고서에서 국민투표 상황을 낙관적이지 않은 어조로 되짚은 이유를 설명해 준다. 1948년 5월 10일 임시위원회 감독 하에 지리적으로 제한된 범위에서 선거가 치러졌고, 만족스러운 선거 결과를 얻었고, 이때부터 미국, 중국, 필리핀으로부터 대한민국 정부 체제가 인정받게 되었고, 마지막으로 남한 행정부가 이승만 대통령에게 이양된 일을 말이다(특히, 47항 c와 d 참조).

임시위원회는 곧바로 다음과 같이 지적했다(48항). "그러나 한국 분단이라는 어두운 현실로 인해 이 모든 전개과정에 그림자가 드리워졌다. 한국인들은 정치 성향이나 사회적 지위를 막론하고 모두가 하나 되어 분단을 규탄한다. 임시위원회는 한국의 정치, 경제, 사회적 안녕을 위해서는 한국의 즉각적인 통일이 필수적이라는 점을 재확인한다.

통일이라는 목표 달성을 위해 한국 지도자들이 쏟아 부은 노력은 공식적으로나 비공식적으로나 긍정적인 성과가 전혀 없었다. 가장 큰 실패의 원인은 긴장된 국제 정세에서 찾아야 한다."

"제3차 본회의에서 유엔총회는 다음과 같은 상황에 직면해 있다. 북쪽에는 국제 감시를 벗어난 일련의 조치를 통해 독단적으로 수립된 조선민주주의공화국이, 남쪽에는 임시위원회의 감독 하에서 선거를 실시해 수립된 대한민국 정부가 들어섰다. 두 체제는 완전히 인공적인 경계선을 가운데 두고 저마다 한반도 전체의 주권을 주장한다. 이 둘 모두 군사 점령권에 한해 각자의 구역에서 실질적인 권한을 행사하고 있다."

"남한 정부의 실질적 권한이 북한에까지 미치지는 않는다는 점을 인정하면서도, 아마 남한 정부의 체제를 기반으로 적어도 통일이 반드시 필요한 경제 분야에서는 평화적 협상을 통해 통일에 착수할 수 있을 것으로 여겨진다. 임시위원회는 평화적 협상 절차 마련이 시급하다고 생각하기 때문에, 점령군이 철수해 한국을 서로 적대적인 정치 체제 선택에 내맡기기 전에 개입해야 한다. 두 체제에 속한 군대들이 동족상잔의 전쟁으로 끌려들어갈 수도 있다."

프랑스와 인도 대표가 작성에 많은 부분을 협력해 준 상기의 보고서는 보다시피 매우 분명한 경고로 끝을 맺었다. 유엔임시위원회는 한국의 분단을 그대로 두는 것은 불가능하다고 강조하면서, 20개월 후 한반도에 발발하게 된 전쟁에 대해 총회에 공식적으로 경고하고 있다.

2. 경고 이유

임시위원회가 1948년 5월 10일 38선 이남 지역에서 선거 과정 감독을 마치자마자, 프랑스 대표가 당분간 전면에 나서 위원을 맡을 예정이었던 위원회의 위원들은 무엇보다도 이번 국민투표를 통해 한국에서 탄생한 헌정 체제의 미래에 대해 당연히 우려를 표했다. 이 정부 구성은 사실 1947년 11월 14일 유엔총회 결의안에 공식적으로 규정된 것이었으며, 1948년 2월 유엔소총회는 임시위원회가 자유로이 드나드는 영토에서 맡은 임무를 끝까지 마무리 짓는 것이 바람직하다고 밝혔다.

이런 관점에서 가장 중요한 상황이 지체 없이 밝혀져야 했다.

미군은 한반도에 남아 러시아의 후원 하에 38선 이북에 나란히 수립된 전체주의 체제의 공격에 맞서 새로운 체제를 보호해줄 것인가?

아니면 북한에서 자기네 군대를 철수시킨 소련을 따라 미국 최고사령부도 남한에서 미군을 철수시킬 것인가?

프랑스 대표는 서울에서 근무하면서 주한 미 당국이 자신들의 의도를 최대한 솔직하게 털어놓을 수 있도록 충분한 신뢰관계를 형성하고 있었다. 프랑스 대표가 분명히 들은 바로는, 남한을 군사적으로 점령하는 것은 우선적으로 공습 계획에 기반을 둔 미국의 전략과는 관계가 없었으며, 사실상 38도선의 중포 사정권 내에 드는 서울 북서부에 위치한 김포 주요 공군기지를 포함해 차후에 있을 공군기지 보호에 단 한 명의 미군 병사도 희생시키지 않을 것이라고 했다.

따라서 1949년 초 한국에는, 그 수가 많아봤자 남한 "경찰수비대"를 조직하고 훈련하는 임무를 계속할 군사사절단만 남게 될 것이다. 이 수비대는 조만간 북한 무장군에 맞서는데 필요한 포병대를 갖추게 될 것이다.

우리 측 대표가 파리에 타전한 전보들에는 1948년 6월말부터 "당황스러울 정도로 천진하게 백주대낮에 몇몇 군의 철수 준비가 이루어지고 있다"고 강조되어 있었다.

그는 다음과 같이 말을 이었다.

"미국 정부는 미래에 한국 정부에 파견된 많은 군사사절단이 하지 장군 예하의 축소된 점령군 병력이 그랬던 것만큼 소련의 정책을 위압할 것이라고 생각하는 모양이다.

미군 철수에 대한 전망과 북한 인민군에 관한 선전 때문에 미국 카드만큼 소련 카드를 선택하는 기회주의자들이 현재 얼마나 많은지 따져 본다면 미국인들은 생각을 달리 할지도 모른다.

이 현상은 5월 10일에 선출된 대표부에까지 민감하게 작용하며, 유엔총회의 정치적 입지는 이로 인한 타격이 이미 심한 상태다. 선거에서 경쟁 관계에 있는 유력한 우파정당 둘 중 어느 쪽도 과반을 확보하기가 불가능해 보이며, "무소속"으로 선출된 대다수 의원들은 자기네들끼리 뭉쳐서 갈수록 친소와 친미의 중도 입장을 나타내고 있다.

이승만 박사가 독재권력을 획득했다고는 하나 미군 철수 이후에는 자신의 체제 유지에 어려움을 겪을 것이 뻔한데, 더구나 미국식 의회정치를 채택하느냐 프랑스식 의회정치를 채택하느냐 하는 문제는 말할 것도 없다."

게다가 같은 날 보낸 전보에서 프랑스 대표는 장차 미 군사사절단장이 되는 인물의 경우에는 아무런 환상도 품고 있지 않다고 지적했다.

"한국 원조를 위한 의회 의결 예산이 남아 있거나, 아니면 처분하거나 마구 가져다 써도 될 군 재고품이 이곳에 남아 있는 한은 우리를 봐줄 것"이라고 로버츠[2] 장군은 내게 말했다.

프랑스 대표의 경우에는, 미군이 남한에서 철수하게 될 경우 남한에서 구성 중인 체제가 견고히 유지될 거라 믿을 수 없기에 한국 주재 미 국무부 대표에게 이렇게 말했다.

"… 제이콥스[3]가 설명한 바로는 미국의 '체면을 지키기에' 가장 효과적인 방법은 … 정기 예산 지급 기간을 최대한 늘리는 것으로 보입니다. 주한 미 당국은 지금부터 종료시점인 1949년 7월까지 이 예산을 모두 쓸 수 있습니다." 사실 달러 기근은 서울보다 아마 평양이 더할 것이다. 그러니 미국 정부가 예산 지원을 끊으면 어쩌나 하는 우려 때문에, 38선 이북에 수립된 조선민주주의인민공화국 체제가 한국 전체에 확산되는 것을 1-2년 미룰 수 있을 거라 기대하는 것은 당연하다.

3. 남북한의 점진적 연방 수립을 위한 평화적 계획

한 달 후 즈음, 외무부는 프랑스 대표에게 긍정적 안을 제안하도록 권고했고, 이에 대해 프랑스 대표는 여러 통의 전보를 통해 그동안 38선 남북 양측에서 이루어진 발전에 비추어, 5가지로 요약해 볼 수 있다는 답변을 했다.

1) 미국 정부는 한국문제를 실질적으로 해결하는 것보다 세계 외교 무대의 전 분야에 걸쳐 소련에 대한 양보를 일체 배제하는 정책을 추진하는 데 더욱 전념하는 것으로 보였다.
2) 그러므로, 유엔총회는 파리 회의에서 두 가지 기정사실과 마주하게 될 것

[2] Roberts.
[3] Jacobs.

을 예상해야 했다. 즉, 북쪽에는 '인민공화국'이, 미국의 세력권인 남쪽에는 소위 민주주의 정부가 들어서 있는데, 이 두 체제는 서로에 대해 매우 적대적이라는 것과 각 체제는 저마다 한국 영토 전체에 대한 유효성을 주장하는 헌법을 갖추고 있다는 것이다.

3) 전후 몇 년간의 경험을 통해 알게 된 것은, 소련이 자국의 □□□ 국경에 인접해 있는 인민공화국을 받아들일 줄 모른다는 것이다. 시베리아에 인접한 한반도 북쪽에서 헌법을 실현해나가고 있는 인민공화국에 대해서도 마찬가지다. 따라서 평화 수호를 위해서는 38선이라는 비현실적인 경제 장벽은 제거하되 한국의 '이념적' 분단은 유지하는 것도 어쩌면 적절한 방안일 것이다.

4) 유엔총회가 소련과 미국의 정책들 사이에서 몇몇 가능한 타협점을 찾는 데 매진할 경우, 한국문제는 계류 중인 국제 문제들 중에서 비교적 해결하기 가장 쉬운 축에 들 것이다. 남북한을 점령한 각 열강은 사실상 이미 한반도에서 무력을 철수 중이거나 그럴 예정이었고, 일단, 철수가 실행되면, 한국의 통일을 요구하는 경제적 요인이 한국의 분단을 이끌고 있는 이념들보다 분명 더 많고 강해질 것이다.

5) 프랑스 대표의 권고안은 결론적으로 한국의 연방제 수립이었다. 그렇게 되면 38선의 경제적 경계는 불합리한 요소들부터 시작해 사라지게 된다. 한편, 두 공화국의 연방 수립은 미국의 지원을 받는 남한과 소련의 위성국인 북한에게 각자의 정치 양식과 이념적 움직임을 필요한 만큼 오랫동안 개별적으로 발전시키도록 해줄 것이다.

이러한 해결책 초안이 외무부의 관심을 불러일으켰기에 1948년 8월 초 프랑스 대표의 전보에는 그가 구상하던 메커니즘이 구체적으로 기재되어 있었다. 사실 프랑스 대표는 미소공동위원회 미국 대표단의 유보 문서에서 이 메커니즘의 바탕이 된 개념을 발견했었고, 1947년 미소공동위원회가 결렬되자 미국은 한국문제를 유엔에 상정하기로 했다.

유엔에 참여한 한국 남북공동위원회는 두 지역의 서로 다른 체제 간의 관계를 감독, 조정, 통솔하고, 향후 통일을 향해 나아가도록 해야 할 것이다. 또한 한국이 당사자지만 국제적 성격도 띠는 이 정치기구는 남북한 군대 사이에서 모든 부대의 통합을 추구할 임무를 띤 중립적 참모본부 역할도 겸할 것이다. 그 결과, 타고난 애국심과 전 국민적 통일 의지 앞에 새로운 사상쯤은 희생시킬 줄 아는 수많은 부대가 생겨날 것이다.

같은 날, 프랑스 대표는 프랑스를 비롯한 여러 국가에서 보인 미국의 외교적 행보를 거세게 비판했다.

미국은 유엔임시위원회가 만장일치로 그 정확성과 유효성을 공식 천명한 5·10 총선거의 정치적 성공을 소련과 소련의 선전에 대항하는 데 활용하면 되었지, 왜 그것으로 만족하지 못하는가? 이것이 프랑스 대표의 전보 내용이었다.

언젠가는 북한 인민군, 혹은 심지어 소련과도 전쟁을 벌이지 않은 채 38선 이북에 남한의 주권을 강제할 수 있으리라고 막연하게나마 믿는 사람은 미국인이든 한국인이든, 남한에 한 명도 없다고 그는 덧붙였다.

또한, 우리 측 대표는 남한에 미군과 유엔 임시위원회만 남게 되는 날, 남한 내 미국의 지위가 불안정해질 것을 그 어느 때보다도 실감하면서, "사람들은 미국 정책이 도저히 감당하지 못할 만큼 오만한 입장"으로 프랑스와 다른 유엔 회원국을 결속시키려 했고, 그들의 전략은 한반도 내 미군을 무기한 주둔시키는 것에는 관심도 없다고 한탄했다.

4. 서울에서의 프랑스 대표부 활동

그사이, 프랑스 대표는 프랑스 외무부의 바람대로 최대한 신속히 남한 정부를 구성하고 공고히 하기 위한 미 당국의 노력에 개인적으로, 그리고 프랑스 대표단의 역할[4]이 중요해지던 위원회 차원에서도 모든 협력을 아끼지 않을 것이다.

---

[4] [원주] 유엔한국임시위원회의 역할은 1948년 5월 10일 총선 이후 남한 정부에 세워지고 있는 제도를 평가하는 것과 이승만 정부와의 관계를 유지하는 두 부분으로 되어있음. 그 지위의 독립성으로 프랑스 대표는 필요할 때마다 미국이 원하는 결정의 편을 들 수도 있었음.
이런 관점에서 우리 대표단의 유능함은 미국 주재 프랑스대사관에는 미 국무부가, 파리주재 미 대사관에서는 트루먼 행정부가 우리 정부에 몇 차례에 걸쳐 감사를 표한 것으로 증명되고 있음.

그러나 매우 어리석게도 신생 체제의 대변인들이 북한에 대한 호전적 의사를 내비칠 때마다(이승만 대통령의 사례도 최소 2회 이상 포함), 프랑스는 이들을 질책하는 발언을 했다.

위원회와 최근 선출된 국회 '피후견인들' 간의 관계를 논하는 프랑스 대표의 전체적 어조를 알고 싶다면 장 폴봉쿠르[5] 위원회장과 일명 '연락'위원회의 장면 위원장 사이에 오간 의견 교환 관련 보고서 중 몇 문단을 이곳에 옮기는 것으로 충분할 것이다.

6) 1948년 6월 25일자 회신에서, 위원회는 국회가 5월 31일에 구성되었다는 사실을 기록하였으며, 선출된 대표들이 가능한 한 빨리 한국의 독립과 통일이라는 목표를 달성하기 위해 최선을 다해 주기를 바라는 열렬한 소망을 표현하였다. 한편 위원회는 1947년 11월 14일자 유엔총회 및 1948년 2월 26일자 임시위원회의 결의안과 관련해서, 위원회의 차후 임기에 대한 협의에 들어갈 준비가 되었다는 과거 발언을 상기시켰다.

7) 국회와 위원회 간의 협의는 1948년 7월 19일에 개최된 회의로 한정되었다.

8) 그날 회의에서 위원장은 선출된 대표들의 국회 및 정부 구성권에 대해 위원회가 이의를 제기하진 않았지만, 국회가 표방하는 "국(國)"이라는 칭호에 대해서는 책임을 회피하려 애썼다고 지적했다. 위원회는 국회가 이 점에 대한 위원회의 태도에 대해 조금의 오해도 없다는 것을 확인했다.

9) 이에 위원장은 유엔소총회가 위원회에 보낸 1948년 3월 1일자 서신에 대해 임시연락위원회의 주의를 촉구했다. 또한 위원장은 본 서신에 따르면 선출된 대표들은 위원회의 자문을 얻거나, 선거에 참여하지 않았을 가능성이 있는 여타 모든 한국 단체들과 교섭할 자유가 있다고 상기시켰다. 임시연락위원장은 1948년 3월 1일자 서신의 "선거에 참여하지 않았을 가능성이 있는 여타 모든 한국 단체들"이라는 구문은 북한 국민들에 한해서만 적용 가능하

5) 장 폴봉쿠르(Jean Paul-Boncour). 전 루마니아 주재 프랑스 공사(1945-1948). 유엔 한국임시위원회 단장.

다고 답했다. 임시연락위원회의 견해에 따르면, 유권자 75%가 5월 10일 투표에 참여했던 만큼, 남한에는 선거에 참여하지 않았을 만한 단체는 존재하지 않았다.

10) 위원장은 그때까지 한국의 통일을 위한 여정에서 쏟은 유일한 노력은 북한 주민들에게 정식 선출된 대표들을 서울로 보내달라고 호소한 1948년 6월 1일자 국회 결의안[6]뿐이었다고 강조했다. 이에 연락위원장은 동일 결의안을 참조하면서 국회는 국회 권한 내의 모든 것을 했으며, 지금으로서는 통일을 실현하기 위한 즉각적인 조치를 취하는 것이 불가능하다고 답했다.

5. 위원회의 활동 범위 확대

그러나 미국의 주도로 이루어진 대사관 공관들 간 의견 교환을 보면, 한 달 후 파리에서 소집된 유엔총회에서 한국문제를 충분히 깊이 있게 다루지 않으려는 경향이 그때부터 나타났다. 그리고 프랑스 대표는 보고서 작성을 위해 처음에는 유엔 본부가 있는 레이크석세스로, 다음에는 "유엔안전보장이사회가 회의를 개최하게 될 기타 지역으로" 위원회를 이전했다.

따라서 한국문제가 샤요 궁[7]에서 논의될 때면 위원회도 그곳에 있게 될 것이고, 그것은 모든 동료들의 지지를 받게 된 프랑스 대표단과 행정적 난관을 만들어내며 1948년 10월이 되어서야 사임한 트리그브 리 사무국 간의 격한 싸움의 시발점이기도 했다.

그러나 프랑스 대표가 보기에 열강들의 군대가 철수한 후 얼마 되지 않아 한국에 내전이 발생하는 것을 막을 유일한 기회는, 소련이 한반도의 절반과 한반

---

[6] [원주] 국회는 소련의 중개로 북한에 당연히 전해지기를 바라면서 이 결의안을 위원회에 제출했음. 위원장은 위원회에 대한 소련의 태도 때문에 그런 과정은 금지되었다고 연락위원회에 알렸음.

[7] 샤요 궁(Palais de Chaillot). 1952년 뉴욕에 유엔 본부 건물이 완공되기 전에는 총회가 임시 장소를 정해 열렸음. 샤요궁에서는 1948년 12월 10일부터 제3차 유엔총회가 열림. 12월 12일 유엔총회 결의 제195호는 남한 정부를 유일한 합법 정부로 승인하게 됨.

도 경제 활동에 있어서도 매우 중요한 절반의 지배자와 다름없는데도 마치 아니라는 듯이 취급하며 소련의 반대를 무시한 과반의 결의안을 채택하는 것으로 유엔총회를 마무리 지으려는 미국을 가능한 한 막아내는 것이다. 우리 측 대표의 의견에 따르면, 이 문제와 관련해 유일하게 권한을 지닌 국제기관, 즉 임시위원회가 정책 결정이 이루어지는 그 시간과 그 장소에 출석해, 대표단 측에 한국문제의 현실, 특히 북한과 경제적으로 분리된 남한의 가려진 현실을 보고서를 통해 알리는 데 그칠 것이 아니라, 미소 간 최소한의 타협 가능성이라도 보이면, 현재 서울에서 구성 중인 법적 체제와 평양에서 선포한 체제 간의 향후 관계라는 중요한 문제에 대해 평화적이면서도 점진적인 해결 방안을 구상하고, 나아가 명시하는 것이 바람직했다. 마지막으로 필요한 경우, 유엔총회에서 어떤 대표단도, 특히 프랑스 대표단도 나서지 않는다면, 38선 이남의 대한민국과 이북의 조선민주주의인민공화국 간의 연방 결성을 구상해 제안하는 것도 임시위원회의 임무일 것이다.

당시에 임시위원회의 파리 이전 주장이 어떤 비난을 야기했든지 간에, 한국 사태가 비극적 상황에 처하게 된 오늘날, 미국과 소련 각 참모부의 관심이 이젠 잠시 시들해진 듯한 지구상의 한 지점에 대해 양국이 서로 타협할 수 있으리라는 확신을 위원회 회원국들과 프랑스 대표가 공유했다고 해서, 그것이 상식적으로 비난받을 만한 일일까?

6. 워싱턴에서의 프랑스 대표부 활동

1948년 9월 초가 되자, 한국임시위원회는 유엔본부에서 모였고, 프랑스 대표는 워싱턴을 방문하여 본 비망록 첫 단락에도 그 주요 대목을 옮겨놓은 결론에 대한 견해뿐 아니라, 그때까지 프랑스 외무부와만 논의했던 타협 방안들도 미 국무부에 제출했다.

로버트 러베트[8] 미 국무차관보, 버터워스[9] 당시 극동 담당관 및 미 국무부 유엔국 관료들과의 회담에서 우리 대표가 제시한 논거는 다음과 같다.

만일 귀국이 한국에서 군대를 철수하기로 결정한다면, 그것은 아마도 한반도가 전략적 측면에서 귀국의 관심을 끌지 못한다는 것이고, 따라서 귀국의 최고사령부는 추후 그곳에 군대를 재배치할 의향이 없다는 의미일 것입니다. 그렇다면, 소련 진영과 서구 열강들 간의 기타 외교 분쟁 분야에서 냉전이 심해지기는 했지만, 비교적 단시일 내에 예민해질 수 있는 이번 한국문제에서 타협을 시도해 보는 편이 바람직하지 않을까요? 한국이 극동 지역의 그리스[10]가 되도록 내버려둔다고 해서 미국에나 유엔에 득 될 것이 뭐가 있을까요?

본 회담을 함께 진행한 외교관들은 공동위원회와 중립적 참모본부의 발언 내용을 무시하는 것과는 원칙적으로 거리가 멀었다고 이 자리에서 강조해도 되겠습니까? 1947년 미소회담 준비 단계에서도 같은 계통의 구상을 검토하지 않았던가요?

그러나 미 국방위원회에서는 참모들의 의견과 특히 포리스털[11]의 부정적인 입김이 외교적 관점보다 더 영향력을 발휘했다. 게다가 맥아더 장군은 이승만 대통령과 오랜 우정으로 얽혀있는 데다, 북한 "인민"군의 비효율성만큼이나 남한에 뿌리내리기 시작한 독재 통치의 가치에 대해서도 확신하고 있었기에, 한국 내 미국 정치 전선에도 다른 여러 냉전 분야에서와 동일한 불가침성을 권장하였다. 따라서 미국 측은 기대와 달리 파리 총회 기간 동안 혹여 미소 간 타협 전망이 나올 가능성에 대비해, 그 제안사항들은 유보해달라고 프랑스 대표에게 부탁했다.

한편 미 국무부는 한국과 독일의 몇몇 상황적 유사성을 이유로, 한국 연방제 방식의 구상 또는 추후 제시에 대한 논의가 파리에서 유관 부서들과 이루어지

---

8) 로버트 러베트(Robert Lovett, 1895-1986). 트루먼 행정부에서 국무차관보 이후 국무장관이 됨. 한국전쟁 시 군축 프로그램을 계획함. 미 외교정책의 핵심적인 원로였음.

9) 윌리엄 월튼 버터워스(William Walton Butterworth, 1903-1975). 당시 미 국무부 극동담당 차관보. 이후 스웨덴 주재 미국대사, 유럽석탄철강공동체 대표, 유럽 경제 및 원자력 공동체 미국 대표, 주캐나다 대사 역임.

10) 그리스 내전을 가리킴. 1946년에서 1949년 사이 영국, 미국의 지원을 받은 그리스 정부군과, 공산권 유럽국가 및 그리스 공산당의 지원을 받은 그리스 민주군이 싸운 내전. 3년간의 내전으로 양측 모두 5만 명이 전사하고 50만 명이 난민이 됨.

11) 제임스 포리스털(James Vincent Forrestal, 1892-1949). 공화당원이자 미 국방장관(1947-1949).

기를 희망하고 있었다. 이 같은 상황에서 프랑스 대표는 미국의 견해를 지지하는 데 조심스럽기 그지없던 소수의 대표들과 길고 고된 토론을 벌였고, 그 결과 위원회는 본 비망록 서두에 제시한 엄중한 경고를 보내는 것으로 그치자는 데 만장일치로 합의했다. 그러나 보고서는 아래에서 읽게 될 문단으로 바로 이어지는데, 해당 문단에서는 잠재적 상황에 대한 책임을 악화 일로로 치닫는 미소 대립에 돌리고 있다.

"본 위원회가 한국문제에 전문화된 유일한 국제기구이므로, 위원회 보고서를 통해 몇 가지 해결방안의 윤곽이 잡히기를 기대할 수 있을 것입니다. 그러나 위원회가 이를 실행하지 않더라도 소임을 다하지 않은 것이 아니며, 오히려 남북한의 대립된 이념이나 정치가 계속해서 부딪히는 한, 남북한 주민 간 평화적 관계를 수립할 방법론을 정하려 애쓰는 것은 무의미하다는 의견입니다. 서로 대립되는 이념이나 정치가 접촉하고 있는 곳이라면 세계 어디서든 충돌이 점점 더 격화하고 있듯 말입니다.

그러나 혹여 한국문제가 현재 국제관계가 겪고 있는 분쟁의 일면에 지나지 않는다 하더라도, 본 위원회는 시간이 감에 따라 남북한 간의 지배적인 긴장이 누그러지기를 기대할 수 있으리라 생각합니다."

"이런 상황에서 본 위원회는 유엔총회가 취할 입장을 미리 단정 짓지 않고, 유엔총회가 요구할 수 있는 의견들을 제시하기 위해, 또 필요한 경우 국제적 논의와 추이에 비추어 보아 유엔총회가 위원회에 추천할 법한 해결안을 구상하는 것을 돕기 위해 총회에 재량권을 맡깁니다."

7. 샤요 궁에서의 프랑스 대표부 활동

이런 상황 속에서 1948년 10월 말 파리에 도착한 한국임시위원회는 한국문제에 대한 심도 깊은 지식과 있을 수 있는 중재안을 어느 정도 유엔총회에 제공했다.

그러고 난 직후, 프랑스 대표가 다시 위원회 의장직을 맡을 차례가 되었고, 그는 자신의 직무 권한에 따라 한편으로는 미국 대표들을, 또 한편으로는 유엔 총회 정책위원장을 몇 주간 설득하는데 나섰다. 마침내 다른 대표들의 중재로, 한국문제 주요 관련국 대표단은 냉전으로 인해 서구 진영과 소련 진영이 각각 연대를 강화하던 시점에 무력전투의 장으로 변모하지 않도록 하는 것이 모두의 관심사로 보이는 어떤 한 분야에서 최소한 긴장 완화가 이루어지도록 노력했다.

프랑스 대표단의 일원인 그룅바크12) 프랑스 의회 외교위원장의 중개로, 프랑스 대표는 스파크13) 유엔 제1위원회 의장과의 면담 기회를 얻었다. 제1위원회는 수 주 동안 팔레스타인 문제에 빠져 미궁을 헤매고 있었다. 벨기에 외무장관이기도 한 스파크는 사안의 중대성과 미국의 강경한 태도를 완화할 필요성에 대해 그룅바크에게 들은 바가 있었다. 프랑스 대표가 미군이 한국에서 철수 중이라는 소식을 그에게 전하자, 그는 말 그대로 당혹감을 감추지 못했다. 그리고 자신의 귀를 의심하며 자신이 의장직을 맡고 있는 위원회가 한국문제를 검토하게 될 때까지 판단을 유보했다.14)

그러나 마셜15) 국무장관이 미국으로 귀국한 이후 포스터 덜레스16)가 이끌게 된 미국 대표단은 미 국방위원회 논의에서 지배적이었던 시각을 철저히 따르고 있었다. 프랑스 대표는 작성 초기부터 결의안에 사로잡혀 있었는데, 이 결의안에 대해 소련 대표부와 의논하는 것은 있을 수 없는 일이었다. 사실 이 결의안의 전반적인 내용은 소련이 참여하길 거부하던 임시위원단이 이룩한 성과를 칭송하는 것이었고, 프랑스 대표에게는 서울로 돌아가서 무엇보다도 소위 한국

12) 살로몽 그룅바크(Salomon Grumbach, 1884-1952). 사회당원. 하원의원(1936-1940). 1948년부터 유엔 프랑스 대표단 역임.

13) 폴 스파크(Paul Henri Spaak, 1899-1972). 벨기에의 정치가이자 법학자. 제1차 유엔총회 의장, 유럽경공동체 조약 기초회의 의장, 북대서양조약기구 사무총장 역임.

14) [원주] 한국에 대한 논의가 있기 며칠 전, 벨기에의 수도인 브뤼셀의 정치 상황은 스파크를 소환해야 했음.

15) 조지 마셜(George Catlett Marshall, 1880-1959). 당시 미 국방장관. 마셜플랜의 제창자. 제2차 세계대전 중에는 참모총장 역임. 유럽의 경제부흥에 대한 공적으로 1953년 노벨평화상 수상.

16) 존 포스터 덜레스(John Foster Dulles, 1888-1959). 1950년 국무부 고문으로 있으면서 한국의 6·25전쟁 전에 38선 시찰. 1951년 대통령 특사로 대일강화조약 체결을 위해 노력하며 미·일안보체제의 기초를 마련. 1953년부터 아이젠하워 행정부의 국무장관 역임.

통일을 실현하여 위원회 임무를 완수하라고 권고하고 있었다. 하지만 실제로는 침략대상국에 유엔위원회를 상주시켜 공산주의 침략국을 압박하기 위한 목적이 었다.

미국이 이 '전투' 결의안을 제출하는 구실은 한국에서 소련과 타협을 시도할 필요가 없다는 것이었지만, 소련 정부는 기타 여러 분야에서 어떤 타협이고 모두 거부하고 있었다. 파리회의는 마지막 며칠을 남겨놓고서 한국 관련 논의를 대충 결론내릴 수밖에 없는 조건 속에서 회기가 종료될 것으로 보이며, 비신스키,[17) 보고몰로프,18) 파블로프19)와 끝이 보이지 않는 이면공작을 하느라 시간을 허비할 수는 없다고 미국 측은 덧붙였다.

물론 우리 대표는 자신이 받은 제안서를 프랑스 정부에 전달했고, 미국 대표들에게는 설사 그렇다 해도 우리 대표를 믿고서 그가 속한 위원회와 함께 한국으로 돌아가서는 안 된다고 전적으로 개인적인 조언을 했다. 그러고는 소련과의 사전 동의에 대한 윤곽이라도 잡아야 하며, 남북 간 합의를 위원단에게 자체 수단만으로 성사시키도록 하는 것은 말도 안 되는 일이라고 덧붙였다. 위원회 보고서 자료(앞서 제시한 발췌문)를 참고하면 충분히 판단할 수 있을 것이라는 말도 잊지 않았다.

이와 같은 프랑스 대표의 고찰과 위원회 소속 몇몇 동료들이 유사한 맥락에서 개인적으로 표명한 기타 의견들은 그저 미국 대표부가 자신들의 결의안을 수정해, 주요 구성원들이 실패할 것이 뻔한 계획을 계속 밀고 나갈 수 없다며 거부 중인 위원회를 신규 위원회로 대체하게 만들었을 뿐이다.

한편, 포스터 덜레스는 프랑스 대표부뿐만 아니라, 미국의 의도에 대해 가장 주저하는 태도를 보이던 캐나다와 호주 대표부와도 협상을 이어갔다. 피어슨은 캐나다가 신규 위원회에 더 이상 참여할 수 없었기에 이 사안에 무관심한 태도

---

17) 안드레이 비신스키(Andrei Yanuar'evich Vyshinskii, 1883-1954). 우크라이나 출신 소련 외교관. 소련 외무장관 및 유엔 수석대표 역임.
18) 알렉산드르 보고몰로프(Alexander E. Bogomolov, 1900-1969). 프랑스 주재 소련대사. 유엔 인권위원회에서 세계 인권선언 작성에 참여. 주체코 대사와 주이탈리아 대사 역임.
19) 알렉세이 파블로프(Alexei P. Pavlov). 유엔인권위원회 소련대표로 추정됨.

를 보였다. 즉, 캐나다 정부는 한국문제에서 손을 떼고 있었다. 에바트[20] 유엔총회장이 위원회 자국 대표의 의견에 어떤 가치를 부여하든, 호주 주요 일간지 소유주인 잭슨[21]은 형식만 일부 변경하여 미국의 결의안에 대해 찬성을 표했다.

시리아 대표단[22]은 총회 내에서 독자 노선을 걷는 유일한 대표단이었는데, 당시 진행 중이던 팔레스타인 협상과 관련해 협박을 하려는 뚜렷한 목적을 갖고 있었다.

8. 프랑스 외무부에서의 프랑스 대표부 활동

임시위원회 프랑스 대표는 미국의 최종결의안을 입수하자마자, 외무부 총정치국장에게 직접 전달하고 싶어 했다. 그는 주한미군의 철수가 임박했음을 믿고 싶어 하지 않는 총정치국장에게 가능한 타협 방안을 상기시켰는데, 이것은 지난 여름 외무부에서 한동안 관심을 갖는 듯하던 내용이었다. 그는 유엔한국위원회의 일원으로서, 그리고 여러 차례 위원회 의장을 맡았던 사람으로서 서울에서 시작해 워싱턴을 거쳐 마지막으로 샤요 궁에서까지 기울였던 노력을 언급한 후, 계속 동일한 맥락에서 노력을 이어가야할지 물었다.

그러자 쿠브 드 뮈르빌 국장은 그것은 논의할 필요도 없는 문제라고 답했다. 프랑스는 캐나다처럼 신규 한국위원회 업무에는 더 이상 참여하지 않으려 노력하면서도 미국과 완전히 연대할 수밖에 없었다.

이에 프랑스 대표는 한국도 너무나 비극적인 그리스전투의 전철을 밟아 장차 내전에 휩싸일 수밖에 없을 것이란 전망을 내놓았고, 총정치국장은 북한 인민

---

20) 허버트 베어 에바트(Herbert Vere Evatt, 1894-1965). 유엔총회 의장 시(1948-1949) 세계인권선언에 참여. 법무 및 외무장관(194-1949). 호주 노동당(1951-1960) 지도자. 뉴사우스웨일즈 대법원장(1960-1962) 역임.

21) S. H. 잭슨(S. H. Jackson). 한국위원회 호주대표. 제2 분과위원장.

22) [원쥐 제1위원회의 전 회의 기간 동안 한국문제에 대한 논의 시, 유엔 한국임시위원단의 시리아 대표 야신 무기르 씨는 결의안에 대한 대안을 제시하도록 했음. 그가 발의안을 제출하기 몇 분 전 포스터 덜레스와 평가단의 즉각적인 압력이 그가 발의하는 것을 포기하게 했음.

군의 공격이 때가 되면 최대의 국제적 스캔들이 되어, 필요한 경우 소련 정책의 실체를 전 세계 여론에 폭로할 수도 있다는 이익만을 강조할 뿐이었다.

상관의 이 같은 발언은 장 폴봉쿠르 대표가 임시위원회 내에서 프랑스의 이름으로 한국문제에 있어서 여태까지 타협이라는 수단으로 유지해 오던 활동 태도를 끝내게 했다. 그에게는 국제위원회의 일원으로서 의사를 표명할 기회와, 국제위원회의 입장을 해석할 권한이 남아 있을 뿐이며, 이는 오직 본 비망록 서두에 옮겨놓은 엄중한 경고로 한정된 결론(위의 6항 참조)과 최종보고서 차원에서만 가능했다.

이 기회는 브루스트라23) 프랑스 외무부 회담사무국장을 통해 임시한국위원회 프랑스 대표에게 주어졌다. 장 폴봉쿠르 대표는 한국문제에 대한 심의가 시작되기 며칠 전, 프랑스, 영국, 베네룩스 대표단이 프랑스 외무부에서 개최하는 회의에 전문가로서 발언하도록 사무국장 브루스트라의 지목을 받아, 한국문제의 자료를 객관적으로 인용하면서 과거에 있어 왔던 위기를 재차 겪었고, 그러면서 미국 대표단이 권하는 길에 합류했다.

글래드윈 젭 영국 대표는 자국 전문가들이 한국의 실제 상황에 대해 우리 측 대표에 전적으로 동의한다고 대답했지만, 정치적 측면에서는 해당 사안의 전적인 책임을 미국 정부에 맡기길 원하며 호주 대표단이 원하는 대로 수정한 미국 측 결의안을 지지한다고 밝혔다. 벨기에 대표부와 네덜란드 대표부 역시 동일한 의사를 표명했다.

9. 『피가로』24) 기사

파리회의의 종료 시기가 다가오는 가운데, 유엔이 샤요 궁을 떠나기 전 한국문제를 다수결로 졸속처리하는 것을 이런 조건에서 막을 수 있었을까? 장 폴봉

---

23) 뱅상 브루스트라(Vincent Broustra). 프랑스 외무부 회담사무국장. 프랑스대사 역임.
24) 『피가로Le Figaro』. 1826년 창간한 프랑스에서 가장 오래된 보수계 신문.

쿠르 대표는 자신에게 열려 있는 언론이라는 유일한 길을 통해 마지막으로 대표부가 본연의 책임을 앞에 할 수 있도록 결심했다. 유엔정치위원회에서 한국 관련 심의가 열리던 날 아침, 아래 기사가 『피가로』에 실렸다.

「한국문제」

유엔정치위원회 의제 중 다섯 번째 항목은 비교적 간단하다. 샤요 궁에 모인 대표부들이 하려고만 한다면, 한국문제에 있어서 적극적으로 일할 수 있을 것이고 또 그렇게 해야 할 것이다.

현재의 문제는 오로지 미국과 소련의 군사 점령으로 인해 나라가 양분된 데서 비롯된다. 38선이라는 추상적인 지리적 경계를 따라 두 군대를 사이에 두고 그어진 분계선은 3년 만에 정치적 경계이자 경제장벽이 되었으며, 한반도를 양분해 주거 밀집 지역을 가르고 통신로를 끊으며 사람과 화물의 이동, 전기 공급뿐만 아니라 논에 물대는 것조차 막았다. 이제는 일주일에 한 번, 열차 한 대만이 남북을 오갈 뿐이다.

그로 인해 한국 경제는 서서히 죽어가고 있다. 언어와 풍습, 그리고 천 년을 훌쩍 뛰어넘으며 함께 살아온 세월로 깊이 하나 된 국민들은 조국의 실질적 독립과 통일을 집요하게 요구하고 있다.

그런데, 두 병력이 한반도를 나누고 있으니, 하나는 이미 북쪽에서 철수한 붉은 군대이고, 다른 하나는 남쪽을 떠날 채비를 마쳤음이 확연한 미군이다.

그렇다면, 문제는 무엇인가?

거의 1년 전에 동시 군철수 실행이 촉구됐지만 미국은 남쪽 지역의 미 군정을 동시에 해산하지 않고는 군 철수가 불가능했다. 그런데 해산할 경우, 한국에는 러시아가 북에 세워 최근 스스로 '인민공화국'이라 선포한 정치조직만 남게 되는 것이다. 다시 말해, 나라 전체가 소련의 전체주의 아래 놓이게 될 텐데, 농민과 빈곤층이 상당 부분을 차지하는 이북 출신 피난민이 몰려 내려오는 것을 보면 그 체제의 방식이 어떠하며 사람들의 지지가 얼마나 부족한지가 충분히 증명된다.

이제 우리의 상황은 달라졌다. 유엔이 소련의 뜻을 거스르고 파견한 국제

위원회의 지원으로, 더없이 공정한 선거를 통해 탄생한 체제가 남한에 구성된 것이다. 어쩌면 이승만 정부는 생긴 지 얼마 안 되어 그 토대가 견고하지 못하며, 최근 미군 철수에 찬성했던 남한 의회는 게릴라들과 실랑이 중인 정부의 간청으로 얼마 전 그 결정을 뒤집었다. 그래도 '대한민국'은 엄연히 존재하며, 열강의 인정을 받기에 확실한 법적 자격을 갖추었다.

그렇다면 이처럼 새로운 국면에서 한국문제를 평화적으로 해결하기 위해서는 어떻게 해야 할까? 회의를 통한 대화와 표결보다는 약간의 외교와 한층 높은 객관성이 필요하다.

유엔정치위원회는 남북한 정부 각각의 장점, 두 정부를 탄생시킨 선거, 샤요 궁에서 인정받기를 바라는 대표부들의 대표로서의 가치에 대해 아마 오랫동안 논의할 것이다. 최근 일이라 해도 이런 과거를 청산하고 난 후에야 위원회는 실질적으로는 아무 것도 해결하지 못할 과반 결의로 회의를 종료하기 전에 심사숙고할 마음이 생길 것이다. 또 그때서야 무엇보다도 미래에 전념해, 북한에는 인민주의공화국, 남한에는 대한민국이 들어선 현 상황을 있는 그대로 용감히 마주할 것이다.

미국과 소련은 불합리하고 실망스러운 38선 장벽을 경제 분야에서부터 점차 무너뜨려, 한국에 수립된 두 개의 경쟁 체제가 그곳 국민들의 하나같은 염원에 부응하도록 놓아둘 가능성이 있는 것인지, 유엔정치위원회는 스스로든 아니면 성탄절 휴회기간 동안 근무할 분과위원회를 통해서든 솔직한 해명의 시간을 가질 의무가 있다.

어쨌든 샤요 궁에 모인 대표들이 유엔한국위원회의 결론에 나타난 아래 대목을 깊이 되새기길 바란다.

"위원회는 평화적 협상 절차 마련이 시급하다고 생각하기 때문에, 점령군이 철수해 한국을 서로 적대적인 정치 체제 선택에 내맡기기 전에 개입해야 한다. 두 체제에 속한 군대들이 동족상잔의 전쟁으로 끌려들어갈 수도 있다."

그것은 한국문제를 해결하는 게 아니라 한국을 극동의 그리스로 만들 뿐이다.

* * *

그러나 모두 헛수고였다. 성탄절 연휴를 맞아 집에 가기 바빴던 대표부들은 결국 두 개 대립 진영으로 나뉘는 데 어느 정도 익숙해져서, 지루한 지난 몇 주에 걸쳐 여러 번 회의 표결을 하는 동안 표가 두 진영으로 철저히 나뉘어졌다. 그 결과 샤요 궁 심의의 마지막 주는 한국을 쟁점 주제로 하는 토의가 미국이 원하는 기한까지 진행되었으며, 파리 회기의 끝에서 두 번째 총회에서 소련 진영의 반대표를 꺾고 포스터 덜레스가 지지하는 결의안이 채택되었다.

이듬해, 신규 유엔한국위원회 보고서를 보면, 유엔이 미리 정식으로 경고 받고서도 예방하려 하지 않았던 침략사태를 위원회가 국제적으로 인정한 최근까지도 이행되던 위원회의 서울 파견 임무가 얼마나 허황됐는지, 심지어 얼마나 무익했는지 알 수 있다.

10. 본 비망록은 회고적 성격만을 갖는가?

불법적인 군사 침략을 진압하기 위해 처음으로 연합해서 국제군을 동원한 공동행동에 들어간 미국과 유엔의 현 정책에 대해 직접적이든 간접적이든 비판하는 것은 어찌되었든 잘못된 행동일 것이다.

본 비망록의 작성자는 10년간 제네바에서 외교관직에 몸담으면서 더 나은 신분에 걸맞은 끈기를 가지고 모든 침략국에 대해 자동으로 군사제재를 적용할 것을 권장하는 다양한 제안, 계획, 프로젝트 구상에 협력했다. 뿐만 아니라 그는 이탈리아의 에티오피아 침공 당시 오직 경제 제재만 가하는 일관된 제재 체계를 개발하려 헛되이 애썼던 전문가였기에, 적용하기가 기술적으로 끝도 없이 복잡한 상황에서 이러한 제재들이 얼마나 헛된지 가늠할 수 있었다.

사전 수립된 계획에 따른 프랑스의 상호군사지원 원칙에 대한 그의 신뢰는 1935년이 되어 마침내 확고해졌다.

그러나 프랑스가 늘 권장했던 "사전 수립된 계획"은 미국과 유엔이 현재 한국에서 힘겹게 체험하고 있는 비극적일 정도의 졸속 처리와는 상당히 거리가 있다. 우선, 한반도를 서로 첨예하게 대립하는 두 개체로 나누어 일시적으로 통행 불가능한 상태로 지내도록 놔두는 데에 만족했을 때, 1948년 유엔총회는 유엔의 도움으로 이제 막 남한에 탄생한 불안정한 체제의 군사안보에 신경을 썼으면 안 되는 것이었는지 자문해 볼 수 있다. 주한 미군을 대체할만한 충분히 견고한 군사 방편이 없는 상황에서, 임시위원회의 경고를 묵과하고 무시하는 일을 도맡던 미국인들에게 계속 주한 미군 주둔을 위임해서는 안 되는 것 아니었을까?

실제로, 유엔의 안이한 생각, 유엔에 도움을 청했던 미국에게 실질적 해결책 없이 결의안을 남겨진 상황에 대한 유일한 책임을 떠넘기는 유엔의 민첩한 태도는 미 최고사령부가 서둘러 제24사단을 한국의 "곤경"에서 철수해버린 민첩성과 다를 바 없다. 또한 유엔임시위원회가 남한에 존재한다는 것만으로 남북한의 무력통일에 대비할 수 있으리라는 착각, 미 정부와 최고사령부가 북한의 침략이 임박했음을 거듭 강조하는 정보들을 접하고도 피할 수 없는 국제 여론에 못 이겨 느닷없이 장마철에, 다시 말해 항공 비행에 있어서는 최악의 기상 상황에서 18개월 전 한반도에서 철수했던 사단들을 한국에 재파병할 수밖에 없었던 안이한 생각과도 다를 바가 없는 것이다.

이처럼 가혹한 교훈은 잊어서는 안 될 것이다. 적정 기관을 통해 잠재적 전쟁 위험이 있다는 경고를 받는 경우, 유엔은 회원국 중 어느 한 국가가 아무리 강해도 세계 평화를 위해 뒤따를 수 있는 책임을 경솔하게 그 국가에만 전가해서는 안 된다. 경험이 증명하듯이, 자가당착에 빠질 수 있는 일들이 너무나 많으며, 심지어, 민주 강대국들의 행정기관들 간에도 일관성 없는 일들이 너무나 많기 때문에 전쟁이 발발할 경우 모두의 사활이 걸린 일은 별 탈 없으리라 믿으며 한 국가가 재량껏, 심지어 독단으로 대처하도록 맡겨둘 수가 없다.

* * *

회기를 빨리 마치고픈 조바심에 멀게만 느껴지는 한 나라에게 저지른 중대한 잘못을 갚으려면 유엔 총회는 또다시 어떤 대가를 치러야만 하는 것일까?

유엔군은 계속해서 한반도에 한쪽 발을 들여놓고 있을 것인가, 아니면 우리는 됭케르크 양상을 띤 나르비크[25])의 완전개정판을 보게 될 것인가? 기갑부대의 정면공격과 산악 지역에서의 게릴라 공격, 부산항 혁명 시위의 복합적 압박 때문에 철수해야 한다면 재상륙은 언제, 어떤 조건 속에서 이루어질 수 있을 것인가?

그 사이 중국과 소련은 인민공화국이 주도하는 통일로 한반도의 영토 통합을 보장하지 않을까? 그런 가정 하에서 유엔이 한국, 즉 한국 국민들을 "해방"시키기 위해 세계전쟁에 대한 전망 앞에서 주저하든 말든 말이다. 어쨌든 한국 국민들은 "민족 안보 수호자"들의 방식이 독재자 이승만 조직의 일본식 방법보다 더 나쁘다고 생각하지 않을 수도 있다. 농민 대중은 이후 공산주의가 그들에게 불러올 변화를 어느 정도 알고 있다 해도 한동안은 토지 개혁의 기쁨만을 즐길 것이다.

한반도에서 진행 중인 무력시위 이후에 미국과 소련 사이에서 중도 정책노선(middle of the road)을 유지할 수 있을 한국 인사들이 아직 어느 정도 남아있는가? 김구는 이미 암살당했으니 김규식[26])이 있겠고, 또 이승만의 독재 시도를 따르기보다는 북한 체제에 가담하지 않으면서 미국 진영을 떠나고 싶어 하는 그 외 인물들이 아직 남아있는가 말이다.

1948년 유엔한국위원회의 프랑스 대표가 윤곽을 잡았던 타협안들의 실질적 가치는 이 모든 질문에 사태가 어떻게 반응하는지에 달려 있다. 외무부는 한때 이 타협안들에 관심을 가졌었고, 미국도 외교 채널을 통해 장 폴봉쿠르에게 이 타협안들을 잘 준비해두기를 청했으나 끝내 좋은 기회를 날려버리는 우를 제대

---

25) Narvik. 노르웨이 중북부, 노를란 주 북부의 항만도시. 제2차 세계대전 때 영국군과 독일군 간 치열한 해전이 벌어졌음.

26) 김규식(金奎植, 1881-1950). 독립운동가이자 정치외교가로 1935년 민족혁명당을 창당하였고 1942년 임시정부 국무위원(부주석)을 지냄. 1946년 여운형과 함께 좌우합작운동을 전개하였고 이후 민족자주연맹을 만들어 통일운동을 전개함. 1948년 1월 유엔한국위원단의 서울 도착을 계기로 유엔에 의한 남한만의 단독 선거에 반대하여 북한에 가서 남북 협상을 시도 했으나 실패함. 1950년 5월 30일 치러진 총선거에서 국회의원에 당선된 바 있으며, 한국전쟁 시 납북되어 겨울에 사망함.

로 범하고 말았다.

하지만 그중 하나를 발전시켜보려 한다면, 어쨌든 당장은 전적으로 외교적 차원에서 유일하게 제시할 수 있는 타협안은 여전히, 현재의 토대 위에서 남북 관계를 평화적으로 해결하기 위한 공동위원회 설치일 것이다. 사실 현 상황에서는,

1) 이제 더 이상은 북한에 기정사실화되어있는 인민공화국을 빼놓고는 논의할 수 없다.
2) 남한에서 이승만 독재정권이 배척받을 수는 있으나, 유엔 후원으로 치른 선거에서 선출된 인민 대표들은 그렇지 않다.

또 하나의 새로운 독일이라고 할 만한 한반도에서 유엔과 미국의 위신을 희생해가며 긴급히 평화를 재건하지 않는 이상, 북한의 전체주의 실체에 맞서는 남한의 "민주주의" 실체를 보호해야만 한다.

이를 위해서는 한반도의 군사적 균형이 전승국인 북한 쪽으로 치우쳐 깨져있는 한, 공동위원회에 제출할 위임장에 남북한이라는 두 실체를 동등한 위치로 작성하고, 되도록 빠른 시일 내에 국제적으로 회원들을 지명하여 그들 손으로 직접 한국 회원들을 뽑도록 하기만 하면 된다. 한국 회원들은 한편으로는 북한의 "인민총회" 진영에서, 또 한편으로는 38선 이남 지역에서 최근 치러진 선거에서 뽑힌 "반탁주의자"들 중에서 절반씩 선출될 것이다.

그러면 공동위원회 위임장을 작성하는 일만 남는다. 이를 위해 미국과 소련 동시에 지난한 협상을 벌여야 할 것이다. 그러나 본 위원회가 결국 남한에서 맡은 바 책임을 이행하는 데 배경이 될 정치 상황이 현재 불안정하고 유동적이기까지 한 것을 보면, 위임장은 충분히 유연한 용어로 작성하여 위원회가 무엇보다도 유엔이 빠져 허우적거리고 있는 위태로운 국제적 혼돈을 평화적으로 해결하는 데 헌신할 수 있도록 해야 할 것이다.

특히 위원회는 1951년 정기총회 때까지는 보고해야 할 것이다.

【148】 외무부의 대외정책에 대한 연설(19501.9.1)

[전 보]	외무부의 대외정책에 대한 연설
[문 서 번 호]	261-264
[발 신 일]	1950년 9월 1일 10시 12분
[수 신 일]	1950년 9월 2일 07시 15분
[발신지 및 발신자]	오타와/게랭¹⁾(주캐나다 프랑스대사)

피어슨 외무장관은 8월 31일 하원에서 대외정치에 관한 중대 연설을 발표했습니다. 요점은 아래와 같습니다.

1. 한국

캐나다는 공산정권의 남한 침공을 저지하기 위해 자국의 책임을 다하기로 결정했습니다. 인도차이나 반도, 독일, 그 외 세계 다른 지역에서 모든 동일한 시도를 감행하는 침략자들에게 교훈이 될 것이기 때문입니다.

그러나 캐나다의 참여는 한반도 내 군사작전 수행으로 제한하고, 중국 본토에 국민당 정권을 복원하려는 시도나, 대만 원조에는 관여하지 않습니다.

네루의 발언과 관련해서 피어슨은 한반도 남쪽 영토 회복 이후, 미래 한국의 운명은 아시아 국가들의 주도하에 결정해야 한다고 선언했습니다.

2. 독일

장관은 인위적 경계를 기준으로 둘로 나뉘어 동쪽은 소련이 관리하는 독일의 상황이 한국 상황과 여러 면에서 유사함을 설명한 후, 동독과 서독의 군사력 편

---

1) 위베르 게랭(Guerin Marie Hubert Guerin, 1896-1986), 프랑스 군 장교이자 외교관. 캐나다(1949-1955), 브라질(1946-1949), 네덜란드(1945-1946) 주재 대사 역임.

차를 해소하려면 서독이 자국 방어에 필요한 무기를 제공받거나 서방 연합국들의 추가적인 책임 수행이 필요하다고 발언했습니다.

또한 그는 독일을 재무장하는 것이 분명 위험 요소를 안고 있지만, 이미 이런 위험 요소가 동독에 존재하며, 서독과 미래의 독일 민주공화국이 나머지 서유럽 국가들에게 경제·군사·정치적으로까지 점차 통합된다면 그 위험이 완화될 것이라고 덧붙였습니다.

3. 예방전쟁

평화를 수호한다며 '전쟁' 또는 '침략'을 논하는 이들에게 캐나다는 침묵으로라도 동조하지 않을 것이라고 피어슨은 힘주어 말했습니다. 또한 캐나다 정부는 유엔헌장에 명시된 의무를 준수하는 동시에 한국분쟁의 국지화 및 확장 억제를 위한 모든 노력을 지지한다고 덧붙였습니다.

4. 공산주의의 세계화

장관은 공산제국주의가 ㅁㅁㅁ의 힘만으로는 무너질 수 없으며, "빵, 안전, 평화를 갈구하는" 대중의 열망에 부응하기 위해 민주국가들이 아시아 지역을 중심으로 사회·경제 부문의 과감한 정책들을 시도해야 한다고 강조했습니다.

워싱턴 공문 제46호
프랑스 대표부 공문 제50호

게랭

【149】 한국의 군 상황: 9월 1일 낙동강 전선과 남쪽지구에 대한 적군의 총공격 (1950.9.2)

[전　　　　보]	한국의 군 상황: 9월 1일 낙동강 전선과 남쪽지구에 대한 적군의 총공격
[문 서 번 호]	1370
[발　신　일]	1950년 9월 2일 01시
[수　신　일]	1950년 9월 2일 10시 30분
[발신지 및 발신자]	도쿄/드장(주일 프랑스대사)

워싱턴 공문 제440호

뉴욕 공문 제240호

사이공 고등판무관 공문 제648호

1. 9월 2일 00시 25분 공문

9월 1일 오전에 발발한 낙동강 전선 및 남부지구에 대한 적군의 총공격은 미 제25사단과 제2사단 사이에 위치한 낙동강과 남강의 합류점에 집중되었습니다. 이 지역에서 적군은 영산 남쪽 6km 지점 송진리까지 약 8km를 전진했고, 합류점 으로부터 6km 지점에서 저지되었습니다. 마산 서쪽 5km의 함안에서는 수차례 함락과 탈환이 거듭되다가 지금은 북한군 300명이 장악한 것으로 알려져 있습니다.

2. 언론 보도

북한군은 작전 개시 후 가장 광범위했던 이번 공격으로, 공격병 3만 명과 예비병 2만 명을 이끌고 17개 지점에서 낙동강 도하에 성공한 것으로 보인다. 낙동강과 연안 사이의 남쪽 지구에서는 탱크를 앞세운 제6사단과 제7사단, 총 2개 사단 병력 2만 명이 침공해왔다. 적군은 함안을 점령하고 5km를 더 전진해, 마산 9km 지점에 있는 것으로 보인다. 일부 미군 부대는 고립되어 미 공군을 통해 물자를 보급 받는 것으로 알려졌으며, 미 공군은 함안과 남강 사이에만 약 5천 톤의 포탄을 투하하는 맹공을 퍼부었다고 한다. 어제 저녁, 제25사단 사령관은 상황이 심각하기는 해도 절망적 수준은 아니라고 밝혔다. 적군은 낙동강 남쪽 돌출부에서 6개 대대를 성공적으로 도하시킨 것 같다. 보병과 포병의 2개 연합 부대는 적군이 진지를 지키던 현풍을 돌파한 것으로 보인다. 북한군은 주로 부곡리에서 상륙하여 일부 미군 부대의 기지를 고립시킨 뒤 곧장 남하한 것으로 보인다. 적군은 영산 가까이 이르렀고, 영산과 창녕을 잇는 도로를 끊은 것으로 알려졌다. 이 지역에서 북한군은 9km를 전진했다고 한다. 기계 지역 북부는 남한군이 탈환했고, 적군은 포항 북쪽 2km까지 격퇴되었다. 제7함대의 27,000톤급 항공모함 2척은 현재 진행 중인 전투에서 육상연합군에 협조하라는 명령을 받았다.

국방부에 전달 요망.

드장

【150】한국의 군 상황: 9월 3일(1950.9.3)

[전   보]   한국의 군 상황: 9월 3일
[문 서 번 호]   1380
[발   신   일]   1950년 9월 3일 01시
[수   신   일]   1950년 9월 3일 10시
[발신지 및 발신자]   도쿄/드장(주일 프랑스대사)

사이공 고등판무관 공문 제651호

1. 9월 3일 01시 15분 공문

남서부 지구에서 적군은 상당한 피해를 입고 거의 진군하지 못했습니다. 연합군은 반격을 통해 공습 후 빼앗겼던 땅을 거의 모두 탈환했습니다. 적군은 낙동강 좌안 북쪽에 진지를 보강했고, 확인된 북한군 전차 15대 중 2대가 파괴되었습니다. 북쪽 연안 일대에서는 연합군이 상당한 반격에 맞서며 진군 중입니다. 적군은 전체적으로 약 400-800m 밀려난 것으로 보입니다. 전투비행중대부터 B-29 폭격기 부대, 항공모함 함재기, 해병대 보유 항공기까지 파 이스턴 에어포스[1]의 모든 분대가 전투에 동원되었습니다. 오키나와에서 출격한 B-29는 김천, 고창, 진주의 적군 보급물자 기지에 포탄 200톤을 투하했습니다.

2. 언론보도

9월 2일 야간 정찰 결과, 공격전선 전역에서 적군이 사망자 수천 명을 뒤로하고 남강과 낙동강을 다시 도하한 것으로 보입니다. 적군은 특히 남쪽 지구 사망자 2,500명을 포함, 1만 명의 사상자가 발생해 막중한 피해를 입었습니다.

---

[1] Far Eastern Air-Force. 극동 공군.

금요일 오후 미군은 함안을 재탈환했고, 도시 서부의 야산을 점령한 것으로 알려졌습니다. 낙동강 만곡으로는 꽤 깊숙이 약 16㎞ 쯤 침투했다고 합니다. 영산과 창녕은 토요일 오후에 탈환했습니다. 왜관에서는 제1기병사단을 선두로 도시 인근 적군에게 점령당한 3개 야산에 공격을 개시했습니다. 동부에서는 북한군 분대가 연합군 전선 내부 15㎞까지 침투하는 데 성공했다고 합니다. 기계는 적군에게 재점령당한 듯합니다. 미군 소속 1개 기동부대가 반격 중입니다. 포항 북부에서는 연합군이 수 킬로미터를 진군해 흥해 외곽에 닿은 것으로 보입니다. 9월 1-2일의 작전으로 미군은 상당한 피해를 입은 것으로 알려졌습니다. 9월 1-2일 공군 작전에는 연합군 항공모함에서 200대를 지원했다고 전해집니다.

3. 9월 2일자 대만관영통신에 따르면 현재 만주에 주둔 중인 중공군 24만 명은 린뱌오[2] 군대 소속 5개 사단 15만 명과 만주에 상시 주둔하는 3개 사단 9만 명이 합쳐진 인원으로 알려졌습니다. 주력 부대는 쑹화강과 랴오허강을 따라 진을 치고 농사일에 매진하는 듯합니다. 군사 훈련은 소련 교관이 담당하는 것으로 보입니다. 훈련 후 일부 부대는 만주의 한반도 국경 지대로 파송된 것 같습니다. 8월초부터 심양 북동쪽 약 200㎞ 지점의 창춘에서 북중 연합참모본부가 활동 중인 것으로 알려졌습니다.

국방부에 전달 요망.

드장

---

[2] 린뱌오(Lin Piao, 林彪, 1907-1971). 중국의 정치가 · 군인. 대장정에 참여했고 항일전쟁에서 활약. 중화인민공화국 부총리 겸 총리 권한대행(1968-1971), 중화인민공화국 국방부 부장, 중화인민공화국 원수를 역임. 한국전쟁 시 유엔군이 북진했으나, 마오쩌둥의 조선민주주의인민공화국 출병 계획에 반대했고, 이후 린뱌오의 제4야군군은 펑더화이가 맡아 조선민주주의인민공화국으로 출병했음.

【151】 북한군 철수 지역에서 발견된 소련제 탄약들(1950.9.4)

```
[ 전        보 ]   북한군 철수 지역에서 발견된 소련제 탄약들
[ 문 서 번 호 ]   1386-1388
[ 발   신   일 ]   1950년 9월 4일 07시
[ 수   신   일 ]   1950년 9월 4일 13시 15분
[발신지 및 발신자]  도쿄/드장(주일 프랑스대사)
```

브리옹발, 8월 23일 부산 발신

외무부로 타전 제22호

도쿄 공문 제21호

감독관들은 최근 북한군 철수지역인 낙동강과 마산지구에서 소련제가 확실해 보이는 탄약들을 수거해왔습니다. 영국 전문가도 1950년 러시아에서 생산된 것이라고 했습니다. 이에 사무국은 최근 회의 의제를 막판에 변경해, 위원회가 영국 전문가 ㅁㅁㅁ 수거물을 조사하게 하고자 했습니다.

하지만 위원회는 이 문제를 기일 내에 총이사회로 넘겼고, 회의를 마친 이사회는 이렇게 수집된 정보를 또 다시 '감독관 직무에 관한 특별 소위원회'에서 검토하도록 권고했습니다.

오늘 이 소위원회 회의에 참석한 카친 대령은 위원회야말로 이 중대 안건을 검토해 레이크석세스에 보고할 의무가 있음을 강력히 주장했습니다.

총이사회 회의 후 대표들이 가진 확신이 무엇이든지 간에, 아래 사항은 변함 없습니다.

  - 이번 사례의 경우, 조사한 탄환의 1950년도 최종 생산지를 밝히려면 암
    호문의 기술적 의미 파악이 중요하나, 회부된 전문가는 자신에게 그럴

재량권이 없다고 주장하고 있다.

- 위원회는 심각한 결론이 도출될 것으로 기대하지만, 막상 확인해보면 기본적으로 큰 중요성이 없는 결과일 것이다.
- 특히나 위원회가 구체적 지침 없이 자체적으로 이런 성격의 문제를 건드리는 것은 적절치 않아 보인다.
- 끝으로, 현 상황에서 위원회가 어떤 견해도 소홀히 해선 안 되겠지만, 위원회 권한 밖의 기술적 요소에 대해 결론짓는 일에는 각별히 신중을 기해야 한다.

카친 대령은 본인이 소위원회 회장으로서 명기한 위 내용에 만족하지 않고, 본 회의의 결론을 재차 다음과 같이 중립적으로 요약했습니다.

"소위원회는 감독관들이 현재 담당하고 있는 업무 외에도 북한군에 대한 외부 지원 사항 일체를 위원회에 보고할 것을 제안합니다."

드장

【152】 한국위원회와 군 감시단에 대해(1950.9.4)

[전   보] 한국위원회와 군 감시단에 대해
[문 서 번 호] 1389-1397
[발   신   일] 1950년 9월 4일 07시
[수   신   일] 1950년 9월 4일 12시 50분
[발신지 및 발신자] 도쿄/드장(주일 프랑스대사)

브리옹발, 8월 26일 부산 발신

외무부로 타전 제23호

도쿄 공문 제21호

전일 도쿄에서 수신한 8월 17일자 통지에 대한 회신

1. 위원회 구성 및 운영

위원회 7개국 대표는 다음과 같습니다.

호주	대표:	A. B. 자미에슨(A. B. Jamieson)
산살바도르	대표:	A. 고체스 마린(A. Gochez Marin)
	대리:	F. 산체스 에르난데스(F. Sanchez Hernandes)
중국	대표:	리우위완(Lieou Yu Wan)
	대리:	쑤 티아오(Ssu Teou)
프랑스	대표:	H. 브리옹발(H. Brionval)
인도	대표:	A. 싱(A. Singh)
	대리:	C. 콘다피(C. Kondapi)
필리핀	대표:	B. 아프리온카(B. Afrionca)
	대리:	M. 부오노(M. Buono)

터키   대표: K. 이딜(K. Idil)

당시 서울에 부재중이던 아프리온카와 굴렉[1]의 보결로 자국 정부의 임명을
받은 부오노와 이딜이 산살바도르 대표 및 대리와 함께 6월초가 되어서야 입국
했습니다. 5월 선거 감독을 위한 방대한 작업을 수행해야 하는 위원회의 급박한
요구가 늦게야 수리된 것입니다.

6월 20일부터는 다시 교대로 위원회 주재를 맡게 되었습니다. 대표들은 알파
벳순으로 3주씩 돌아가며 회의를 주재했습니다. 이렇게 예전 방식으로 돌아간
것은 굴렉의 부재 탓에 무기한으로 회의 주재를 담당하게 된 보고책임자 겸 호
주 대표가 이를 불편하게 여겼기 때문입니다.

본인은 7월 31일부터 8월 20일까지 이 임무를 수행했으며(본인 전보 제16호),
21일부터는 인도 대표가 수행하고 있습니다.

사무국 구성은 숙소 및 시설 제한 사항을 반영하고 행정, 언론 등의 여건에
따른 요구사항을 수용해 일부 조정되었습니다. 정원은 현재 15명으로 축소되었
고, 루보르[2] 1등서기관의 노련하고 야심찬 지휘 아래 운영되고 있습니다.

지난 7월 3일부터 A.G. 카친 대령은 위원회뿐 아니라 한국 정부와 연합군 최
고사령부에서도 사무총장 특사로 활동 중입니다. 50대 나이에 남아프리카 보어
인 출신인 카친 대령은 과격한 기질과 총명하고 민첩한 성향을 갖고 있습니다.
주로 위원회 내에서 까다롭고 권위적이며 한계가 불분명한 역할을 수행합니다.

위원회는 7월 6일자 결정에 따라 부산에 설치되었고, 7월 6일자 동일 결정에
따라 조직된 '정부 내 연락단'을 대구로 옮기게 된(본인 전보 제21호) 8월 18일
부터 전원 근무하고 있습니다.

2. 군사 감독관
이 사안에 관해서는 본인 전보 19호를 참조하지 않을 수 없습니다.

---

[1] Gulek.
[2] Roueborg.

해당 전보에 언급된 5명의 감독관 외에 호주 감독관 2명이 추가되었음을 밝혀둡니다. '스카드런 리더'[3] 랜킨[4]과 '메이저' 포치[5]는 5월 말 한국에 입국했고, 6월 9일부터 23일까지 감독 업무를 수행하여 주로 북한의 침략에 대해 판단할 만한 정보를 위원회에 제공했습니다. 현재 공석인 '감독단장'직은 원칙상 여단 장급 장교가 수행해야 함도 함께 밝혀둡니다.

카친 대령은 당초 8명으로 정해진 감독관을 최소 50여 명으로 늘릴 것을 7월 초에 제안했지만, 제안은 거부되었고 아직까지도 수용되지 못하고 있습니다. 아마도 통제작전의 확장 여지가 분명한 현재의 적대행위가 종결될 때쯤에야 재검토가 가능할 것입니다.

현재로서는 감독관들의 활동과 이동이 조심성 많은 군 사령부 권한에 복속된 만큼, 그들의 임무는 앞서 언급한 전보에 기술된 '지침'에 한정된 것으로 보입니다.

3. 위원회 활동

총회에 제출할 위원회 보고서에 관해서도 본인 전보 17호를 참조할 수밖에 없습니다.

그 전보에 담긴 모든 내용은 여전히 유효하며, 그에 덧붙여 결국 위원회가 보다 눈길을 끄는 안을 채택하기로 했음을 밝힙니다. 첫 번째 부분에는 침략 사실과 그 특징, 남북 간 분쟁의 성격, 북한의 침략 정책을 기재하고, 둘째로 위원회의 업무와 노력, 감찰 사항, 통일의 어려움, 남한 대의정부 발전에 영향을 미치는 정치·경제적 요인들, 북한 위협에 대응하기 위한 공화국의 정치·군사 조치를 다룹니다. 셋째로는 1950년 6월 27일 이후 위원회 활동을 기술하고, 마지막으로 결론을 정리하는 방식입니다.

한 가지 더 밝힐 것은, '제안'(앞서 밝힌 전보 참조)과 관련된 압력에 위원회가 어떻게 대응했는지 카친 대령을 통해 틀림없이 보고받았을 사무총장이 최근 사

---

[3] Squadron leader. 비행 중대장, 공군 소령.
[4] Rankin.
[5] Poach.

무국에 보낸 답신을 통해, 한국의 앞날을 당장 결정짓고자 하는 제안은 시기상 적절치 않으며, 대표부가 이 □□□ 염두에 두었다가 논의가 필요해질 때 다시 제안해주기 바란다고 강조했습니다.

위원회는 본인의 제19호, 22호 전보에 언급된 여러 사안에 대한 조사와 중대 보고 업무 외에, 한국인들이 유엔 주둔을 시각적으로 인지하고 사기가 진작될 수 있도록 유엔군 관할 하의 소수 지역들(대구, 진해, 마산)을 7월 말부터 방문하고 있습니다. 그곳에서는 공청회가 개최되고 있으며, 그 자리를 빌려 대표들의 연설이 진행됩니다.

부산에서 주간 연설을 라디오 중계하는 방안도 고려 중입니다.

드장

【153】 소련 대표의 선전 연설(1950.9.5)

[전 보]	소련 대표의 선전 연설
[문 서 번 호]	1559-1561
[발 신 일]	1950년 9월 5일 19시 54분
[수 신 일]	1950년 9월(날짜 미상) 05시
[발신지 및 발신자]	뉴욕/쇼벨(주유엔 프랑스대사)

　오늘 안전보장이사회는 네 시간에 걸친 회의 중 대부분의 시간을 소련 대표의 장황한 선전 연설을 듣는 데 사용했습니다.

　소련 대표는 의사일정도 채택하기 전에 8월 4일자 자신의 결의문 안건(본인 전보 제1222호와 제1225호를 참조)을 우선시해줄 것을 주장하고 나섰습니다. 그는 전 세계 민중과 노동 대중의 뜻에 부합하는 자신의 안건은 단언컨대 평화적 성격을 띤다고 강조했습니다. 여기에 대해 그는 세계 각국에서 받은 관련 메시지들을 길게 나열했습니다. 하지만 온통 '프랑스 공산당'류의 단체명 일색이었습니다.

　반면 미국 대표는 분쟁의 전면화를 막겠다는 미국 정부의 의지를 지지하며 "공산제국주의는… 분쟁이 중국으로 확산될 경우 이익을 누리는 유일한 존재입니다"라던 트루먼 대통령의 9월 1일자 선언의 주제를 상기시켰습니다.

　그러자 말리크는 같은 말을 무한 반복하며 미국 대표 오스틴의 주장에 반박했습니다. 이 과정에서 그는 프랑스가 한국에 1개 대대를 파송하기로 한 내용을 들먹이며, 일부 괴뢰국가를 제외하면 아시아 민족을 겨냥한 제국주의 전쟁과 다름없는 이른바 치안작전을 위해 자국 군사를 미국에 내어준 국가는 프랑스, 영국, 네덜란드 등 식민 열강밖에 없을 것이라고 힘주어 말했습니다.

　이어서 그는 부대 내 수만 명의 당원을 학살하도록 지시한 이승만 체제의 압제와 한국 민중의 독립권을 재차 언급했습니다. 그리고 미국이 한국에 흑인 병사를 파견하는 것은 한국인들을 노예로 만들기 위해서라는 비난으로 마무리했습니다. 하지만 오스틴이 회의 초반에 언급한 한반도 서해 연안의 러시아 항공기 격추 사고에 대해서는 지시 받은 내용이 없었는지 조용히 넘어갔습니다.

회의는 내일 오후 재개될 예정입니다.

쇼벨

【154】 한국전쟁에 대한 피어슨의 연설(1950.9.5)

[전 보]	한국전쟁에 대한 피어슨의 연설
[문 서 번 호]	265-267
[발 신 일]	1950년 9월 5일 16시 22분
[수 신 일]	1950년 9월 6일 03시 50분
[발신지 및 발신자]	오타와/게랭(주 캐나다 프랑스대사)

워싱턴 공문 제54호

유엔 프랑스 대표부 공문 제57호

본인의 전보 제261호 참조

　캐나다 외무장관 피어슨은 연설 후 이어진 회의에서 자국의 군사 훈련이 부족하며 한국전쟁 참전이 지나치게 제한적이라고 정부를 비판하는 보수 반대파의 비난에 직면해야 했습니다. 하지만 캐나다군의 한국 파병에 반대하며 "공산주의 토벌은 아시아가 아닌 바로 캐나다에서 이루어져야한다"고 주장하는 프랑스 캐나다 무소속의원들의 비난도 그만큼이나 거셌습니다.

　피어슨은 자국이 국제연합의 호소에 실질적으로 응답한 국가들 중 하나라는 사실은 캐나다에게 '자랑스러운' 일이라고 답했습니다. 또한 캐나다가 대서양헌장에 명시된 자국의 의무를 다하기 위해 1개 특전여단을 창설키로 한 것은 정규군이 국토 방어에 전념할 수 있도록 하기 위함이라고 덧붙였습니다.

　더구나 외무장관은 이 특전여단 편성 건이 매우 중요한 의미를 갖는다고 강조했습니다. 캐나다 정부의 바람처럼 이 부대는 유엔군의 시초가 될 것이기 때문입니다.

게랭

【155】 북한군에 대한 워싱턴의 견해(1950.9.5)

[전 보]	북한군에 대한 워싱턴의 견해
[문 서 번 호]	3646-3655
[발 신 일]	1950년 9월 5일 21시
[수 신 일]	1950년 9월 6일 05시 07분
[발신지 및 발신자]	워싱턴/보네(주미 프랑스대사)

보안

1급 비밀

□ □ □ 공문 제787-796호

워싱턴 미 합동참모부는 영천-경산 지역을 넘어 경주 방면으로 향하는 대구 북서부와 특히 포항 남서부를 타격한 북한군의 공세를 충분히 감안하더라도, 워커 장군의 군대가 북한군 침입을 재차 방어해낼 것이라 기대하고 있습니다. 여기에 대해 우리는 남한군 전선이 무너지지 않았지만 비교적 취약한 방어점에 의해 지탱되고 있다는 점, 그리고 북한군 압력이 다소 감지될 때마다 유엔군 방어선이 뚫리기 시작하면 치명적이라는 점을 미 국방부에 상기시켰습니다.

워싱턴은 북한군이 계속 증원 중이라는 점, 러시아의 기술 지원에 힘입어 여전히 주도권을 잡고 있다는 점, 그리고 후방에서 끊임없이 병력이 보충되고 있다는 점을 주지하고 있습니다.

이런 상황을 인지하고 있음에도 미 참모본부는 자신감을 내비쳤으며, 본인도 지난 주말을 앞두고 브래들리[1] 장군과의 사담을 통해 이 사실을 충분히 이해했

---

1) 오마 브래들리(Omar Nelson Bradley, 1893-1981). 미 합참의장. 제2차 세계 대전 미 육군을 지휘한 주요 사령관 중 한 명. 미국 합동참모본부의 초대 의장 역임. 한국전쟁 시 합참의장이었던 브래들리는 "미국을 시험하는 소련의 공산주의를 조기에 진압하기 위하여" 파병 지원을 주장.

습니다. 낙관론의 근거는 다음과 같습니다.

1. 현재 맥아더 장군 사령부는 3개 사단에 이르는 '백색' 예비병을 보유하고 있습니다(최근 합류한 영국군 제27여단과 미 주둔 기갑사단 1개 분대 포함).
덧붙여, 다음 정보의 특급 기밀성 유지를 당부합니다. 본 대사관 소속 무관도 이 정보를 파리 상임참모본부에 보고하며 동일한 기밀성 유지를 당부했습니다. 최근까지 미국에 주둔하던 미 제3보병사단이 현재 한국 파병 길에 나섰으며, 9월 15일경 제1소대가 투입될 예정이라는 것이었습니다.

2. 현재 워싱턴은 유엔군이 새로 도입한 장비에 매우 만족하고 있습니다. 브래들리 장군도 본인에게 직접 밝혔듯, 3.5인치 바주카포는 성능이 훌륭하고, M-46 패튼 대전차는 동급의 소련제 탱크보다 훨씬 우수한 것으로 확인되었습니다. 항공기도 동력 마진이 꾸준히 상승 중입니다.

3. 워싱턴은 현재 북한군 공세가 급격히 위축되고 있다고 생각합니다. 이에 따라 워싱턴 관할 당국은 상당히 빠른 시일 내에 상황이 급전환할 가능성을 고려하고 있습니다. 미 최고사령부의 낙관적 견해가 유엔군 군사력 확장과 관련해서는 타당해 보이지만, 북한군이 곧 무너질 것이라는 예측은 그다지 설득력이 없어 보입니다. 이 문제를 대하는 러시아와 중국 측 태도를 충분히 고려하지 못한 판단으로 보입니다.
다시 말해, 소련과 중국이 과연 북한의 '붕괴'를 방관할까요? 본인의 전보 제3520호에 특기했듯, 미 국방부는 자체 보유 군력에 대해 자신감을 보이지만, 그럼에도 행정부는 지난 주 중반 여기에 대해 그다지 낙관하지 않았습니다. 더구나 최근 트루먼 대통령과 국무장관의 선언에서 엿보이던 화해 기조가 한국 내 유엔군 해병이 격추시킨 소련 폭격기 사건2)에 대한 국무부와 공군 사무국의 태

맥아더의 인천상륙작전 성공한 후 트루먼 대통령으로부터 "미국이 낳은 가장 유능한 야전 사령관"이라는 찬사와 함께 원수 계급으로 진급. 1951년 4월, 북한과 중국에 핵공격과 확전을 주장하는 맥아더를 강하게 질책함으로써 맥아더의 해임에 기여.

도에서도 나타나는 것 같습니다. 현재 미 정부는 자국 대표가 레이크석세스에서 했던 발언에도 불구하고 이 사건을 축소시키려 애쓰는 모습입니다. 하지만 이 문건을 통해 재차 밝히건대, 본 사건은 미 항공기 프라이배티어의 발트해 격추 사건[3]과 별반 다를 게 없습니다.

여기에 대해 극동아시아담당 국무차관 러스크는 어제 저녁에 내려진 결정을 본인에게 전했습니다. 이 사건을 즉시 유엔에 알리기로 했다는 것입니다. 러시아가 이 소식을 먼저 접하고 사건을 왜곡 발표하는 사태를 막기 위해서라고 했습니다. 실제로 격추된 항공기는 기지와 무전 교신 중이었습니다.

러스크는 레이크석세스에서 밝힌 내용 외에 사건 자체에 대한 추가 정보는 없다고 했습니다. 하지만 항공기는 위험한 작전지역 상공을 비행하고 있다는 사실을 분명 모르지 않았을 것이고, 지역 내 참전 중인 미군으로서는 적군의 공격 위협에 방어할 수밖에 없었습니다. 게다가 소련과 북한의 전투기는 움직임을 구분하기가 어려워서, 잔해 속에서 탑승자 중 한 명의 시신을 건져내고 나서야 전투기의 국적을 확인할 수 있었습니다.

보네

---

2) 서해안에서의 소련 전투기 격추에 대한 유엔 보고가 한국시간으로 1950년 9월 5일 이루어짐.
3) 서독 뷔스바덴에 주둔 중이던 프라이배티어가 1950년 4월 6일 전자정보 수집 임무를 위해 라트비아 남쪽을 비행하다 소련 전투기 편대에 발견됨. 착륙 수신호 명령을 거부하고 달아났으나 곧바로 따라잡혀 사격을 받아 발트해로 추락함. 10명의 승무원은 모두 행방불명됨. 이는 냉전의 시작을 알리는 사건이 됨.

【156】 북동지구의 위기 상황에 대해(1950.9.6)

[전   보] 북동지구의 위기 상황에 대해
[문 서 번 호] 1407-1412
[발   신   일] 1950년 9월 6일 09시
[수   신   일] 1950년 9월 6일 15시 20분
[발신지 및 발신자] 도쿄/드장(주일 프랑스대사)

국방부에 긴급 전달 요망

1. 매우 심각한 북동지구 상황에 대해 참모본부는 적군이 ㅁㅁㅁ을 우회하여 안강리를 점령했으며, 남한군 2개 연대는 9월 4일 그곳을 퇴각했다고 어제 연합군 사절단 대표들에게 알렸습니다. 북한군은 돌파구로 대거 침투했습니다. 경주 3km 지점에 1개 대대, 경주 북동쪽 6km 지점에 1개 연대가 주둔하고 있었습니다.

화요일, '잭슨' 기동부대는 돌파구 봉쇄 임무를 받았습니다. 최고사령부는 전장의 어려운 상황을 충분히 인지하는 한편, 적군에게는 승전을 이어나갈 만큼 예비군이 충분치 않다고 판단했습니다. 인민군이 이 지역에 군사적 수준이 열악한 보안대를 배치한 것이 그 증거라고 했습니다. 만일 어제 5일 자정, 인민군 증원 병력이 대거 파견되지 않았다면 돌파구는 재방비되고 적군 부대는 전선 내부에 고립되었으리라는 것입니다. 최고사령부는 공군 지원에 거는 기대가 컸습니다.

2. 오늘 6일 입수한 정보에 따르면, 비행 활동을 심각히 저해하는 기상 조건 탓에 이 기대는 다소 무너지고 말았습니다.

실제로 적군은 2개 연대 이동에 성공했습니다. 포항은 현재 인민군이 장악한

상태입니다. 포항 서부와 남서부에는 남북 방향으로 일정한 간격을 두고 거의 나란히 형성된 4개 전선이 전방을 이루고 있습니다. 첫째 전선은 인민군 제2사단과 제15사단으로 이루어졌고, 포항 약간 남쪽의 둘째 전선만 남한군 제3사단, 제8사단 1개 연대, 제31사단이 차지했습니다. 경주 북쪽 셋째 전선은 공산군 1개 대대와 3개 연대가 점령했고, '잭슨' 기동부대가 위치한 경주 남쪽 넷째 전선에서는 적군이 제15, 13사단 원군을 받기 위해 준비 중입니다.

해병대도 아마 동일 지역으로 파견될 것입니다.

□□□[1] 서부에서는 전차 42대를 갖춘 인민군 부대 소속 제16연대 1개 대대가 부산에 이르는 주요 도로 중 하나이자 대구와 포항에서 거의 동일 거리에 위치한 육로 및 철로 요충지를 점령했습니다. 이 부대는 남한군 제8사단을 따라 침투한 제2기병사단으로 최근 확인되었습니다.

적군 후방에서까지 전선으로 향하는 움직임이 포착되었습니다. 전주-남원 도로에는 차량 90대, 남쪽으로는 포항 □□□ 화물차 55대가 있습니다. 조치원에도 줄지어 늘어선 전쟁물자 수송 차량이 확인되었습니다.

3. 연합군 측에서는 영국군 2개 대대가 어제 제2사단 우측 와동[2]으로 파견되었습니다. 제24사단 1-2개 연대를 제외하면, 가장 위협이 적은 지구에서 긴급 충원하거나 훈련 중인 남한군 부대를 동원하는 것 외에는 예비 병력을 확보할 방안이 없습니다.

기상 조건이 개선됨에 따라 최고사령부는 공군이 다시 전력 지원해 주기를 기대하고 있습니다.

드장

암호과 추신: 본 전보는 전송 오류로 전달이 지연되었음.

---

[1] 영천으로 추정.
[2] Waktong. 지역명이 불분명함.

【157】 미 공군의 공격(1950.9.7)

[전 보]	미 공군의 공격
[문 서 번 호]	1413
[발 신 일]	1950년 9월 7일 07시 00분
[수 신 일]	1950년 9월 7일 15시 45분
[발신지 및 발신자]	도쿄/드장(주일 프랑스대사)

사이공 고등판무관 공문 제664호

1. 9월 7일 공문

수요일 주간, 공군은 맑은 날씨 덕에 총 625회 출격했습니다. 이는 한국전쟁 발발 이후 최고 출격 횟수입니다. 그중 50% 이상은 지상군 직접 지원으로 진행되었습니다. 적군 전차 40여대가 파괴되었습니다.

2. 언론보도

적군은 남쪽 지구에서 미군 전선을 뚫었고, 지휘소 및 포병 진지를 공격하라는 특별 임무를 받은 3개 대대를 이동시키는 데에 성공한 것으로 보인다. 낙동강 좌안 서부 지대에서는 어제 낮, 공산군이 창녕을 탈환한 것으로 알려졌다. 대구 남쪽에서는 북한군이 다부동과 가산의 요새 2곳을 점령했고 대구로 진군한 것 같다. 9월 6일에는 북한군이 영천을 점령한지 단 몇 시간 만에 연합군이 이 지역을 재탈환했다고 일부 신문이 전한다. 이에 대해 워커 장군은 북쪽 전선 확보를 선언하며 초기 전선을 회복해 반격에 나설 희망이 있음을 밝혔다고 한다. 반면 영천이 노 맨스 랜드[무인지대]라고 보도한 신문들도 있다. 경주 북서쪽에는 제24사단 소속 부대들이 6일 오전 적군을 격퇴한 후, 별 반격 없이 어느 정도 진군했다. 포항은 북한군이 차지한 것으로 알려졌다.『재팬뉴스』는 AP통신의 비관적 전보를 인용하며 어제 낮의 암울한 상황을 전했다. 4개 거점이 무너졌으며, 9월 6일 라디오가 끊긴 대구는 포위될 위기에 처했다는 것이다.

3. 최고사령부 대변인

북한군 2개 신규 기갑연대가 각각 T-34를 42대씩 끌고 전선에 나타났습니다. 1개 연대는 의흥 남쪽에 투입되었고, 나머지 1개는 동해안을 따라 진군에 동참한 것으로 보입니다. 어제는 제2사단지구 상공에 미확인 항공기 6대가 출몰하여, 포탄을 투하하고 부대에 사격을 가했습니다.

4. 9월 4일 격추된 소련 항공기에 대해

『최고사령부일보』는 조이 제독의 어제 선언을 다음과 같이 전했습니다.

"한국 영해 상에서 활동 중인 해병은 유엔 전권을 갖고 북한에서 침략해온 공산당에 맞서 자신의 임무를 수행하고 있습니다. 유엔과 뜻을 함께하지 않는 국가의 항공기가 전장이나 그 인근에서 활동할 경우, 이 항공기는 적대 행위를 하는 것으로 간주될 수 있는 만큼, 당연히 심각한 위험을 감수해야만 합니다. 또한 정부는 일체의 불미스러운 사고에 대해 즉시 유엔에 통보함이 마땅합니다."

국방부에 전달 요망.

드장

【158】 9월 7일의 한국 상황(1950.9.8)

[전 보]	9월 7일의 한국 상황
[문 서 번 호]	222
[발 신 일]	1950년 9월 8일 19시 40분
[수 신 일]	1950년 9월 10일 16시 45분
[발신지 및 발신자]	워싱턴/주미 프랑스대사관 무관

워싱턴 대사관 소속 무관 발신, 파리 국방참모본부 수신

워싱턴 현지 시각 9월 7일 17시, 한국의 상황
아래 전갈을 군 참모본부, 제2육군성·해병·공군의 각 참모본부 및 군 합동 참모본부에 전달 요망

1. 지난주 적군이 전면전을 개시함에 따라 미 사령부는 다행히 대규모로 보유 중이던 예비 병력의 대부분을 동원해야만 했습니다.
전체적으로 볼 때, 서부 교두보는 얼마 전부터 방어 중인데 반해, 남한군이 방어 중인 북부는 평균 10-15마일 밀리고 말았습니다.

2. 남북 방향 교두보 지역은 서부 고지, 진동-함안 일대, 남강-낙동강 합류점까지 아우르며, 그곳에서 낙동강을 따라가면 적군의 주요 고립 진지 2개가 나옵니다. 하나는 영산 남서부에서 거의 분산된 상태이고, 다른 하나는 현풍과 부동 사이에 분산 중입니다.
전방부대는 노 맨스 랜드[무인지대]인 낙동강-왜관을 떠나 다부동 남쪽 인근, 영천 북부 인근, 안강과 도구동 남쪽 지역으로 넘어가고 있습니다.

3. 우방군 배치—미 제25보병사단 관할 변동 없음.

바다와 낙동강 하류 사이 미 제2보병사단의 경우, 좌측으로는 지난번과 동일한 지구—영산 남서부—에서 전선에 합류한 해병여단의 지원을 받고, 우측으로는 덕산동 지역을 통해 진입한 영국군 제27여단의 지원을 받습니다. 미군 제1기병사단은 대구 등위선에서 다부동 일대까지 전선의 연결점 역할을 하고 있습니다.

한국군의 경우, 제1보병사단이 미군 제1기병사단 우측, 제6보병사단은 신녕 남쪽, 제8보병사단은 영천, 수도사단은 안강 남쪽, 제3보병사단은 포항 남쪽 전선에 투입되었습니다. 마지막 2개 사단이 제1군단, 처음 3개 사단이 제2군단을 이루고 있습니다.

적군은 2개 주요 지점에서 돌파를 시도했습니다. 북한 제15보병사단은 한국군 수도사단과 제8보병사단의 합류점에서 영천 방향으로, 다른 지점은 제12보병사단이 한국군 제3보병사단과 수도사단의 합류점에서 영천 방향으로의 시도였습니다.

제24보병사단 소속 소대들의 지원으로 서부 돌파구가 재정비되었고, 적군의 동부 돌파구 공격이나 경주 북부에서의 반격을 막아낼 수 있었습니다. 적군 공세를 주력 방어한 수도사단은 큰 손실을 입었습니다.

제7사단과 통합해 신규 편성된 남한군 1개 사단은 얼마 전 제8보병사단과 수도사단 잔병 사이에 위치한 제2군단 우측, 영천 동쪽에 투입되었습니다.

대구-경주 간 육로 및 철로 연락망은 아직 유효하나, 적군 잠입 탓에 수시로 단절되고 있습니다.

포항 서쪽 도구동 비행장은 아직 미군이 점령하고 있지만 공군은 퇴각한 상태입니다.

대구 비행장은 현재 TG[1] 정찰기만 사용 중입니다.

부산 훈련장은 항공 보급 전용으로 사용이 제한되었습니다. 따라서 모든 지원 항공기는 일본 기지에 재배치되었습니다.

(다음 전보에 계속)

---

[1] 정확한 추정은 어려우나 비행기종으로 추정됨.

【159】 9월 7일의 한국 상황(1950.9.8)

[전 보]	9월 7일의 한국 상황
[문 서 번 호]	미상
[발 신 일]	1950년 9월 8일 23시 35분
[수 신 일]	1950년 9월 11일 12시
[발신지 및 발신자]	워싱턴/주미 프랑스대사관 무관

워싱턴 대사관 소속 무관 발신, 파리 국방참모본부 수신

전송 번호
본인의 전보 제222호에 이어
수신자 동일

4. 자대의 대규모 무인지대 병력이 가진 불편함을 인지한 미군은 한국군 편대와 부분적으로나마 연합을 편성해야 할 필요성을 느꼈습니다. 이에 남한군 1개 보병연대, 포병 지원을 받는 미군 1개 전차대대 및 1개 보병대대를 중심으로 소규모 기동부대 편성에 착수했습니다.

이런 형태로 현재 3개 기동부대가 투입되었습니다. 즉, 제1지구의 헤인[1] 기동부대는 창녕 지역 미군 제2보병사단의 지원을 받고, 브래들리 장군 기동부대와 잭슨 기동부대는 각각 영천 지역 남한군 제2군단과 경주 지역 남한군 제1군단의 지원을 받습니다. 이 기동부대들 소속 미군 보병은 미군 제24사단 소속 대대 중 가장 피해가 적은 대대들로 구성되었다고 합니다. 그중 최소 2개 전차대대는 본토의 제2기병사단 소속으로, 7월 중에 차출되었습니다.

---

1) Hayn.

5. 북한군 13개 사단 전선

남북 방향:
제6, 7보병사단은 미군 제25보병사단과 대치 중입니다. 제2, 4, 9보병사단은 남강과 현풍 합류점에서 미군 제2보병사단과 대치 중입니다. 제10보병사단은 송정동 주둔. 제3보병사단은 왜관 주둔 중입니다.

서동 방향:
제1, 8, 13 보병사단은 왜관에서 신녕 방향 정렬 중입니다. 제15보병사단은 영천, 제12보병사단은 안강, 제5보병사단은 포항 주둔입니다.
예비병인 제11, 14보병사단은 대전 지역에 주둔 중인 것으로 추정됩니다. 출현과 구성에 관한 정보는 없습니다. 교두보 인근에 배치된 적군의 기갑 차량 수는 T34 88대, 자주포 60대로 추산됩니다. 만주 국경과 대전 등위도선 사이 적 후방에서 최근 48시간 동안 차량 및 병사의 분주한 움직임이 포착되었습니다. 전선에서는 적군의 대포와 박격포 폭격이 강화되었습니다.

6. 결론
적군 공격 전날, 연합군은 대규모 예비 병력을 보유하고 있었습니다(9월 1일 자 본인 전보 제213호에 언급한 현재 규모). 따라서 최근 워싱턴 미군 최고사령부는 적군의 기갑 차량에 맞설 퍼싱 중전차와 3.5인치 바주카포의 위력이 확인됨에 따라 상황을 낙관적으로 고려하게 되었습니다.
그러나 교두보 북부 전역의 퇴각을 초래한 남한군 수도사단의 갑작스런 붕괴는 충격적이었습니다. 이 대규모 부대도 이제껏 여타 부대들처럼 잘 싸워왔기 때문입니다.
미 국방부는 적군의 피해 규모로 볼 때 적군이 현재의 압박 수위를 그리 오래 유지할 수 없을 것으로 보고, 이번 공격만 차단하면 적군의 사기가 급격히 저하될 것이라 믿고 있습니다.
개인적으로 본인은 이 전망에 전적으로 동의하지는 않습니다. 만일 북한군이 단기간에 현재 병력을 회복 또는 보충한다면 한국 내 연합군은 어려운 상황에 처할 것으로 생각됩니다. 연합군 예비병 대부분이 이미 투입된 데다, 그나마도 현재 미군 제25보병사단 소속 제27연대 전투단과 미군 제24보병사단의 잔병 부대가 전부이기 때문입니다(미군 제24보병사단은 수주 전부터 제 역할을 하지 못하게 된 오키나와 제29연대 전투단을 흡수한 것으로 보입니다).

하지만 미군 제3보병사단 선두부대와 해병사단 제2여단이 머지않아 한국에 배치될 가능성도 있습니다. 곧 극동 지역에 파견될 예정이라고 8월초 공지된 바 있으나, 현재로서는 □□□ 전혀 없습니다.

암호과 추신: 여러 차례 조사.

전송과 추신: 인용된 참조 전보는 문서번호 제10216호와 제10054호로 발송되었음.

【160】미 군정의 마산 주민 대피 명령(1950.9.9)

[전 　 　 보]	미 군정의 마산 주민 대피 명령
[문 서 번 호]	1432
[발 　 신 　 일]	1950년 9월 9일 01시 00분
[수 　 신 　 일]	1950년 9월 9일 11시 30분
[발신지 및 발신자]	도쿄/드장(주일 프랑스대사)

사이공 고등판무관 공문 제673호

1. 9월 9월 01시 45분 공문

9월 8일 낮, 전선은 대체로 조용했습니다. 적군은 영천 지역 남한군 편대나 기갑사단을 몇 차례 공격 또는 반격했지만 기세가 약화되었습니다.

영천은 연합군이 점령 중입니다. 경주 북쪽 북동지구에서는 연합군이 계속 진격 중이며 적군의 저항은 매우 미미합니다.

오늘도 악천후로 공군을 비롯한 전체 활동이 제약을 받았습니다. 어제는 280회 출격했습니다.

2. 언론보도

미 군정은 어제 마산시 주민들에게 대피 명령을 내렸고, 5,000명이 이미 대피한 것으로 알려졌다.

이 조치는 북한군이 위장군사 백여 명을 마산에 잠입시켰다는 소문과 관련 있어 보인다. 제2사단지구(현풍 고립지대) 내에는 북한군 2개 대대가 미 전초를 밀어낸 것으로 알려졌다.

대구 북쪽에서는 미군이 왜관 남쪽 5㎞ 낙동강에서 대구 북서쪽 16㎞ 지점을 지나, 도시 북쪽 12㎞와 북동쪽 16㎞ 지점까지 이르는 전선을 차지했다고 한다.

적군의 침입에 대비해 마산 거리에는 모래주머니 참호가 설치되었다.

북한군은 영천 북쪽 1㎞ 지점에 주둔 중으로 알려졌다.

포항 남쪽 5㎞ 해안 지구에서는 북한군 2,000명의 공격을 받은 남한군 제3사단이 전장을 일부 빼앗긴 것으로 보인다.

3. 일본 언론은 일본해[1] 지조[2] 연안 6㎞ 지점 일본 선박 1대의 폭격 소식을 전했습니다. 혼도 남쪽에서 미확인 항공기가 포탄 6발을 투하하고 남동쪽으로 비행했다고 합니다.

이 사고에 큰 중요성은 없어 보입니다.

4. 9월 8일, 베이징라디오는 어떤 경우에도 중화인민공화국 정부가 유엔위원회의 만주-한국 국경 일대 조사를 허용하는 일은 없을 것이라고 전했습니다.

한편, 베이징 정부 대표의 안전보장이사회 입장 표명이 불가하다면 중국 영토 내 유엔군 사절단은 절대 허용할 수 없다고 밝혔습니다.

국방부에 전달 요망.

드장

---

[1] 동해를 말하는 것이나 문서 작성자는 '일본해'로 표기하고 있으므로 원문을 살려 번역함.
[2] Jizo.

【161】 한국문제의 해결에 대한 조건에 대해(1950.9.9)

[전 보]	한국문제의 해결에 대한 조건에 대해
[문 서 번 호]	1433-1445
[발 신 일]	1950년 9월 9일 09시
[수 신 일]	1950년 9월 9일 15시 15분
[발신지 및 발신자]	도쿄/드장(주일 프랑스대사)

1. 비록 최근 며칠간 연합군이 여러 차례 수세에 몰리긴 했지만 최고사령부는 심각하게 걱정하지 않았습니다. 최고사령부는 북한군이 모든 수단을 동원한 최후 공격에 나선 것으로 믿고 있습니다.

참모본부는 전세 흐름이 어떻든 두 달 후면 상황 자체가 근본적으로 바뀔 것이라고 예상합니다. 또한 미국에서 파견된 1개 신규 해병사단과 일본에서 아직 고강도 훈련을 받고 있는 제7사단이 투입되어 조만간 전개될 상륙작전에 큰 기대를 걸고 있습니다. 그사이 한반도 북쪽과의 연락망, 즉 시베리아와 만주까지 닿는 통로를 차단할 계획입니다.

타고난 낙천가인 맥아더 장군은 겨울 전에 원정이 종결될 것으로 믿고 있습니다. 이런 희망적인 기대에 동의하지 않는 이들도 가을이 끝나기 전에는 적군에게 결정타를 가할 수 있을 것으로 내다봅니다.

2. 어쨌든 한국문제의 해결 조건을 고려할 시점에 이른 것 같습니다.

가장 먼저 떠오르는 문제는 38선에 관해서입니다. 6월 25일 결의문은 북한 당국에게 군대를 즉시 38선 이북으로 철수할 것을 권고하고 있습니다. 그리고 27일 결의문은 유엔 회원국이 침략국을 몰아내는 것뿐 아니라 "이 지역의 평화와 세계안보 회복"에 필요한 모든 원조를 대한민국에 제공하도록 권고합니다. 어떤 이들은 27일 결정문의 상당히 포괄적인 문구를 유엔군이 안전보장이사회의 추가 개입 없이 38선을 넘을 수 있다는 의미로 해석하고 있고, 또 다른 이들은 25일 결정문 문구를 거론하며 북한군이 분계선 이북으로 철수할 경우, 위원회의 추가 결정 없이는 더 이상 어떤 행동도 불가하다는 입장을 지지합니다.

워싱턴은 두 해석 사이에서 아직 입장을 표명하지 않은 것으로 전해집니다. 8월 30일, 미 국무장관은 유엔군이 38선에 이른 경우 계속 진격할 것인지 결정하는 일은 유엔의 권한이라고 발표했습니다. 하지만 9월 1일, 트루먼 대통령은 이에 관한 질문을 받자 답변을 회피했습니다.

트리그브 리 사무총장의 한국 특사인 카친 대령은 두 번째 해석 쪽으로, 연합군 최고사령부 외교과와 최고사령부는 첫 번째 해석 쪽으로 기울었습니다.

하지만 양측 모두 다음 두 가지에는 동의합니다.

1) 최고사령부와 카친 대령 모두 지금 당장 38선 관련 공식 입장을 밝히기는 상당히 곤란하다고 했습니다. 진격을 멈추겠다고 선언할 경우 조기에 화해 모드로 넘어가버릴 테고, 필요시 선을 넘을 수 있다고 못 박으면 연합군이 이르기도 전에 중국과 러시아가 북한으로 넘어올 위험이 있습니다.

2) 문제의 본질과 관련해, 트리그브 리 사무총장의 특사는 상황을 전쟁 이전으로 되돌릴 수는 없다는 연합군 최고사령부와 뜻을 같이 했습니다. 이전 상황의 복구에 그친다면 사건이 사실상 재발할 우려가 있는 데다, 소련의 변덕에 따라 동원을 실시 또는 해제하는 상황을 유엔 회원국들이 받아들일 리 만무합니다.

3. 연합군이 북한에 접근할 시점에 군사 상황이 어떻게 전개되어있을지도 결정 시 고려할 주요 항목 중 하나입니다. 여기에 대해서도 의견이 엇갈리고 있습니다. 맥아더 장군과 그 측근은 오늘 공격에 동원된 군대가 결코 다시는 북으로 복귀하지 못할 것이라고 봅니다. 연합군이 상륙하면 적군은 그 사이에서 궤멸될 것이니 말입니다. 군대가 격파되면 현재 북한에 주둔 중인 연대는 기반이 완전히 무너질 것이고, 따라서 중국이나 소련의 개입이 없는 한, 38선 이북의

공백을 메우는 것은 유엔군밖에 없다는 것입니다.

반면 카친 대령 측은 북한군이 궤멸을 피해 적기에 철수하리라고 봅니다. 그는 이런 가설에 기초해, 북한군 패배만 확정되면 즉시 정전을 촉구하고 남북한 군대를 무장해제하자는 계획을 수립했습니다. 대령은 이 계획의 수용 가능성이 매우 낮다고 보면서도, 계획이 기각된 후에는 유엔군이 사기 충전하여 계속 적군을 추격하기 더 나은 입장이 되리라 예상했습니다.

어쨌든 당분간은 한국 내에 이원 행정 유지를 고려할 필요가 있어 보입니다. 부득이한 경우, 남한은 계속 이승만 정부가 통치하고, 북한은 군정을 수립하게 될 것입니다. 한국을 잘 아는 예전 일본 공무원들을 군정 아래 두어 도움을 받자는 의견도 있습니다. 이 과도체제의 주목적은 유엔 감시 하에 단일 정부를 선출할 총선을 준비하는 것입니다. 국제군은 필요한 만큼 장기간 한국 내에 주둔하며 치안과 민주체제 확립을 책임지게 될 것입니다.

4. 이제는 한국을 단일 자유 독립국으로 만들 방안을 당장 고민해야 하는 상황이지만, 구상 가능한 모든 안의 실질적 실현 여부는 특히 소련과 중국의 태도에 달려있습니다.

그런데 현재 이곳에서 소련이 유엔 후원 하에 한국을 통일시키는 것에 동의하지 않을 것이라는 의견이 전반적으로 우세합니다. 유엔군이 38선에 도달하면 그곳에서 소련군이나 중공군과 마주치지 않을까 염려됩니다. 6월 25일 침공 전, 소련 정부가 유엔한국위원회에 보인 태도가 이런 염려를 부추기고 있습니다. 소련 정부는 만주 국경 지대의 군사 행동에 관한 통제하기 어려운 정보를 흘렸고, 북한에 비행장 조직망을 구성했으며, 베이징라디오를 통해 한국이 중국의 이권 아래 놓일 것이라고 선언했습니다. 또한 베이징 정부를 상대로 체계적 선동 캠페인을 벌였습니다.

이런 염려에 대해 카친 대령도 공감하고 있습니다. 비록 그는 어떤 중공군 부대도 국경을 넘지 않을 것이라 확신했다고 본인에게 말한 바 있지만 말입니다.

트리그브 리 사무총장의 한국 특사인 카친 대령은 국제 정세가 복잡해질 가능성에 대해서는 심각히 우려했지만, 그럼에도 전쟁이 국지전으로 끝나리라는 희망을 버리지 않았습니다. 그는 중국의 태도와 관련해, 소련의 압박이 과연 중국의 자국 이익에 대한 관심보다 우세할지 자문하고 있습니다(본인 전보 1422호 참조). 그리고 도발도, 나약함도 일절 배제한 태도야말로 평화를 지킬 최상의 조건이라고 믿고 있습니다.

현재 이곳에 표출된 우려가 타당하든 아니든, 북한군 패배 후 중공군이나 소련군이 38선에 포진할 가능성은 뉴욕 회의에서 3개국 외무장관에게 간과할 수 없는 이슈가 될 것으로 보입니다.

드장

도쿄 발신
사이공 고등판무관 공문 제674-686호
워싱턴 공문 제443-455호
뉴욕 공문 제243-255호

【162】 미군 참모본부에서 온 정보(1950.9.9)

[전 보]	미군 참모본부에서 온 정보
[문 서 번 호]	1446-1449
[발 신 일]	1950년 9월 9일 23시
[수 신 일]	1950년 9월 10일 02시 30분
[발신지 및 발신자]	도쿄/드장(주일 프랑스대사)

보안

전쟁부에 전달 요망
미군 참모본부에서 온 정보

1. 안강리 북쪽, 연합군 전선 내부에 침투했던 북한군 3개 연대 및 대대가 북동 지구에서 '잭슨' 기동부대의 공격으로 일부는 격파되고 일부는 격퇴되었습니다.

2. 포로 심문에 따르면 9월 2-7일, 인민군은 2만 445명의 병력 손실을 입었고, 동기간 원군 수는 24,200명이었다고 합니다. 8일 낮 병력 손실은 2,600명으로 알려졌습니다. 9월 7일, 전선과 직후방의 총병력은 129,000명으로 추산됩니다.

3. 항공 유격에 따른 상당한 손실에도 불구하고, 주간에만도 육로와 철로에 활발한 움직임(평양 북쪽, 열차 16대)이 포착됐습니다. 8월 첫 주 낙동강 전선에서 저지된 대규모 부산 공격 이후 처음 발생한 일입니다. 해당 지역에 대한 총공세를 반드시 이어나가겠다는 인민군 사령부의 의지가 여러 징후를 통해 엿보입니다. 미군 부대들은 적군이 이렇게 집중 포격한 사례는 여태껏 없었다

고 전했습니다.

4. 서울-인천 지역에서는 전비(戰備)가 이어졌습니다. 한국 수도는 소련식으로 방어 태세에 돌입했습니다. 영종도 □ □ □ 지역과 인천에 다수의 포병 진지가 구축되었습니다. 좀 더 북쪽, 진남포 연안에는 최근 매설한 것으로 보이는 지뢰 6개를 발견했다고 영국군 함선 1척이 알려왔습니다.

5. 육로 및 철로의 중요 요충지인 영천의 대구-부산 도로는 함락과 탈환이 수차례 반복되다가, 9일 오후에는 1개 구역을 제외하고 모두 미군이 점령했습니다.

드장

【163】 항공 활동(1950.9.11)

[전   보] 항공 활동
[문 서 번 호] 1455-1459
[발   신   일] 1950년 9월 11일 00시 10분
[수   신   일] 1950년 9월 11일 08시 50분
[발신지 및 발신자] 도쿄/드장(주일 프랑스대사)

보안

워싱턴, 뉴욕, 사이공 공문
본인의 전보 제5□□호 참조

1. 최근 영국대사가 함께 자리한 가운데 우리는 회담을 가졌습니다. 그 자리에서 버치어 공군 소장[1]은 한국 원정이 실패로 끝나지 않은 것은 공군 덕이라고 힘주어 강조했습니다.

전략적 폭격이든 전투 개입이든, 공군의 활약이 결정적이었다는 것입니다.

후방 및 통신로 차단은 이미 새삼 탁월한 효력을 발휘한 바 있습니다. 물자 및 식량 보급, 특히 해당 지구 인근 38선에서의 유류 보급은 앞으로 최소 3주 이상 소요될 것이고, 최근 전선에 합류한 42대의 추가 탱크(제16전차연대)가 그 사이 서울을 출발해 도착할 것입니다.

전선 인근, 장거리 운송은 병사들의 등짐과 수레 밖에는 다른 수단이 없습니다. 낙동강에 도달한 적군이 1차 공격에 실패한 후, 9월 1일 추가 공격을 준비하기까지 3주를 소요해야 했던 것도 이런 까닭입니다.

---

1) 세실 버치어(Cecil A. Bouchier, 1895-1979). 일본에서 영연방 공군 장교로도 활동(1945-1948).

하지만 불과 얼마 후, 통신로 차단 계획이 전면 시행되면서 북한군은 자대 후방과 거의 완전 차단된 것으로 보입니다. 이런 고립 상태에서는 어떤 군대라도 오래 버틸 수 없을 것입니다.

전투부대에 대한 직접 지원도 그만큼이나 든든히 이뤄졌습니다. 지상군의 주간 활동은 항공기 지원 여부에 따라 수월해지거나 곤란해졌다 해도 과언이 아닙니다. 따라서 연합군은 9월 4일부터 북동 지구인 포항 지역에 일련의 배후를 구축했었습니다. 악천후로 비행이 매우 어려웠기 때문입니다. 일시적으로라도 소강상태였던 시점은 지상군이 전세를 회복했던 시점과 정확히 일치합니다. 청우계 값을 보면 전투의 흐름을 알 수 있었습니다.

덧붙여, 이 영국 장교는 미 사령부가 전투에 긴급 투입할 수밖에 없었던 병사들의 훈련 부족에 대해서도 에둘러 지적했습니다.

2. 최근 전투에 투입된 영국군 2개 대대가 조작법을 훈련받은 신형 바주카포 효력에 대해 묻자, 그는 이 바주카포가 초단거리 무기라고 잘라 말했습니다. 사거리 50m 내에서만 정확도가 유지된다는 것입니다. 이 정도 거리에서는 놀라운 효력을 발휘했습니다. 단, 사격수가 제정신을 유지할 수 있는 강심장만 가졌다면 말입니다. 게다가 바주카포는 거추장스러웠습니다. 하지만 탱크에 대항할 개인 방어 수단이 되기 때문에 바주카포를 든 보병이 어느 정도 안전함을 느끼는 효과는 있었습니다. 그렇더라도 대전차포를 대체할 수는 없을 겁니다.

원칙대로라면 미군 각 보병사단은 3.5인치 바주카포를 450기씩 보유하고 있습니다.

3. 한국 원정의 전개 방향에 대해 공군 소장은 본인 전보 제1433호에 언급된 바와 같은 견해를 갖고 있었습니다. 겨울 전에 종결될 가능성을 암시하진 않았지만, 영국 참모본부 대표이기도 한 그는 주저 없이 낙관적 입장을 보이며 두 달 후면 군사 상황이 완전히 변모했을 것이라고 확신했습니다.

4. 일본 주둔 영국군의 전(前) 공군 사령관이기도 한 그는 얼마 전 도쿄에 도

착했고, 유엔군 총사령관과의 소통을 위해 영국 참모장들의 개인 연락장교 직책을 맡고 있습니다. 최고사령부 측에서 볼 때 그의 주요 책무는 한국 내 작전에 참여하는 영국군과 나머지 연합군들 간의 협력 도모였습니다. 처음에는 영국 참모본부의 감독관 파견에 꽤나 부정적이던 맥아더 장군이 상황을 수용하게 된 것도 이런 시각에서였습니다.

더구나 버치어 소장은 홍콩 제1분견대가 도착할 때 외에는 한국에 올 수 없었고, 그나마도 아주 잠시 체류했을 뿐입니다. 그는 낙동강 지역에 투입된 영국군 2개 대대와의 교신을 위해 조만간 한국으로 돌아갈 계획입니다.

국방부에 전달 요망.

드장

【164】 9월 4일의 항공 사건에 대해(1950.9.12)

[전 보]	9월 4일의 항공 사건에 대해
[문 서 번 호]	2130-2141
[발 신 일]	1950년 9월 12일 07시
[수 신 일]	1950년 9월 12일 15시 15분
[발신지 및 발신자]	모스크바/브리옹발(주소련 프랑스대사관 참사관)

　　9월 4일 항공기 사고에 대해 소련 언론이 침묵하는 모습은 소련이 그 사건을 신중히 다루고 싶어 한다는 것을 보여줍니다. 이번 항공기 사고는 한국사태와 밀접한 관련을 가지며 소련과 미국을 직접적으로 대립하게 만듭니다.

　　지금까지 소련이 여기에 대해 단 한 차례, 그것도 극히 간결하게 9일자『프라우다』를 통해 언급한 내용을 토대로 판단컨대, 소련 정부는 무엇보다도 이번 기회를 통해 평화지지자들에게 자국 선전을 강화하고, 유엔이 "한국전쟁을 평화적으로 해결하도록" 만들 논거를 총회 직전에 찾고자 합니다. 한국전쟁이 위험하고 복잡한 상황으로 치닫기 전에, 정확히 말하면 미군이 반격에 나설 시간을 확보하기 전에 말입니다.

　　그에 못지않게 눈에 띄는 것은 중국사태를 다루는 소련 언론의 조심성입니다. 사실 얼마 전부터 소련 언론은 중국 기관지에 발표된 공식 정보를 그대로 옮기는 데 그치고 있습니다. 소련 국민은 아마도 중국이 대만에 대응하길 기다리는 것 같습니다. 일반 대중에게 한국분쟁 소식을 전하는 인민군 책임자들은 여기에 대해 수차례 질문을 받았는데, 그때마다 번번이 연말 전에는 대만을 탈환할 것이라고 답하고 있습니다. 하지만 신문들은 현재 그쪽으로든, 인도차이나의 통킹[1] 쪽으로든 조만간 중국이 개입할 것이라는 암시는 더 이상 하지 않는

---

[1] Tokin. 현재의 북부 베트남.

실정입니다.

말리크가 중국을 안전보장이사회에 포함시키기 위해 어설픈 주장을 펼친다고 떠들어대던 언론들이 이제 거기에 대해서는 일언반구도 없이, 중국 기관지들을 그대로 인용하며 베이징 정부가 유엔총회 참석과 압록강 사건[2]의 발언권 획득을 위해 직접 나섰다고 전하는 것도 특기할 만합니다.

알다시피 얼마 전부터 소련 정부 및 언론은 극동지역 내 미국 정책이 "식민주의적이고 제국주의적" 성격을 띤다고 강조하고 있습니다. 그러면서도 자본주의 열강에 대항하기 위해 지명된 아시아 십자군 대표, 마오쩌둥에게 맡기고 싶은 역할을 스스로 도맡고 있으니 그 점도 상당히 특이합니다.

하지만 베이징 정부는 유엔에 합류하기 위해 자체적으로 직접적인 시도를 벌이며 한국사태를 신속히 해결할 것을 줄기차게 유엔에 촉구함으로써, 자국의 체면을 세워줄 타협을 유도하고 동맹국 소련이 이끄는 길로 따라가지 않을 그럴듯한 명분을 찾으려 애쓰는 것 같습니다.

분명한 것은 베이징 정부의 정책 변화가 소련의 바람에 부합하든 아니든, 현재 소련 언론이 중국에 대해 보이는 조심스러운 태도는 한국분쟁 전, 중·소 우호관계의 이점을 찬양하며 열변을 토하던 것과는 뚜렷이 대조됩니다.

또 하나 짚고 넘어갈 분명한 사실은, 시간이 갈수록 소련 감독관들의 관심이 한국사건에 대한 철책선 이북에서의 반향에 집중되고 있다는 점입니다. 신문들은 방어망 강화를 위해 프랑스와 열강들이 내리는 일련의 신속한 결정들(9월 5일자 본인 전보 987호)을 대대적으로 보도하며 그 중요성과 영향력을 조금도 축소하려들지 않습니다.

결국, 소련이 "워싱턴에 굴복한 자본주의 열강들의 침략 정책"을 비판하기 위해 연일 대대적인 선전을 아무리 쏟아내더라도, 특히 소련과 평화주의자들에게는 그것이 공산권의 평화 의지를 분명히 하고 한국분쟁 "평화적 해결"의 긴급성을 거듭 강조하기 위한 논리로 사용되고 있습니다.

끝으로, 맥아더 장군의 대만 관련 연설과 미 해군장관 매튜스의 예방전쟁 관

[2] 한국전을 말하는 것으로 추정됨.

련 연설이 소련 언론의 구미를 당길만한 주제였음에도 불구하고 신중하게 보도할 것을 권고 받은 사실을 지적해야겠습니다. 지금까지 이 내용을 다룬 유일한 언론지『이즈베스티야』도 "전쟁 도발자 미국"에 대해 평소보다 딱히 비난의 수위를 높이지 않았습니다.

그렇다면 소련도 이제는 미국 내 일부 여론이 위험한 방향으로 흘러가는 것과 러시아 소비에트 내 누구나가 느끼기 시작한 우려를 인지했지만, 그럼에도 돌이킬 수 없는 일은 만들지 않겠노라 마음먹은 것일까요?

자국 대표를 이사회에 그대로 유지하고 있는 소련은 분열 공작이 실패했음에도 불구하고 다음 총회에 대규모 대표단 파송을 계획함으로써 서방과의 완전한 단절을 원하는 것은 아니라고 벌써부터 피력하는 듯합니다. 한국분쟁이 지속되는 한, 이 분쟁은 소련에게 자국 선전을 위한 훌륭한 논거를 제공합니다. 평화 지지자들의 통합을 강화하는 동시에, 소련 노동자들을 3차 세계대전에 대한 두려움으로 옭아매어 농·산업 생산성 발전에 더욱더 매진하게 만듭니다.

과연 소련은 한국분쟁 상황을 핑계 삼지 않는 현명함을 발휘할 수 있을까요? 극동지역에서는 베이징 정부가 취할 최종 태도에 모든 것이 달려있는 것으로 보입니다. 어찌되었든 소련으로서는 유엔의 만장일치, 서구 열강의 강경함, 미국 내 확연한 여론 압력 증가가 유발한 효과를 마땅히 짚고 넘어가야겠지만, 그럼에도 최종 결론을 도출할 수는 없는 상태입니다.

브리옹발

【165】 인천 부근의 상륙(1950.9.15)

[전　　　보]	인천 부근의 상륙
[문 서 번 호]	1497-1499
[발　신　일]	1950년 9월 15일 09시 00분
[수　신　일]	1950년 9월 15일 15시 45분
[발신지 및 발신자]	도쿄/드장(주일 프랑스대사)

보안

매우 긴급

뉴욕 공문 제272-274호

워싱턴 공문 제472-474호

국방부에 전달 요망

본인의 전보 제1433호 제1항과 제1488호 제2항 참조

1. 맥아더 장군은 9월 14일 도쿄를 떠났습니다. 행선지는 알려지지 않았습니다. 이번 행보는 분명 어제 있었던 한국 서해안 인천 부근 상륙과 관계가 있을 것입니다.

영종도는 연합군이 점령했습니다. 상륙은 특히 인천의 끝단과 그 외 다른 여러 지점에서 이루어졌습니다.

작전 목표 중 하나는 서울 수복을 원활하게 진행하는 것입니다.

해안포 공격으로 미 해병 소속 구축함 3척이 경미한 손상을 입었고 병력 몇 명을 잃었습니다. 그 해안포들은 아마 손쓸 수 없이 되었을 것입니다. 문제의 함선들은 『평양신문』[1]에 따르면 침몰된 배들이라고 합니다.

적군은 주로 전방 병사를 지원군으로 투입하므로, 전방에서의 압박이 줄어들

수밖에 없습니다.

　동시에 남한군 1개 대대가 포항을 점령한 공산군을 고립시키기 위해 동해안
월포리에 상륙했습니다.

　2. 한국 외무부장관이 어제 도쿄에 도착했습니다. 한국 정부의 수도 귀환 가
능성을 최고사령부와 논의하기 위해서일 것입니다.

드장

---

1) 원문에는 'Pjongjang'로 표기되어 있으나 『평양신문』은 전후에 창간된 신문으로 평양에서 발행
　되는 신문, 당시 『노동신문』을 가리키는 것으로 추정됨.

【166】 +미 침략자들의 형사적 책임

[기   타] 미 침략자들의 형사적 책임
[문 서 번 호] 미상
[발   신   일] 미상
[수   신   일] 미상
[발신지 및 발신자] 미상

미 침략자들의 형사적 책임[1]

뉘른베르크 국제형사재판소의 판결은 침략 전쟁 전범 및 공범에게 적용된다.

미 정부는 한국사건을 조선민주주의인민공화국의 침략으로 보았다. 따라서 한국 국민에 대한 무장 개입권을 행사했다.

안전보장이사회 소련 대표 말리크뿐 아니라 소련의 국제법 전문가들은 침략자가 미국이며, 미국이 '침략'의 국제적 의미를 잘못 알고 있다고 명확하게 증명했다.

만일 한 법학도가 미국이 국제무대에서 말한 것처럼 침략의 개념을 정의한다면 분명 불합격해서 유급하고 말 것이다. 국제법은 '침략국'과 '침략'의 개념 정의를 위해 일련의 국제적 합의를 거친다. 이에 따라, 48개국이 서명한 국제분쟁

---

[1] 독일민주공화국(독일) 사무국장이자 국무부 관계자가 동양의 한 기관에서 동 제목「미 침략자들의 형사적 책임」이라는 보고서를 간행했음. 이를 주독일 프랑스대사가 외무부장관 로베르 슈만에게 보낸 문서에 전체 번역문을 첨부한 것임. 보고서 작성자는 원문 상태 상 추정이 어려움.

의 평화적 해결에 관한 1924년 10월 2일자 제네바 의정서 제10ff조에는 '침략자'의 의미가 명확히 규정되어 있다.

1933년 7월 3일, 런던에서는 여러 국가가 '침략'이라는 개념의 의미에 대해 합의하고 서명했다. 이 협정은 한 국가의 침략을 "…한 국가의 무장 군대가 다른 국가에 선전포고 없이 난입하는 것", "…선전포고 여부와 상관없이, 자국의 육군, 해군, 또는 공군을 동원해 타국의 영토, 선박, 항공기를 공격하는 것", "…타국에 있는 무장 군대에 지원을 시도하거나, 피침략국의 요구에도 불구하고 자국 영토 내에서 무장 군대의 지원 및 보호를 중단시킬 수 있는 조치를 취하기를 거부하는 것"이라고 정의한다. 상호 지원에 관한 1947년 9월 미주협약 9조 sl. 1에 따르면 그 밖의 형태 외에도 "한 국가가 다른 국가의 영토, 국민, 육군, 해군, 또는 공군에게 도발되지 않은 공격을 행하는…" 상황은 침략으로 간주한다.

침략 개념은 다른 국제 협약에서도 보충 사례를 찾아볼 수 있는데, 모두가 하나의 기본 원칙에 근거하고 있다. 혁명, 내전, 폭동, 군사 쿠데타, 그 외 내부 충돌은 국제법이 규정하는 의미의 침략으로 간주될 수 없다는 것이다. 이 경우, 내부 문제의 관련자는 해당 정부와 그 국민뿐이다. 침략이라는 개념은 서로 다른 국가 간의 충돌에만 적용될 뿐, 어떤 경우에도 국제분쟁과 내전에는 해당되지 않는다.

내전 상황이 증명되다

남한 정부가 북한을 공격했을 당시, 내전상황이 법적으로 증명되어 있었다. 미국의 가담으로 바뀐 것은 전혀 없었다. 제국주의 국가가 해당 국가의 반동 조직 및 군대와 협력해 내전 또는 군사 쿠데타를 일으킴으로써 다른 국가를 정복한 사례는 역사 속에서 쉽게 찾아볼 수 있다. 미 제국주의자들은 이 방법을 라틴아메리카 공화국들이나 앤틸리스제도에서도 수차례 사용했다.

　일부 미국 신문과 『노이에차이퉁』[2]은 한국전쟁을 내전이 아닌, 서로 다른 두 국가 간에 발생한 국제법상 규정된 진정한 의미의 전쟁이라고 주장하며 말리크와 러시아 법률 전문가들의 발언을 약화시키려 노력했다.

국제법상 의미의 전쟁은 미국의 개입으로 시작되었다

　이런 주장은 사건의 진상뿐 아니라 한국의 법률적 상황에도 위배된다. 또한 이런 주장은 한국 정부가 미군정의 한국 내정간섭으로 국민의 권리를 무시한 채 수립된 사실, 그리고 이런 식의 체제 수립이 자유의지를 향유하는 한국 국민에게 인정받지 못했음을 은폐하려는 시도다. 한국 국민을 2개 정부로 분할 통치하는 것은 이 민족의 의지를 거스르는 일이었다. 미국이 다스리는 유엔한국위원회도 49년 9월 6일자 유엔총회에서 이 나라를 통일 독립국으로 만들고 싶은 한국 국민의 염원과 자국의 평화적 통일에 대한 열망을 전달한 바 있다. 한국 국민은 자국의 분단을 단 한 번도 확고부동한 상황으로 여기지 않았다. 전국적으로 치러진 선거 결과가 이를 명백히 증명한다. 그렇기에 법률적으로 양측은 대내적 관계이지, 대외적 관계가 아니라는 결론이 도출된다. 남한 군대의 북한 침입, 그리고 조선민주주의 군사와 이승만 도당 군사 간의 충돌은, 비록 미국이 단초를 제공했을지라도, 서로 다른 두 국가 간 전쟁이나 국제법상 의미의 전쟁이 아니라, 한 국가 또는 국가의 일부에서 발생한 내전이다. 국제법상 규정된 의미의 전쟁은 미군정이 한국 영토 내에서 한국 국민에게 개입하면서부터 비로소 시작되었다.

2) 『노이에 차이퉁Neue Zeitung』. 2차 대전 후 독일의 미국 점령지역에서 출간된 신문(1945-1955).

국제법에 위배되는 침략으로 변화

침략 개념의 국제법상 정의에 따르면, 특히 이 정의가 1933년 런던협정에서 확정되었으므로, 미국이 침략국이라는 사실은 의심할 여지가 없다. 미국의 군사와 전차가 한국 영토에 침입한 것이지, 그 반대가 아니며, 미군 함선이 한국 영해를 누빈 것이지, 그 반대가 아니다. 한국 영공을 가로지른 것도 미 항공기이지 그 반대가 아니다. 객관적 입장, 즉 진실한 분석을 수립하기 위해 국제법 전문가들은 사실만을 고려해야 하며 그 결과, 국제적 의미에서 볼 때 북한과 남한 사이에는 애당초 침략이 불가능하다. 반면 한국에 대한 미국의 국제적 의미의 침략은 존재한다.

트루먼 정부 대표자들이 어떤 식으로 논거를 펼치든, 그들의 주장은 면밀한 검증 앞에 무너지게 되어 있고, 결과는 늘 동일하다. 미국이 국제법상 규정된 의미의 침공을 했다는 사실이 수립되는 것이다.

침략—국제 범죄

이 자리에서 본인은 미국 침략에 종지부를 찍고 평화를 회복하기 위해 안전보장이사회가 유엔 규약에 따라 수행해야 할 법률적 의무를 상술하고 싶지는 않다. 동일한 맥락에서, 미 정부 대표가 소련 대표의 발언에 왜 그렇게 악착같이 반대하는지, 또 왜 그렇게 한국 침략을 합법으로 포장하려 애쓰는지 많은 이들이 의아해하고 있다. 이런 합법 위장의 주된 이유는 국제법이 다른 국가에 대한 침공을 반(反)평화적 범죄이자 가장 중대한 국제 범죄로 규정하기 때문일 것이다. 1923년 상호보호에 관한 국제연맹 협약안, 1924년 국제분쟁의 평화적 해결에 관한 국제연맹 의정서 전문, 1927년 9월 24일 제8회 국제연맹 본회의 선언문, 하바나에서 개최된 제6회 범아메리카 회의 21개 미합중국 결의문, 1928년 8월 27일 파리 협약, 1933년 10월 10일 리오 데 자네이로에서 체결된 반전 불가침 조약 등 최근 몇 년간 체결된 국제협약들은 침략 전쟁의 계획·준비·개시·지속을 범죄로 간주한다. 즉, 평화 구축을 위한 민중의 오랜 투쟁이 국제협약에도 반영되었고, 침략을 가장 중대한 국제 범죄로 규정한 것은 민중 권리의 근간을 이루는 뼈대 중 하나라는 의미다.

국제법의 변화는 여기서 멈추지 않았다. 침략을 국제 범죄로 간주하는 것 외에도 현대 국제법은 침략 범죄의 법적 책임 원칙을 선언하고 있다.

국제형법학회[3]는 이미 1929년 부쿠레슈티[4] 회의에서 침략국과 침략자들의 형법 책임 필요성을 제창한 결의안을 채택했다. 1945년 8월 8일자 국제군사재판소 규약 제2항 제6a조는 "반(反)평화적 범죄, 즉 침략 전쟁 또는 국제협약에 위배되는 전쟁의 준비·개시·지속, 전술한 활동을 실행하기 위한 협정, 보증, 또는 동맹 체결"의 경우, 개별 형사책임이 있음을 명시하고 있다. 이 규약은 소련, 미국, 영국, 프랑스가 서명하고 그 외 국가들이 승인한 중대 전범자의 기소 및 처벌에 관한 협약 중 일부다. 현재 유엔 '국제법위원회'는 "평화와 국민 안전을 위협하는 범죄"에 관한 협약안을 준비 중이다. 이 협약안도 역시 침략 전쟁을 범죄로 간주하고 전범자와 공범의 개별 형사 책임을 묻는다. 이처럼 침략 전쟁 전범자와 공범의 개별 책임을 묻는 원칙은 세계적인 평화 추구 움직임의 압력 아래, 제2차 세계대전뿐 아니라 현대 국제법의 핵심에도 적용된다. 형사법 적용 원칙을 통해 평화를 수호하는 인류는 자신의 지위를 남용해 세계 평화의 근간을 흔들고 다른 나라를 침략하는 파렴치한 정치인들과 그 동조자들에게 국제법을 적용할 수 있게 된다.

오늘날 우리에게는 뉘른베르크 전범재판 당시 로버트 잭슨[5] 미국 검사가 자

---

[3] 1924년 창설된 국제형법을 연구하는 연구기관. 각 나라에서 집행하는 형법의 국제 공조에 대한 연구를 진행. 또 형사범죄의 발발 원인 분석 및 형사소송절차와 수감 제도에 관한 연구도 병행. 1961년까지는 개최 시기가 3년~6년에 한 번씩 등으로 불규칙했으나 1964년 헤이그에서 9회 대회가 열린 이후 5년에 한 번씩 정기적으로 대회를 개최하고 있음.

[4] 루마니아의 수도. 영어명은 부카레스트.

국의 변화에 대한 경고로 남긴 다음 선언문이 남아있다.

    "독일 침략자들에게 최초 적용된 이 법은 오늘 판결을 맡은 나라를 비롯해,
추후 어떤 나라가 침략을 일으키든지 동일하게 적용될 것임을 분명히 밝혀 두
는 바이다…"

만일 오늘날 한국 국민을 침략한 미 전범자들이 국제법에 대해 무지한 체한
다면, 그들은 미국에서도 유효한 다음의 원칙을 기억해야 할 것이다. "누구도
법을 모른다고 간주되지 아니한다."

---

5) 로버트 잭슨(Robert Jackson, 1892-1954). 뉘른베르크 전범재판 당시 미국 수석 검사, 미국 대법
원 판사.

【167】 인천 상륙(1950.9.16)

[전   보] 인천 상륙
[문 서 번 호] 1501-1503
[발   신   일] 1950년 9월 16일 01시 00분
[수   신   일] 1950년 9월 16일 09시 48분
[발신지 및 발신자] 도쿄/드장(주일 프랑스대사)

보안

본인의 전보 제1497호 참조

워싱턴 공문 제472호

뉴욕 공문 제272호

국방부에 전달 요망

  본인이 직접 입수한 정보에 따르면, 인천상륙작전은 대규모로 진행되었으며, 곧 전해질 결과에 따라 원정 기간과 성과에 결정적 영향을 미칠 수 있다고 합니다. 연합군최고사령부 부사령관 알몬드 장군이 지휘하는 제10군단 소속 병력 7만 명이 동원되었으며, 이 동원 병력 수송에는 함선 140척이 투입되었다고 합니다.

  현재까지 미군은 심각한 반격을 받진 않은 것 같습니다. 기습 효과가 발동했고, 이례적으로 많은 북한군이 항복했습니다.

  현재 수행 중인 계획대로라면 36시간 내 서울을 수복할 것입니다. 공산군이 가진 수도 방어 병력은 1개 사단에 불과한 것으로 보입니다.

  맥아더 장군은 직접 작전에 참여하고 있습니다. 한국에 자신의 사령부 소속 1개 전진부대를 배치하고 당분간 머물 예정이라고 합니다.

동해안 상륙은 교란용에 지나지 않았습니다.[1] 주요 병력은 인천으로 향했습니다. 동시에, 대구 북부에서는 연합군이 공격을 재개해 공산군대를 포위하고자 합니다.

당분간은 이 정보의 기밀성을 엄격히 유지해주기를 외무부에 당부 드리는 바입니다. 아직은 정보 공유를 위한 연합군 장교회의에서 명령이 거의 공개되지 않은 상태입니다.

드장

---

[1] 장사상륙작전(長沙上陸作戰) 또는 장사동상륙작전(長沙洞上陸作戰)은 1950년 9월 14일-15일 경상북도 영덕군 남정면 장사리에서 벌어진 상륙작전임. 9월 14일 부산항을 출발한 이후, 9월 15일 06:00에 상륙작전이 시작되었으며, 주로 학도병으로 구성된 772명이 문산호를 타고 장사에 상륙하여 국도 제7호선을 봉쇄하고 조선인민군의 보급로를 차단하는 데 성공하고 철수한 작전임. 이 작전으로 7명이 전사하고 92명이 부상을 입었으며, 사망자를 제외하면 모두 행방불명되었음.

【168】 인천 상륙(1950.9.17)

[전 　 보]	인천 상륙
[문 서 번 호]	1516
[발 　 신 　 일]	1950년 9월 17일 03시
[수 　 신 　 일]	1950년 9월 17일 13시
[발신지 및 발신자]	도쿄/드장(주일 프랑스대사)

사이공 공문 제720호

　1. 9월 16일자 여러 통의 공문은 인천상륙작전에 관한 기존 정보의 확인용에 지나지 않습니다. 이 공문들에 따르면, 27,000톤 에섹스급 세 번째 항공모함이 제7함대 제77기동부대가 기존에 보유 중이던 동종의 함선 2척과 합류했습니다. 이 항공모함들의 함재기는 9월 16일 낮 동안 515회 출격했습니다. 함재기들은 김포에서부터 1열종대로 이동하던 적군 트럭 280대를 공격하여 230대를 격파했고, 탱크 2대도 무력화했습니다.

　2. 며칠 전 취임한 극동해군 부참모장 알버크[1]는 인천상륙작전을 계획한 맥아더 장군에게 경의를 표했습니다. 그가 제공한 정보에 따르면 공격함대와 수송함대를 합하면 함선 수는 총 261척에 이르고, 그중 전함에는 구축함급 이상의 함선 60척이 포함되어 있었습니다. 기함에서 전송된 UP통신 전보에 따르면, 함선 261척의 구성은 다음과 같습니다.―미국함 194척, 영국함 12척, 캐나다함 3척, 호주함 2척, 뉴질랜드함 2척, 프랑스함 1척, 남한함 15척, 일본 승무원이 탑승한 미국함 32척, 도합 261척.

---

1) Alburke.

3. 언론 보도

인천에 상륙한 부대는 불길에 휩싸인 것으로 알려진 인천 동쪽 6㎞ 지점 송안리에서 처음으로 격렬한 반격에 부딪혔고 격파했다. 16일 정오경, 연합군은 인천의 점령지를 넓혔다. 남한 소식통에 따르면, 낙하산부대가 김포를 점령했다고 한다. 김포를 차지한 남한군 일부 부대가 한강을 도하해 남한 군사학교 소재지인 능곡을 차지한 것 같다. 토요일 오후에는 미군이 한강의 서울 방면인 영등포를 차지했고, 침투부대가 강을 건너 수도로 침투했다고 한다.

4. 9월 16일, 지역 경계 일대에서 개시한 공격으로 연합군은 전체적으로 1,500m-5㎞ 전진하는 성과를 거뒀습니다. 마산 전선에서 미군은 북한군 제6, 7 사단의 격렬한 저항에도 3㎞를 전진했습니다. 미 제2사단은 낙동강 만곡에서 7㎞를 전진하여 적군이 다시 도하했다고 알려진 강에 도착한 것으로 전해집니다. 좌측에서 영국 여단의 지원을 받은 제1기병사단은 왜관 방향으로 6㎞ 전진해 왜관 6㎞ 지점에 이르렀다고 합니다. 그 우측으로는 남한군 제1사단이 가산 요새를 포위하며 3㎞를 전진했습니다. 포항은 미주리호에 무참히 폭격 당했습니다.

5. 군사 상황에 관한 소식을 비롯해, 공산군은 항복 또는 죽음 외엔 더 이상 선택지가 없다는 내용을 담은 전단 3백만 부가 북한군 점령지 상공에 투하되었습니다.

국방부에 전달 요망.

드장

【169】 인천 상륙 작전의 조건에 대해(1950.9.17)

[전 보]	인천 상륙 작전의 조건에 대해
[문 서 번 호]	1517-1519
[발 신 일]	1950년 9월 17일 08시 30분
[수 신 일]	1950년 9월 17일 13시 35분
[발신지 및 발신자]	도쿄/드장(주일 프랑스대사)

보안

조이 제독은 어제 접견 중 우리 측 군사고문에게 인천상륙작전의 수행 조건에 대해 큰 만족감을 표했습니다. 조수간만 탓에 작전에 허락된 시간은 단 몇 시간밖에 되지 않았고, 그 후에는 오랫동안 휴지할 수밖에 없는 상황이었던 만큼, 기술적으로 매우 어려운 작전이었습니다.

이런 조건에서는 사소한 돌발 상황도 참사로 이어질 수 있었습니다.

한편, 작전이 9월 15일에 수행되지 못했다면 조수간만의 정도를 고려할 때 10월 중순까지 연기되었을 것입니다. 더욱이 사령관은 거의 최종까지도 마리아나 제도에서 큐슈로 이동 중인 태풍이 상륙예정일에 인천을 통과하지 않을까 우려했었습니다. 하지만 태풍은 진로를 바꿔 일본해 대신 황해로 지나갔습니다.

그럼에도 함선들은 상당히 요동쳤고, 많은 사람들이 뱃멀미로 고생했습니다. 하지만 악천후로 심각한 손상을 입어 복귀해야 했던 수송선은 단 한 척뿐이었습니다.

서해안 상륙작전 중 이미 파손된 것으로 파악된 구축함 세 척 외에, 또 한 척의 미 구축함이 동해안 암초에 부딪혀 좌초했고, 해안포 공격으로 심각한 타격과 손실을 입었습니다. 조이 제독은 우리 측 행동이 적군에겐 전혀 예상치 못했던 일이라는 공식 정보를 확언했습니다. 언론 보도가 조심스럽지 못했고 인천 연안의 섬 폭격과 점령이라는 작전의 사전 지침이 다수 유출되었음에도 예상치 못했다니, 무척 놀라운 일입니다.

　최근 몇 주간 인천-서울 지역에 방어 태세를 갖추려 애쓰던 북한군이 방법을 찾지 못했다고 □ □ □ 더 합당해 보입니다.

　국방부에 긴급 전달 요망.

드장

【170】 38선을 넘는 문제에 대해(1950.9.18)

[전　　　　보]	38선을 넘는 문제에 대해
[문 서 번 호]	미상
[발　신　일]	1950년 9월 18일 20시 50분
[수　신　일]	1950년 9월 19일 04시 30분
[발신지 및 발신자]	워싱턴/보네(주미 프랑스대사)

보안

긴급

2급 비밀

본인의 이전 전보에 이어

ㅁ ㅁ ㅁ 공문 제827-830호

　인천상륙에 이어 유엔군에 관한 군사 결정이 신속히 취해지리라는 희망과 함께, 38선 진격 문제가 갑작스레 현실화되었습니다. 우리 대사관 직원은 오늘 오후 국무부 회의에서, 맥아더 장군 부대에 포위된 북한 저항군이 갑자기 무너질 경우, 유엔이 이 사안을 결정할 시간을 아직 갖지 못한 상황에서 미 사령관이 38선 이북 진격이 필요하다고 판단할 가능성이 없지 않다는 인상을 받았다고 합니다. 이는 기습 효과를 이용해 북한을 점령하고 나라를 통일하려는 것이며, 이러한 기본 원칙은 유엔 결의문들을 통해 어쨌든 공인된 상태입니다.

　우리 직원은 최근 열린 3개국 장관회의에서 확인한 프랑스 정부 및 영국 정부의 관련 입장을 상기시키며 그런 시도의 위험성을 강조했습니다. 이에 동북아국장 권한대행은 개인적 취지의 발언임을 재차 주지시키며, 북한군의 갑작스런 붕괴는 중국과 러시아의 대북 지원 중지 결정을 의미하는 것으로 해석할 수 있고, 그런 경우 유엔군이 38선에서 중공군이나 북한군과 충돌할 위험은 크게 줄어든다고 답했습니다.

신중을 기한 권한대행 존슨의 이러한 발언이 원칙적으로 미국의 공식 입장을 표현한 것은 아니지만, 그럼에도 본인은 이 내용을 전달하는 것이 좋다고 판단했습니다. 그의 답변이 미 국방부 일부 세력과 맥아더 장군 측근들의 분위기를 반영할 수 있기 때문입니다. 사실 한국사태의 급격한 군사적 전개는 조만간 안전보장이사회의 논의를 앞지를 위험이 있습니다.

최근 맥아더 장군의 몇 가지 결정들이 우리에게 이 사안에 대한 각별한 주의를 불러일으킵니다.

보네

【171】 호주 정부의 결정(1950.9.19)

[전 보]	호주 정부의 결정
[문 서 번 호]	1547-1549
[발 신 일]	1950년 9월 19일 08시
[수 신 일]	1950년 9월 19일 14시 45분
[발신지 및 발신자]	도쿄/드장(주일 프랑스대사)

파리로 타전 제25호
브리옹발, 9월 8일 부산 발신, 9월 19일 도쿄 수신

　금일 정오 무렵 본인과 타국 대표들의 비공식 모임에서 호주 보고책임대표는 당일 오전 일본 주재 호주대표와의 통화 내용을 전했습니다. 그에 따르면, 호주 정부는 "자국 대표가 유엔위원회의 다른 대표들과 동일 자격으로 한국에 머무는 것이 현 상황에서 바람직하다고 판단"합니다.

　자미에슨[1]은 레이크석세스에 보고책임자 파견 여부와 그 적기를 결정하는 것이 위원회의 권한임을 상기시키며, 자신은 어쨌든 자국 정부의 지침을 견지하는 수밖에 다른 도리가 없다고 밝혔습니다.

　자미에슨은 최근 훈령에 담긴 사무국장의 요구에 맞추어 늦어도 15일에는 레이크석세스에 당도하기 위해 9월 10일 부산을 떠날 채비를 마쳤고, 막판에 위원회에 통보하는 자국 정부의 갑작스런 조치에 당혹감과 아쉬움을 표했습니다.

　보고책임자의 총회 참석이 임의적이라는 사실을 알고 있던 대표들은 이번 사례와 같은 참석이 보고 내용에 보다 탄탄한 기반을 제공하고, 혹시 있을지 모를 해석의 차이를 미연에 방지하는 역할을 하리라 생각했습니다.

[1] Jamieson.

그렇지만 호주 정부의 갑작스런 결정 동기를 짐작건대, 외무부 사무국장의 반대 의사에도 불구하고 최근까지도 유엔에 보고책임자를 동반하겠다고 주장하던 인도나 중국 대표들의 정부도 이제는 신중함을 보이는 기색이 역력합니다.

호주 정부가 결정을 취소하지 않는다면, 위원회의 총회 보고서 제출은 최초 임명된 보고책임자의 확고하고 신중한 지지를 잃게 되는 유감스러운 상황이 빚어질 수 있습니다. 그 역할을 중국 대표가 맡는 것은 분명 시기상 적절치 못하기 때문에, 기회는 인도 대표에게 넘어갈 것입니다.

드장

【172】 9월 19일 연합군 사절단에게 제공된 정보(1950.9.19)

[전 보]	9월 19일 연합군 사절단에게 제공된 정보
[문 서 번 호]	1553-1555
[발 신 일]	1950년 9월 19일 03시
[수 신 일]	1950년 9월 20일 15시 05분
[발신지 및 발신자]	도쿄/드장(주일 프랑스대사)

보안

전쟁부에 전달 요망

9월 19일 연합군 사절단에 제공된 정보

1. 제7사단은 금일 인천 교두보에서 상륙을 마쳤습니다. 공격군은 남한군 3,000명과 남한군 여러 부대를 포함한 제1해병사단, 제7보병사단 등 7만 명에 달합니다.

무스탕기를 조종하는 남한군 비행사들과 비항공 인력 400명은 김포 비행장을 점령했습니다. 이 비행장은 이미 운영 중이며 계속 복구 중입니다.

인민군 제18사단 소속 1개 연대는 격파된 것으로 알려졌습니다. 이 보병사단은 인원이 4,000명에 불과했다고 합니다. 주로 소달구지수송대로 구성된 공산군 원병이 수원과 대전을 출발한 것이 포착되었습니다.

인천 전방에서 사로잡힌 포로들 중에는 제15보병사단 소속 120㎜ 자주 박격포중대 병사들이 있습니다.

'미주리호'[1])는 동해안을 떠나 인천으로 이동하라는 명령을 받았습니다.

2. 부산 지역에서는 제25사단 부대들이 남강을 도하했습니다. 적군은 후퇴하고 있습니다. 인민군 제9사단 소속으로 추정되는 6,000명 규모의 2개 중대가 진주를 떠나 서쪽으로 이동 중입니다.

제2사단 23보병연대는 낙동강을 2개 지점에서 도하했습니다.

제1기병사단은 19일에서 20일로 넘어가는 야간에 도하하도록 명령을 받았습니다.

남한군은 해당 지역 북부에서 구천 북쪽으로 상당한 전진을 했습니다.

드장

---

1) USS Missouri. 미국 전함. 2차 세계대전 중 건조하여 한국전에도 참전. 한국전 발발 후 8월 19일 UN군에 합류하기 위해 출항하여, 9월 14일 UN군과 합류함. 9월 19일 인천 도착, 10월 12일부터 26일까지 천진, 탄천, 원산 포격, 그리고 12월 23일 흥남 철수를 지원함.

【173】 서울과 부산의 군 상황(1950.9.21)

[전   보] 서울과 부산의 군 상황
[문 서 번 호] 1561
[발   신   일] 1950년 9월 21일 03시
[수   신   일] 1950년 9월 21일 16시
[발신지 및 발신자] 도쿄/드장(주일 프랑스대사)

사이공 공문 제739호

1. 9월 20, 21일 맥아더 공문

20일 오전, 제1해병사단 대규모 전진부대들이 서울 북서쪽에서 한강을 건너 서울로 진격 중입니다. 한편 남쪽 좌안에서는 다른 해병사단들이 서울 외곽 영등포에 도착했고, 안양리-서울 도로에 접근하고 있습니다. 적군의 반격이 거세지고 있습니다. 19일, 첫 수송기들이 김포 비행장에 착륙한 후 비행장은 정상 운영되고 있습니다. 남일본과 김포 사이 3시간 반의 수송을 돕기 위해 전투화물 사령부라는 신규 조직이 창설되었습니다. 일전에 베를린 긴급공수작전을 이끌었던 터너 공군 소장이 이 조직을 맡게 되었습니다. 하루 4,000톤 수준의 각종 지원 설비가 연일 인천항에 도착하고 있습니다. 적군의 병력 손실은 2,500명으로 추산되며, 포로 수는 끊임없이 증가하고 있습니다.

2. 도쿄 사령부 공문

미 공군은 최상의 기상 조건에 힘입어 부산 전선 300회 직접 지원을 포함해, 총 550회를 출격했습니다. 슈퍼포트리스 60대는 평양의 대규모 병영을 중심으로 평양부터 신안주까지 다양한 목표지 30곳을 폭격했습니다.

3. 언론 보도

1) 인천 전선

해병대는 김포와 행주 사이에서 전차 여러 대를 동원해 한강을 도하했다고 한다. 지역이 한눈에 내려다보이는 서울 6km 지점 127고지[1]를 점령했고, 평양-서울 철로를 차단한 것으로 알려졌다. 도강은 육해군 포병의 격렬한 폭격이 쏟아진 후 빈틈없는 항공 비호 속에 진행되었다고 한다. 공산군 지원병이 한국 남동부에서 북한 쪽으로 파견된 것으로 보인다. 동일 방향 철로에 활발한 움직임이 포착되었다. 2개 연대가 방어 중인 서울은 현재 계엄 상태이며, 시민들은 도시 밖으로 대피 중이라고 한다. 영국군 사령부가 공격에 동참한 것으로 알려졌다. 서울 라디오는 두절된 듯하다. 수요일 17시 30분.

2) 부산 전선

최남단에서 적군은 아직도 진동리 서쪽 8km 지점에 버티고 있는 것으로 알려졌습니다. 낙동강 우안, 미군 제2, 24보병사단은 60개 교두보를 설치하고 상당수 부대를 도하시킨 것으로 보입니다. 왜관 북쪽 고지에서는 제24사단이 남한군 지배 하에 놓였습니다. 북한군은 그곳에서 수천 명이 사망한 것으로 전해집니다. 포항은 남한군 제3사단이 어제 탈환했습니다.

4. 1차 필리핀군 부대(제10전투대대)는 병사 1,200명, 포, 경전차, 장갑차, 수송차를 끌고 19일 부산에 상륙했습니다. 콜롬비아는 2,000톤급 프리깃함과 자국 해병대 최고의 정예 부대를 유엔에 지원했습니다.

국방부에 전달 요망.

드장

---

[1] 125고지의 오류로 추정됨.

【174】 9월 22일의 한국 상황(1950.9.22)

[전 보]	9월 22일의 한국 상황
[문 서 번 호]	236-241
[발 신 일]	1950년 9월 22일 20시 45분
[수 신 일]	1950년 9월 24일 12시
[발신지 및 발신자]	파리/국방참모본부

파리 국방참모본부 발신, 워싱턴 대사관 무관 수신

전송 제10526호

다음 전보를 제2사단 연합참모본부와 제2육군성 군 참모본부에 전달 요망

9월 22일 12시 한국 상황—워싱턴

1. 기세 좋게 한반도 남쪽으로 내려온 북한군이 후퇴에 박차를 가하고 있습니다. 미 제3사단은 부산에서 북서 방향 교두보를 확보했습니다. 우측에서는 제1 S.C.U.S.[1]가 대구-충주 간선도로로 대구 북북서 30마일 지점의 선산에 도착했습니다. 중부에서는 미 제24보병사단이 초계를 점령했습니다. 북쪽으로 이동 중인 남한군 제1, 2군단은 전면 전선에 당도했고, 연합군이 대구 북동쪽으로 진격함에 따라 적군은 추월을 당해 포위 상태로 보입니다.

2. 인천 교두보에서 제1해병사단 22,000명 전원이 서울을 남북으로 포위하기

---

[1] 미 제1군단이나 특전단인지 정확한 추정 어려움.

시작했습니다. 이 대규모 부대는 둘로 나뉘어 9월 16일에 제1, 3(또는 7)연대전투단, 9월 19일에 제5연대전투단이 상륙했고, 9월 17일 김포에서 전차 10대와 탱크 34대를 동원한 거센 반격을 3.5㎜ 바주카포와 퍼싱으로 격파해 물리쳤습니다. 9월 19일에 선두부대가 상륙한 미 제7보병사단도 금일 전원 상륙해있습니다. 이 대규모 부대는 남남동으로 진격하며 서울 남쪽 20㎞ 지점의 수원을 점령했습니다.

3. 북한군 제18보병사단과 제107보안연대가 서울에서 확인됐습니다.

반면, 오래전부터 대구에 주둔 중으로 알려졌던 제11, 14보병사단 예비병의 존재가 전혀 확인되지 않자, 미 국방부는 그 정보를 이제 오보로 분류해야 한다고 판단하고 있습니다. 안동 지방 만주 전선 인근에서 적군 부대가 남쪽으로 이동 중이라던 통신사 보도에 대해 미 국방부는 확답을 주지 않았습니다. 미 국방부는 9월 20일 왜관 남쪽 전장에 유기된 전차 5대와 매장된 포 20문 등 몇 가지 사실로 볼 때, 적군의 사기가 저하되었다고 전했습니다.

4. 개괄하면, 한반도 남부에서는 사건이 빠르게 상황 종결을 향해 치닫고 있는 듯합니다. 그러나 공식 정보에 따르면 적군이 9월 17일부터 철수하기 시작했다는 점과 인천 교두보 이후 미군의 진격 속도가 느린 점을 고려할 때, 개인적으로는 어쩌면 북한군 상당수가 격파되지 않고 빠져나갔을 가능성이 있다고 생각합니다. 이에 따라 북한 사령부는 남한에 새 전선을 형성해 분쟁을 지연시킬 수도 있습니다.

서명: 육군 무관

【175】 9월 23일 참모본부가 제공한 정보(1950.9.24)

[전   보] 9월 23일 참모본부가 제공한 정보
[문 서 번 호] 1607-1610
[발   신   일] 1950년 9월 24일 03시
[수   신   일] 1950년 9월 24일 13시 36분
[발신지 및 발신자] 도쿄/드장(주일 프랑스대사)

9월 23일 참모본부가 제공한 정보

1. 22일 다부동에서 출발한 남한군 제1사단 부대의 지원을 받은 제7기갑연대는 선산 근처 김천에 당도했고, 초기 계획대로라면 김천으로 쇄도해야했습니다. 하지만 상주를 거쳐 온 영국군 여단과 왜관에서 출발한 제24사단 21보병연대의 김천 집결 과정에서 저항이 미미한 수준에 그쳤기에, 제7연대는 계속 북쪽으로 진군하라는 명령을 받았고, 김천 북쪽 30㎞ 지점의 육로 및 철로 요충지 상주에 당도했습니다.

그 결과, 수원 점령으로 첫 번째 대로를 차단한 이후, 한반도 남동부와 서울을 잇는 두 번째 대로가 차단되었습니다.

적군의 유리한 방어 거점이던 군위-왜관 지구에서는 저항세력이 무너졌습니다.

2. 군위와 의성(영천 북쪽 40㎞)은 남한군 제6, 8사단이 점령했습니다. 제25보병사단은 진주 5㎞ 지점에 있습니다.

3. 122㎜ 자주포, 일명 러시아제 'Jsu 249' 중 특수자주포 2문이 미군 수중에 들어왔는데, 51톤급 전차 '이오시프 스탈린 3'와 동일한 골격을 갖추고 있습니

다. 포 외에도 기관총 4대를 장착하고 있습니다. 탑승인원은 7명이고, 블라디보스토크에서 촬영한 동일 장비의 최근 사진과 비교할 만했습니다. 길이 20피트, 너비 9피트이며 이동 속도가 상당히 느립니다.

4. 인천 연안에서 수중지뢰가 추가 발견되었습니다. 지뢰는 러시아 모델로, 7월에 매설된 듯합니다.

드장

【176】 군 상황(1950.9.26)

[전   보] 군 상황
[문 서 번 호] 1616-1620
[발   신   일] 1950년 9월 26일 03시
[수   신   일] 1950년 9월 26일 11시 30분
[발신지 및 발신자] 도쿄/드장(주일 프랑스대사)

보안

매우 긴급

전쟁부에 전달 요망

워싱턴 공문 제501-505호

뉴욕 공문 제301-305호

사이공 공문 제757-761호

9월 25일 금일 오후, 연합군 최고사령부 대표는 남한군 부대 및 전차부대, 제 1기병사단 소속 1개 대대로 구성된 '린치' 기동부대가 24일 저녁 보은을 점령한 후 현재 청주에 있는 것으로 파악된다고 연합군에게 알렸습니다. 청주는 인천을 상륙한 7사단 부대들이 진입한 오산에서 약 60㎞ 지점입니다.

1. 상주에서 출발한 미군은 대구-대전 주요 간선도로와 평행한 도로를 따라 이동했고, 사실상 저항군과 한 번도 마주치지 않았습니다.

2. 남한군 제8사단은 현재는 폭파된 옛 부산 지구 북쪽 80㎞에서 안동을 점령했습니다. 남한군은 그곳에서 트럭 100대 분량의 대량 탄환을 보유한 포병대

전체를 비롯해 엄청난 중장비를 노획했고, 인민군 제5보병사단 사령부를 포로로 사로잡았습니다. 남한군은 안동을 지나 영주 쪽으로 진군을 계속했습니다. 영주는 적군이 정신없이 퇴각한 지역이지만 아직은 패주했다고 보긴 어렵습니다. 적군의 의도는 영덕-안동-함창 연락로를 보존하는 것으로 보입니다. 적군은 방어 조치를 취할 시간이 없었습니다. 해안 지역에서는 남한군 제3사단이 적군을 공격하고 영덕 인근 몇 km 지점에 도달했습니다.

수도사단 소속 1개 연대가 차출되어 서울로 파병되었습니다.

3. 낙동강 서부에서는 남강 합류점과 상주를 제외한 모든 전선에서 전체적으로 전진했습니다. 영국군 제20여단의 활동이 참사로 지연되면서 아직 상주를 점령하지 못한 상태입니다. 미군은 진주와 노포항을 점령했습니다.

4. 9월 18-23일, 적군의 병력 손실은 19,000명으로 알려졌습니다. 6월 23일부터 누적 추산 총 4만 명에 이릅니다. 북한군의 현재 보유 병력은 아직도 137,000명에 이르는 것으로 보입니다.

5. 25일 오전, 인천 전선의 남한군 제17연대와 미 제7사단 소속 1개 연대는 서울 남동쪽으로 도강했습니다. 그들의 목표는 인민군 제9보병사단 2개 연대가 차지했다고 알려진 수도 동부 언덕 지대를 점령하는 것입니다. 이것이 서울 포위 공격의 마무리 작전이 될 것입니다.

6. 수원과 오산을 점령한 미 제7보병사단이 7월 후퇴 당시 포기했던 미군 물자와 탄환 상당량을 회수했습니다.

드장

【177】 일본 주재 호주 사절단장 겸 육군 대령이 부산에 도착했다(1950.9.26)

[전 보]	일본 주재 호주 사절단장 겸 육군 대령이 부산에 도착했다
[문 서 번 호]	1633-1635
[발 신 일]	1950년 9월 26일 08시
[수 신 일]	1950년 9월 27일 13시 10분
[발신지 및 발신자]	도쿄/드장(주일 프랑스대사)

브리옹발, 9월 17일 부산 발신, 9월 25일 도쿄 수신

외무부로 타전 제34호

일본 주재 호주 사절단장 호지슨 대령[1]이 대사관 3등서기관을 대동하고 이틀 전 부산에 도착했습니다. 미국대사가 그를 맞았습니다.

본인 전보 25, 32호에 언급했듯, 호주 정부의 망설임 속에 이루어진 이번 방문에 대해 호지슨 대령은 개인적 관심 외에는 다른 설명을 덧붙이지 않았습니다. 실제로 현재까지 위원회 위원들과 가졌던 회담 중에 그는 자미에손의 레이크석세스 체류 기간에 대표 대행이 지명될 것인지 □□□ 전혀 □□□. 그는 한국 인사들과 가진 접촉 외에도 일부 군사시설 및 병원을 방문하고 싶어 했고, 난민 문제에 관심을 가졌습니다.

대구는 금일 오전부터 공산군이 한층 위협적으로 공격 중이며 기상 조건 악화로 금일 항공기 접근이 불가능했습니다. 이 지역 방문을 고민하던 호지슨 대령은 한국 체류를 1-2일 연장할 계획입니다.

---

1) 윌리엄 호지슨(William Roy Hodgson, 1892-1958). 일본주재 호주 사절단장. 2차 대전 중 유엔총회에서 호주 대표, 유엔 인권선언 초안 작성 위원으로 참여. 유엔 사무총장(1947), 유엔원자력위원회 호주 대표 등 역임.

이틀 전 저녁, 미국대사와 동행해 사무국 여러 구성원 및 카친 대령을 만나러 갔던 호지슨 대령은 그들이 모인 자리에서 존 무초 미국대사에게 "이 나라는 미국이 최악의 평판을 받는 전쟁을 일으키는 것을 최대한 피했어야 하는 곳이었다"며 이 전쟁은 대지주와 독재 정부의 이익만을 신경 쓴다고 했습니다. 그는 어제 저녁, 터키 대표가 마련한 연회가 파할 무렵에도 그 관점을 재차 언급했습니다.

또한 대령은, 그의 말을 빌자면 "인도차이나에서 프랑스의 군사 행동을 이끈" 동기에 대해서도 상당히 강경한 의견을 피력했습니다.

여기 있는 일부 대표들은 호지슨 대령의 영향력과 최근 호주 정부가 자미에슨의 레이크석세스 파견을 주저한 것이 어느 정도 관계있을 것으로 생각합니다.

드장

【178】 맥아더 장군이 북한군 사령관에게 보내는 메시지(1950.9.30)

[전 보]	맥아더 장군이 북한군 사령관에게 보내는 메시지
[문 서 번 호]	3921-3924
[발 신 일]	1950년 9월 30일 20시 05분
[수 신 일]	1950년 10월 1일 04시 50분
[발신지 및 발신자]	워싱턴/보네(주미 프랑스대사)

보안

매우 긴급

외무부로 타전

뉴욕 공문 제659-663호

1. 오늘 오후 국무부는 맥아더 장군이 워싱턴 현지 시각으로 금일 22시 도쿄에서 북한군 사령관에게 보낼 메시지가 최후통첩이나 무조건적 항복 요구와는 전혀 무관하다고 밝혔습니다. 그것은 온전히 군사적 성격을 띠는 메시지로, 유엔의 한국 관련 결정이 실행될 수 있게 군대에게 무기를 버릴 것을 명령해달라는 총사령관 대 총사령관의 요구를 담을 예정입니다.

따라서 38선 관련 언급은 없이, 간결한 메시지가 될 것입니다.

2. 국방부는 현재 유엔군이 38선을 앞두고 전진을 중단한 것이 오직 군사적 이유 때문임을 분명히 했습니다. 실제로 최근 며칠간 상당한 전진을 해온 전투 부대들을 재편성할 필요가 있었습니다.

3. 우리 대사관 직원 중 한 명은 미 정부에 관해, 이미 맥아더 장군이 38선

월경 문제를 결정할 전권을 쥐고 있다는 기밀을 전달받았습니다.

게다가 미 정부의 관심사는 38선 월경 문제 자체보다는 그 후속 조치입니다. 그래서 우리는 유엔총회 제1위원회에 제출된 결의문이 최대한 빠른 시일 내에 채택되기를 바라고 있습니다.

4. 맥아더 장군은 38선 진격의 여파로 소련이 북한에 넘어올 경우 미 정부가 어떤 행동을 취할지 국무부 담당자에게 □ □ □ □ □ □. 그는 프랑스 정부처럼 미 정부도 상황의 위험성을 인지하고 있으며, 따라서 지금껏 현재의 분쟁이 세계대전으로 치닫는 불행한 사태를 막기 위해 필요한 유연성과 선택의 여지를 확보해두었다는 답변을 받았습니다.

보네

【179】저우언라이의 성명서

```
[ 발   표   문 ]   저우언라이[1]의 성명서
[ 문 서 번 호 ]   미상
[ 발   신   일 ]   미상
[ 수   신   일 ]   미상
[발신지 및 발신자]   미상
```

저우언라이의 성명서

(1950년 9월 30일)

저우언라이 중국공산정부 총리 겸 외교장관은 중화인민공화국 건국 1주년을 맞아 9월 30일 베이징에서 발표한 성명서를 통해, 미국의 대만 "침략"에 대한 자국 정부의 규탄을 재차 인용하고, 미국을 "중화인민공화국을 위협하는 최고의 적"으로 규정하며 "해방인민군은 미 침략자들의 손에서 대만을 되찾아올 각오가 되어있다"고 선언했습니다.

또한 그는 자국 정부의 "티베트족 해방과 중국 국경 수비대 배치" 결정을 전했고, 티베트의 "해방"이 티베트 지도자들과의 협상을 통해 평화적으로 이루어지길 희망한다고 밝혔습니다.

한국전쟁에 대해서는, 중국은 "미 침략자들"에 맞서 "용맹하고 치열하게" 싸우는 북한군을 지지하겠다고 강조했습니다. 그리고 중화 인민은 "외세의 침략을 용납지 않을 것이며, 제국주의자들이 무분별하게 이웃 국가의 영토를 침입한다면 가만히 있지 않을 것"이라고 덧붙였습니다.

---

[1] 저우언라이(周恩來, 1898-1976). 중화인민공화국의 총리와 외교부장 역임.

【180】 38선에 대한 맥아더 장군의 견해(1950.10.4)

[전   보] 38선에 대한 맥아더 장군의 견해
[문 서 번 호] 1756-1757
[발   신   일] 1950년 10월 4일 09시
[수   신   일] 1950년 10월 5일 13시 30분
[발신지 및 발신자] 도쿄/드장(주일 프랑스대사)

보안

사이공 공문 제806-808호
뉴욕 공문 제341-343호
워싱턴 공문 제541-543호

국방부에 전달 요망
본인의 이전 전보에 이어

2. 맥아더 장군이 신중함을 보이는 주된 이유는 다음 두 가지로 볼 수 있습니다.

1) 얼마 전 맥아더 장군의 대만 관련 발언은 워싱턴이 보기에 미 정부 정책에 부합하지 않았고, 그로 인해 맥아더 장군은 트루먼 대통령에게 공개 비난을 받은 바 있습니다. 자기 소관의 문제에만 전념하라는 상당히 냉담한 권고였습니다. 이에 그는 깊은 유감을 느꼈습니다. 오늘은 군사적 필요성에 대한 언급과 함께 본래 정치적 범주에 속하는 결정들을 내리도록 다소 직접적인 권고를 받았지만, 장군은 여기에 별로 열의를 보이지 않았고 각자에게 책임을 분배하길 원했습니다. 현재로서는 중공군이나 소련군의 개입은 거의 없을 것으로 생각되지만, 그럼에도 유엔군의 북한 진격이 국제적으로 심각한 문제들을 일으킬 수

있다는 사실에는 변함이 없기 때문입니다.

2) 38선을 넘을 수 있는 것은 현재 남한군뿐입니다. 부산에서 온 미군은 남한에서 소탕 작전을 담당하고 있습니다. 제10군단 병사들은 서울 북쪽에서 심각한 저항에 부딪혔습니다.

어쨌든 미군 부대들을 어느 정도 재편성하는 것이 불가피한 상황이며, 따라서 기간이 소요될 수밖에 없습니다. 38선 월경은 월경이 이뤄질 때에 가서 발표하는 것이 유리할 것입니다.

3) 연합군의 요망과 달리, 남한군의 전진으로 인해 상황이 지체 없이 진행되었습니다.

하지만 주저하는 모습으로 비치지 않으려면 현 상황이 너무 오래 지속되지 않도록 해야 할 것입니다.

드장

【181】 맥아더 장군이 북한 정부 수반에게 최후통첩을 보내다(1950.10.9)

[전   보] 맥아더 장군이 북한 정부 수반에게 최후통첩을 보
              내다
[문 서 번 호] 1816
[발   신   일] 1950년 10월 9일 08시
[수   신   일] 1950년 10월 9일 15시
[발신지 및 발신자] 도쿄/드장(주일 프랑스대사)

사이공 공문 제841호

1. 맥아더 장군은 북한 정부 수반에게 최후통첩 성격을 띠는 메시지를 전하
며 즉각 회신을 요구했습니다.

그는 10월 8일 유엔총회가 채택한 결의문을 북한 정부에 알리며 사본을 첨부
했습니다.

그는 유엔의 결정을 실행하고 추가적인 인명피해와 물자 파괴를 최소화하기
위해 유엔군 총사령관 자격으로 북한 정부 수반과 그 수하 군대에게 현재 한국
내 어디에 있든 즉각 무기를 버리고 적대행위를 중지할 것을 요구했습니다. 또
한 유엔이 통일된 독립민주정부를 한국에 수립할 수 있도록 모든 북한민이 적
극 협조해주기를 권했고, 북한 주민을 공정하게 대우할 것이며 유엔은 통일 한
국 전역의 재건과 경제적 재활에 전념할 것이라고 단언했습니다.

권고문은 "북한 정부의 이름으로 즉각 회신하지 않을 경우, 유엔의 결정을 실
행하기 위해 필요한 모든 조치가 즉각 취해질 것"이라고 끝을 맺고 있습니다.

국방부에 전달 요망.

드장

【182】 10월 18일 부산에 도착한 터키군(1950.10.18)

[전 보]	10월 18일 부산에 도착한 터키군
[문 서 번 호]	1920
[발 신 일]	1950년 10월 18일 10시 00분
[수 신 일]	1950년 10월 18일 19시 15분
[발신지 및 발신자]	도쿄/드장(주일 프랑스대사)

사이공 고등판무관 공문 제879호

1. 유엔군이 북한 수도 진군에 박차를 가하고 있습니다. 제1기병사단은 18일 오전 평양에서 약 15㎞ 떨어진 중화 인근에 도착했습니다. 같은 시각, 남동쪽에서 출발한 남한군 제1사단은 대동리를 지나 도시 12㎞ 부근까지 접근했습니다. 미 제24사단 부대들은 해주를 점령했고, 공군 지원을 받는 다른 부대들은 수도에서 약 40㎞ 떨어진 진남포항에 접근 중입니다. 동해안에서는 남한군이 흥남, 함흥, 연포 비행장을 점령했습니다. 평양 방어를 맡던 적군은 사기가 꺾인 것 같습니다. 그중 다수가 무기를 버리고 항복하고 있습니다. 최근 24시간 사이 4,000명이 포로가 되었고, 교전 개시 후 누적 인원은 7만 명에 달합니다. 언론은 저녁이면 평양 외곽이 함락될 것이라고 전합니다. 평양은 이미 연합군의 포화를 받고 있습니다. 공산군 수뇌부는 만주로 도피한 것으로 알려졌고, 군대는 괴멸을 피하고 무기를 보존하라는 명령을 받은 것으로 보입니다.

2. 오늘 10월 18일 오전, 첫 번째 터키 병력이 부산에 상륙했습니다. 5,190명의 나머지 여단 병력은 타신 야쯔츠[1] 장군의 지휘 아래 내일 도착 예정입니다. 필리핀 분견대는 이미 대전 지역 소탕작전에 투입되었습니다.

국방부에 전달 요망.

드장

---

1) 타신 야쯔츠(Tahsin Yazici, 1892-1971). 한국전 참전 터키군 여단장. 터키군 1여단은 중공군의
대공세를 저지하고 교두보를 확보하기 위해 1950년 11월 평양 이북 군우리 전투와 1951년 1월
오산 인근의 금량장 전투 등에 참가해 미 대통령에게 부대표창을 받기도 했음. 이 과정에서
터키군 410여 명이 전사함.

【183】 제5연대가 19일 평양에 입성했다(1950.10.20)

[전 보]	제5연대가 19일 평양에 입성했다
[문 서 번 호]	1938-1940
[발 신 일]	1950년 10월 20일 10시
[수 신 일]	1950년 10월 20일 14시 45분
[발신지 및 발신자]	도쿄/드장(주일 프랑스대사)

10월 20일 미 참모본부가 입수한 정보에 따르면, 포, 박격포, 경화기 등을 이용해 상당히 격렬했던 적군의 저항을 물리치고 19일 오후 제1기병사단 제5연대가 평양에 입성했습니다. 영국군 여단과 제7기병연대가 그 뒤를 따랐습니다. 한시간 후, 한국군 제1사단 소속 부대가 평양 동부와 북부로 침투했다고 합니다.

적군은 퇴각 중입니다.

영국군과 남한군은 평양 소탕에 투입되었습니다. 비행장 2곳은 한국군 부대가 장악했습니다.

진남포를 점령한 미 제24사단은 어제 6천 명의 포로를 사로잡았습니다. 동쪽에서 출발한 남한군 제6, 8사단은 신안주로 향하고 있으며 저항군은 거의 없습니다.

평양 전선에서는 제1군단(제1기병사단, 제24보병사단, 영국군 제27여단)이 북한군 제19사단, 제23, 제27여단을 비롯해 제24, 제107보안여단과 접선 중입니다. 북한군 사령부는 병력을 허위로 부풀리기 위해 부대 번호를 남발하고 있는 것 같습니다.

추가 항공 정찰에 따르면 전날 안둥 비행장에는 항공기 100대 남짓한 병력이 확인되었습니다.

맥아더 장군은 10월 20일 도쿄를 떠났고, 한국으로 가서 이틀간 머물 예정입니다.

국방부에 전달 요망.

드장

【184】 한국의 군 상황(1950.10.21)

[전   보] 한국의 군 상황
[문 서 번 호] 1941
[발   신   일] 1950년 10월 21일 03시
[수   신   일] 1950년 10월 21일 17시
[발신지 및 발신자] 도쿄/드장(주일 프랑스대사)

사이공 고등판무관 공문 제891호

1. 10월 20일, 맥아더는 평양 북쪽 약 40㎞ 지점, 수도를 방어하던 공산군의 북쪽 주요 퇴각로 2곳을 향해 숙천과 순천 상공에서 낙하산 부대의 낙하를 지휘했습니다.[1] 약 30㎞ 간격의 이 두 도시는 원산에서 신안주로 이동 중인 남한군 진행 방향의 주요지점에 위치하고 있습니다. 제187공수연대가 수행한 낙하 작전은 제2차 세계대전 종결 이후 사상 최대 규모였습니다. 이제껏 없었던 대규모 중장비 투하도 작전에 포함되어 있었습니다. 맥아더는 도쿄로 복귀하기 전 평양 비행장에 착륙해 스트라이트마이어[2] 장군에게 항공훈장을 수여받았습니다. 그리고 AP통신원에게 낙하 중 어떤 저항도 관찰하지 못했으며, 기습 효과는 완벽했던 것 같다고 전했습니다. 이어 퇴각로가 차단되어 모든 저항이 중단될 수밖에 없으며 종전이 다가온다고 덧붙였습니다.

2. 한국군 참모장과 제1기병사단 대변인의 발언에 따르면, 20일 오전 10-11시, 평양 거의 전역이 연합군에게 점령된 상태였습니다. 거의 ▢▢▢ 유엔군은

---

[1] 숙천-순천 공수작전. 북한의 후방에 특수부대를 침투시켜 김일성을 비롯한 북한 수뇌부를 생포하려는 작전.
[2] 조지. E. 스트라이트마이어(George Edward Stratemeyer, 1890-1969). 미 극동공군 사령관.

열렬한 환영을 받은 것으로 알려졌습니다. 어제 하루 동안 평양에서는 7,000명이 포로가 되었습니다.

3. 어제 원산에 입성한 제10군단장 알몬드 장군은 북동지역 지휘를 맡았습니다. 그의 관할지는 위도 39도선 이북 한반도 북동지역의 약 절반에 해당합니다. 북쪽으로부터의 모든 공격을 예방하고 관할지를 복구·재조직하는 것이 그의 임무입니다. 제1해병사단과 제7보병사단을 주부대로 하던 제10군단은 이제 남한군 제3사단과 수도사단도 흡수할 예정입니다. 이 두 사단은 원산을 점령했고, 함흥과 흥남을 함락한 후 해안을 따라 계속 전진하고 있습니다. 해병대와 제7사단의 현 위치에 관해서는 아무 것도 확인된 정보가 없습니다.

4. 이제는 연합군 전투기가 사용하게 된 평양 비행장에서 맥아더는 북한-중국 국경까지 최고 속력으로 진격할 것을 남한군에게 지시했다고 AP통신과 UP통신은 전했습니다.

국방부에 전달 요망.

드장

【185】 매우 혼란스러운 한국의 정치 상황(1950.10.31)

[전 보] 매우 혼란스러운 한국의 정치 상황
[문 서 번 호] 2034-2036
[발 신 일] 1950년 10월 31일 08시
[수 신 일] 1950년 11월 1일 01시 20분
[발신지 및 발신자] 도쿄/드장(주일 프랑스대사)

사이공 공문 제940호

워싱턴 공문 제612호

뉴욕 공문 제404호

본인의 이전 전보에 이어

이 문제에 있어서 존 무초[1] 주한 미국대사의 견해는 맥아더 장군의 견해와 유사하며, 연합군 최고사령부 외교과와 상당 부분 일맥상통합니다.

총사령관의 정치고문 시볼드[2]은 이승만 대통령의 무능함, 그 체제의 오류와 심지어 결함까지도 잘 알고 있지만, 그럼에도 현 상황에서 대통령을 교체하는 것은 대통령직을 공석으로 두는 것만큼이나 힘든 일이라고 자신의 의견을 토로했습니다. 그는 이승만을 일단 축출해버리거나 그의 위신을 완전히 실추시키는 것보다는 유엔위원회가 그와 타협점을 찾아야한다고 생각했습니다. 그리고 레이크석세스에서 호주 대표와 임시위원회가 보인 태도는 전(前) 도쿄 주재 호주 사절단장인 호지슨[3]이 캔버라에 보낸 남한정부에 관한 매우 적대적인 보고서

---

[1] 존 무초(John J. Muccio, 1900-1989). 주한 초대 미국대사(1949-1952).

[2] 윌리엄 시볼드(William Joseph Sebald,1901-1980). 당시 연합군 최고사령부 미 정치고문. 일본주재 미 대사관 무관으로 외교 관련 업무를 시작해서인지 친일 성향을 보여, 한국의 입장으로는 독도 관련해서 1949년 독도를 일본이 포기해야 할 영토 명단에서 빼달라는 서한을 미 국무부에 보내기도 함.

가 주원인이라고 보았습니다. 호지슨의 의도는 훌륭했지만, 신중함이라는 덕목은 지니지 못했습니다. 시볼드는 한국의 진짜 상황, 상당수 국민이 처한 여전히 미개한 생활 여건, 주민 대부분의 사나운 성격과 거친 풍습, 민주주의 형태의 정부가 자리 잡을 기반이 너무나도 취약한 이 나라에 진정한 민주주의 체제를 수립하고 뿌리내리게 하는 데 따른 어려움을 뉴욕 측에서 보다 잘 깨닫기 바랐습니다.

개인적으로 본인은 시볼드의 판단이 상당 부분 사실이라고 인정합니다. 그의 고찰은 한국뿐 아니라 자유에 대한 충분한 사전 학습도 하지 못한 채 독립하게 된 신생 아시아 국가 대부분에 적용 가능합니다.

드장

---

3) 윌리엄 호지슨(William Roy Hodgson, 1892-1958). 일본 주재 호주 사절단장. 2차 대전 중 유엔 총회에서 호주 대표, 유엔 인권선언 초안 작성 위원으로 참여. 유엔 사무총장(1947), 유엔원자력위원회 호주 대표 등 역임.

【186】 한국전에 중공군 사단의 개입(1950.11.2)

[전　　　　보]	한국전에 중공군 사단의 개입
[문 서 번 호]	4467-4471
[발　신　일]	1950년 11월 2일 21시 20분
[수　신　일]	1950년 11월 3일 06시 30분
[발신지 및 발신자]	워싱턴/보네[1](주미 프랑스대사)

보안

2급 비밀

뉴욕 공문 제996-100호

국무부와 마찬가지로 국방부는 북한 군대 내에 중공정부 군대의 존재를 최종 표명하기 전에 얼마간 기다려야 한다고 발표했습니다. 그럼에도 불구하고 이번 주 초부터 두 가지 사실이 드러납니다.

1. 김일성 군대에서 발견되는 많은 수의 중공군들

2. 지금까지 100,000명의 사상자와 약 130,000명의 포로가 발생했는데도 불구 하고 이루어진 북한군의 재편성. 이 두 번째 요소는 15일 전부터 한국전쟁을 단순한 정리단계로 보려 했던 미 군관계자들 사이에서는 어떤 우려를 자아내고 있습니다.

---

1) 앙리 보네(Henri Bonnet,1888-1978). 주미 프랑스대사.

사실, 남한의 입장은 대부분 남한사령부의 과신 때문에 현재 여지없이 약화되었고 미군은 모든 분야에서 남한을 긴급히 지원해야 합니다.

서부 전선에서는 2개의 완전한 미군 사단인 제24사단과 제1기병사단이 남한 제6사단과 제8사단을 구했습니다.

영국군대의 지원을 받은 제24사단은 순천-안동 전선에 투입되었습니다.

미군 제2사단이 사리원에서 예비 병력으로 대기 중입니다.

중앙에서는 미 제7사단과 해군이 남한 제3사단과 수도사단을 지원해야 했습니다. 모든 구역에서 수많은 중국인의 존재가 보고되고 있으며 소련 탱크를 앞세운 원군이 끊임없다고 합니다. 또한 공산군 측 제트기의 개입을 처음으로 목격했습니다.

워싱턴 군관계자들은 정치권에서와 마찬가지로 모스크바와 베이징의 진의에 대해 궁금해 하고 있습니다.

만약 중공의 개입이 뚜렷해지면 몇몇 회원들이 만주의 적군기지를 무력화시키기 위한 새로운 지시를 맥아더 장군에게 내려달라고 국방부에 요청할 것이 틀림없습니다. 게다가 만주기지 무력화는 참모부뿐 아니라 분쟁을 확대시키지 않으려는 국무부의 정책과도 완전히 상반되는 것입니다.

보네

【187】 국제적십자의 한국 활동(1950.11.2)

[전 보]	국제적십자의 한국 활동
[문 서 번 호]	517-AS
[발 신 일]	1950년 11월 2일
[수 신 일]	미상
[발신지 및 발신자]	홍콩/조베즈(주홍콩 프랑스영사)
[수신지 및 수신자]	파리/로베르 슈만(프랑스 외무부장관)

제네바 협정을 적용하도록 북한에 가려고 시도했지만 실패한 국제적십자 대표 장 쿠르부아지에[1] 씨가 홍콩에 도착했습니다.

쿠르부아지에 씨는 베이징에 가는데 성공했지만 평양에 들어가는 허가를 받기 위해 행한 모든 시도는 헛수고로 돌아갔습니다. 그는 모든 교섭과정에 있어서 예의바른 거절이나 완전한 저항에 부딪혔습니다. 그는 중국 적십자 측에 끈질기게 요청했지만 책임 회피만 할 뿐이었습니다.

쿠르부아지에 씨는 개인적으로 받은 대우에 대해서는 불만을 표하지 않았습니다. 오히려 그는 예의를 갖춘 대접을 받았다고 했습니다. 그러나 자동차, 가이드, 통역 등 자신을 위해 즉흥적으로 보여준 배려는 그의 소행을 감시하기 위한 공산 당국의 구실일 뿐이었다고 설명했습니다.

어쨌든 쿠르부아지에 씨의 노력도, 국제적십자 회장이 평양에 보낸 전보도 북한 정부의 입국 허가를 받아내지는 못했습니다. 그리고 베이징의 노력, 특히 쿠르부아지에 씨의 교섭을 돕기 위한 저우언라이의 노력도 결국은 거부당하고 말았습니다.

전쟁 초기에 김일성이 라디오에서 제네바 협정을 존중하겠다고 발표한 만큼

---

[1] Jean Courvoisier.

평양 정부의 태도는 더더욱 이상합니다. 국제적십자가 북한에 대표를 보내려 결정한 것도 바로 이 발표가 계기가 된 것이었습니다.

쿠르부아지에 씨는 여기서 적십자의 지시를 기다리고 있으며, 인도차이나로 가라는 요청을 받을 수도 있습니다.

로베르 조베즈(서명)

런던주재 프랑스대사관 공문
사이공 고등판무관 공문

【188】이승만 대통령과 국회의 관계(1950.11.4)

[전 보]	이 대통령과 국회의 관계
[문 서 번 호]	2083-2084
[발 신 일]	1950년 11월 4일 23시
[수 신 일]	1950년 11월 5일 11시 45분
[발신지 및 발신자]	도쿄/드장(주일 프랑스대사)

매우 긴급

이 대통령과 국회의 관계가 개선되지 않고 있습니다.

며칠 전 국회는 공산주의자들과 그 추종자들에 대한 탄압이 조심스럽게 이루어져야 하고, 국회는 이 부분에서 어떤 식의 감독을 행사하라고 권고하는 결의문을 표결했습니다. 대통령은 이에 관해 어떤 약속도 거부했습니다.

이 대통령은 지난 7월 이범석[1]의 강제퇴임 이후 국무총리 서리와 국방장관을 겸임하고 있는 신성모[2]의 공천을 국회에서 얻어내지 못했습니다. 청렴하고 미국으로부터 신임을 받는 신 씨는 약간 힘없는 인물인 것 같습니다. 11월 3일 어제 현 교육부장관인 백낙준[3]을 새로운 총리로 지명하는 데 대한 승인을 요청하면서, 대통령은 또 다시 실패를 겪었습니다.

---

1) 이범석(李範奭, 1900-1972). 광복군 참모장, 초대국무총리와 국방부장관 겸임(1948-1950), 주중대사(1950), 내무부장관 역임.

2) 신성모(申性模, 1891-1960). 1949년 2대 국방부장관 취임. 1950년 4월부터 11월까지 국무총리서리 겸직. 거창학살사건과 국민방위군사건의 책임문제로 1951년 5월에 경질되고 주일대표부로 도피시킴.

3) 백낙준(白樂濬, 1896-1985). 교육자·종교인·정치가·친일반민족행위자. 1950년 5월 제2대 문교부장관으로 전시교육에 전력. UNESCO 제7·8차 총회 한국대표, 대한교육연합회 회장 역임. 1961년 이후 연세대학교 명예총장 역임.

100대 21로 국회는 대통령 선택의 승인을 거부했습니다.

한국에서 가장 인기 있는 사람이 범 청년운동을 조직한 전 총리 이범석일 것입니다. 그러나 이 대통령과의 관계는 냉랭합니다.

미 당국은 현 워싱턴 주재 한국대사 장[4) 씨에 대해 많은 기대를 걸고 있습니다. 그는 미국에서 수녀가 수도회를 지휘하고 있는 종파의 가톨릭 신자입니다.

언론은 북한 행정부의 무정부상태에 주목하기 시작했습니다.

드장

---

4) 장면(張勉, 1988-1966). 당시 주미 한국대사. 주미대사로 있으면서 유엔과 미국의 지원을 얻어 내는 데 크게 기여하고, 1951년 국무총리가 되었다가 이듬해 사퇴. 제3차 유엔총회에 수석대 표로 참석, 한국의 국제적 승인을 위하여 노력. 4·19혁명 후 국무총리로 당선되어 집권.

【189】 적군의 새로운 공격(1950.11.5)

[전   보] 적군의 새로운 공격
[문 서 번 호] 2088
[발   신   일] 1950년 11월 5일
[수   신   일] 1950년 11월 5일 16시 30분
[발신지 및 발신자] 도쿄/드장(주일 프랑스대사)

사이공 고등판무관 공문 제981호

1. 양측에서 지원군이 대규모로 도착하고 있고, 적군 측에 실시된 조사는 새로운 강력한 공격 개시 의도를 나타냅니다. 통신사 속보에 따르면, 공산군 병력이 점점 커지고 있는데, 이는 특히 만주 쪽에서 군사들이 계속 쇄도하고 있기 때문이라고 합니다. 한 통계에 의하면 북서지역의 적군은 40,000명에서 130,000명에 이른다고 합니다. 압록강을 건넌 중국군은 최고 50,000명에 달합니다. 미 제1군단 대변인에 의하면 현재 한국에 있는 중국 병력은 약 4개 사단으로 북서지역에 2개, 북동쪽에 2개로 약 40,000명으로 보고 있습니다. 제8군 대변인은 11월 4일부터 지금까지는 대대보다 큰 어떤 중공 군대도 확인할 수 없었다고 합니다. 지나고 보니, 3일 만에 15km에서 80km까지 움직인 유엔군은 신안주 중요기지 주변으로 30km 되는 원호를 형성한 것입니다. 이 이동 중에 고립된 구성원들은 개인적으로 전선까지 도착합니다. 연합군의 공중 관찰에 의하면 만주 국경 사방에서 공산군들이 강한 집결을 보이고 있다고 합니다.

2.
1) 베이징라디오는 11월 4일 아침에 중국 인민지원군들이 북한군을 도와 전투를 벌이고 있다고 알렸습니다. 공식 방송에 의하면 국경지역의 중국 산골 청

년들과 린창의 만주지방 농민들, 그리고 중국 내에서 온 몇몇 지원병들도 북한군과 합류하고 있다고 알렸습니다.

2) 미군에 잡힌 초기 포로 중 몇 사람이, 2년 전에 장제스의 군대에 속했었다고 밝혔습니다. 항복한 자신의 군대는 공산군에 통합되었다고 했습니다. 최근에 그와 자신의 동무들은 만주에서 농민군집단을 만들었다고 합니다. 바로 거기서 재소집된 것입니다. 아마 이런 부류의 농민들을 베이징라디오가 언급한 것으로 보입니다.

3) 역시 같은 방송에서 11월 4일 정부를 대표하는 모든 중국 정당들의 성명을 내보냈습니다. 이 성명에 따르면, 미국의 한국 개입은 중국을 향한, 나아가 아시아 전체를 향한 전면전의 서곡이라고 합니다. 압록강과 두만강 지역의 군사작전 확대는 중국의 안전을 위협하는 것입니다. 한국 원정의 목적은 중국 영토 침입을 위한 기지를 미국에게 제공하는 것입니다. 중국의 한국 원조는 도덕적 명분만 제시하는 것이 아니라 중국 안전 방어에 깊은 상관이 있습니다. 중국 국민은 한국이 침략자 미국에 맞서 싸우는 것은 엄중한 의무라고 봅니다. 모든 중국 정당들은 한국에 원조를 제공하고 미 제국주의에 맞서 싸우기를 원하는 중국 인민의 합법적인 요구와 열망을 인정하고 지지합니다.

국방부에 전달 요망.

드장

한국전쟁 관련 프랑스외무부 자료 I (1950. 06. 25~1950. 12. 29)

【190】 군수산업과 중국의 개입(1950.11.6)

[전   보] 군수산업과 중국의 개입
[문 서 번 호] 2566-2568
[발   신   일] 1950년 11월 6일 15시 45분
[수   신   일] 1950년 6월 6일 23시 30분
[발신지 및 발신자] 뉴욕/쇼벨(주유엔 프랑스대사)

보안

절대우선문건

워싱턴 공문 제791-793호

본인의 전보 제2899호 참조

저는 유엔 사무총장 트리그브 리 씨를 만났습니다. 그는 댐과 이 댐 주변의 매우 중요한 전쟁 산업이 실제로 중공 개입의 결정적 동기가 될 수 있다고 생각하고 있습니다.

그는 베이징에 관해 나설 계획은 없지만 책임이 주어진다면 전언을 전할 각오는 되어있습니다.

미 대표단은 이 사건에 대해 트리그브 리 씨와 이야기는 나누었으나 아무 요청 없는 정보전달 수준이었습니다. 미 대사 오스틴 씨는 아직 지시를 받지 않은 것 같습니다. 아마 오늘쯤 지시를 받으면 저에게 연락을 할 것입니다.

사무총장의 말에 의하면 오스틴 씨는 서두르지 않기로 결심한 것 같습니다. 그는 오늘 열리는 이사회에서는 팔레스타인 문제에 관해 논의하기 위해 한국문제를 언급하는 것을 피할 것입니다. 내일이나 모레 한국에 관한 회의를 소집하자고 제안할 것입니다.

저는 총회 의장의 전언 가능성을 언급했습니다. 트리그브 리 씨는 의장이 총회로부터 책임을 위임받아야 하지만 정상적 절차는 이사회의 절차라고 알려주었습니다. 그는 또 이사회가 결론을 내지 못하면 총회가 열릴 수 있다고 덧붙였습니다. 베이징에 전달할 전언은 총회의 메시지 또는 이사회나 총회의 결의안이 될 수도 있습니다.

그것이 무엇이든 그는 요청이 있을 경우 사무총장의 자격으로 전언을 전달할 것입니다.

트리그브 리 씨는 이러한 교섭 계획이 사건에 힘이 미치지 못할까 염려스러운 마음을 감추지 않았습니다.

쇼벨

【191】 압록강 댐에 관한 발표(1950.11.6)

[전 보]	압록강 댐에 관한 발표
[문 서 번 호]	2574-2579
[발 신 일]	1950년 11월 6일 22시 20분
[수 신 일]	1950년 11월 7일 08시
[발신지 및 발신자]	뉴욕/쇼벨(주유엔 프랑스대사)
[수신지 및 수신자]	파리/슈만(프랑스 외무부장관)

긴급

보안

외무부로 타전

워싱턴 공문 제715-800호

본인의 전보 제2571호 참조

한국 상황에 대해 토의하기 위해 모레 아침 다시 열기로 한 다음 안보리 회의가 끝난 후, 미 대사 그로스 씨는 워싱턴에서 그 원문을 계속 검토하고 있는 결의안 내용을 저에게 비공식적으로 전달했습니다.

따로 각하께 전보로 번역본을 보내드린 이 계획안은 6월 25일 안보리 결의안과 10월 7일 총회 결의안을 참고로 하고 있고, 모든 국가와 당국들에게 북한에 원조를 하지 말 것을 권유하고, 한국위원회에 새로운 방식으로 외국 국가, 외국 당국들과 관계된 국경 지역의 모든 문제 해결에 협조할 준비를 해달라고 요청하고 있습니다.

그로스 씨와 저는 봉쇄의 가능성과, 안보리가 중지되면 이 문제는 아마 총회가 애치슨결의안을 시행할 첫 안건이 될 것이라는 데 동의했습니다.

이러한 소견을 바탕으로 삼아 각하의 지시를 조건으로 저는 그로스 씨에게 계획안 내용이 일견으로는 우리에게 수락할만한 것 같으며, 어쩌면 공동후원을 할 수도 있을 것이라고 말했습니다. 그러나 저는 이사회 토론이, 그것이 성사될 것이라는 가정 하에, 틀림없이 길어지고 그 사이 현장 상황은 계속 변화할 것이라고 덧붙였습니다. 그래서 저는 우리가 전술된 계획안과 동시에, 그러나 이 계획안에 우선권을 주면서 압록강 댐에 관련된 성명을 제안하는 것이 이로울 것이라고 생각했습니다. 이 성명은 댐이 파괴되지 않도록 하고 전기 분배에 관한 기존의 합의 적용을 감독하고자 하는 유엔의 의도를 명확하게 표하는 것입니다.[1]

저는 이 성명은 만장일치로 표결될 수 있을 것이라고 설명했습니다.

만약 중공의 행위가 지속된다면 더 이상 중요한 경제적 이익의 방어로 보이지 않고 정치적 군사적 계획으로 보일 것입니다.

만약 소련 대표단이 기권하거나 이 성명의 채택에 반대한다면 소련의 정책 자체도 그 정체를 드러내게 될 것입니다.

양쪽 둘 다의 경우 워싱턴에서 준비한 결의안은 실질적으로 권위를 얻게 될 것입니다. 그로스 씨는 며칠 전부터 앙리 보네 프랑스대사가 국무부에서 시작한 활동을 연장시키는 거의 모든 제안을 워싱턴에 알리겠다고 약속했습니다.

그는 또 내일 이른 오후에 한국위원회에 호소하는 문제에 관하여 각하의 반응을 알려달라고 요청했습니다. 그래서 저는 내일 오전에 파로디 사무총장[2]에게 전화하여 이 주제에 관한 각하의 지시를 받고자 합니다.

쇼벨

---

[1] 압록강 수풍댐을 말함. 평북 삭주군에 수풍발전소가 위치. 1937-1943년에 건설됨. 1945년 8월 15일 이후 북한이 관리. 한국전쟁 기간에 총 세 번의 공습을 받고 피해를 입었음. 특히 1952년 6월 23일과 24일의 공습으로 발전소가 파괴되었음. 전쟁이 끝난 뒤 1955-1958년에 복구되어 70만 KW를 발전하는 것으로 알려져 있음.

[2] 알렉상드르 파로디(Alexandre Parodi, 1901-1979). 프랑스 외무부 사무총장. 유엔 안보리 상임 대표, 유럽 평의회 사무총장, 모로코 대사 역임.

【192】 한국분쟁의 확장을 조장하는 것(1950.11.6)

[전   보] 한국분쟁의 확장을 조장하는 것
[문 서 번 호] 2580-2583
[발   신   일] 1950년 11월 6일 10시 06분
[수   신   일] 1950년 11월 7일 08시 30분
[발신지 및 발신자] 뉴욕/쇼벨(주유엔 프랑스대사)

보안

본인의 이전 전보 참조

아래는 그로스 씨가 제출한 결의안입니다.

"안전보장이사회는,

모든 유엔 회원국들에게 북한 당국에 원조를 제공하지 말 것을 권고하는 1950년 6월 25일의 결의안을 상기하며,

한국에 대한 총회의 정책을 규정하는 10월 7일 의회에 의해 채택된 의결안을 상기하며,

1950년 11월 한국 유엔사령부의 작전에 대한 특별 보고서에 중공군대가 주한 유엔군을 대적할 목적으로 앞세워졌다는 사실을 통지하면서,

유엔군은 1950년 10월 7일 총회 결의안에 명시되어 있는 것처럼 한국 주권국 내에서 한국 전체의 안정과 통일된 민주 독립 정부를 수립하는 목적을 이루기 위해 필요할 경우가 아니면 한국 어디에도 머물러서는 안 된다는 것을 단언하며,

한국 분쟁을 다른 지역으로 확장시켜 세계 평화와 안전에 새로운 위험을 가할 수 있는 어떤 행위도 이루어져서는 안 된다는 점을 강조하면서,

모든 국가와 당국들이 북한당국을 원조하고 고무시키는 일을 하지 말 것과 그들의 국가와 개인 또는 그들의 군대가 북한군에게 원조하는 것을 저지하고 현재 한국에 있을 수 있는 그들의 국가, 개인, 또는 군에 즉각적 철수를 주도할 것을 권유하며,

유엔한국위원회에게 외국 국가, 외국 당국들과 관계된 국경 상황에 연결된 모든 문제를 해결하는 데 협조할 준비를 하고 이 목적을 위해 현재 그 지역에 대표를 두고 있는 위원회 회원들이 활동하게 해 달라고 요청한다."

워싱턴 공문 제801-804호.

쇼벨

【193】 중국의 한국개입을 종결하는 방법(1950.11.6)

[전 　 보]	중국의 한국개입을 종결하는 방법
[문 서 번 호]	4518-4522
[발 　 신 　 일]	1950년 11월 6일 20시 30분
[수 　 신 　 일]	1950년 11월 7일 06시 30분
[발신지 및 발신자]	워싱턴/보네(주미 프랑스대사)

보안

2급 비밀

뉴욕 공문 제1004-1008호

본인의 전보 제4480-4482호 참조

　이제 안전보장이사회가 한국에서 베이징 정부의 개입행위를 요약하는 맥아더 장군의 보고서를 담당하게 되면서, 미 정부는 가까운 시일 내에 문제의 이번 중공 개입을 규탄하면서 전쟁을 제한하려는 유엔의 의지를 재청할 결의안을 유엔이 채택할 수 있도록 노력할 것입니다.

　미 대표단이 오늘부터 유엔대표들에게 제출할 것이 바로 이 결의안입니다.

　국무부의 해당 사무국은 한국전에 중국 개입을 종결하는 방법에 관해 국방부 사무국보다 훨씬 더 보수적인 것 같고, 마오쩌둥 체제와 이에 관해 협상에 이르고자 하는 일종의 의지를 보입니다.

　사실 국방부의 몇몇 계층에서는 중국의 개입을 규탄하고 맥아더가 그 원천을 저지하는데 필요한 모든 조치를 취할 수 있도록 허가하는 결의안에 대해 지지합니다.

　국무부는 좀 더 신중함을 보입니다. 그러나 수풍발전소에 관해서는 미국은 다시 한 번 우리의 성명 계획안과 멀어지는 것 같습니다. 실제로 미국은 필시 우리에게 가장 빠른 시일 내에 만주와 북한의 공동 이익, 즉 항공, 교각, 수력발전 댐 등에 대한 기술적 문제를 해결하기 위해 유엔한국위원단이 중국 당국과 함께 타협하기를 안보리가 희망한다는 문구를 결의안에 포함시키자고 제안할 것입니다.

북아시아 사무국장 대리에게서 오늘 이 계획안에 대해 전해들은 우리 직원은, 다시 한 번 문제가 결의안에 포함되어 있으므로 이 표현이 문제를 명확히 제시하지 않는다는 어려움과, 우리가 이미 지적한 바와 같이 시정 방침 발표를 늦추는 단점이 있다고 강조하는 것을 잊지 않았습니다.

또 한편, 이 방식은 공산군과 유엔군 간의 적대행위 확산을 저지할 가능성도 전혀 없고, 이제 막 떠오른 전쟁 확산의 심각한 위험을 막을 수도 없다는 것은 자명한 일입니다.

보네

【194】 포로와 사상자 수(1950.11.6)

[전　　　보]	포로와 사상자수
[문 서 번 호]	2103
[발　신　일]	1950년 11월 6일 03시
[수　신　일]	1950년 11월 6일 17시
[발신지 및 발신자]	도쿄/드장(주일 프랑스대사)

사이공 공문 제996호

워싱턴 공문 제655호

뉴욕 공문 제447호

맥아더 장군의 서명이 담긴 11월 6일자 제11호 공문은 최초로 중공의 개입을 공식 보고하고 그것이 가져올 수 있는 심각한 국제 분쟁을 강조하고 있습니다. 이 공문에 따르면 유엔군의 위치는 안정적이며, 밝혀진 적군의 수는 최근 사건들이 초래한 상황을 판단할 수 있을 만큼 충분합니다. 공문은 평양 북쪽에서 적의 퇴로가 차단되고 동해안이 점령되면서부터 한국전쟁은 사실상 거의 끝났다고 설명합니다. 사망자 또는 부상자 200,000명과 더불어 포로의 수가 135,000명에 달해 한국인 인명피해는 총 335,000명에 이릅니다. 북한군은 이렇게 완전히 패하고 섬멸되었습니다. 유엔군의 이 같은 승리 앞에서 공산군은 외국 공산당에게 압록강을 건너게 하고, 원군으로 파견될 수 있는 수많은 사단을 집결시키고 만주 국경의 불가침 지대 뒤에서 필수품을 공급해가면서 역사상 가장 잔인한 행위와 명백한 국제법 위반을 저질렀습니다. 북한 국경지역에서 민간의 질서와 행정을 회복하느라 분주했던 유엔군을 파괴하기 위한 함정은 이렇게 위험스럽게 쳐졌습니다. 이 위험은 오로지 이 구역 유엔군 사령부의 작전 통찰력과 능숙함 덕분에 최소한의 손실만으로 피할 수 있었습니다. 유엔군 사령부는 모든 군사적 패배 가능성을 배제하기 위해 전술을 완전히 뒤집고 새로운 상황에 대처하기 위한 더 나은 작전 조치를 채택하기에 이르렀습니다.

간단히 말해, 처음에 우리가 맞서야했던 북한군은 무너졌고 군사적으로 더이상 문제가 되지 않는 상태에 놓였었습니다. 이때부터 우리는 외부에 엄청난 예비 병력과 필요하면 즉시 제공 가능한 충분한 군비물자를 보유한 원기 왕성한 새로운 군대를 대면하게 된 것입니다. 그런데 이들은 우리의 현 군사행동 반경의 제한선 밖에 있는 자들입니다.

이제 이미 투입된 부대를 보강하기 위해 어느 정도의 예비 병력이 올지 두고 보아야 합니다. 이것은 국제적으로 심각한 영향을 끼치는 문제입니다. 우리의 현 임무는 유엔군의 목표, 즉 한국과 한국인들에게 통일과 평화를 가져다주기 위해 북한에서 현재 우리에게 대적하여 결집한 군대를 파괴하는 것으로 제한되어 있습니다.

서명: 유엔군 총사령관 맥아더

드장

【195】 중국의 한국 개입에 대해(1950.11.7)

[전   보] 중국의 한국 개입에 대해
[문 서 번 호] 2118-2121
[발   신   일] 1950년 11월 7일 3시
[수   신   일] 1950년 11월 7일 8시 35분
[발신지 및 발신자] 도쿄/드장(주일 프랑스대사)

매우 긴급

뉴욕 공문 제450-453호

워싱턴 공문 제658-661호

사이공 공문 제1008-1011호

1. 중국의 한국 개입으로 인해 이미 커진 규모, 베이징의 소위 미국 침략계획에 대한 맹비난, 맥아더 장군이 취한 입장(11월 6일 공문)을 볼 때, 3차 세계대전의 위험은 그 어느 때보다 위협적입니다.

실제로, 중공군 부대가 연합군과 싸우고 있으므로, 이 분쟁은 사실상 시작되었습니다. 문제는 더 이상 분쟁을 피하는데 있는 것이 아니라 저지하는데 있는 것입니다.

이에 관해서는 두 가지 태도를 취할 수 있을 것 같습니다.

1) 한국에 파견된 유엔군은 중국에 대해 어떠한 공격계획도 갖고 있지 않으며, 중국 영토를 침범할 어떤 의도도 없고, 그 증거로 유엔군은 국경의 일정한 거리에서 멈추라는 명령을 받았으며 남한군만 이 국가의 경계선까지 전진할 수 있도록 허락되었다는 유엔의 공식적 표명.

문제의 거리는 군사작전의 결과에 해가 되지 않는 방식으로 정해져야 한다.

2) 유엔군은 북한의 수력발전 시설물을 파괴할 어떤 의도도 없으며 유엔은 양 당사국간의 공정한 전류분배를 보장하기 위해 노력할 준비가 되어 있다는 유엔의 확약.

2. 38선 통과 이후 미군이 들어가지 않을 접경지대가 문제가 되었었습니다. 이 주제에 관한 다소 비공식적이고 게다가 모순적이기까지 한 발표들이 워싱턴과 도쿄에서, 그리고 주한 미군사령관들에 의해 이루어졌습니다. 결국 지금까지는 국경까지 전진한다는 계획이 지배적인 것으로 보입니다.

이에 관해 위에 제시된 방향으로 입장을 취하는 것은 현재 베이징라디오와 신화통신이 미국을 비난하는 것에 대한 답이 될 것입니다.

제 생각에 프랑스 외무부가 이미 제안한 전기에너지 관련 발표는 계속 주요 관심을 얻고 있습니다. 한국에 중공군을 배치하는 것은 사실 공산주의자들이 이 시설물에 엄청난 중요성을 부여한다는 것을 드러내는 것입니다.

드장

【196】 전기를 공급해주는 북한의 댐(1950.11.7)

[전 보]	전기를 공급해주는 북한의 댐
[문 서 번 호]	4546-4553
[발 신 일]	1950년 11월 7일 23시 12분
[수 신 일]	1950년 11월 8일 06시 30분
[발신지 및 발신자]	워싱턴/보네(주미 프랑스대사)

보안

절대우선문건

2급 비밀

외무부로 타전―뉴욕 공문 제1011-1018호

1. 오늘 아침 마셜[1] 장군은 저와의 대담에서 중공군의 공격으로 한국에서 일어난 상황에 대해 상당한 우려를 표했습니다. 제가 이미 말씀드린 바대로, 미군의 전선에 나타나 짧은 기습 후 만주로 피신하는 적의 공군이 쓰는 전술을 비난하면서 예기치 않은 적대행위가 재개된 것에 대해 미 참모부가 느끼는 노여움을 표현했습니다. 미국은 자신들에게 맞서기 위해 투입된 새로운 공산군의 정확한 규모를 아직 파악하지 못했습니다. 중공은 국경 저쪽에서 북한군을 모아 재편성하고 재무장시켰습니다. 그들 자체의 병력은 다른 여러 부대에서 왔으며, 장기 계획이 명확하게 드러나지는 않지만, 어쨌든 유엔사령부가 대처해야 할 위험한 상황이 조성된 것임에는 틀림없습니다. 마셜 장군은 만주뿐 아니라 블라디보스토크와 다롄, 여순항까지 전력(電力)을 제공하는 북한 댐이 적에게 중

---

[1] 조지 마셜(George Catlett Marshall, 1880-1959). 미국의 군인이자 정치가. 마셜플랜의 제창자. 제2차 세계대전 중에는 참모총장 역임. 유럽의 경제부흥에 대한 공적으로 1953년 노벨평화상 수상.

요하다는 사실을 인정했습니다. 중공의 저항이 확장된 곳은 바로 이 댐의 남쪽입니다. 미 사령부는 베이징이 우려할만한 어떤 발언도 하지 않는 조심성을 보였지만 어떤 한국 장군은 승리한 군이 이 지역을 점령한 후 이곳 한국 공장에서 나오는 전기를 북의 사용자들에게 끊어버리겠다고 사방에 공표했습니다. 이 커다란 실수 직후에 공산군의 공격이 일어났습니다.

저는 유엔이 내일 침략을 규탄하는 결의안을 채택하는 동시에, 댐에서 생산되는 전기의 사용에 관한 협정을 유지한다는 보장을 중국에 해줄 수 있을 것이라는 희망을 표명했습니다. 국방장관은 이것이 타당한 논거라고 인정했습니다.

2. 한편 대사관 장관고문은 오늘 오후 러스크[2] 극동담당 차관보와 상황에 관한 회담을 가졌습니다. 그는 이미 몇 주 전에 러스크 씨에게 소련과 중국이 미국에 공개적으로 우호적인 체제가 그들 국경에 자리 잡는 것을 받아들이는 일은 거의 없을 것 같다고 말했었습니다. 오늘 그는 최근 공산군의 공격개시에 틀림없이 기여한 역할, 즉 미국이 직간접적으로 한국 댐에 손을 댈 가능성 때문에 베이징이 제기하는 우려를 지적하고 마오쩌둥 정부를 신속히 안심시키는 것이 중요하다고 강조했습니다.

러스크 극동담당 국무차관보는 전적으로 동조하지는 않았지만 우리의 견해를 이해했습니다. 그는 중국의 행동이 정당방위에 따른 자동 반응이라기보다는, 한국과 인도차이나에 서양군대를 묶어둘 뿐 아니라 단 한 번의 돌발로 한국과 인도차이나, 티베트에 공산주의 지배력을 강화하기 위해 소련과 신중하게 계산된 계획으로 한 행동으로 보인다고 했습니다. 그는 또 중공이 협상을 시도하기보다는 ㅁㅁㅁ. 악영향을 주는 군사적 대응으로 군대를 싸움에 참여시키길 원할 것이라고 덧붙였습니다.

유감스럽게도 이 회담 중 쇼벨 씨가 유엔에 제출할 계획안을 보고할 수 없

---

[2] 데이비드 러스크(David Dean Rusk, 1909-1994). 국제연합담당관, 극동 담당 국무차관보, 록펠러 재단 이사장, J. F. 케네디 정부의 국무장관 역임. 한국전쟁 당시 확전을 주장하는 맥아더의 의견을 반대하는 트루먼을 도움.

었기 때문에 저는 내일 우리 직원에게 국무부에 도움을 청하라고 맡길 것입니다.

보네

【197】 한국문제에 관한 안보리 6, 7월 결정(1950.11.8)

[전   보] 한국문제에 관한 안보리 6,7월 결정
[문 서 번 호] 2638-2643
[발   신   일] 1950년 11월 8일
[수   신   일] 1950년 11월 9일 07시 40분
[발신지 및 발신자] 뉴욕/쇼벨(주유엔 프랑스대사)

오늘 아침 주한 유엔군 총사령관의 마지막 보고서를 검토하기 위해 안보리가 열렸습니다.

의제 채택에 대해 말하던 소련대표 말리크[1] 씨는 한국문제에 대한 6, 7월 이사회 결정은 두 상임이사국의 동의 없이 이루어졌으므로 위법이라는 소련 정부의 주장을 다시 한 번 펼쳤습니다. 말리크 씨는, 따라서 소련 정부는 주한 유엔통합사령부의 합법적 존재를 인정하지 않으며 "미국의 한국 개입 세력의 수장"에 의한 보고서 검토에 반대한다고 밝혔습니다.

그러나 소련대표만 유일하게 반대하며 의제는 채택되었습니다. 말리크 씨는 이사회에 의한 새로운 결정은 위법이지만 자신의 자리를 지키겠다고 선언하고, 안보리 회의에 중화인민공화국 대표들을 초대할 것을 요청했습니다.

미국 대표는 중공의 한국 개입을 비난했습니다. 그는 다시 한 번 미국은 제국주의적 목적을 추구하지 않으며 유엔군은 만주 국경까지 갈 것이며 가능한 빨리 한국에서 철수하겠다고 단언했습니다.

말리크 씨는 자신의 발언 시간에 "침략 준비를 침략 행동으로 옮긴 미국 지도부"의 호전적인 정책을 비난했습니다.

---

1) 야코프 말리크(Yakov Aleksandrovich Malik, 1906-1980). 주유엔 소련대사. 주일본 대사, 외무차관, 영국대사 역임. 한국전쟁 시 정전(停戰)을 제안.

중화민국 대표 초대를 주장하자 중국 국민당 대표가 즉시 이 제안에 반대했습니다.

영국 대표는 초빙의 원칙은 지지하지만 자신의 견해로는 맥아더 장군의 보고에 관한 토론으로만 제한되어야 할 것이라고 주장했습니다.

오후 회기 중 미국 대표는 매우 거친 형식이지만 사실상 협상 선언을 했습니다. 소련과 중공의 태도를 비난하면서, 중공이 초빙이 아니라 피고인의 자격으로 오는 것이라면 결의안에 투표할 것이라고 선언했습니다.

저는 같은 의미지만 다른 방식으로 표현했습니다.

소련 대표는 영국의 수정안을 독립적 제안으로 간주하자고 요청했고, 그것은 수락되었습니다. 소련의 계획안은 먼저 표결에 부쳐졌고 찬성 2표 반대 3표 그리고 우리를 포함한 기권 6표를 얻었습니다.

영국 계획안은 소련을 포함한 찬성 8표 반대 2표(쿠바와 자유중국), 이집트 대표단의 기권으로 채택되었습니다.

이 문건은 초대된 정부에 관한 공식 직함을 사용했습니다. 프랑스 대표단을 포함한 여러 대표단이 그들의 투표가 베이징에 대한 자국 정부의 태도 변화를 의미하지는 않는다고 명확히 밝혔습니다.

내용에 관한 의결안은 어떤 것도 제출되지 않았고, 베이징 대표의 도착을 기다리지 않고 토론을 재개할 수 있는 가능성에 관하여 의견 대립이 있었던 짧은 토론 후 이사회는 연기되었습니다.

저는 중국 대표의 출석이 이사회에게는 필요성이 아니라 편의라는 것, 또 중국을 마주할 생각 없이 무조건 반대하게 되면 이사회 활동이 마비될 수도 있다고 지적했습니다.

쇼벨

【198】미 공군의 개입 문제(1950.11.13)

[전   보] 미 공군의 개입 문제
[문 서 번 호] 2716-2718
[발 신 일] 1950년 11월 13일 17시 20분
[수 신 일] 1950년 11월 14일 1시 15분
[발신지 및 발신자] 뉴욕/쇼벨(주유엔 프랑스대사)

보안

매우 긴급

워싱턴 공문 제835-837호

본인의 전보 제2686호 참조

　한국전쟁에 대한 중공의 의사를 정확히 평가할 수 있는 어떤 새로운 요소가 없음에도 불구하고, 만주의 중국 후방에 대한 미국의 공중전 개입 문제가 이미 언론에 회자되고 있습니다.

　문제는 대강 다음과 같습니다. 국경지대에 실행될 폭격이(이달 10일 제479호 도쿄 전보) 중공군의 통행을 멈추지 못하고 중공군이 공격을 재개할 경우, 유엔군은 한반도를 가로막는 38선 위의 입구에 재집결해야 하는 것인가?

　아니면 오히려 모든 결과와 함께 전투를 받아들여야 하는가?

　이런 경우에는 워싱턴이 처음부터 한국문제에 부여하고자 했던 그 국제적 성격을 미국 여론과 행정부 자체가 잊고 있는 것은 아닌지 여전히 염려할 수 있습니다. 만약 공군을 국경 너머로 보낸다는 결정을 맥아더 장군의 권고대로 오직 미국 정부에 의해서만 하게 되는 것을 피하고자 한다면, 유엔이 이 조치를 승인하지 않기에는 너무 늦어버린 순간에 승인하라고 요청받을 수 있으므로 우리는

지금부터 우리의 주요 상대국들과 의논하는 것이 좋을 것 같습니다.

런던이 이에 동의했다면 영국과 우리는 뻔한 일일지라도 워싱턴에서 함께 이야기를 나누는 것이 좋겠습니다.

쇼벨

【199】 한국문제에 대한 미 정부의 태도(1950.11.14)

[전   보] 한국문제에 대한 미 정부의 태도
[문 서 번 호] 미상
[발   신   일] 1950년 11월 14일
[수   신   일] 미상
[발신지 및 발신자] 파리/프랑스 외무부 사무국

워싱턴 공문 제2651-2652호
런던 공문 제1610-21611호
뉴욕 공문 제3032-3033호

2급 비밀
절대우선문건

브루스 미 대사는 오늘 다른 몇몇 정부에게 보낸 전언을 외무부 사무총장에
게도 동시에 전달했습니다.

미 대사는 유엔군을 공격한 후 중국 국경 뒤로 피하기 위해 되돌아가는 비행
기습이 한국 전선에서 발생하는 상황에 대해 미 정부가 우려하고 있다고 설명
했습니다.

미 정부는 외국 영토에서의 추적권을 허가하는 긴급월경추적권이라는 국제
법 이론이 있다고 강조했습니다. 미국의 메시지는 미국 정부가 이 권리를 사용
해야 할 수도 있다는 것을 알리기 위한 것입니다.

대사는 이것은 단지 비행기습에 관한 일이지 육군의 증강이나 물자보급에 관
한 문제는 아니라고 설명했습니다.

회담이 끝날 때쯤, 브루스 대사는 이 문제가 유엔을 거치지 않고는 미 사령부

가 추적권을 사용하지는 않을 거라 생각한다고 덧붙였습니다. 외무부 사무총장 파로디 씨는 브루스 씨가 이 점에 있어 자신의 개인적 의견을 표명한 것이라고 이해했습니다. 그의 의견이 미국 메시지의 방향과 일치하는지 확실하지 않기 때문입니다.

【200】 한국문제와 유고슬라비아 상황(1950.11.15)

[전　　　보]	한국문제와 유고슬라비아 상황
[문 서 번 호]	1170-1176
[발　신　일]	1950년 11월 15일 16시
[수　신　일]	1950년 11월 15일 19시 30분
[발신지 및 발신자]	베오그라드/보데[1](주유고슬라비아 프랑스대사)

보안

긴급

본인의 전보 제1167호 참조

한국문제에서 현재 두 가지 요소가 아주 특별히 두드러집니다. 소련의 잠정적 계획 앞에 놓인 유고슬라비아의 특별한 상황과 유고 대표 베블러[2] 씨가 안보리에서 현직 의장인 점입니다.

이 점에 관해서 『브예스니크』[3]에 실린 최근 기사는 유엔에서 처음에 한국문제에 관해 유고슬라비아 대표가 취한 중립적 태도, 즉 두 거대 "제국주의" 국가의 간섭에 대해 거의 불신에 가까운 입장을 취한 것에 정확한 연장선상에 계속 있다고 밝히는 것이 흥미롭습니다.

유고슬로비아에서 또는 독립적인 의견을 표현할 여지가 거의 없는 좁은 언론

---

[1] 필립 보데(Philippe Baudet, 1901-1981). 주영 프랑스대사관 대리대사(1947-1950), 주유고슬라비아 대사(1950-1955), 주스위스 대사(1961-1963), 주소련 대사(1964-1966) 역임.

[2] 알레스 베블러(Aleš Bebler, 1907-1981). 유고슬라비아 대사. 유엔대표단 및 프랑스와 인도네시아 대사 역임.

[3] 『브예스니크Vjesnik』. 크로아티아 국영 일간지. 1940년 설립 후 2012년 폐간.

에서 이러한 입장을 밝혔다는 것은 분명 몇몇 주요 유고슬라비아 지도자들의 깊은 의도를 반영하는 것입니다.

이러한 객관적 사실에 비추어 볼 때, 물론 티토[4] 원수의 지시와 카르델[5] 씨의 신중함에 따른 것이지만 베블러 씨가 유엔에서 따르는 정치노선의 단계적 전환은 진정한 의미가 있습니다.

제가 어제 중공군 개입에 관한 자국의 반응에 대해 질문을 하자 레오 마테오[6] 씨는 망설임 없이 이러한 확산의 거의 전적인 책임을 소련에게 돌렸습니다.

반면, 미국 정책에 대해 할 수 있는 비판이 있다면, 그것들은 심리적 제약의 형태로만 나타난다고 했습니다. 소위 유엔 활동의 위법성에 관한 소련과 중공의 법률적 억측을 심각하게 받아들일 필요는 없다고 강조했습니다. 유엔의 활동은 완벽히 합법적일 뿐 아니라 약해져서는 안 된다는 것입니다. 갈등의 잠정적 확대에 관해 현 상황이 품고 있는 위험 범위는 어쩔 수 없는 것입니다. 그의 견해로는 무엇보다 안보리가 정책적 분별력을 보여주어야 합니다. 이 점에 있어 가장 중요한 것은 중공 지도자들에게 그들이 소련 때문에 연루된 이 전쟁의 위험에 대해 인식하도록 하고, 철수 가능성을 조심스럽게 타진하는 것입니다. 그러므로 현 상태에서는 안보리가 너무 협박적, 더 나아가 너무 단호한 입장을 취하는 것을 피해야 한다는 것입니다. 중공대표단의 유엔 출석은 그들이 받을 지시가 무엇이든 간에 술책의 가능성을 제공할 것으로 보인다고 했습니다. 그러나 맥아더 장군의 차기 보고서에 중공군의 태도 개선이 보이지 않으면 지체 없이 초강경의 입장으로 되돌아와야 할 것이라고 강조했습니다. 안보리의 권위가 의심받는 것은 무엇보다 피해야 할 일이기 때문입니다. 이 마지막 발언은 주의할만한 가치가 있습니다. 이 발언은 같은 주제에 대해 『뉴욕타임스』와 가진 인터뷰(본인의 전보)에서 표명된 티토 원수의 견해를 자세히 설명하며 보강

---

4) 요시프 티토(Josip Broz Tito, 1892-1980). 유고슬라비아의 정치가. 인민해방군 총사령관, 해방전
   국위원회 의장 역임. 이후 유고슬라비아 수상과 국방상을 거쳐 초대 대통령으로서 통일을 유
   지하며 경제건설을 추진.
5) 에두아르트 카르델(Edvard Kardelj, 1910-1979). 유고슬라비아의 외무장관. 티토의 측근으로 자
   주관리와 비동맹 사회주의 건설에 공헌.
6) Léo Mateo.

하고 있기 때문입니다.

현재 국가원수의 눈에 가장 중요한 관심거리는 무엇보다 어떤 형태로든 일어날 수 있는 돌발적인 공격에 대해 효과적인 보증을 모색하는 것입니다. 그러나 그는 『브예스니크』 기사가 보여주고 있는 바와 같이 미국 궤도로 지나치게 끌려 들어갈 수 있는 가능성을 걱정하는 당의 몇몇 이론가들의 반응을 참고해야 합니다. 이 점에 있어서 현재 유엔에서 추진 중인 정책이 유고슬라비아 체제의 당원들을 가장 덜 분열시키는 정책이라는 점은 분명합니다.

보데

【201】 항공 전투(1950.11.16)

[전 보]	항공 전투
[문 서 번 호]	4223-4228
[발 신 일]	1950년 11월 16일 20시
[수 신 일]	1950년 11월 16일 20시 50분
[발신지 및 발신자]	런던/마시글리(주영 프랑스대사)[1]

보안

우선문건

귀하의 전보 제21610-21611호 참조

　프랑스 주재 미국대사 브루스 씨가 어제 이행한 교섭이 여기서도 실행되었습니다. 오늘 아침 저는 국무장관에게 좋지 않은 느낌이 든다는 저의 견해를 숨기지 않았습니다. 만주 상공에서 공산군 비행기를 추격하는데 제한될 것이라고 한 말은 아무 의미가 없는 것입니다. 거기서 진행될 공중전에서 미군 비행기 역시 파괴될 것이고, 미 사령부에게는 국경 저 너머에 조난당한 전우를 구하고 싶은 유혹에 버틴다는 것이 매우 어려울 것입니다. 이렇게 급박한 위험 앞에서 어제의 교섭에 대한 반응은 반드시 필요했습니다. 프랑스 대표단이 유엔에서 1주일 전 발의한 결의안이 날마다 완화되어 가는데다 모든 일이 마치 그에 대한 토의를 피하고자 하는 것처럼 일어나고 있는 상황에서는 더욱 필요하기 때문입니다.

　그래서 저는 영국 외무장관 베빈[2] 씨에게 이 문제에 대해 같은 염려를 하고

---

1) 르네 마시글리(René Massigli, 1888-1988). 주영 프랑스대사. 유엔 사무총장 역임(1954-1956).

있는 프랑스와 영국 정부가 힘을 모아 미국 정부에게 더 신중할 것을 촉구해야 할 시간이 온 것 같지 않은가 물었습니다.

베빈 씨는 상황이 심각해졌다는데 대해 반박하지 않았습니다. 지난 토요일 외무부에서 들은 소문(본인의 전보 제4139-4148호) 때문에 르 로이[3] 씨가 걱정에 싸여, 11월 13일 워싱턴 주재 영국대사에게 지시가 내려졌습니다. 특히 유엔기구의 감시 하에 북한 청주-흥남 북쪽 영토의 비무장화를 검토하라고 말입니다. 저도 이 지시사항을 들었고 따로 다른 전보에 요약하여 보내드립니다.

이런 종류의 제안이 워싱턴에서 환영받지 못할 거라는 걱정으로 올리버 프랭크스[4] 경은 어제 수정을 요청했습니다. 상황은 그러했고 국무부는 태도를 망설였습니다. 국무부는 어떤 경우에도 유엔의 활동을 방해하는 것처럼 보이고 싶어 하지 않았습니다.

저는 베빈 씨에게 어제 미국의 교섭은 새로운 행위를 이루는 것이고 우리의 개입을 충분히 정당화하는 것이라고 지적했습니다.

게다가 우리의 개입은 유엔을 위해서만이 아니라 미국 정부를 위해서도 이루어진 것입니다. 이런 상황에서 좀 더 강경하면 좋을 결의안을 구상하기 위해 레이크석세스에서 진행 중인 토론을 어떤 경우에도 방해하려는 것처럼 보이지 않으면서, 3국 협상 약속의 기반 위에 파리와 런던은 동시에 워싱턴에 반응하여 조심스럽지만 강경한 표현으로 신중한 메시지를 들려주어야 할 것으로 보입니다. 게다가 영국 측에서는 제가 알게 된 사실에 대한 제안에 같은 류의 제안을 더 추가한 조언을 하지 않을 이유가 전혀 없습니다.

우리가 새로운 일에 직면해 있다는 사실을 인정하면서 그저께 보낸 강령을 실행하라고 주장하고 싶으면서도 베빈 씨는 더 숙고해 보라고 요구했습니다. 그러나 이 대화에 참여했던 극동사무국 국장은 분명하게 저의 의견에 동의했고

---

2) 어니스트 베빈(Ernest Bevin, 1881-1951). 노동당 기관지 『데일리헤럴드』창간. 영국 노동당 대표 역임. 처칠 내각의 노동장관, 애틀리 내각의 외무장관 역임. 서유럽연합과 북대서양조약기구 설립 등 반소·반공외교에 앞장섬.

3) 추정 어려움.

4) 올리버 프랭크스 경(Oliver Franks, 1905-1992). 주미 영국대사(1948-1952). 애틀리 및 베빈과 뜻을 함께함.

국무장관 사무실을 나오면서 만난 국무부 상임차관보 또한 저와 의견을 같이 했습니다. 이러한 상황에서 미국 방식으로 소집하는 예비병을 강조하고 있는 전보를 빠른 시일 내에 보내는 것은 가능성이 있는 일로 여겨집니다. 우리 역시 시간을 허비하지 않는 것이 이익입니다. 게다가 아직 이곳에 약간의 망설임이 있다면 우리가 보낼 새로운 소식은 그것을 유효한 것으로 인정하는데 도움이 될 수 있을 것입니다.

마시글리

【202】 국제정세에 대한 보고(1950.11.15)

[전   보] 국제정세에 대한 보고
[문 서 번 호] 4753-4755
[발 신 일] 1950년 11월 15일 21시 55분
[수 신 일] 1950년 11월 16일 08시 10분
[발신지 및 발신자] 워싱턴/보네(주미 프랑스대사)

뉴욕 공문 제1042-1044호

  오늘 국제 정세에 대한 설명을 듣기 위해 미 국무부에 모인 200여 개의 미국 기관 대표들에게 애치슨 국무장관은 미국은 절대 중공을 겨냥하지 않는다는 사실을 중공 지도자에게 설득하기 위해 미 정부가 최선을 다 해야 한다고 밝혔습니다.

  만약 공산주의자들이 무지하거나 또는 다른 이유 때문에 세계를 실제로 심각한 위기로 몰고 갔다면 이 상황에 결연히 균형 있고 신중하게 대처해야 할 것이라고 애치슨 씨는 선언했습니다. 이어 그는 유엔 헌장의 원칙에 근거해 한국 침략을 종결하기 위한 모든 방법을 모색해야 할 것이라고 강조하면서, 가장 엄청난 성격의 비극으로 규정한 이런 사건은 일어나지 않을 거라는 희망을 표했습니다. 애치슨 장관은 더불어 자신의 정부는 국경지대의 수력발전문제 해결에 전문가라고 강조하며 미국과 캐나다, 그리고 미국과 멕시코 사이의 협상을 예로 들었습니다.

  제임스 웹[1] 국무부차관과 함께 회의에 참석한 러스크 동아시아태평양담당국 차관은 유엔군과 압록강 사이에 완충지대를 둔다는 구상에 원칙적으로 반대하

------

1) 제임스 웹(James Webb, 1906-1992). 한국전쟁 초기 미 국무부차관.

지 않는 것 같아 보였습니다.

이 점에 관해 그의 생각을 구체적으로 표명하도록 해보겠습니다.

보네

【203】 한국문제와 중국 개입으로 야기된 상황(1950.11.16)

[전　　　보]	한국문제와 중국 개입으로 야기된 상황
[문 서 번 호]	4239-4240
[발　신　일]	1950년 11월 16일 13시 45분
[수　신　일]	1950년 11월 16일 14시 15분
[발신지 및 발신자]	런던/마시글리(주영 프랑스대사)

절대우선문건

본인의 이전 전보에 이어

한국문제에 대해 솔즈베리[1] 경은 중국의 개입으로 발생한 상황을 "끔찍하다"고 표현했습니다. 중국에 초대장을 보내는 것에 합의한 영국 정부를 칭찬하면서 그는 "우리는 항상 유엔이 창립된 목적을 머릿속에 간직해야 한다. 화해를 통해 갈등의 원인을 없애는 것이다"라고 덧붙였습니다. 미국을 곤란하게 하는 일 없이 자유롭고 솔직한 대화가 합의의 기초를 제시할 수 있다는 희망으로 중국을 유엔으로 이끄는데 영국은 최선을 다해야 하며 우리는 중공의 입장을 들어볼 준비가 되어있다는 것을 보여주어야 한다고 말했습니다.

어떤 경우에도 "우리는 이미 너무 멀리 갔기 때문에" 군사작전이 만주 국경을 넘어 이루어지는 일은 없을 거라는 희망을 표명하면서, 상원 야당대표 솔즈베리 경은 "긴 안목으로 볼 때 비록 북한의 작은 한 부분만 유엔군에 의해 점령되지 않은 채 남아있더라도, 만주 쪽의 모든 전쟁은 피하는 것이 분명 훨씬 나을

---

[1] 로버트 가스코인 세실 솔즈베리 경(Edgar Algernon Robert Gascoyne-Cecil, 1st Viscount Cecil of Chelwood, 1864-1958). 영국 상원의원. 유엔 명예 회원으로 국제 평화를 위해 노력.

것"이라며 결론을 맺었습니다.

외무부 의회 국무차관인 핸더슨[2] 경은 이 점에 대해 신중하고도 애매한 태도를 보였습니다. 정부는 적대행위를 종결하고 그 범위를 제한하기 위한 모든 조치를 계속 지지하겠다고 했습니다.

대담의 마지막에 발언하게 된 조위트[3] 상원 의장은 좀 더 많은 약속을 했습니다. 조위트 경은 "한국과 다른 분쟁지역에 비무장지대를 설정하자는 주장은 당연히 검토되어야 한다. 그래왔고 앞으로도 그럴 것이다"라고 밝혔습니다.

마시글리

---

[2] 윌리엄 헨더슨(William Henderson, 1st Baron Henderson, 1891-1984). 영국 애틀리 내각의 외무부차관. 노동당 의원.

[3] 윌리엄 조위트(William Allen Jowitt, 1st Earl Jowitt, 1885-1957). 영국 애틀리 내각의 상원의장.

【204】한국의 군 상황(1950.11.16)

[전   보]   한국의 군 상황
[문 서 번 호]   314
[발   신   일]   1950년 11월 16일 20시
[수   신   일]   미상
[발신지 및 발신자]   워싱턴/뮈르탱¹⁾(주미 프랑스 대사관 무관)

다음 전보를 군 참모부에 전달 요망

1. 전체적 군 상황을 알리는 한국에 관한 브리핑이 한 달간 중단되었다가 우리의 간곡한 요청으로 국방부에서 재개되었습니다.

미 육군은 전선 또는 전선 가까이 결집되었습니다. 병력의 자세한 정보는 다른 전보로 따로 송부되었습니다.

적의 공군활동이 눈에 띕니다. 그 활동이 계속 증가할 경우 지상군 지원에 피해가 가더라도 우군 측 공군이 공중전에 커다란 노력을 쏟아 부어야 할 것입니다.

해군의 전개에 관하여는 새로운 소식이 없습니다. 항구의 지뢰제거 작업이 진남포를 제외하고 모두 끝났습니다. 물자보급 상황이 개선될 것입니다.

2. 지난주 동안의 수차례 접촉을 통해 다음과 같은 인상을 받았습니다.

워싱턴과 뉴욕의 정치권과 외교권에 나타나는 걱정과 의견대립이 미국인들 사이에서는 느껴지지 않습니다.

---

1) 자크-루이 뮈르탱(Jacques-Louis Murtin, 1904-1966). 2차 대전 유명 전투기 조종사. 한국전쟁 당시 미 공군 소속 공군 제1사단 지휘.

미국인들은 중국의 군사개입이 전면전을 개시하기 위한 것이 아니라 차기 정치적 협상에서 유리한 위치를 획득하기 위한 것이라고 평가합니다.

어쨌든 겨울 군사작전이 벌어질 수 있다는 것은 늘 그런 상황을 예상해온 미국인들에는 놀라운 일이 아닐 것입니다.

공군기지의 폭격 같은 만주의 공격 행위 가능성을 배제할 수는 없습니다. 미군의 결심과 자신감은 오늘 애치슨 장관의 단호하고 절제된 성명에 배어있었습니다.

뮈르탱 장군

【205】한국 상황의 발전에 대해(1950.11.16)

[전 보]	한국 상황의 발전에 대해
[문 서 번 호]	4761-4769
[발 신 일]	1950년 11월 16일 22시 57분
[수 신 일]	1950년 11월 17일 07시 10분
[발신지 및 발신자]	워싱턴/보네(주미 프랑스대사)

절대우선문건

보안

2급 비밀

뉴욕 공문 제1051-1059호

국방부 사무국에서는 한국 상황 전개에 대한 불안한 모습은 보이지 않고, 맥아더 장군의 군대가 만주 국경에 도달할 수 있다고 계속 믿고 있습니다. 현재 국경 가까이 재집결한 미국 7개 사단은 천천히 공격을 재개 중입니다. 청천강 교두보에서 작전을 진행할 것을 기대하고 있는 부대는 북한 군인들만 상대하면 되는 상황입니다. 맞서고 있던 중공군 3개 사단은 이 구역을 떠났습니다. 북한군 제2사단과 연락하며 작전하던 이 사단들 중 하나는 중앙 산악지대로 들어가 남한 제2군단을 강하게 압박했습니다.

반면, 동쪽 지역에서는 굉장한 악천후 속에서 북한군 2개 사단과 중공군 1개 사단의 저항이 있음에도 불구하고 전진이 쉽게 진행되는 것 같습니다. 38선 이남에서는 게릴라 활동이 줄어든 것 같고, 38선 이북에서는 평양 지역과 원산 주변에서만 지속되고 있습니다.

국방부의 낙관론은 정말로 신중하게 현재 한국에서 중공군이 제한된 전쟁만 시도하고 있는 것 같은 느낌에 근거를 두고 있는 것으로 보입니다. 만약 중공군이 대규모로 공격해오면 낙관론은 아마 힘을 잃을 것입니다. 미국의 다른 어떤 사단도 맥아더 장군에게 실제로 파견될 것 같지는 않습니다. 사실 가장 불리한 가정을 하더라도 맥아더 장군은 절대적으로 우월한 공군력 덕분에 신의주와 흥남 사이의 한반도를 압박할 수 있을 것입니다. 그러나 이런 의미에서 유엔군사령부는 한가히 새로운 공격을 준비하든지, 아니면 상상하기 힘들지만 6주 전에 그들에게 불필요해 보였고 승승장구하던 공격 중에는 쉬웠으나 한걸음 물러서 보니 힘들고 부담되는 협상에 동참하든지 해야 할 것입니다.

현재 워싱턴에서 가장 신중한 "칼럼니스트"들은 이 점에 대해 비관적입니다.

물론 좀 늦기는 했지만 최근 아주 조금씩 명확해졌던 진실을 알게 되면서 보니, 제가 아는 한 미 국무부에서는 조지 케넌[1]만 유엔군이 38선을 넘는 것에 찬성했습니다. 칼럼니스트들은 소련도 중공도 자국 국경에 미국을 숭배하는 정부가 수립된다는 사실을 논리적으로 용납하지 못한다는 것을 인정합니다. 그러나 그들은 "현재의 사면초가 상태"를 종결 지을 수 있는 유일한 길은 정보를 잘 알지 못하고 있긴 하지만 협상 밖에 없다는 의견을 표명합니다.

미 정부가 선택할 수 있는 방법은 그리 많지 않습니다. 몇 달 전부터 반대에 묶여, 행동을 취했던 것보다는 훨씬 빙빙 돌아 늦어졌던 한국에서의 승리를 거둔 후, 행정부가 오늘날 임박한 위기에 대해 느끼지 못하는 것은 아닙니다. 저의 전보 제4753호에 보고된 애치슨 장관의 발표들이 보여주고 있듯이 국무부는 덜 망설이며 의사 표현을 합니다. 국무부는 솔직히 중공과의 협상에 대한 가능성이나 필요성을 인정하는 것을 주저하면서, 어제 러스크 씨가 암시했던 완충지대에서 할 수 있는 방법에 대해 여전히 검토하고 있습니다. 국무장관은 상황의 심각함과 상황이 악화되는 것을 막기 위해 미 정부가 어떤 것도 등한시하지 말아야 할 필요성을 인식하고 있을 뿐만 아니라 중국과의 공개적 전쟁이 서양에 의미하는 치명적 위험에 대해서도 인식하고 있습니다.

1) 조지 케넌(George F. Kennan, 1904-2005). 미국의 고문, 외교관, 정치가, 역사가. '봉쇄의 아버지'라고 알려져 있는 미소냉전의 핵심 인물.

국무부 각각의 사무국보다 더 신중한 참모장들은 전체적으로 정부의 견해를 훨씬 뛰어넘는 시각을 가지고 있습니다.

그러나 현재로서는 확실히 정해진 결정이라기보다는 조심스러운 경향의 내면적인 그러나 부정적인 의견입니다.

극동이야기가 나오면 쉽게 균형 감각이 흔들리는 야당 공화당은 쉽게 행정부를 몰아붙일 것입니다. 행정부는 여전히 맥아더 장군의 주도적 행동으로 끌려갈 위험이 있습니다. 위험이 커지면서 자극을 받으면 그때부터 행정부가 "과격 행동주의자"에게 호의를 표하게 될지도 모릅니다.

언론은 어제 총회 1차 위원회에서 대만에 대해 정해진 채택안을 설명했습니다. 요즘 미 대사들은 애매한 용어를 계속 사용하는 방식을 취하고 있으며 중공과의 전쟁 위험이 비록 안심할만한 것은 아니지만 타협안을 상정했다는 것을 보여주는 것만으로 충분할 것이라 여기는 듯합니다.

오늘 트루먼 대통령의 연설은 사실 중국을 안심시키려는 의지, 하지만 중국과 타협할 의도는 전혀 없다는 의사를 표시한 것이었습니다.

만약 중공대표들이 안보리에서 대화를 할 준비가 되어있다면 미국의 주요 동맹국들은 지금까지 해온 것보다 더 간곡한 방법으로 이들에게 친절하게 압박을 가해야 할 순간이 곧 다가올 수 있습니다.

보네

【206】 비무장지대(1950.11.17)

[전 　　　 보]	비무장지대
[문 서 번 호]	4782-4786
[발 　 신 　 일]	1950년 11월 17일 11시 33분
[수 　 신 　 일]	1950년 11월 18일 06시 30분
[발신지 및 발신자]	워싱턴/보네(주미 프랑스대사)

긴급

보안

2급 비밀

뉴욕 공문 제1072-1076호

각하의 전보 제9965호 지시에 따라 저는 밀레[1] 씨에게 오늘 공식적으로 국무부에 만주 국경을 넘는 추격권(본인의 전보 제4771호)에 관하여 어제 비공식적으로 표명한 유보적 의견을 재확인하라는 임무를 맡겼습니다.

밀레 씨는 또한 프랑스 정부는 한국에서의 중국 개입을 종결시킬 방법에 관한 런던의 염려와 의견에 동의하며 특히 북한 국경을 따라 비무장지대를 설치하자는 영국 외무부의 의견에 호의적이라고 미 국무부에 알렸습니다.

이에 관해 영국대사관 극동사무 고문은 밀레 씨에게 주미 영국대사 올리버 경이 지난 목요일 영국 계획안을 제출하면서 애치슨 장관과 러스크 씨로부터 "상당히 호의적인" 반응을 받았다고 밝혔습니다.

영국 대사관은 우리 프랑스와 마찬가지로 국무부가 신중하게 전쟁을 제한할

---

[1] 르네 밀레(René Millet, 1910-1978)로 추정됨. 프랑스 외교관.

수 있는 타협안을 중국과 함께 찾기를 원하고 있고, 그것이 워싱턴이 보기에 유엔의 군사행동이 늦추어져야 한다는 의미는 아니라고 보고 있습니다. 사실 미당국은

1. 미국이 공산진영의 군사적 힘을 두려워한다는 인상을 주고 싶어 하지 않습니다.
2. 유화정책을 거부한다고 비난받고 싶어 하지 않습니다.
3. 유엔이 맥아더 장군 참모부에 내린 지시는 한국의 평화를 회복시켜 평화를 이루라고 맥아더 장군에게 엄명했다는 것을 잊을 수 없습니다.

그레이브스[2] 씨에 따르면, 만약 미국 정부가 영국 계획안을 수락하고, 영국 대사관이 이 주제에 관해 오늘 저녁 국무부의 설명을 듣길 바란다면, 영국의 구상은 유엔군사령부에 한국 북쪽의 일정한 지역을 비무장지대로 권장하는 보고서를 작성하라고 요청하는 일일 것입니다. 맥아더 장군은 분명 받아들이기 힘들겠지만, 비무장지대 계획안이 미국 정부에 의해 수락되면 그것은 워싱턴이 총사령관을 복종시킬 줄 아는 것이라고 우리의 영국 동료는 확신하는 것 같아 보입니다.

게다가 이 계획안을 맥아더 장군이 제시한다면 공산주의자들이 동의할 가능성이 많이 줄어들지는 않을까 생각해볼 수 있습니다.

보네

---

[2] Graves.

【207】 한국문제(월경추적권)(1950.11.17)

[전　　　보]	한국문제(월경추적권)
[문 서 번 호]	미상
[발 　신　일]	1950년 11월 17일 08시
[수 　신　일]	미상
[발신지 및 발신자]	파리/외교단

워싱턴 공문 제9965-9967호

뉴욕 공문 제3112-3114호

런던 공문 제21767-21769호

본인의 전보 제9851호 참조

북한 국경을 따라 안보리가 비무장지대를 설정하는 안에 관한 미국 정부의 동의를 구하기 위해 영국대사가 애치슨 국무장관에게 한 교섭에 대한 영국 정부의 전보를 다음 문서로 보내드립니다.

영국 외무부는 자국의 계획안이 통합사령부의 의도에 관하여 중국에게 긍정적인 확신을 제공하면서 한국전쟁을 종식시키는 방법이라고 보고 있습니다. 한편 중국이 군대의 주요 부분을 압록강 이쪽에서 철수시키면, 이제부터 통합사령부는 방어가 더 쉽고 좀 더 짧은 전선을 가지게 될 것입니다.

프랑스 외교부 역시 베빈 영국 외무장관과 같은 의견과 염려를 한다는 것을 미 국무부에 알려주기 바랍니다.

만약 중공이 한국에서의 개입을 밀어붙이지 않는다면, 영국의 제안은 국경을 넘은 군인들이 쉽게 철수하게 할 수 있는 방법이 될 것입니다. 만약 반대로 중공이 자신의 개입을 심화시킨다면 결의안은 아마 중국을 억제하거나 적어도 매우 힘든 정신적 상황에 처하게 만들 것입니다. 어쨌든 계획안은 긴장완화를 포함하고 책임을 명확하게 나누는 결과를 가져올 것입니다.

우리 정부가 미국대사의 현재 방식을 알게 해주었던 월경추적권에 관해서는 가장 신중한 유보적 태도를 표명해 주시기 바랍니다. 쇼벨 씨가 전보 제2807호에서 강조했던 바와 같이 그렇게 심각한 결과를 포함할 수 있는 조치가 미국 사령부의 권한 아래서만 취해지기는 어려워 보입니다.

외교단

【208】 댐과 전력 통제에 대해(1950.11.18)

[전　　　보]	댐과 전력 통제에 대해
[문 서 번 호]	2229-2232
[발　신　일]	1950년 11월 18일 08시
[수　신　일]	1950년 11월 18일 18시
[발신지 및 발신자]	도쿄/드장(주일 프랑스대사)

보안

한국 사태가 일어난 현재 상황에서 판단할 수 있는 범위에서 볼 때, 미국인들 사이에는 두 가지 주장이 맞서고 있는 것 같습니다.

그중 하나는 군사적인 것으로, 마오쩌둥과 교섭을 하든 아니든, 그 가치가 증명되지 않는 담보를 확보할 수 있도록 압록강의 발전소와 댐을 무조건 손에 넣어야 한다는 주장입니다. 중국 공산주의자들은 끝까지 무조건적으로 이 시설물들을 방어하면서도 자신들이 그 책임을 지고 싶지 않으므로 그것들을 파괴할지 망설일 것입니다. 그에 관해서는 미국인들 역시 전기를 공급하는 지역의 감독권을 확보할 수 있도록 그 시설물을 유지하는 것이 필요하다고 생각할 것입니다.

이 시각에 반대하는 쪽, 특히 미국 외교계에서는 어려워질 수 있는 겨울 군사작전과 중국에 맞서는 유엔의 개입이 야기할 수 있는 국제적 사건들을 앞에 두고 점점 더 자제력을 주장합니다. 이 주장에 따르면, 먼저 기회를 잡아야 하고, 물러나기에 너무 많이 개입되어 버린 마오쩌둥이 "체면을 살릴" 수 있도록 하는 타결에 이르러야 한다는 것입니다. 지금까지 성공만 거두어온 그로서는 중국 여론 앞에서 미국의 독촉에 양보해야 하는 실패를 받아들이기 어려울 것이라는 의견입니다. 자신의 군사기지에 가까이 있기 때문에 유엔군에 비해 덜 무모해 보이는 작전 위험도 앞에서 그는 물러나지 않을 것이라고 사람들은 단언합니다. 또한 악천후에 익숙한 중국 군인들의 지구력과 검소함, 그들의 인원수 그 자체, 또 중국 인구를 구성하는 엄청난 수에 비해 인명피해를 무의미하게 여긴다는 점도 강조합니다.

이 주장에 따르면, 채택하여 추진할 만한 해결안 중 하나는 압록강 남쪽 또는 강의 양쪽으로 한중 공동통치에 따르는 일종의 완충지대를 형성하자는 영국의 제안입니다. 이러한 조합은 마오쩌둥에게는 충분한 만족을 안기고, 미국 병력의 대부분을 오랫동안 주둔하게 만들 위험이 있는 전쟁을 종식시킬 수도 있을 것입니다.

드장

【209】 한국의 군 상황(1950.11.21)

[전　　　보]	한국의 군 상황
[문 서 번 호]	2258-2270
[발　신　일]	1950년 11월 20일 23시
[수　신　일]	1950년 11월 23일 23시
[발신지 및 발신자]	도쿄/드장(주일 프랑스대사)

보안

사이공 공문 제1096호, 워싱턴 공문 제796호, 뉴욕 공문 제499호

최근의 한 회담에서 만난 영국대사와 에슬러 데닝[1] 경, 그리고 버치어[2] 장군은 정책방침과 총사령관이 이끄는 군사방침에 관해서도 매우 비판적인 입장이었습니다.

군사작전 자체에 관한 비판들은 새로운 사실을 구성하고 있습니다. 인천상륙작전과 서울수복, 부산에서 도착한 유엔군과 상륙군단 사이의 적군 해체 등은 영국 대표들의 아낌없는 찬사를 불러일으켰습니다.

반면 이들은 원산 육해공동 상륙작전은 심각한 실수라고 봅니다. 이 작전이 착수되었을 때 원산항은 이미 며칠 전인 10월 11일부터 한국군의 손에 들어와 있었기 때문에 그들이 보기에 이 군사파견은 완전히 무익한 것이었습니다. 게다가 이 작전은 근처에 수천 개의 기뢰가 부설되어 있었기 때문에 심각한 위험

---

[1] 에슬러 데닝(Esler Dening, 1897-1977). 영국 외무부차관. 극동문제 전문가. 주일 영국대사(1952-1957) 역임.
[2] 세실 버치어(Cecil A. Bouchier, 1895-1979). 영국 공군 소장. 일본에서 영연방 공군 장교로 활동(1945-1948).

을 내포하고 있었습니다. 끝으로 특히 이 작전은 결정적일 수도 있는 순간에 상당수의 미 육군 정예부대와 연합군 예비함대들을 핵심작전지역을 벗어나게 만들었습니다. 또 사령관은 중국의 개입을 믿지 않았습니다. 그런데 쉽게 건널 수가 있고 거기로부터 남한으로 이르는 육로도 많은 압록강 북쪽 연안으로 군대들이 집결하고 있다는 사실을 그가 모르고 있지는 않았습니다. 오히려 차단이 쉽고 해상 또는 항공 차단 작전에 유리한 하나의 통행로밖에 없는 북동쪽 연안을 통해 적이 대거 진군할 가능성은 희박한 것입니다. 이 상륙작전 준비는 서울수복 8일 이후인 10월 7일에 시작하여 17일에 끝났습니다. 횡단은 3일간 지속되었고 1차 부대들의 상륙은 평양점령 6일 이후인 26일에야 실행되었습니다. 결국 11월 8일이 되어서야 이원에서 상륙이 완료되었습니다.

한 달 이상 동안 가장 많은 병력의 두 미군 부대(22,000명의 제1해군사단, 27,000명의 제7사단)와 가장 강력한 군비를 지닌 부대들, 미국과 남한의 여러 다른 부대들까지 총 70,000명에 이르는 참여 병력이 모두 활동 정지 상태에 묶여 있었던 것입니다.

육로로 동일한 이동을 했다면 훨씬 적은 수단으로도 며칠 만에 끝낼 수 있었을 것입니다. 강력하고 신속한 작전을 실행했더라면 통과지점들을 차단할 수 있었을 것이지만, 이렇게 허락한 유예 기간은 중공군들이 압록강을 건너고 압록강 이남에 산개(散開)할 수 있도록 하는데 어느 정도는 기여했을 것입니다.

또한, 사람의 기질이 이 불행한 원산파견의 발생에 중요한 역할은 했다는 생각인데 이것은 물론 이들 영국대표들만의 생각이 아닙니다. 그러한 관점에서, 능력이 야망을 따라가지 못한다는 평을 받고 있는 알몬드 장군의 이름이 거론됩니다. 맥아더 장군이 탁월한 군사작전을 그에게 마련해주고, 정당한 이유 없이 미 제8군 사령부 아래 일부러 그를 위해 별개의 사령부를 창설하여(본인의 전보 제2002호 참조) 특별히 주목받는 임무를 그에게 부여하려 했습니다.

맥아더의 전쟁 정책방침에 대한 영국의 비난과 염려 분위기는 더 오래된 것입니다. 그것은 전쟁 초기까지 특히 대만 방문으로 거슬러 올라가고, 중공의 개입이 실제 전면전의 위험을 초래하면서부터 점점 더 드러났습니다.

제가 여기서 판단할 수 있는 범위 내에서 볼 때 이 영국대표들은 맥아더 장군이 전쟁 확산을 막는데 "웬만큼이라도" 가능한 모든 일에 트루먼 대통령이나 딘 애치슨 국무장관만큼 관심을 갖고 있다고는 믿지 않습니다. 이들은 중국과 전쟁을 하려한다고 해서 연합군 총사령관을 비난하는 것이 아닙니다. 그러나 이런 결과에 이를 수 있는 행동을 쉽게 하는 경향의 사람으로 간주하는 것입니다. 이들은 지금과 같은 위태로운 시기에는 그의 행동이 위험할 수 있다고 봅니다. 그는 매우 권위적인 성향을 가지고 있고 5년 전부터 거의 절대적 자유 속에서 가장 광범위한 권력을 행사하는데 익숙해있기 때문에 결정적인 순간에 그가 워싱턴의 영향력을 벗어나거나 또는 미국 지도부들의 군사작전에 대한 자율권이 심각하게 침해되는 상황을 만드는데 일조하지나 않을까 염려하는 것입니다.

영국 대표들이 볼 때 매우 중요한 두 가지 문제, 바로 수력발전소와 미군이 침입하지 말아야 될 국경지대의 경계선에 대해 유엔도 미 정부도 정확하고 구체적인 태도를 취하지 않은 것이 맥아더와 그 측근들의 행동을 낳았다고 봅니다.

댐에 관하여는, 이들은 여전히 맥아더 사령관이 그것을 점령하거나 폭발시키려 하려는 것이 아닌지 의혹을 품고 있습니다. 전문기술자들에 의하면 교각을 파괴하는 것보다 댐을 파괴하는 것이 훨씬 쉽다고 합니다.

국경에 관해서는, 그들은 참모부가 어떤 반대를 하더라도 어떻게 해서든지 미군이 국경으로부터 단 몇 킬로미터라도 일정한 거리를 유지하는 것이 중요하다고 생각합니다.

새로운 유엔 한국위원회에 내린 최근 안보리의 권유도, 11월 17일 트루먼 대통령의 연설도, 만주 영토를 범하지 않고 국경지대에서의 중국의 합법적 이익에 대해 고려하려는 유엔의 의지를 충분히 선명하게 표명하지 않았다고 이들은 생각합니다.

게다가 이들은 연합국 최고사령부와 중국 국민당 지도자들 사이의 호감에 대해서도 의심합니다. 이들은 웨이크 섬 회담3)이 연합군총사령관의 시각을 전혀 변화시키지 못했다고 확신하고 있습니다. 이에 관해 맥아더 장군과 매우 관계

---

3) 1950년 10월 15일 태평양 '웨이크섬(Wake Island)'에서 이루어진 트루먼 대통령과 맥아더 장군의 만남.

가 깊은 놀랜드[4] 상원의원의 현 대만 방문, 그리고 그가 대만에서 유고슬라비아의 역할과 비교하며 중국 국민당의 역할에 관하여 한 발표들은 영국대표들이 더욱 염려하게 만들 뿐입니다.

이들은 특히 미국 지도자들 사이에 나타나는 기 싸움과 행정부가 자신의 정책을 통과시키기 위해 만나게 될 난관들에 대해 매우 염려하고 있습니다. 공화당에 확실한 승리를 안겨주고 또 맥아더 장군의 인격과 정책이 선거운동에 미친 영향 때문에 대통령과 마주한 맥아더 장군의 입지를 오히려 강화시켜 준 최근 선거 이후 이 난관들이 점점 더 커지지는 않을지 이들은 걱정합니다.

이들은 거의 미국을 두 지도자를 가진 하나의 국가로 여길 지경입니다. 미국이 짊어진 역할의 중요성을 볼 때 이 같은 방향의 이원성은 현시점의 위험을 더 키우고 있다고 평가하고 있습니다.

드장

국방부에 전달 요망.
워싱턴과 뉴욕 전달.

---

[4] 윌리엄 놀랜드(William F. Knowland, 1908-1974). 미 공화당 상원의원.

【210】 비무장지대 설치에 관해(1950.11.20)

[전 보]	비무장지대 설치에 관해
[문 서 번 호]	4814-4820
[발 신 일]	1950년 11월 20일 21시 10분
[수 신 일]	1950년 11월 21일 04시 45분
[발신지 및 발신자]	워싱턴/보네(주미 프랑스대사)

긴급

보안

2급 비밀

뉴욕 공문 제10,082-10,088호

오늘 오후 우리 직원 한 사람이 존슨[1] 동북아시아 사무국장과 가진 회담에서 북한 비무장지대 설치에 대한 영국의 제안에 관하여 미국 정부는 아직 결정을 내리지 않은 것으로 드러났습니다.

존슨 씨에 의하면 워싱턴은 런던에 2-3일 내에 필히 답을 알릴 것이라고 합니다.

미 당국은 특히 최근 며칠사이 전선의 몇몇 구역에서 만주 국경 쪽으로의 전진이 있은 이후부터 유엔군이 한국에서 군사적 결정을 내릴 수 없다는 것에 아직 완전히 납득하지 못한 듯합니다. 언론에 보도된 정보와는 반대로 전선에서는 중공군의 파견 이후로 조금의 회복세도 보이지 않는 것 같습니다.

워싱턴은 이렇듯 여전히 같은 문제 앞에 직면하고 있습니다. 베이징이 어떤

---

1) 알렉스 존슨(Alex Johnson). 미 국무부 극동담당 차관보.

규모로 개입할 것인가? 지금까지는 만족할만한 답을 찾지 못한 상태입니다.

정치적 관점에서 미국 정부는 비무장지대의 설립이 유엔군과 적에 미칠 수 있는 심리적 효과를 걱정합니다. 이 점에 대해 워싱턴은 서울 정부의 반응이 분명 비우호적일 것이라고 생각하고 있습니다. 물론 이에 관해 남한 당국에게 물어보지는 않았을 테지만 남한은 영국 계획안에 대해 소문을 들은 것으로 보입니다.

국제적 관점에서 미 행정부는 런던의 계획안 채택이 유엔과 아시아에 미칠 수 있는 영향에 대해 의문을 가지고 있다고 존슨 사무국장은 말했습니다.

마지막으로 존슨 씨는 내부적 차원에서 영국 계획안에 대한 여론의 반응이 미 정부가 참작하고자 하는 중요 요소 중 하나라는 사실을 숨기지 않았습니다. 사실 이것은 아마 미 행정부가 지난 선거 결과 후 목표로 해야 했던 가장 중요한 요소 중 하나일 것입니다.

미 당국은 이 결의계획안의 "실리적" 성격 또한 검토하고 있습니다. 영국이 내세운 선은 사실 미국이 첫눈에 보기에도 너무 "남쪽으로" 치우친 선으로 보입니다.

존슨 씨는 "이 지대가 축소될수록 중공이 비장의 수를 손에 넣지 못할 테니 축소된 비무장지대를 설치하는 것이 좋지 않습니까?"라고 물었습니다.

우리 직원은 만약 적에게 충분한 비장의 카드를 주지 않으면 적은 당연히 게임의 규칙이 불공평하다고 느끼지 않겠냐고 지적했습니다.

게다가 워싱턴에서는 아직 중공군의 철수가 어떻게 이루어질 것인지, 북한군이 어떻게 무기를 내려놓을 것인지 잘 모르고 있습니다.

결국, 전쟁 이후로 영국 외무부장관이 제안하는 것과 비슷한 국제기구 내 소련과의 협력 경험으로 보아 비무장지대를 관리하는 기구의 운행이 낙관적일 것으로 여겨지지는 않을 것 같습니다.

이상의 사항들이 영국의 제안에 대해 워싱턴 정부가 갖는 주요 의문들입니다.

이러한 것이 현재 미국의 태도에서 나타나는 부정적인 또는 적어도 유보적인 태도라면, 이 제안이 정계에서 제대로 진행되지 않는다고 결론지어서는 안 됩니다. 그러나 미 행정부는 일련의 내외부적 요소의 영향력을 고려해야 할 것입니다. 그렇지만 그것이 베이징과 모스크바에서 이룰 수도 있는 영국 제안의 유일한 성공 기회는 아닙니다.

보네

【211】 중립지대(1950.11.22)

[전 보]	중립지대
[문 서 번 호]	2988-2991
[발 신 일]	1950년 11월 22일 18시 54분
[수 신 일]	1950년 11월 23일 04시 50분
[발신지 및 발신자]	뉴욕/쇼벨(주유엔 프랑스대사)

절대우선문건

워싱턴 공문 제889-892호
본인의 전보 제2980-2984호 참조

글래드윈 젭 경이 막 떠났습니다.

그는 돌아가는 상황을 염려하고 있습니다. 그는 미국 정부가 영국 제안에 대한 답변을 피하고 있긴 하지만 이미 어떤 결정을 내리지는 않았는지, 그리고 도쿄로부터 영향을 받은 이 결정이 중립지대 계획안을 무시하고, 가능한 곳이면 어디에나 정치적 또는 군사적 압력을 가하기 위해 국경에서 전투하기로 한 것은 아닌지 걱정합니다. 우리는 중국 대표단이 도착하기 전에 런던, 파리, 워싱턴이 비무장지대 원칙에 대해 도달할 수 있는 공동 결론을 공표하지 말아야 하지만 이 원칙에 관한 워싱턴의 명확한 답을 얻어야 할 필요가 있으며 그 답이 긍정적이라면 신속히 설립과 절차의 세부 원칙에 동의해야 한다고 그는 생각하고 있습니다.

글래드윈 젭 유엔대사는 중국인들이 도착하자마자 우리가 회의에서건 회의 밖에서건 정확한 제안으로 그들을 사로잡을 준비가 되어있어야 한다는 생각입니다.

부수적으로 그는, 베빈 영국외무장관이 판디트 네루[1] 인도총리에게 중립지대 설립 제안을 알렸고, 판디트 네루는 이 구상에 호의적인 반응을 보였으며, 런던에서는 그가 파니카[2] 씨에게 베이징에 통보하는 임무를 내릴 것이라고 예상하고 있다고 말했습니다.

이곳 뉴욕의 외교문서 관리인 또한 협조적인 통지 임무를 맡았으나 중립지대에 대한 언급은 하지 않았습니다.

글래드윈 대사는 주미 영국대사 올리버 프랭크스 경이 이 두 가지 지시사항을 국무부에 알렸는지 여부를 알지 못하고 있습니다.

저는 전반적으로 글래드윈 젭 경의 염려를 이해합니다. 만약 군사작전이 동시에 교착상태에 있다면 미국이 공개적으로 중립지대 원칙에 관여하는 것을 꺼리는 것을 저는 이해할 수도 있습니다. 그러나 미국의 공격은 지속되고 있습니다. 미국의 공격은 국경에서 미국의 입지를 넓히거나 중공의 반격을 촉발시키거나 둘 중의 하나입니다. 어떤 경우이건 우리는 어떤 기정사실 앞에 놓이게 될 것이고 그 결과는 예측불능인 것입니다. 그러므로 저는 런던이 동의한다면 워싱턴이 의사를 뚜렷이 표명하고 사령부의 독자적 행동을 자제하도록 압력을 가해야 한다고 생각합니다.

쇼벨

---

[1] 판디트 네루(Pandit Nehru, 1889-1964). 인도 초대 총리.
[2] 사르다르 파니카(Sardar Panikkar, 1894-1963). 베이징 주재 인도대사(1950-1952). 이집트 및 프랑스 주재 대사 역임.

【212】 유엔위원회에서 중국 문제(1950.11.22)

[전 보]	유엔위원회에서 중국 문제
[문 서 번 호]	2993-2998
[발 신 일]	1950년 11월 22일 22시 05분
[수 신 일]	1950년 11월 23일 06시 25분
[발신지 및 발신자]	뉴욕/쇼벨(주유엔 프랑스대사)

어제 제1위원회는 의제 23번인 중국의 정치적 독립과 영토 보전에 대한 위협, 그리고 극동의 평화에 대한 위협 건에 대한 논의에 들어갔습니다.

중국대표는 자국 정부의 시각으로 제4차 회기 때에 이미 소개한 대로 사실에 대한 긴 설명으로 회의를 열었습니다. 그는 총회에 의해 임시위원단이 작년 말에 문제의 검토를 시행하기로 되어있었는데 아무것도 하지 않았다고 주장했습니다. 이것은 사실입니다. 끝으로 그는 "정보를 수집하고 다음 회기 때 총회에 그 결과를 보고하기 위한 유엔 조사위원회"를 결성할 것을 제안하는 결의 계획안을 제출했습니다.

이 문건은 미국 대표단이 처음에 구상한 계획안의 약해진 그림자나 마찬가지로 보입니다.

이 문서와 그것을 발표한 치앙[1] 박사의 연설은 대표단들 간에 격렬한 논쟁과 눈에 띄는 분열을 불러왔습니다.

소련 대표와 소련을 따르는 위성국가들은 국민당을 비열하게 모욕하는 규탄 문서를 4가지 버전으로 작성하고—우크라이나는 아직 발언하지 않음— 필요할 경우 중국의 제안에 지지 의사를 표명해야 한다고 생각했던 나라들에게 덤벼들기 위해 치앙 박사의 계획안을 구실 삼았습니다. 당연히 미국과 특히 벨기에가

---

[1] 치앙 팅푸(Tsiang Tingfu, 蔣廷黻,1895-1965). 주유엔 베이징대사.

겨냥되었습니다.

또 한편, 특히 라틴아메리카 대표들을 포함한 대규모의 대표단 그룹이 이 문제를 중재위원회에 회부하자는 시리아의 제안에 호의적인 의사를 표명했습니다. 반면 영국이 이끌고, 스칸디나비아 국가들과 영연방 대표단 그리고 전체적으로 베이징 정부를 인정한 국가들이 포함된 15개 대표단으로 구성된 또 하나의 그룹은 중국과 시리아의 제안에 대한 전적인 거부로 그 문제 전체의 즉각적이고 단호한 폐기를 선호하는 경향을 보였습니다.

한편, 프랑스 대표단은 현재로서는 어떤 뚜렷한 실질적 해결책도 가져올 수 없는 문제인데다가 주기적으로 격렬하고 무익한 이념언쟁만 야기할 뿐인 유엔 조사위원단의 설립과 총회 상임위원단의 유지가 가져올 부정적인 점들을 강조했습니다. 동시에 프랑스는 몇몇 앵글로색슨 국가 대표단들이 저지른 실수를 반복하지 않도록 조심했습니다. 특히 호주 대표는 과거는 과거일 뿐이며 돌이킬 필요가 없다고 하면서 상당수 남북아메리카 대표단의 공분을 자아냈습니다.

엘살바도르 대표단은 오늘 오후 제4차 총회의 291번 결의안 내용을 재확인하기 위한 새로운 대책에 이어 중국 계획안의 전문(前文)을 회람시키는 타협안을 제안했습니다.

토론은 내일 11월 23일 계속될 것입니다.

쇼벨

【213】 비무장 지대 설치에 대해(1950.11.22)

[전   보]   비무장 지대 설치에 대해
[문 서 번 호]   2999
[발   신   일]   1950년 11월 22일 22시 26분
[수   신   일]   1950년 11월 23일 06시 25분
[발신지 및 발신자]   뉴욕/쇼벨(주유엔 프랑스대사)

2급 비밀

보안

본인의 전보 제1974호 참조

동일한 소식통에 따르면, 베이징 정부가 북한의 국경을 따라 비무장지대 설치에 동의하는데 내건 다른 조건들은 푸젠 성[1] 해협에서 제7함대의 철수, 미국에 의한 중화민국의 인정 그리고 국민당에 대한 모든 원조 중단이라고 합니다.

쇼벨

---

[1] 중국 남동쪽의 연안지역에 있으며, 대만 해협에 면하고 있음.

【214】 중국 사단의 개입과 한국의 군 상황(1950.11.23)

[전 보] 중국 사단의 개입과 한국의 군 상황
[문 서 번 호] 4858-4866
[발 신 일] 1950년 11월 23일 21시 46분
[수 신 일] 1950년 11월 24일 06시 30분
[발신지 및 발신자] 워싱턴/보네(주미 프랑스대사)

보안

1급 비밀

본인의 뉴욕 전보 제2992호 참조

비록 오늘이 추수감사절이었지만 저는 쇼벨 유엔대사가 수집한 정보를 확인
하고 우리의 입장을 국무부에 다시 한 번 인식시키기 위해 러스크 극동담당 국
무차관보에게 연락할 수 있었습니다.

1. 러스크 씨는 중공군의 개입 규모를 줄이기 위해 한국에서 강력한 공격을
밀어붙이기로 결정되었다는 사실을 제게 숨기지 않았습니다. 이 공격은 이번
주 주말부터 개시될 것이라고 합니다. 저는 이러한 자주적 행동이 베빈 영국외
무장관이 제안한 기초 안건에 대한 조정을 힘들게 만들고 위험한 반응들을 유
발할 수 있다고 분명히 지적했습니다. 러스크 씨는 애치슨의 논리를 빌어 열세
에 놓였을 때가 아닌 실력행사를 할 수 있는 상황을 만들었을 때 협상을 해야
한다고 말했습니다. 그리고 군사적으로 볼 때 비무장지대 설치는 결국 미군 항
공이 금지된 "법적으로 접근이 불가능한 피난처"의 경계를 더 남쪽으로 옮기게
될 것이고 거기로부터 공산주의자들이 유엔군에 대항하여 끊임없이 다시 반격

해 올 수도 있으므로 심각한 부작용을 가져올 수 있다고 덧붙였습니다.

반대로 미군이 국경에 도달하게 될 때에는 중국의 모든 행위는 명백한 침략 성격을 띨 것이고 베이징에게는 위험이 증가되는 결과를 가져오게 된다는 것이 그의 주장입니다. 따라서 비무장지대를 설치하는 것은 중국이 자신의 이미지를 손상하지 않으면서 침략정책을 계속할 수 있는 가능성을 제공하게 된다는 것입 니다.

2. 러스크 차관보는 미국정부가 이미 영국정부에 영국의 제안 자체에 대하여 현재의 형태로는 받아들일 수 없는 것으로 간주한다고 통보했다고 밝혔습니다. 기관들이 그것을 계속해서 검토하고 있으므로 이 제안이 무조건 거부되었다는 의미는 아닙니다. 저는 만약 군사적으로 승리한다면 그 이후 미국은 경제적·전략적 이익에 관해 중국을 안심시킬 수 있는 완충지대의 설치를 고려해볼 것 인지 물었고, 러스크 씨는 아주 애매하게 대답했습니다. 그래서 저는 우리가 어떤 합의에 이르지 못하면 소련이 파놓은 함정, 바로 대규모의 미군을 보잘 것 없는 이득을 위해 전쟁터에 내모는 함정에 빠질 위험이 있다고 지적했습니다. 압록강의 국경은 약 700km에 걸쳐 펼쳐져 있으므로, 만약 잠재적인 전투상태가 지속된다면 국경지대의 보초를 위해 대규모 병력이 요구될 것입니다. 특히 인도차이나의 경우가 이를 증명해주고 있습니다. 이에 관해 러스크 씨는 어쨌든 한국에 비교적 많은 군대를 유지할 필요가 있을 것이라고 답했습니다. 사실 중국 정부가 내놓을 수 있는 약속을 전혀 신뢰할 수 없고, 한국에서 유엔군의 완전한 철수는 공산주의자들이 한국 영토에 그들의 세력을 확장하기 위한 새로운 시도로 이어질 것이라는 염려를 낳을 수 있다고 말입니다. 결국 한국에서 외국 군대의 신속한 철수 조항을 포함하는 어떤 협상도 마오쩌둥이 받아들이지 않을 것이고, 결국 이러한 원칙에 대한 모든 해결책은 환상이라고 러스크 씨는 보고 있습니다.

3. 마지막으로 러스크 씨는 영국이 제안한 해결책을 베이징 정부가 수락하고 시행하면 결국 얻게 될 이익이 무엇인지 모르겠다고 말했습니다. 이 해결책은

중국 군대를 압록강 위쪽으로 철수하게 만드는 것이기 때문입니다. 그래서 저는 이러한 관찰은 이론적으로는 정확할 수 있지만 위험한 조언자가 될 수 있는 근본 요소, 모든 국적의 러시아 과격주의자들이 앓고 있는 피포위(被包圍) 신경증상[1]이라는 근본적인 요소를 고려해야 한다고 지적했습니다.

군사적인 해결이 아닌 다른 해결의 시도는 그들의 두려움을 진정시키고 그들로서는 시의에 맞지 않는 반격을 피하도록 도와줄 수 있는 것입니다.

이 회담을 통해 저는 미국 정부가 자신의 군사적 우위와 위협 앞에서 물러나지 않는 확고함을 중국 정부와 그를 통한 소련 정부에 보여주기 전에는 협상에 임하지 않을 것 같은 느낌을 받았습니다.

한편 미 국무부는 너그러운 아량을 보여주고 그 대가로 자신은 무력을 남용하지 않으며 중국의 합법적 이익을 존중할 준비가 되어 있다는 것을 증명해보일 태세인 듯합니다. 이러한 논리를 옹호하는 자들은 자신들의 절제된 시각을 내세울 줄 모를 우려가 있고, 혹시 모를 군사적 승리에서 오는 특혜 중 어떤 것도 포기하고 싶어 하지 않는 과격파들에게 또 다시 휩쓸릴 염려가 있습니다.

보네

---

[1] 포위된 도시에서 일어나는 집단적 심리현상으로 박해자에게 둘러싸여 있다고 느끼는 망상.

【215】해양법의 의미에 대해(1950.11.23)

[전 　　　 보]	해양법의 의미에 대해
[문 서 번 호]	미상
[발 　 신 　 일]	1950년 11월 23일 16시
[수 　 신 　 일]	미상
[발신지 및 발신자]	파리/외교단

보안

긴급

뉴욕으로 타전 제3201-3204호

워싱턴으로 타전 제20186-20189호

런던 공문 제22148-22151호

본인의 뉴욕 전보 제3032호, 워싱턴 전보 제9851호 참조

　저는 외무부 법률자문을 통해 상기 전보에 언급된 추격권에 대한 검토를 실행하도록 했습니다.

　이것은 평시에 적용되는 해양법의 개념으로써 교전시의 작전과는 완전히 별개의 개념입니다. 이것은 한 국가의 영해에서 이 국가의 법률과 규정에 위배되는 행위를 저지른 상선을 난바다에서 계속 추격하는 문제입니다. 이 위법 선박이 다른 국가의 영해에 피신할 수 있게 되면 추격은 즉시 멈추게 됩니다.

　월경추격권은 반드시 우리를 가로막을 국제법의 다양한 규칙에 의해 제한되는데, 특히 국경 존중과 어떤 국가의 영토에 출동하지 말아야 할 의무 등이 그것입니다. 이 추격권은 법적 규정의 위반에 대한 형벌이 흔히 국가들의 재량에

맡겨지던 시대로 거슬러 올라갑니다. 국제관계를 더 이상 이 재량권에 맡길 수는 없습니다.

필요한 경우에는 문제에 대한 다른 방법을 찾아야 할 것입니다.

침략을 진압하기 위한 집단행동이 진행 중입니다. 유엔군은 필요한 모든 수단을 통해 자신을 방어할 수 있는 진정한 "경찰"입니다. 이 정당방위 권리행사의 한계 문제는 매우 중요하므로 유엔군에게 이론의 여지가 없는 법적 지위를 부여해야 하고, 그것은 유엔만이 할 수 있는 일입니다. 매우 자세한 규정에 따르면, 유엔이 문제를 검토한 후에야 한국에서 공군이 중국 영토 통행 허가를 받을 수 있습니다.

정책적인 면에서 그리고 중국 대표단이 뉴욕에 도착하기 직전에, 중국 대표단이 내놓은 주장에 비중을 실어주는 것처럼 보이는 마찰이 증가하지 않도록 하는 것이 우리에게 이롭습니다.

외교단

【216】 한국문제에 대한 조정안(1950.11.24)

[전 보]	한국문제에 대한 조정안
[문 서 번 호]	4448-4454
[발 신 일]	1950년 11월 24일 20시 24분
[수 신 일]	1950년 11월 24일 20시 30분
[발신지 및 발신자]	런던/마시글리(주영 프랑스대사)

보안

1급 비밀

긴급

맥아더 장군이 개시한 공세의 새로운 국면은 한국 사태 타협안을 이끌어내기 위해 중국과 미국을 대상으로 했던 활동과 관련하여 영국외무부를 약간 난처하게 합니다.

물론, 3주 전부터 진군을 다시 시작하려는 유엔사령부의 의도에 대해 이미 예고를 받았고, 유엔의 결의에 의해 정해진 목표와 상황에 따라 유엔사령부만이 결정을 내릴 수 있다는 것을 모두 인정했습니다. 그러나 군사행동이 조심스럽게 착수되면서 어제 개시된 공격의 첨예한 국면을 무익하게 만들 어떤 암묵적인 합의에라도 도달할 수 있을지 모른다는 기대를 갖게 했습니다.

베이징을 향한 영국의 교섭 시기와 거의 동시에 떨어진 이번 공격 국면은 영국에게 군사작전과 결합된 솔선행위라는 적절치 않은 모양새를 제공했습니다. 그렇지만 베이징 주재 영국대리공사는 비무장지대 문제는 거론하지 않았고 자신이 맡은 전언의 전반부를 전달하는데 그쳤습니다. 다시 말해 중국의 이익 존중에 관해 유엔은 이해관계를 따지지 않는다는 확신을 주는 일에 만족한 것입니다.

맥아더 장군이 감행한 군사작전의 목적이 북한영토에서 북한을 방어하고 있는 부대를 소탕하면서 신속히 국경지대에 도달하는 것과 유엔군을 가벼운 보호막으로 감싸면서 그 주력부대를 후방으로 돌려보내는 것이라고 영국외무부가 생각하는 데는 이유가 있습니다. 영국외무부는 맥아더 장군이 자신의 범주 안에 머무는 한 작전 지휘에 개입할 계획은 없습니다. 만약 한국 국경이 유엔군에 의해 무시된다면 사정은 달라질 것입니다. 그런데 영국외무부는 현재 추구하는 목표가 달성된다고 할지라도 국경지대의 분쟁들과 대치하고 있는 군대들 사이의 마찰 위험 때문에 상황은 여전히 오랫동안 심각할 것이라고 봅니다. 그러므로 비무장지대라는 해결책은 여전히, 아니면 적어도 그전보다는 유익한 것으로 믿고 있습니다. 영국외무부는 시작된 작전과 동시에, 이 작전 전개와 대만에 관한 토론에 따라 유엔에서의 준비도 추진하는 것이 적절할 것이라고 봅니다. 따라서 중국대표단에 제안할 협상 시기는 철저하게 계산되어야 할 것입니다. 가장 좋은 것은 중공대표들이 그들의 불평에 따른 어떤 응답을 유엔으로부터 얻는 것이 불가능하다는 것을 깨달은 후, 그리고 미국이 되돌릴 수 없는 행동으로 치닫기 전에 중공대표들에게 접근하는 방법 같습니다. 그러한 관점에서 경험이 많고 신중한 정치인이라는 우슈취안[1]이란 인물이 약간의 희망을 주고 있습니다.

영국외무부는 특히 개입 흔적이 다소 눈에 띄는 중국의 반격이 개시될 경우, 언제든지 돌이킬 수 없는 결과를 초래할 위험이 도사리고 있는 이토록 민감한 상황에서는 극도의 비밀을 보장할 필요가 있다고 강력히 강조합니다. 그런 점에서 워싱턴이나 파리에서도 언론에 몇몇 정보가 새어나간 것을 유감스럽게 생각합니다. 이 소식들로 기자들이 베이징에서 벌이고 있는 영국의 교섭에 대한 정보를 알 수밖에 없도록 만들었습니다.

지금까지 우리에게 주어진 정보의 규모만으로도 저는 부서에서 비밀이 지켜지도록 조심하라고 강조할 수밖에 없는 입장입니다.

마시글리

---

1) 우슈취안(Wu Xiuquan, 伍修權, 오수권). 주유엔 중화인민공화국 대표. 중국 외교부 부부장.

【217】 한국의 통일과 재건을 위한 유엔위원회(1950.11.24)

[전   보] 한국의 통일과 재건을 위한 유엔위원회
[문 서 번 호] 2313-2318
[발 신 일] 1950년 11월 24일 10시
[수 신 일] 1950년 11월 24일 23시 14분
[발신지 및 발신자] 도쿄/드장(주일 프랑스대사)

유엔한국통일부흥위원회[1]가 도쿄에서 11월 20일 처음으로 열렸고, 이후 세 번의 회의를 개최했습니다. 이 회의들은 내부규칙 확립과 미군당국과의 몇몇 접촉에 할애되었습니다. 회의 의장은 먼저 가장 오래된 회원인 산티아고 리카[2] 필리핀 대표가 맡고 있었습니다. 한 달마다 각 대표가 차례로 의장을 맡아 회의를 이끌어 갈 것입니다. 추첨으로 뽑힌 초대 회장은 지아우딘[3] 파키스탄 대표가 될 것입니다. 그는 플림졸[4] 호주 대표와 더불어 위원회에서 가장 저명한 인물이라고 하는데, 솔직히 말씀드리자면 저는 특별한 인상을 받지 못했습니다.

이 위원회 구성원들을 위해 마련된 점심식사에서 맥아더 장군은 한국 군사정세의 추이에 대해 낙관적인 입장을 보였습니다. 그는 지역에 엄습할 매우 혹독한 겨울로 인해 어쨌든 12월 15일부터는 전선이 안정화될 것이라 예상하지만 남은 몇 주를 더 잘 이용할 수 있기를 바라고 있습니다.

위원회 대표들은 활용할만한 한국 구성원들과 협력하여 자유선거를 준비를

---

[1] 언커크, UNCURK. United Nations Commission for the Unification and Rehabilitation of Korea. 1950년 10월 한국전쟁이 진행 중이던 시기에 열린 제5차 유엔총회에서 설립이 결정됨. 그 전에 있었던 유엔한국위원회의 임무를 이어받아 대한민국의 통일, 독립, 민주 정부 수립, 경제재건 및 평화 회복을 목적으로 호주, 칠레, 네덜란드, 파키스탄, 필리핀, 타이, 터키 등 7개국으로 구성.

[2] Santiago Rica.

[3] Ziauddin.

[4] 제임스 플림솔(James Plimsol). 한국통일부흥위원회(UNCURK) 호주 대표(1950-1953).

담당할 임시정부를 북한에 수립하는데 원칙적으로 동의했습니다.

그러나 그들은 미 사령부가 신속하게 유능한 인물들을 찾아낼 수 있을지에 대해 약간의 우려를 표합니다. 사실 1946년에 남한의 정치 조직을 정비했던 관료들은 사방으로 흩어졌고, 사령부는 필요한 전문 교육을 받은 새로운 팀들을 거의 전부 재조직해야 하는 것으로 보입니다.[5] 독일 점령 시 쌓은 경험을 바탕으로 이러한 조직 작업에 프랑스와 영국이 참여할 수 있다는 구상은 사무국의 한 일원이 내놓은 것입니다.

활용할 한국구성 팀에 관하여 총사령부와 위원회 사이에 의견 대립이 발생하는 것으로 보입니다. 아시아 국가들은 아직 서양 민주주의의 형식을 채택할 만큼 성숙하지 못했다고 보는 맥아더 장군은 이승만의 권위주의적 정부를 두둔하는 입장으로 이 정부의 요원들이 북한에 투입하는 것을 돕기로 결정한 것 같습니다.

반대로 대부분의 위원회 대표들은 현재의 대통령과 그 주변 인물들에 대해 강한 반감을 가지고 있으며 이들에게 완전한 자유를 줄 의향은 거의 없는 것 같습니다.

26일 서울로 떠나야하는 유엔위원회는 그곳의 매우 허술한 물질적 환경에서 자리를 잡게 될 것이고, 그러면, 유엔 사무국의 노력에도 불구하고 대표들은 그들의 회의본부를 도쿄로 되돌리려 할 것임을 예상해야 합니다. 주한 유엔대표의 권한 범위, 그리고 그와 위원회와의 관계에 대한 성격 규명은 여전히 검토 중입니다.

드장

---

[5] 내용으로 볼 때 한국에서 군정 실시를 검토하고 있었던 것으로 여겨짐.

【218】 미국 정부의 한국에서의 마지막 공격 결정(1950.11.25)

[전 　　　　 보]	미국 정부의 한국에서의 마지막 공격 결정
[문 서 번 호]	3043-3045
[발 　 신 　 일]	1950년 11월 25일 13시 45분
[수 　 신 　 일]	1950년 11월 25일 22시 50분
[발신지 및 발신자]	뉴욕/쇼벨(주유엔 프랑스대사)

보안

워싱턴 공문 제900-902호

　대화가 진행 중임에도 불구하고 미 정부가 자유롭게 한국에서 최종 공격을 개시하기로 결정한 사실을 보며 우리는 이러한 사고가 다시 재발하지 않도록 주의를 기울여야 할 것으로 생각됩니다. 저는 여기서 월경추격권을 생각합니다. 전달된 전보들이 보여주고 있는 것처럼 만약 프랑스와 영국 정부가 이 권리 행사를 반대한다면 이 두 정부가 단호하게 워싱턴에 알리는 것이 바람직할 것으로 보입니다.

　유엔 결정이 국경까지는 통합사령부의 자주적 행동을 보장할 수 있지만 국경 너머는 아니라는 사실, 따라서 사령부가 국경 너머로의 침입을 명령 또는 허락한다면, 그 침입이 중국 또는 소련의 지상이든 상공이든 통합사령부의 권한을 초과하는 것임을 우리는 지적할 수 있을 것입니다. 그러므로 현재 상황에서는 이와 같은 침입을 지향하는 모든 결정은 오직 미국의 이름과 미국의 책임 하에서만 이루어질 수밖에 없을 것입니다.

　우리는 현 상황에서 통합사령부의 임기 연장에 긍정적이지 않을 것이라는 사실도 추가할 수 있습니다.

쇼벨

[전 보]	소련과 중공의 관계를 바라보는 맥아더의 시각
[문 서 번 호]	2325-2326
[발 신 일]	1950년 11월 25일 08시
[수 신 일]	1950년 11월 25일 15시 45분
[발신지 및 발신자]	도쿄/드장(주일 프랑스대사)

사이공 공문 제1144-1145호

1. 11월 21일 새로 구성된 유엔한국위원회 회원들을 초대한 점심식사 자리에서 맥아더 장군은 한국에서의 군사작전이 한 달 내에 완료될 수 있기를 바란다고 말했습니다. 그는 악천후가 유엔군을 방해하지 않는 한 신속한 승리가 확실할 것으로 보고 있습니다.

맥아더 총사령관은 중국의 개입으로 발생한 완전히 새로운 상황에 대해 강조했습니다. 소련은 중공이 한국이나 티베트에서 벌이는 행동과 전혀 관계가 없다고 확신했습니다. 단지 보기에도 점점 위협적인 성격을 띠고 있는, 이제는 매우 큰 위험이 되어버린 중국 제국주의 최악의 표시라는 것입니다. 반대로 소련은 한국문제와 거리를 두고 있다고 보고 있습니다.

2. 그의 이 발언들은 중공이 압록강 이남으로 군대를 파견하면서 오직 소련의 압력과 이익을 위해 움직이고 있다는 일반적 의견을 가지고 있는 대부분의 대표들 사이에서 놀라움을 불러 일으켰습니다.

드장

【220】 소련과 중공의 관계를 바라보는 맥아더의 시각(1950.11.25)

[전 보]	소련과 중공의 관계를 바라보는 맥아더의 시각
[문 서 번 호]	2327
[발 신 일]	1950년 11월 25일 08시
[수 신 일]	1950년 11월 25일 15시 40분
[발신지 및 발신자]	도쿄/드장(주일 프랑스대사)

보안

사이공 공문 제1146호
국방부에 긴급 전달 요망
본인의 이전 전보에 이어

게다가 맥아더 장군의 이 발언들은 그의 철저한 반(反)소련주의와 어울리지 않으며 북한 공격에 소련이 가담한 사실을 보여주는 모든 증거들과도 맞지 않습니다.

도쿄에 주재하는 영연방국 대표들 사이에서는 맥아더 장군이 중국 침략자들에 대항하는 전쟁이 소련과 얽힐 위험을 전혀 내포하지 않는다는 사실을 말하려고 한 것은 아닌지 짐작하는 사람들이 있습니다.

3. 현재 워싱턴의 지시는 총사령관이 도쿄로 돌아가기 전 상공을 비행했던 압록강 이북에서의 모든 군사행동을 엄격히 금지하고 있습니다.

드장

【221】 맥아더와 워커 장군의 혜산진 제7사단 방문(1950.11.25)

[전   보]   맥아더와 워커 장군의 혜산진 제7사단 방문
[문 서 번 호]   2328-2329
[발   신   일]   1950년 11월 25일 08시
[수   신   일]   1950년 11월 25일 15시 45분
[발신지 및 발신자]   도쿄/드장(주일 프랑스대사)

사이공 공문 제1147-1148호
국방부에 전달 요망

11월 24일 하루 동안 제8군은 공격전선을 향해 3㎞에서 15㎞까지 심각한 저항에 부딪히지 않고 진군했습니다.

맥아더 장군은 신안주에서 워커[1] 장군과 회견 후 압록강 계곡을 따라 비행기로 만포진까지 올라갔습니다. 그리고 혜산진에 있는 제7사단 군인들을 인사차 방문하러 갔습니다. 그는 자신의 방문에 매우 만족했습니다. 워커 장군은 매우 자신감을 보였습니다. 그는 북쪽으로 좀 더 신속하게 밀어붙이기 전에 군의 우측면 상황이 분명해지기를 기다리고, 운산-희천 전선 이전에는 강력한 저항은 없을 것으로 보고 있습니다.

앞으로 2-3일 후의 기상조건은 공중전에 매우 유리한 것으로 예상되고 있습니다.

도쿄의 총사령부에는 낙관적인 분위기가 지배적입니다.

드장

----

[1] 월턴 워커(Walton H. Walker, 1889-1950). 한국전쟁 당시 미 제8군 사령관으로서 인천상륙작전을 비롯한 낙동강전투 등을 지휘.

【222】 한국의 전세와 비무장지대 구상(1950.11.25)

[전 보]	한국의 전세와 비무장지대 구상
[문 서 번 호]	4876-4879
[발 신 일]	1950년 11월 25일 21시 20분
[수 신 일]	1950년 11월 26일 06시 30분
[발신지 및 발신자]	워싱턴/보네(주미 프랑스대사)

보안

2급 비밀

뉴욕 공문 제1116-1119호

워싱턴에서는 맥아더 장군이 북한에 개시한 공격의 첫 결과에 대해 만족감을 보였습니다.

오늘 아침 국무부에서는 유엔군사령부가 축적한, 특히 대포와 탱크를 포함한 무기들로 그들의 군대가 앞으로 2주째부터는 목표를 달성할 수 있기를 기대했습니다. 미 국무부는 늘 참모부에 끌려가는 인상을 줍니다. 그러나 존슨 동북아시아 사무국장은 오늘 아침 맥아더 장군의 공세가 비무장지대에 대한 구상을 미 정부가 포기했다는 의미는 아니라고 우리 대사관 직원에게 밝혔습니다.

이에 관해 그는 러스크 씨가 지난 주 목요일 저와 나누었던 대화에서 임박한 공격 개시를 알리면서 언급했던 "어쩔 수 없는 상황"의 논거를 또다시 들었습니다.

존슨 씨는 국무부차관보가 제게 말했던 것을 공식화하면서, 만약 비무장지대 구상이 공식적으로 재개되면 미 당국은 이 지대가 압록강 양쪽으로 펼쳐지도록 요구할 것이라고 덧붙였습니다.

MIG-25기가 격추되었는데 7대가 격추되고 6대가 손상된 것으로 보입니다. 이 파괴된 항공기 중 한국 영토에 떨어진 비행기가 단 1대도 없다는 점은 주목할 만합니다. 중공군이 사용하는 이 제트 항공기는 한국 영토에 최대 1분만 머물기 때문에 이러한 결과는 타당한 것입니다.

지금까지 B-29기 4대가 타격을 입은 것으로 보입니다.

보네

【223】 완충지대 한계를 정하는 안보리의 결정(1950.11.27)

[전   보]   완충지대 한계를 정하는 안보리의 결정
[문 서 번 호]   4489-4491
[발   신   일]   1950년 11월 27일 17시
[수   신   일]   1950년 11월 27일 17시 30
[발신지 및 발신자]   런던/마시글리(주영 프랑스대사)

『선데이타임스』 유엔 주재 특파원 브랜든[1] 씨는 시베리아 국경을 따라 축소된 지역에 완충지대를 제한하기로 한 목요일 안전보장이사회의 결정에 대해 보도하고 있습니다. 이와 관련하여 그는 주목할 만한 몇 가지 정보를 제공합니다.

첫 번째는 중공 대표단에게 제시할 수 있는 제안에 관한 것입니다.

    1. 국제경찰만 점거할 수 있는 국경지대의 중립화
    2. 이 국경지대로부터 미군의 즉각적 철수
    3. 국경 침범에 대한 미국의 보증
    4. 국제통제 하에서 한국 영토를 위한 10% 미만의 발전소 에너지 분배

이어 그는 많은 망설임 끝에 유엔 한국위원회의 수석군사고문 직책을 위해 자국민 한 사람을 파견하기로 한 인도 정부의 결정은 인도 정치의 흥미로운 발전을 드러내는 것이라고 평가하고 있습니다.

마지막으로 브랜든 씨는 지난 10여 일 사이에 있었던 한국문제에 관한 미국과 영국 사이의 의견대립을 특유의 명료함으로 보도하고 있습니다. 미국은 영

---

[1] 오스카 헨리 브랜든(Oscar Henry Brandon, 1916-1993). 『선데이타임스』 종군 및 해외 수석특파원, 당시 유엔 주재 특파원.

국이 "회유로 환심을 사려고"한다며 비난하고 영국은 미국이 "도를 넘는" 것으로 느낀다는 것입니다. 그는 미국이 한국에서 새로이 공세를 개시하기로 한 결정을 마지막 순간에 영국에 알린 것을 양국 간 의논 부족의 근거로 듭니다. 결국 영미 외교는 "귀에 걸면 귀걸이, 코에 걸면 코걸이"였다고 이 특파원은 말합니다.

마시글리

【224】 한국의 민간원조(1950.11.27)

[전 보]	한국의 민간원조
[문 서 번 호]	3088-3095
[발 신 일]	1950년 11월 27일 22시 10분
[수 신 일]	1950년 11월 28일 10시 10분
[발신지 및 발신자]	뉴욕/쇼벨(주유엔 프랑스대사)

긴급

제2위원회와 제3위원회의 합동위원회는 한국 민간지원 문제에 대한 검토를
완료했습니다.

1. 합동위원회는 먼저 경제사회이사회에 의해 채택된 행정조항들과 기본방침
일체를 표결에 부쳤습니다. 이에 칠레 대표단을 포함한 몇 대표단들이 통일위
원회의 역할을 강조하면서 방향을 약간 변경하려고 노력한 면이 없지 않았습니
다. 그러나 위원회 대표의 권한에 관해 완강한 태도를 보인 미국의 압력으로
결국 절충안들이 구상되었습니다. 공산주의 대표단들은 또 다시 머리말에서 북
한의 침략을 상기시키는 단락들을 삭제하게 하려는 헛된 시도를 했습니다.

2. 제5위원회가 작성한 계획안에 삽입된 금융규정들은 전체에 포함되어 있으
면서 따로 표결하였습니다. 우선적으로 이 문건에 대한 의사표시를 하도록 의
회가 총회 형식으로 소집될 것입니다.

제5위원회의 제안은(본인의 전보 제3015호 참조) 수정 없이 받아들여졌습니
다. 그러나 논쟁 과정에서, 멕시코와 프랑스 대표단들은 재건과 재활을 위한 지
출과 축소할 수 없는 난민 긴급필수품을 명확하게 구별할 수 있도록 제1차 계획

에 예정된 지출에 대한 자세한 검토 자료를 사무총장으로부터 받아볼 수 있도록 촉구했습니다. 사무총장의 대리인이 어려움을 부각시켰음에도 불구하고 의장은 이 요구의 정당성을 인정하였고, 사람들은 요청한 자료들이 총회 폐회 이전에 제공될 수 있기를 바랄 권리가 있는 것입니다.

협상위원회는 총회 의장이 임명되는 대로 회의를 시작하게 될 것입니다. 위원회는 10일 안에 협의를 끝내야 합니다. 총회는 12월 11일에서 12일 사이에 열릴 것입니다. 따라서 프랑스 분담금에 대한 결정은 더 이상 연기하는 것이 불가능할 것으로 보입니다.

실질적 노력을 통해 자원 공유원칙을 표명하면서 이 기회에 서양의 연대를 보여주는 것이 중요하다고 강조하기 위해 여러 대표단들이 우리 직원들에게 다시 한 번 중재하였습니다. 우리의 일반 예산 분담금 비율에 한참 못 미치는 할당액은 유엔 내에서 심하다고 해석될 것이 확실합니다.

현 단계에서 우리가 제공할 수 있는 정확한 평가액을 요구하지는 않겠지만 우리가 조달할 준비가 되어있는 공급품의 종류와 물량의 제법 자세한 정보를 우리에게 요청할 것 같습니다. 가치산정문제가 협상의 대상이 될 수 있을 것입니다. 이에 관해 사무국이 잠정적으로 비공식적으로 실시한 프랑스 제공 의약품의 평가액은 이례적으로 우리에게 유리하게 산정된 것 같습니다. 각하의 전보에서는 총 8천 3백만 프랑으로 추산되고 있었는데, 이곳에서는 인정된 물품 304,000달러와 거부된 물품 24,000달러를 계산한 총 324,000달러로 나타났습니다.

한편, 우리 회계 계정에 계상되려면 이 물품들은 연합사령관이나 주재대표에게 인정을 받아야 할 것입니다. 그런데 어떤 결정이 내려지기 전에 기한이 경과할 것이고 결국 지원 약속이 공표되는 총회 이후에나 그 결정이 이루어질 수도 있습니다.

참고로 네덜란드 정부는 전문서비스 형태로 분담금의 대부분을 지불할 계획을 하고 있는데 물론 그 가치에 대한 평가는 꽤나 가변적일 수 있습니다.

쇼벨

【225】 한반도의 저항선 설치에 대해(1950.11.28)

[전 보]	한반도의 저항선 설치에 대해
[문 서 번 호]	4899-4905
[발 신 일]	1950년 11월 28일 21시
[수 신 일]	1950년 11월 29일 08시 30분
[발신지 및 발신자]	워싱턴/보네(주미 프랑스대사)

절대우선문건

뉴욕 공문 제1125-1131호

  워싱턴에서 중국의 반격으로 야기된 흥분은 눈에 띄게 커졌습니다. 저와 심야회담을 가졌던 국방부장관과 정보국총사령관은 어제 저녁까지도 낙관적은 아니더라도 최소한 매우 침착했습니다. 그들은 선정적 경향의 언론이 그 규모를 과장하는 것으로 보면서 심각한 상황의 역전이 있을 수 있지만 순간적일 것으로 믿고 있었고 심지어 맥아더 장군이 압록강 쪽으로 공격을 재개할 수 있을 것으로 예상했습니다. 오늘 아침 국방부의 고위 관계자들은 정보를 아꼈습니다. 그들과의 대화에서 테더[1] 원수는 어떠한 상세한 얘기도 듣지 못했다고 한 영국 대사관 직원이 제게 말해주었습니다.

  그러나 언론이 소문을 퍼트린 비관적 분위기는 사무국들로 확산되었습니다. 사람들은 후퇴하거나 한반도의 병목지점에 저항선을 설치하는 문제에 대해 공공연히 얘기합니다.

  징집병사들로 계속 증원되는 중공군이 유엔군에 심각한 위협을 가하고 있습

---

[1] 아서 테더(Arthur Tedder, 1890-1967). 영국 공군 사령관.

니다. 유엔에서 중국 전쟁기지를 폭격할 허가를 얻는 것이 어렵다는 것을 인정하면서도, 그 가능성은 공개적으로 검토되고 있습니다. 비록 미 정부는 여전히 중국과의 전면전을 피하길 바란다고 단언하지만 상황이 악화될 경우, 만약 이 결정이 미군을 보호하기 위해 필수불가결한 것으로 간주된다면 어떻게 될 것인지 사람들은 궁금해 합니다.

오늘 오후 안전보장이사회 회의에 참석한 러스크 극동담당 국무차관보는 만주에서 오는 중공군의 이동이 연합군에 위협을 가한다고 해도 미 정부는 어떤 새로운 제안이나 행동도 검토하지 않고 있다고 말해주었습니다.

군사적 상황은 반박의 여지없이 심각하다고 러스크 씨는 제게 말했습니다. 그러나 언론이 소개하는 것이 지나치게 "원색적"이라고도 했습니다. 미군은 남한군에 비하면 심하게 타격을 입은 것은 아니었습니다. 전선을 안정화시키기 위한 조치가 내려졌습니다. 그 조치에는 군의 이동뿐 아니라 군수물자 수송 측면에서 하루 이틀이 지나기 전에는 그 효과를 알 수 없는 다양한 대책들이 포함되었습니다.

안보리에서 워싱턴이 제안하는 목표는 고발자를 자처하는 중공을 피고인의 위치에 놓는 것입니다. 따라서 6개국 의결안이 가결되는 것에 많은 중요성을 두고 있습니다. 그러나 그 결과는 내일 이전에는 얻기 힘들 것으로 보입니다. 러시아 표가 있을 것은 확실합니다. 논리적으로 다음 순서는 이 문제가 총회로 옮겨지는 것이라고 러스크 씨는 제게 말했습니다. 그러나 미 행정부는 이 문제에 대해 아직 결정을 내리지 않았습니다.

결국, 앞으로 며칠 안의 군사작전 진행상황이 워싱턴의 정책을 결정하게 될 것은 자명한 일입니다. 동시에 중압감은 점점 커지고 정계와 언론에서 더 심해질 우려가 있습니다. 전선의 소식이 좋아지지 않는 한, 최근 경험이 여러 차례 증명했듯 우리는 선수를 치면서 무력행사 해결책에 동조할 수밖에 없는 미 행정부를 보게 될 수 있습니다. 이것을 피할 수 있는 길은 유엔 협정을 신속히 결론내리는 것 밖에 없습니다.

보네

【226】 비무장지대(1950.11.29)

[전 보]	비무장지대
[문 서 번 호]	4513-4516 solutions de force
[발 신 일]	1950년 11월 29일 10시
[수 신 일]	1950년 11월 29일 11시
[발신지 및 발신자]	런던/크루이[1](프랑스 외교관)

보안

워싱턴 공문 제46-49호

뉴욕 공문 제64-67호

본인의 전보 제4373-4380호 참조

르 로이 씨는 어제 영국 외무부 극동담당 국무차관보에게 워싱턴 주재 우리 대사의 전보 제4858-4966호를 보여주었습니다. 이 전보에서 보네 대사는 프랑스 정부의 입장에서는 맥아더 장군이 계획하고 오늘 우리가 잘 알고 있는 상황에서 개시된 이 공세가 위험한 반향을 불러일으킬 우려가 있다고 상대에게 단호하게 강조한 대담의 내용을 보고하고 있습니다.

영국 외무부는 적절한 시기에 이 주제에 관한 우리의 입장을 밝혀준 것을 매우 높이 평가했습니다.

그동안 미국도 가만히 있지 않았습니다.

처음에 영-불 발의에 관심을 보였던 미 국무부는 결국 국방부의 의견에 동조

---

1) 에티엔 드 크루이-샤넬(Étienne de Crouy-Chanel, 1905-1990). 주오스트리아 대사(1958-1961), 주
네덜란드 대사(1961-1965), 주벨기에 대사(1965-1970) 역임.

하게 되었고, 미국 대리대사는 지난 11월 25일 토요일에 베빈 영국 외무장관을 만나 비무장지대 제안의 공식적 제출을 포기해달라고 요청했습니다. 외무장관은 일정한 기한이 지나길 기다리겠다고만 약속했습니다. 사실, 그는 내일 하원에서 개최될 회담을 기다려 이 문제의 제안에 대해 공개적으로 보고할 것입니다.

당분간 영국외무부는 기다리는 수밖에 없다고 보고 있습니다. 여기서는 맥아더 장군의 자주적 행동을 (사적인 자리에서는 그 표현이 매우 과격할 수 있을 정도로) 매우 유감으로 여기고 있지만 이 문제를 재검토하기 이전에 현재 진행 중인 전투의 결과를 알 때까지 기다려야 한다고 생각하는 것입니다.

오늘 도쿄로 돌아가는(본인의 가장 최근 전보 제4375호) 에슬러 데닝 경은 맥아더 장군의 접견을 받으려 애쓰지 않을 것입니다.

크루이

【227】 미국의 한국 개입(1950.11.29)

[전 보]	미국의 한국 개입
[문 서 번 호]	3184-3189
[발 신 일]	1950년 11월 29일 17시 30분
[수 신 일]	1950년 11월 30일 02시 30분
[발신지 및 발신자]	뉴욕/쇼벨(주유엔 프랑스대사)

워싱턴 공문 제933-937호

　오늘 뉴욕 언론은 평양-원산 방어선 위에 전선을 회복하려는 미국의 의도를 발표했습니다.

　저는 상황의 군사적 국면을 평가할만한 능력은 없으므로 이 회복이 가능하다면 정책적으로 바람직해 보일 것이라는 말에 그치겠습니다.

　이 유감스러운 분쟁에서 우리의 핵심 목표는 대화가 아니라 갈등의 확산을 피하게 해주는 협상입니다.

　어제 중국 연설의 어조와 표현들은 청중에게 깊은 충격을 안겨주었습니다. 그에 대해 제게 얘기한 대표단들은 비관적인 결론을 냈습니다. 저는 이 연설을 글자 그대로 받아들여야한다고 생각합니다. 중공 대표는 여기에 협상을 하러 온 것이 아니라 고발을 하러 온 것입니다. 이 도착시점이 한국에서의 격렬한 중공의 반격과 겹쳐서 연설이 행해지는 중에도 그 중압감이 느껴졌습니다. 저는 중공이 미국을 바다에 던져버릴 수 있다고 생각하는 동안에는 우선 그들이 원하는 모든 것을 얻어내지 않는 한 자신들의 행동을 멈추지 않을 것이라고 생각합니다. 말하자면, 한국의 "해방", 미국이 장제스 버리기, 대만의 인도, 인도차이나에서의 행동 자유, 그리고 이 모든 것을 조화롭게 완수하면서 유엔의 중공 승인이 그들이 원하는 것들입니다.

만약 어느 선이든 한 방어선에서 공세가 억제된다면, 만약 이 방어선이 유지된다면, 만약 북한에서 중공군에 가하는 미 공군의 전투가 효과적이라면, 아마 얼마간의 시간이 흐른 후 베이징은 그 선을 분단선으로 인정하고 휴전에 합의할지도 모르는 일입니다. 이 휴전을 이용하여, 이 주제 전체에 대해서든 각 국면에 대해 따로 진행하든 협상을 시도해볼 수 있을 것입니다.

그러므로 결국 우리는 약간의 영토변경을 제외하고는 6월 24일 시점으로 돌아가게 되는 것입니다. 거기에는 재차 남한과 북한이 있을 것이고, 이번에는 중공에 점령당한 북한이 되는 것입니다. 문제는 점령자들 간의 합의를 통해 두 한국을 통합시키는 것입니다. 그런데 이 문제의 해결은 상황 진전에 있어서 3단계가 될 것입니다. 그 1단계는 전선의 결정, 2단계는 적대행위에서 휴전으로의 이행일 것입니다.

만약 도달해야할 목표가 동의를 얻어 규명이 되면 공동의 행동과 신중함이 견지되도록 우리의 주요 동맹국들에게 이에 대해 알리는 것이 유익할 것이라고 생각합니다.

사실 우리는 이러한 행동노선과 중국 영토에까지 미국 폭격을 가하는 일은 양립불가능하다는 것을 매우 잘 알고 있습니다. 그런데 어떤 군인들에게는 세상의 상황이 그리 좋지 않으므로 이 폭격을 실행하고자하는 유혹이 더더욱 돋보이는 것입니다.

워싱턴 공문 제938호.

쇼벨

【228】 심각해진 한국의 상황(1950.11.29)

[전 　 　 보]	한국의 상황이 매우 심각해졌다
[문 서 번 호]	2368-2371
[발 　 신 　 일]	1950년 11월 29일 23시
[수 　 신 　 일]	1950년 11월 30일 10시 30분
[발신지 및 발신자	도쿄/드장(주일 프랑스대사)

긴급

사이공 공문 제1169-1172호

워싱턴 공문 제747-750호

뉴욕 공문 제537-540호

1. 미 당국은 한국의 상황이 매우 심각해졌음을 감추지 않았습니다.

지난 이틀 동안 적의 대항이 강력한 반격으로 바뀌었는데 특히 대한민국 육군 제2군단을 형성하는 3개 사단을 향한 것이었습니다. 영원-덕천-북창리 전선에서 공격을 당한 이 군단은 7㎞에서 35㎞까지 후퇴했습니다. 이 군단은 입은 피해가 너무 큰 나머지 공식적으로 해체되었습니다.

제8군은 그 우측과 후방이 심각하게 위협을 당하고 있는 상황입니다. 군우리로 가게 된 영국 제27여단과 선천에서 예비대로 있던 제1기병사단이 역시 후방의 게릴라들로부터 방해를 받고 있는 워커 장군의 군대 우측을 지키려고 노력하고 있습니다.

제25사단과 제2사단 사이의 틈을 막는 임무를 맡았던 터키여단은 많은 피해를 입었고 후퇴하고 있습니다. 영국 제29여단은 급히 북으로 향하고 있습니다.

제10군단 구역에는 위험에 매우 노출되어있는 중앙통로 때문에 해군 제1사단과 제3보병사단이 지키고 있습니다.

이정도의 위력을 갖춘 반격을 예상하지 못했던 사령부는 꽤나 당황한 듯 보입니다.

2. 너무도 큰 충격을 받은 참모부는 6개에서 8개의 군대로 나누어 배치된 최소한 17만 명에 달하는 중공군의 존재를 인정하기에 이르렀습니다. 여기에다 재정비된 북한 부대들도 합세합니다. 적군의 총인원은 20-25만 명으로 추산됩니다.

대규모의 지원 군대들이 얼어붙은 압록강을 건너 비행기의 감시를 피하기 위해 주로 샛길을 이용해 신의주를 향해 모이고 있습니다.

간단히 말하자면, 전쟁이 시작된 이후 군사적으로나 국제적으로나 상황이 이토록 위험한 적은 없었습니다.

국방부에 전달 요망.

드장

【229】 한국전쟁의 정치적 관점에 대해(1950.11.29)

[전 보]	한국전쟁의 정치적 관점에 대해
[문 서 번 호]	미상
[발 신 일]	1950년 11월 29일
[수 신 일]	미상
[발신지 및 발신자]	파리/파로디(프랑스외무부 사무총장)

보안

뉴욕 공문 제3303-3308호
워싱턴 공문 제20455-20460호
런던 공문 제22579-22584호

본인의 전보 제3300-3302호 참조

미국이 가장 큰 책임을 지고 있고 유엔의 이름으로 한국에서 이루어지고 있는 전투에서 연합국들의 가장 밀접한 연대감을 유지하고자 하는 프랑스 정부의 배려를 귀하께서 미국 상대자들에게 전달하는 것이 좋겠습니다.

우리가 기대할 수 있었던 것과는 달리, 중국이 전쟁에 개입한 최근 상황 전개를 볼 때 이러한 연대감은 더더욱 필요합니다. 그리고 침착함을 위한 노력과 우리가 동의할 수 있는 위험에 대한 정확한 계산도 요구됩니다.

중공의 군사행동이 유엔헌장에 규정된 침략의 모든 성격을 다 지니고 있음은 매우 확실합니다. 그러나 문제는 안전보장이사회가 그에 대해 공식적으로 확인하는 것이 적절한 것인지를 판단하는 일입니다. 안전보장이사회는 틀림없이 헌장의 제7장에 명시된 여러 조치의 적절성을 평가하는 전적인 권리를 행사하려

할 것입니다. 그런데 만약 이사회가 침략의 실재를 공식적으로 확인한다면 적어도 도덕적으로는 그에 대비하기 위해 어떤 조치도 취하지 않기는 매우 어려울 것이고, 정황상 이 조치들은 군사적이지 않은 다른 성격을 절대 지닐 수 없을 것입니다. 이렇게 하여 우리는 중국을 완전히 전쟁에 끌어들이는 절대적으로 피해야 할 위험을 감수하게 되는 것입니다.

전반적 상황은 결정 이유가 이미 정치적인만큼이나 전략적인 것으로 되어버렸습니다. 피해야할 중대한 위험은 미군의 대부분을 계속 몰두하게 하고 미국 체제에 결과와 명백하게 상관없는 노력을 요구할 장기전이 될 위험입니다. 그런 결과에 이를 가능성은 희박하다 하더라도 이러한 고찰은 갈등을 국한하거나 가라앉힐 수 있는 모든 방법을 모색할 수 있도록 만들어야 할 것입니다. 이 점에서 저는 지난 10월 2일 저우언라이가 베이징 주재 인도대사관에서 했던 선언들(워싱턴에서 뉴욕에 송부한 전보 제872-876호), 지금까지 미국 정부가 그 이익과 중요성을 잘 모르는 것 같은 그 선언들을 상기하는 바입니다.

만약 사건의 전개가 아직 허락한다면 안전보장이사회에 제출하는, 또는 경우에 따라 이 문제가 의회에서 다루어진다면 의회에 제출하는 제안들에 유엔의 의도를 분명하게 밝히는 내용을 포함시킬 수 있는지 검토해볼 수 있을 것입니다. 한국에 중국의 개입이 종결되는 대로 다음과 같은 사항을 이행하는 것을 목표로 하는 것입니다.

1. 경계를 정할 범위 내에서 한국 국경을 따라 중립지대를 설치한다. 이 지대는 유엔에서 나오는 국제위원회에 의해 비무장화되고 감시될 것이다.
2. 남한군에게 북한의 점거를 맡긴다.
3. 남한에 유엔이 파견한 인원을 유지하고 그곳의 질서와 안정의 회복이 허락할 때 이들은 복귀될 것이다.

파로디

【230】 맥아더 장군의 성향(1950.11.30)

[전 보]	맥아더 장군의 성향
[문 서 번 호]	4960-4962
[발 신 일]	1950년 11월 30일 23시 35분
[수 신 일]	1950년 12월 1일 10시 30분
[발신지 및 발신자]	워싱턴/보네(주미 프랑스대사)

우선문건

UP통신은 다음과 같이 발표했다고 합니다.

　"프랑스인들은 몇 달 전부터 군을 정치에 연루한 맥아더 장군을 비판했다.
　최근 사건들은 이 비판들을 더욱 정당화할 수밖에 없도록 만들었다."

　상기 미국 통신사가 우리 대변인들의 논평들에 대해 가할 수 있는 왜곡을 감안하고, 현 위기로 야기된 프랑스 여론의 공포감을 충분히 고려할 때, 현재 상황에서 한국 사태에 관해 언론에 표명하는 우리의 공식적 논평들은 의견을 명확히 드러내면서도 신중히 검토된 표현들을 사용해야 할 필요가 있음을 각하께 특별히 말씀드리고자 합니다.
　특히 신중하게 총리의 이름만 사용하는 것이 중요합니다.
　한편, 제가 알려드린 대로 맥아더 장군의 인격과 한국에서의 군사작전 지휘는 이곳에서 내부 논쟁의 대상이 되고 있습니다. 다른 분야에서도 마찬가지지만, 한국 문제에 있어 미국 정부가 실행하는 어떤 행위에 대해 프랑스 정부가 이런 논쟁에 간섭한다는 인상을 미국 여론에 주는 것은 무익할 뿐만 아니라 위험할 것입니다.

보네

【231】 소련 정부(1950.11.30)

[전 　　　 보]	소련 정부
[문 서 번 호]	4963-4965
[발 　신　 일]	1950년 11월 30일 22시 04분
[수 　신　 일]	1950년 12월 1일 08시 30분
[발신지 및 발신자]	워싱턴/보네(주미 프랑스대사)

보안

절대우선문건

2급 비밀

뉴욕 공문 제1152-1154호

제가 전보 4932호에서 암시했던 기자가 오늘 오후 소련의 보도담당관을 다시 만났습니다. 이 보도담당관 진추크[1] 씨는 다음과 같은 발언을 했습니다. 일면 교만해보이기는 하지만 각하께 보고드릴 만하다고 판단했습니다.

1. 유엔 군대가 두만강에 접근한다면 소련의 군사 행동은 불가피할 것이다.
2. 트루먼 대통령에 의한 오늘 아침 원자폭탄 사용이라는 위협을 보자니 트루먼 대통령은 허세가로 보인다. 미국 정부는 만약 그런 일이 일어난다면 소련이 반드시 반격할 것이라는 것을 알고 있다.
3. 소련 정부는 미 공군이 만주를 폭격할 경우 1950년 2월 14일 체결된 중소상호지원조약을 들고 나올 수 있다.

---

[1] Zinchuk.

4. 중국과 소련은 모든 외국 군대의 대한민국의 철수를 포함하지 않는 한국 분쟁의 해결책은 어떤 것도 받아들이지 않을 것이다. 그러나 그들은 협상 개시를 기다리면서 전선의 임시 안정화를 고려할 수 있다.

소련대사관에서 부서기장급인 진추크 씨가 공산당에서는 제법 중요한 자리를 차지한 것으로 여겨진다는 것을 각하께 보고드려야 한다고 생각합니다.

보네

【232】 미 국무부가 수집한 한국전쟁 정보(1950.11.30)

[전 보]	미 국무부가 수집한 한국전쟁 정보
[문 서 번 호]	4966-4970
[발 신 일]	1950년 11월 30일 21시 55분
[수 신 일]	1950년 12월 1일 09시 55분
[발신지 및 발신자]	워싱턴/보네(주미 프랑스대사)

긴급

보안

　미 국방부에 수집된 정보를 보면, 맥아더 장군이 우측면을 한국군에게만 방어하게 둔 채 제1군과 제9군(미군 3개 사단, 한국군 2개 사단)을 서부전선에 투입하면서 심각한 전략적 과오를 범한 것이 현재 명백해 보입니다. 바로 여기서 대부분 자동화기와 박격포를 갖춘 중공군이 한국군 제2군단의 3개 사단을 그야말로 완전히 섬멸했습니다.

　현재 전선에 투입된 적군은 중공군 200,000명(지금까지 12개 사단만 확인됨)과 함께 전방의 북한군 50,000명, 후방의 북한 게릴라 32,000명으로 추산됩니다.

　중공군의 압력을 받아 미 제1군단은 평양 북쪽의 숙천-순천 전선까지 후퇴하고 군우리 지역에 아직 매우 엄격하게 투입된 미 21사단과 터키여단에게 자신들의 철수한 자리를 메우도록 했습니다.

　순천과 숙천 사이의 제1군단 우측은 한국군 제21군단의 잔여부대를 수용한 제1기병사단이 방어하고 있습니다.

　동부전선에서는 미 제10군단의 진지들이 저수지 지역과 약간 북쪽에서 대규모의 중공군 무리들로부터 심각한 공격을 당하고 있습니다. 원산 북쪽에 배치된 미 제31사단만이 그나마도 매우 불안정하게 제31군과 제101군단 간에 연락을 취하고 있습니다.

실제 유엔군의 두 부대 간에는 150㎞ 정도의 거리가 떨어져있습니다.

국방부에서는 오늘 어쨌든 평양-원산 전선의 북쪽에 위치한 북한반도의 지협(地峽)이 매우 빠른 시일 내에 안정화되기를 희망하고 있었습니다.

중국의 압박이 서쪽에서 다소 완화되고 동쪽으로 옮겨간 것으로 보입니다. 이것은 11월 초에 있었던 일로 유추해볼 때, 마치 중공이 당장은 너무 심하게 승리를 밀어붙이지 않고 다만 만주 국경으로부터 유엔군을 배제하려는 것이라는 희망을 품게 할 수가 있습니다.

보네

【233】 국제 정세(1950.12.1)

[전　　　　보]	국제 정세
[문 서 번 호]	577
[발　신　일]	1950년 12월 1일 16시
[수　신　일]	1950년 12월 1일 19시
[발신지 및 발신자]	코펜하겐/도르제[1](프랑스 외교관)

　국제정세에 관한 로이터통신과의 어제 인터뷰에서 덴마크 국무장관은 한국 상황에 대한 평화적 해결방안을 찾기가 불가능하지 않을 것이라며, 덴마크가 베이징 정부를 인정하고 외교관계를 맺은 점을 상기시켰습니다. 또 덴마크 정부가 유엔 중국 대표는 마오쩌둥 정부가 되어야 한다고 생각하는 것은 공공연한 사실이라고 덧붙였습니다.

　따라서 덴마크는 안전보장이사회의 한국 주제 토론에 베이징 정부 대표단이 참석하는 것을 기꺼이 받아들입니다.

　국무장관은 중국이 방어적 행동만을 취하고는 있지만 분명 평화적 방안을 찾을 수 있을 것이라고 말을 맺었습니다. 실제로 유엔은 이를 위해 어떤 노력도 게을리 하지 않을 것이며, 베이징 정부에 모든 합리적 보상을 다할 준비가 되어 있음이 분명한 것 같습니다.

도르제

---

1) 도르제(Dorget). 덴마크 주재 대사는 아님. 당시 프랑스 외교관 이름 중 기 도르제(Guy Dorget)가 있으나 확실한 추정은 어려움.

【234】 안전보장이사회의 회의에 대해(1950.12.1)

[전   보] 안전보장이사회의 회의에 대해
[문 서 번 호] 3223-3233
[발   신   일] 1950년 12월 1일 10시 30분
[수   신   일] 1950년 12월 2일 01시 30분
[발신지 및 발신자] 뉴욕/쇼벨(주유엔 프랑스대사)

　11월 30일에 열린 제530차 안전보장이사회에서 한국문제에 관한 강대국 6개국 결의안이 투표에 부쳐져(본인의 전보 제2631호) 9개국이 찬성했으나 소련의 거부권 행사로 부결되었고, 인도는 차후로 입장 표명을 유보하며 투표에 참여하지 않았습니다.

　이 회의는 영국 대표의 비교적 간략한 성명으로 시작되었습니다. 그는 한국에서의 책임 문제를 분명히 언급했으나 정치적 이념 논쟁에 사로잡히는 바람에 그런 경우 늘 그렇듯 소련 대표의 적대적 반응을 이끌어내 상당 부분 효력을 잃고 말았습니다.

　이 발언에서 영국대표 젭 씨는 영국과 미국 정부의 한국에 대한 목표가 동일하다는 것과 영국 육해군의 기여가 미국을 제외한 다른 강대국들보다 더 크고 즉각적임을 매우 강조했습니다.

　뒤이어 베블러 씨는 짤막한 발언을 통해 유고슬라비아 정부의 입장을 밝혔습니다.

　회의의 지배적 사안은 극동지역과 전 세계에 만연한 전쟁 위협에 관한 것이었습니다. 따라서 대만 문제는 부차적인 것이며 주요 관계 열강들 간의 직접적인 대화로 해결될 수 있을 것이었습니다.

　그러나 특히 중공군이 개입하고부터 진정한 위험이 된 것은 바로 한국전쟁이었습니다. 우슈취안의 발언은 세계평화 문제는 언급조차 하지 않음으로써 최악

의 인상을 남겼습니다. 사실 한국전쟁이 다시 불붙은 데에는 중화인민공화국의
윤리적, 물질적 책임이 컸는데 말입니다. 유고슬라비아 정부의 지배적 관심은
전쟁을 피하는 것이었습니다. 유고슬라비아 국민들이 평화를 바람과 동시에 모
든 침략은 정당화될 수 없다는 유고슬라비아 정부의 확신이 있었기 때문입니
다. 유고슬라비아는 남한 체제에 전혀 호의를 가지지 않았지만 북한의 정책에
는 과실이 있다고 판단했습니다. 한국의 미래를 결정하는 것은 한국 국민 전체
에게 달려 있는 문제였습니다. 이 원칙을 지키는 것만이 전쟁을 국지화할 수
있었습니다. 유고슬라비아는 6개 열강 결의안 전문(前文)에는 동의할 수 없겠지
만 판결주문과 전체에는 찬성할 것입니다.

인도 대표는 짧은 발언을 통해 호의적인 말을 전했고, 분쟁 중인 양측의 화합
을 위해 어쩌면 추후 제안을 할 수도 있다는 매우 모호한 말과 함께 아직 인도
정부의 훈령을 기다리는 중이므로 투표에 참여하지 않겠다고 선언했습니다.

말리크는 8월 3일 안전보장이사회와 그 이후에 있었던 총회에서 소련 대표단
이 진상을 거론하고 여러 서류와 지도를 제출함으로써 남한이 미국의 사주를
받아 분쟁을 일으켰음이 증명되었다는 것을 다시 한 번 상기시켰습니다. 이 증
거들은 한 번도 반박된 적이 없었습니다. 처음부터 소련 대표단은 위원회에게
전쟁과 평화 중 선택권이 있다고 말해왔으나, 한국문제의 평화적 해결을 위한
소련의 모든 제안은 미국 대표단과 "미국의 행동 방침을 따르기 일쑤인 국가들"
의 대표단으로 구성된 위원회 과반에 의해 거부되었습니다. 오히려 미국 정부
는 자국을 피비린내 나는 침략전쟁 속으로 끌고 들어갔고, 다른 국가들까지 끌
어들였습니다.

미국은 자신들의 점령지에서 1945년부터 전쟁 시까지 도발 정책을 펼쳐왔습
니다. 유엔한국위원회에 엘살바도르와 필리핀, 터키, '중국 국민당파' 대표가 있
다는 사실 때문에 미국은 "언제든 위조문서를 만들어낼 준비가 되어 있는" 과반
을 확보한 위원회에서 기세등등하고 있습니다.

한국에 군사 개입을 하기로 한 미국 정부의 결정은 6월 27일 안전보장이사회
회의가 있기 몇 시간 전에 있었고, 심지어 불법으로 채택했던 25일 결의안도
미국의 군사 개입 권한을 전혀 부여하지 않았습니다. 53개 회원국이 6월 25일과

27일 이사회 결의안에 찬성했다는 주장은 사무총장이 회원국들에게 결의안을 전하면서 이것이 어떤 비정상적인 조건에서 채택된 것인지를 알리지 않았기 때문에 더욱 설득력이 없었습니다. 맥아더 장군이 한국에서 저지른 잔혹극은 아우슈비츠와 리디체[1]에서 벌어진 일들을 능가할 정도였습니다.

중국 내 미국의 정책은 오스틴과 덜레스가 주장한 것처럼 아무 사심이 없는 것이 아니었습니다. 개방정책의 목적은 다른 제국주의 국가들이 그들의 점령지에서 얻게 되는 이익 중 일부를 미국으로 가져가는 데 있었을 뿐이었습니다.

선교 활동에 대해 1900년에 레닌은 "중국 내 외국인 자본주의자들이 약탈과 사취 정책을 기독교라는 이름 아래 은폐해왔다"고 적기도 했습니다.

그리고 중국에 경제 원조라는 명분으로 준 수백만 달러는 중국과의 무역에서 미국이 가져간 수십억 달러에 비하면 얼마 되지도 않습니다. 중국 국민들이 독립을 위해 필사적으로 투쟁 중이었을 때 일본의 수입품은 대부분 미국에서 왔습니다. 결국 말리크는 미국의 대만 침략과 대만의 위상 문제를 주제로 올리며, 비신스키[2]가 제1위원회에서, 우슈취안이 안전보장이사회에서 제시했던 모든 논의를 다시 끄집어냈습니다. 오스틴이 중화인민공화국 정부 대표에게 수많은 질문을 제기한 것은 이사회의 관심을 미국의 한국과 대만 침략 문제로부터 돌리기 위함이었습니다. 사실 질문은 딱 한 가지뿐이었고, 이에 대답해야 할 주체는 바로 미국 정부였습니다. "미국은 대체 언제쯤 침략 행위를 그만둘 것인가?"라는 질문 말입니다. 11월 28일에 중화인민공화국 대표가 요구했던 것처럼 안전보장이사회는 대만과 한국에서의 미군 철수를 요구해야 했습니다(본인의 전보 제3178호 참조).

쇼벨

---

[1] 체코 프라하 북서부 마을. 2차 세계대전 당시 광산촌이던 마을 주민들이 나치 독일군에게 학살당한 곳.
[2] 안드레이 비신스키(Andrei Yanuar"evich Vyshinskii,1883-1954). 우크라이나 출신 소련 외교관. 소련 외무장관 및 유엔 수석대표 역임.

【235】 안전보장이사회에서 소련 대표의 연설(1950.12.1)

[전　　　　보]	안전보장 이사회에서 소련 대표의 연설
[문 서 번 호]	3234-3238
[발　신　일]	1950년 12월 1일 19시
[수　신　일]	1950년 12월 2일 05시
[발신지 및 발신자]	뉴욕/쇼벨(주유엔 프랑스대사)

본인의 전보 제3223-3266호에 이어

제530차 회의의 남은 시간은 최종 거부권 행사가 있기 전까지 소련 대표의 긴 연설과 중국 베이징 대표의 짧은 발언에 할애되었습니다.

말리크는 자신과 우슈취안이 미국의 중국 침공을 분명히 규탄했지만, 미국 대표뿐 아니라 자국의 미국 협력을 자랑스러워하던 영국 대표도 이에 대해 해명하지 않았다고 불만을 표했습니다. 한국과 말레이시아에서 미국과 영국은 간섭주의자요, 침략자이며, 교전 당사자들이므로 안전보장이사회는 당연히 이 두 국가의 의견을 채택해서는 안 되었습니다.

오스틴과 글래드윈 젭은 한국에 대해서만 말했을 뿐, 미국에서 파견한 군대원은 십여 명 밖에 안 된다며 대만 문제에서는 발을 뺐습니다. 그러나 이들은 일반적인 대사관 무관이 아니라 군 참모본부였습니다. 그리고 두 대표는 제7함대에 대해서는 일절 언급이 없었습니다.

결국 말리크는 영국 대표를 향해서는 영국의 이념적 '반동분자들'에 대해, 유고슬라비아 대표에게는 유고슬라비아가 미국에 복종하는 데 대해 껄끄러운 말을 전하고는 안전보장이사회에 한국 주둔 유엔 병력의 즉각 철수를 결정토록 촉구함으로써 □□□ 하려 합니다.

중국 베이징 대표는 남아프리카 대표에 앞서 곧바로 발언권을 요구했습니다.

그는 미국 대표가 저우언라이의 규탄에 답하지 않은 것은 그 규탄이 충분한 근거가 있다는 증거라고 짧게 말했습니다. 또한 오스틴의 "협박적 어조"에 대해 불만을 표하며, 미국이 유엔의 이름을 "사칭"해 자신들의 침략을 덮으려 한다고 말했습니다. 그리고 두 달 전부터 총 1,000대에 달하는 미 전투기가 중국 영토에서 200건의 공습을 벌여 심각한 피해를 입히고 수많은 사상자를 낸 점을 상기시켰습니다. 이것이 명백한 침략 사태가 아니었단 말입니까? 중국 군대의 대만 점령을 막으려고 제7함대를 투입한 것은 또 다른 침략 사태가 아니었느냐는 말입니다. 또 미국이 중국에서 5년 간 수십만 명의 생명을 빼앗고 나라를 황폐화시킨 최악의 참혹한 내전을 지탱하는 데 60억 달러를 쓴 것에 대해서는 뭐라고 할까요? 우슈취안은 자신이 중국 국민의 이름으로 안전보장이사회에 제출한 제안서를 표결에 붙일 것을 요구하며 말을 맺었습니다(본인의 전보 제3183호 말미).

쇼벨

【236】 중공군의 활동(1950.12.1)

```
[ 전        보 ]   중공군의 활동
[ 문 서 번 호 ]   2391
[ 발    신    일 ]   1950년 12월 1일 13시
[ 수    신    일 ]   1950년 12월 1일 21시
[발신지 및 발신자]   도쿄/드장(주일 프랑스대사)
```

11월 30일 저녁 통신사 공문은 중공군의 활동이 소강기에 접어들었거나 중지되었는데 그 원인이 무엇인지 우려스럽다고 전했습니다.

12월 1일자 오늘 아침 보도는 소강기에 대해 확인해주지 않고 있습니다. 어제는 일부 미군 부대의 신속한 철수 탓에 일시적으로 교신이 두절되면서 그런 인상을 주었을 수도 있습니다.

최근 언론 보도에 따르면 전 유엔군이 청천강을 다시 도하하는데 성공했을 뿐 아니라 이 청천강 전선은 포기된 것으로 알려졌습니다. 미 사령부가 남방 30㎞, 즉 순천에서부터 새로운 전선을 구축하려 하지만 지킬 수 있을지는 확신이 없는 것으로 보입니다.

덕천지구에서 보였던 중공군 기갑부대들이 평양 16㎞ 지점에서 포착된 것으로 보입니다. 대규모 게릴라 부대들이 이 도시 북방 24㎞ 지점에서 정규군과 연합작전을 펼친 것으로 알려졌습니다.

청천강 남안에 위치한 안주는 11월 30일 오전 포기된 것 같습니다. 신안주 비행장은 오후에도 여전히 미군 수중이었던 듯합니다. 공군 정찰 결과 신의주와 신안주 간 해안을 따라 남쪽으로 이동하는 중공군의 움직임을 어제 처음으로 탐지한 것으로 보입니다.

제10군단과 제8군 간 연락이 완전히 끊긴 것으로 보여, 제8군은 위태로운 포위작전을 물리쳐야 하는 상황에 처한 것 같습니다.

장진호지구에 발이 묶여 항공기로 물자를 조달받고 있는 제7사단 부대들과 해병사단은 아군의 피해에도 전혀 개의치 않는 적군의 끊임없는 공격에 맹렬히 저항하고 있습니다. 제10군단 사령관 알몬드 소장의 어제 보고에 따르면, 그의 군대는 병사 약 8만 명으로 구성된 중공군 3개 부대 소속 제8사단-제10사단으로부터 급습을 당했다고 합니다. 그는 11월 29일 수요일을 유엔군에게 있어 "암울한 날black day"이었다고 빗대어 말한 것으로 전해집니다.

한편 워커 장군은 불 보듯 뻔한 재앙 상황에서 연합군을 구해낸 것은 전적으로 공격을 개시한 덕분이었다고 밝혔습니다.

국방부에 전달 요망.

드장

【237】 한국의 상황(1950.12.2)

[전　　　보]	한국의 상황
[문 서 번 호]	2420-2424
[발　신　일]	1950년 12월 2일 08시 30분
[수　신　일]	1950년 12월 2일 13시 35분
[발신지 및 발신자]	도쿄/드장(주일 프랑스대사)

매우 긴급

워싱턴 공문 제770-774호
뉴욕 공문 제560-564호
사이공 공문 제1198-1202호

전쟁부에 전달 요망

1. 최고사령부가 입수한 초반 정보에 따르면, 중국의 반격이 개시된 이후 미군의 손실은 실로 막대했습니다. 그 수치는 아직 일부만 제공되었는데, 미군 병력 손실이 10,559명에 달했습니다. 실제 피해는 이 수치를 훨씬 넘어설 것으로 우려됩니다.

2. 중공군 3개 부대가 미 점령지인 청천강을 벌써 통과했으며, 또 다른 중공군 9개 보병사단이 도하를 준비 중입니다. 제8군부대들은 현재 평양을 중심에 둔 것으로 보이는 반경 40㎞ 반원 안에 집결해 있습니다. 이 반원을 따라 숙천, 운산리, 삼등이 자리합니다.
　워커 장군의 군대는 서쪽을 출발해 다음의 순서로 배치되었습니다.

- 남한군 제1보병사단, 미 제25사단, 미 제1사단, 미 제6사단, 미 제24사단, 남한군 제7사단과 제8사단.

중앙부에는 같은 순서에 따라,

- 영국군 제29여단, 미 제2보병사단, 영국군 제27여단, 터키 여단.

중공군 정규 부대들은 아직 장진리에서 원산으로 가는 길을 넘지 못했습니다. 하지만 12,000명 이상으로 추정되는 대규모 게릴라군이 정규군과 분명히 교신해 이 길의 남북에서 움직이며 미 제8군의 포위를 준비 중입니다.

만일 작전이 더 진전된다면 제8군은 머지않아 됭케르크 상황과 마찬가지로 진남포 항구 쪽으로 몰리고 말 것입니다.

3. 제8군과 제10군단 간에는 아직 전혀 연락이 되지 않고 있습니다. 제10군단은 해안지역 탈환명령을 받은 것 같습니다. 가능한 한에서 움직임이 이루어지고 있습니다. 이 명령을 받지 못한 것으로 보이는 '수도사단'만이 북진을 이어가고 있습니다.

장진호 근처에 있는 해병사단과 제7보병사단 2개 대대는 아직 빠져나오지 못했습니다.

흥남으로 가는 길을 뚫으려 애쓰는 해병 제1연대는 장진호 남방 십여 킬로미터에 위치한 고토리에서 매우 거센 저항을 받고 있습니다. 더욱이 해안으로 가는 길은 곳곳이 끊겨있습니다.

압록강에 도달했던 제17연대는 제32보병연대와 함께 풍산 쪽으로 후퇴하고 있습니다.

드장

【238】 한국에서의 원자폭탄 사용 가능성(1950.12.3)

[전　　　　보]	한국에서의 원자폭탄 사용 가능성
[문 서 번 호]	416-417
[발　신　일]	1950년 12월 3일 14시 20분
[수　신　일]	1950년 12월 3일 16시 15분
[발신지 및 발신자]	부다페스트/들라랑드¹⁾(주헝가리 프랑스대사)

헝가리 언론은 별다른 언급 없이 플레뱅²⁾ 총리와 슈만³⁾ 외무장관의 런던 방문과 애틀리⁴⁾의 워싱턴 방문 일정을 전했습니다.

헝가리 언론은 지금까지 한국에서의 원자폭탄 사용 가능성에 대한 어떤 암시도 한 적이 없습니다.

그런데 하루아침에 갑자기 미국 신문에 실린 몇 가지 인용문을 골라 "영국, 인도, 프랑스, 그 외 미국의 여러 동맹국들은 한국문제가 중국과 타협하는 길로 들어서기를 간절히 바란다"고 강조하고 있습니다. "유엔의 지지 없이 중국과 충돌하는 것은 불행이라고 여기는" 트루먼 정부는 "영국과 프랑스의 투쟁심을 일깨워" 두 국가가 새로 군대를 파병하고 만주 폭격을 수용토록 하는 무거운 과제를 애치슨에게 맡겼을 것입니다.

"앞으로 하게 될 회담들은 미 역사상 가장 중대한 협상이다."

들라랑드

---

1) 장 들라랑드(Jean Delalande). 주헝가리 프랑스대사(1950-1956).
2) 르네 플레뱅(René Pleven, 1901-1993). 1950년 10월 24일 유럽방위공동체 창설을 주장하는 플레뱅 플랜 발표. 당시 프랑스 총리.
3) 로베르 슈만(Robert Schuman, 1886-1963). 1950년 5월 9일 유럽 석탄·철강 공동체의 창설을 주장하는 슈만 플랜 발표. 당시 프랑스 외무장관.
4) 클레멘트 리처드 애틀리(Clement Richard Attlee,1883-1967). 영국 수상(1945-1951). 노동당 단독 내각 총리. 인도의 독립을 인정하는 등 식민지 축소에 힘씀.

【239】 맥아더 장군의 성명(1950.12.3)

[전   보]   맥아더 장군의 성명
[문 서 번 호]   2431
[발 신   일]   1950년 12월 3일 03시 30분
[수 신   일]   1950년 12월 3일 19시
[발신지 및 발신자]   도쿄/드장(주일 프랑스대사)

사이공 공문 제1204호

언론 대표의 다양한 질의에 대해 맥아더 장군은 오늘 12월 2일 저녁 다음과 같은 답변 성명을 내놓았습니다.

1. 중공군과 유엔군 간에 비공개적인 전시 상태가 존재합니다. 북한군 패잔병이 중공군을 지원하고 있습니다.

2. 즉각 개입한 중공군은 약 500,000명으로, 대규모 2개 제형(悌形)으로 편성되었습니다. 현재 우리 군을 공격중인 전위 부대는 그 절반이 조금 넘는 병사를 보유하고 있습니다. 후위 부대는 압록강 기지를 출발해 빠르게 진격 중입니다. 압록강지구에는 중공군의 비호 하에 재집결, 재조직된 북한군 패잔병들도 있습니다. 이들의 수는 100,000-150,000명으로 추산할 수 있습니다. 우리 군과 맞서는 전체 병력은 5,600,000명에 이릅니다. 이들이 증원군을 받을 지는 아직 말할 수 없습니다.

3. 이처럼 적군은 우리 군에 비해 압도적인 수적 우세를 보이고 있습니다. 정확한 우리 병력 수치는 밝히지 않겠습니다.

4. 적군은 성능이 뛰어난 신식 무기로 완전 무장하고 있습니다. 병사 일대일로 보면 아마 우리 편 화력이 더 세겠지만, 이 점은 전투 지대에 더 많은 병사를 투입 가능하게 만드는 적군 측의 단순한 조직 형태 때문에 그 효과가 상쇄됩니다. 따라서 적의 지상군은 모든 점에서 다른 어떤 국가의 지상군에 뒤지지 않습니다.

5. 현 상황에서는 북한에 주둔하지 않는 중공군을 상대할 수 없다는 점 때문에 공군력이 제한적입니다. 특히 공군은 주요 병력인 전략 폭격기들이 북한의 제한된 공간에서 활동을 개시하기가 실질적으로 어렵다는 난점이 있습니다.

마찬가지로 강한 해군력도 중국에서 한국으로 육지를 지나는 동안 일시적으로 제한되기에 실행될 수 없습니다. 해군의 포격 가능성은 해안 지역에 국한되어 주요 전투지에는 포격이 닿지 않습니다. 이 같은 상황에서는 지상군이 주된 병력을 이룹니다. 공군의 전술적 지원이 도움은 되겠지만 부차적일 뿐 결정적 역할은 할 수 없습니다. 그것이 아무리 훌륭하다 한들 적군의 압도적인 수적 우세를 상쇄할 수는 없습니다.

6. 최근 우리가 패배해온 것은 전적으로 적군의 지상군 병력이 압도적인 수적 우세를 보였기 때문입니다.

7. 제가 알기로 지금의 전개 상황은 피할 수 없었던 일입니다. 지난 6월 27일 유엔이 개시한 행동에는 위험이 내재해 있었습니다. 중공군을 전쟁에 투입하는 중대 결정이 내려진 것을 원정 중 예기치 않게 발생한 어떤 사고 탓으로 돌린다면 큰 오산일 것입니다. 지금은 그 결정이 전체 계획에 포함되어 있었다는 것과, 북한군은 지금과 같은 지원을 받을 수 있다는 사실을 6월 25일 침공 당시부터 알고 있었음이 자명합니다. 북한군이 앞서 승승장구했을 때는 지금과 같은 노골적인 원조가 필요하지 않았습니다. 그러나 전세가 역전되자마자 중국 병력이 한국 전장에 발을 들여놓기 시작했습니다. 만약 유엔이 한국을 해방시키고 통일시키겠다던 임무를 바꾸어 어느 정도 선에서 전투를 멈췄더라면 중공군의

개입을 피할 수 있었을 지도 모른다는 가정은 전혀 현실성이 없습니다. 결정된 사안과 실행에 옮겨진 행동의 중대성만 보아도 이 결정이 대충 내려진 것이 아니라 철저히 계획된 것임을 알 수 있습니다.

8. 우리 병력을 다르게 사용했어도 공격 위험을 피할 수 있었을 것 같지 않습니다.

중국의 공격 위험은 애초부터 존재했고 유엔사령부도 동의할 것입니다. 그것은 정치적 사안이며, 유엔의 최초 결의안에 이미 내재해 있었습니다. 군사 작전으로 인해 달라질 수는 없었습니다. 제가 아는 한에서는, 적지 않은 결과를 초래했거나 매우 중대한 전술·전략적 실수를 범한 것은 전혀 없었습니다.

9. 사령부는 한 번도 자신이 가진 권한을 넘어선 적이 없습니다. 사령부는 상부 기관들과 협력해 완벽한 조화 속에서 행동했습니다. 군인들은 정치에 관여하지도 않고, 관여할 생각도 없습니다. 단지 받은 명령을 행할 뿐입니다. 제가 아는 한 사령부와 사령부 예하 주요 부대들 간에는 완벽한 견해 일치를 보입니다.

10. 저는 압록강 북부 폭격을 권고하지 않았고, 폭격 허가를 요청하지도 않았습니다. 이런 성격의 결정은 제 권한 밖입니다.

11. 저는 원자폭탄 사용 허가를 요청한 적이 없습니다.

12. 저는 한국의 앞날과 관련해 어떠한 확실치 않은 정보에도 휩쓸리고 싶지 않습니다.

13. 저는 사령부에 전적으로 만족합니다. 사령부는 지배적인 조건에서 인도적으로 가능한 모든 것을 했습니다.

14. 제 생각에 현재 진행 중인 전쟁은 새로운 군대에 맞서 새로운 적군과 벌이는 새로운 전쟁입니다. 북한군은 궤멸되었고, 통합사령부의 임무는 이 새로운 침략이 개시되었을 때 실질적으로 달성된 상태였습니다.

15. 우리는 145,000명의 전쟁포로를 생포했습니다.

16. 포로 중 중공군은 300명 이하입니다.

17. 제8군이 이처럼 적군이 광범위하게 밀집하고 있는 것을 발견하고도 공격하지 않았다면 단시간에 휩쓸리고 말았을 것이라는 말들이 오갑니다. 저는 이같은 동태 조사가 중국의 의도와 중공군의 군사력을 드러내는 데 핵심적이었다고 생각합니다. 그렇지 않았다면 제8군을 전멸시킬 수도 있었던 강력하고 파괴적인 포격을 감수하는 수밖에 없었을 것입니다. 우리로서는 중공군 개입이 자발적이고 개별적으로 이루어진다는 주장이 참인지 거짓인지 확인할 유일한 방법은 공격뿐이었습니다. 국경에서 전방까지는 하룻밤 행군이면 충분한 짧은 거리였고 압록강의 공군 정찰이 불가능하다는 점 때문에 반드시 상황을 밝힐 필요가 있었습니다. 조사 노력은 결코 시기상조가 아니었습니다. 이 점에 있어 저는 워커 장군과 전적으로 같은 입장입니다. 언제까지나 수동적인 태도로 있었다면 우리 군은 북한 전투를 종식시키는 것뿐 아니라 우리 군을 대거 철수시켜 동절기 장기전을 피할 수 있는 기회도 모두 잃었을지 모릅니다. 뿐만 아니라 계속해서 무기력하게 있다가 우리를 위협하던 위험을 키우는 결과를 초래해 적군이 군대를 집결해 제8군을 완전히 궤멸시켰을 수도 있습니다. 현재의 패배는 우리 군의 공격이 빚은 결과가 결코 아니며 단지 적군의 수적 우세 때문입니다. 저는 공격한 것이 적절한 행동이었다고 생각합니다.

18. 미군이 작전에 일본군을 이용했다는 소련의 주장은 사실무근입니다.

19. 협상을 통해 문제가 해결될 수 있기를 진심으로 바랍니다. 국제 문제 해

결은 언제나 군사적 방법보다 평화적 방법을 따르는 것이 바람직합니다.

국방부에 전달 요망.

드장

【240】 워싱턴 회담(1950.12.4)

[전　　　　보]	워싱턴 회담
[문 서 번 호]	4999-5002
[발　신　일]	1950년 12월 4일 17시
[수　신　일]	1950년 12월 5일 04시
[발신지 및 발신자]	워싱턴/보네(주미 프랑스대사)

보안

우선문건

1급 비밀

본인의 전보 제20664호 참조

　귀하의 전보 제20661호와 제20663호에 나타난 관점을 저는 프랭크스 주미 영국대사에게 전달했고, 그가 직접 애틀리 수상에게 보고할 것입니다. 대사는 제게, 워싱턴 회담에서 미국이 프랑스와 영국의 구상에 반하는 결정을 내리는 것을 막지 않을 경우 귀하께서 뉴욕으로 갈 의도가 있음을 수상은 분명 매우 고맙게 여길 것이라고 말했습니다. 귀하께서 실행하려는 계획에 대해 수상이 알고 있을 것이라는 점은 철저히 기밀에 붙입니다. 저는 프랭크스 대사에게 회담 전개 상황을 알려달라고 요청했고, 그는 선뜻 그러겠다고 약속했습니다.

　그도 저와 마찬가지로 미 정부와 참모장들이 평정을 유지하면서 호전적인 움직임을 보이지 않는다는 인상을 받았습니다. 위험은 한국 내부에서도 생기지만, 특히 군사 작전의 패배가 참담한 수준에 이를 경우 그것이 분노가 극에 달한 여론에 미칠 여파에서도 비롯됩니다. 한반도에서 군을 강제 철수한다면,

상당 여론이 미국에게 패배감 때문에 협상에 임하지는 말라고 요구할 가능성이 큽니다.

대통령 측 인사들에 관한 정보는 아직 전혀 없습니다.

오늘 있을 애틀리 수상과 트루먼 대통령과의 회담은 "극동사태와 각별히 관련된 국제 정세"에 관한 것이 될 것이며, 다른 문제들은 추후에나 다루어질 것입니다. 수상이 앞으로 다루고자 하는 경제 및 금융 질서 문제 중에는 원료 문제도 포함될 것이며, 그는 이 문제를 특별히 중요하게 생각하고 있습니다.

그러나 이 문제에 대한 관심이 크다고 해도 현재 영미 협상의 최대 관심사는 분명 중국의 의사를 어떤 태도로 지켜볼지 결정하는 것입니다.

보네

【241】 한국문제와 중국 공산당의 유엔 가입 가능성(1950.12.4)

[전 보]	한국문제와 중국 공산당의 유엔 가입 가능성
[문 서 번 호]	5004-5008
[발 신 일]	1950년 12월 4일 22시
[수 신 일]	1950년 12월 4일 10시 10분
[발신지 및 발신자]	워싱턴/보네(주미 프랑스대사)

보안

1급비밀

귀하의 전보 제20675호 참조

애틀리 수상이 워싱턴 회담에서 우리 3국의 극동지역 정책 기조 유지에 초점을 맞춘 보다 중요한 이해관계를 상대국들에게 납득시키는데 성공하기를 기대해봅니다.

그러나 미국이 레이크석세스에 있는 미 대표단을 매개로 이 지역에 대한 중요한 결정을 준비하고 논의할 수도 있다고는 생각지 않습니다. 심지어 영국도 이 책임을 자국 유엔대표에게 전가하려 한다는 것을 잊고서 말입니다.

한국문제와 중공의 유엔 회원국 가입 문제로 유엔총회 안전보장이사회에 제기된 중대한 사안들에 있어서 주요 3국 대표들 간의 긴밀한 접촉이 반드시 필요함은 자명합니다. 게다가 이미 접촉이 되고 있는 것 같습니다. 그리고 새로운 사건이 없는 한, 다른 중대한 극동 문제가 뉴욕에서 제기된다고 해서 이 접촉이 유지되지 않을 거라고 가정할 이유가 없습니다.

현재로서는 아시아 문제의 핵심적인 부분은 유엔에서 다루고 있습니다. 그런데 일본 문제는 말할 것도 없고, 가령 6월 27일에 트루먼 대통령의 성명에서 언급된 몇 가지 점들에 대해, 특히 필리핀과 인도네시아와 관련해 유엔의 입장 표명이 요구되지 않았습니다.

한편 레이크석세스에 모인 유엔대표들은 전반적인 정책 결정에 그들의 견해와 정보가 분명 매우 중요할 수 있는데도, 주로 그들 정부가 내린 결정을 실행하는 문제를 협의하도록 요구받을 것입니다. 예를 들어 어쩌면 워싱턴 회담에서 채택될 수도 있는 권고안을 적용하려면 그들 자신에게 회담의 문제들을 반드시 제기하게 될 것입니다. 회담이 실패하지 않는 한 따라야 할 노선 규정은 지금 중단된 것 같으며 그렇게 고안된 정책 범위는 유엔의 정책 범위를 넘어설 것임에는 의심의 여지가 없습니다. 이는 앞으로도 쭉 마찬가지일 것입니다.

앞서 언급한 전보에 나타난 절차는 극동지역에서의 연합군 공조를 보장하는 데 적절치 않아 보입니다.

보네

【242】 한국 상황에 대한 소련 신문들의 반응(1950.12.5)

[전 보]	한국 상황에 대한 소련 신문들의 반응
[문 서 번 호]	2722-2723
[발 신 일]	1950년 12월 5일 16시 00분
[수 신 일]	1950년 12월 5일 19시 40분
[발신지 및 발신자]	모스크바/샤테뇨(주소련 프랑스대사)

　　소련 신문은 한국에서의 패배 후 서구 여론과 언론에 나타난 혼란의 징후들과 모순된 증언들을 열심히 찾아내며 계속해서 신나게 퍼다 나르고 있습니다. 이 신문들은 암호화되지 않은 저의 제2682호 전보에서 첫 번째 사례를 요약한 방식으로 미국에 팽배한 분위기를 계속해서 묘사하더니, 어제와 오늘은 이를 영국과 프랑스, 이탈리아로 확대했습니다. 이들 나라에서도 똑같이 언론의 자유가 있고 여론은 한층 더 분열되어 있어 소련 신문들은 자신들의 구미에 맞는 논거를 제공받습니다.

　　그런데 이들 4개국, 특히 뒤의 2개국에서는 이 같은 조롱 운동을 벌임과 함께, 한국문제를 소련의 조건에 맞추어 재빨리 청산하려는 모든 시위와 "민중 항쟁"에 대한 상세한 보고도 겸하고 있습니다.

　　따라서 이들은 불합리하고 호전적인 선동을 극단적으로 묘사해 그것을 폄하하려는 서양 수뇌부들과, 필요하다면 무력으로라도 평화를 강제하려는 의지로 하나가 된 국민들을 대조시키고 있습니다.

　　아마 이것이 바르샤바 회담에서 선포된 정책노선을 실제로 적용한 첫 사례일 것입니다. 바르샤바 회담은 유엔 회원국들의 의견을 묻지 않고 모스크바 단체들을 매개로 직접 국민들에게 호소했습니다(본인 외교행낭 전보 제2617호).

샤테뇨

【243】 트루먼 대통령의 최근 발표에 대한 언론의 반응(1950.12.5)

[전 　 　 보]	트루먼 대통령의 최근 발표에 대한 언론의 반응
[문 서 번 호]	1009-1010
[발 　 신 　 일]	1950년 12월 5일 13시 00분
[수 　 신 　 일]	1950년 12월 5일 17시 00분
[발신지 및 발신자]	프라하/라주네스트(주체코슬로바키아 프랑스 대리 대사)

본인의 전보 제986호 참조

언론은 한국 전선의 전쟁 보도 소개에 계속해서 신중을 기하면서, 트루먼 대통령의 최근 성명이 여러 국가에 불러일으킨 반응을 기사로 쏟아내고 있습니다.

체코 신문들은 『맨체스터가디언』,[1] 『데일리워커』,[2] 『르몽드』,[3] 『콩바』[4] 등 여러 신문의 기사를 인용하면서 독자들에게 전 세계에서 트루먼 대통령의 "범법 성명"을 규탄하는 거대한 "분노의 물결"이 일고 있음을 증명하려 애쓰고 있습니다. 또한 미국의 "위성국"들을 다시 바른 길로 인도하려는 미 국무부의 "필사적 노력"에도 불구하고 미국의 전쟁 정책에 대한 심각한 반대의 목소리가 자본주의 국가들에서 커지고 있어 이 국가들의 정부는 통제에 어려움을 겪고

---

[1] 『맨체스터가디언Manchester Guardian』. 1821년 영국 맨체스터에서 창간된 주간지. 현재는 이름을 바꾸어 『가디언Guardian』이라는 일간지로 발행됨. 공정한 논조와 참신한 보도가 조화된 진보성향의 유력지로서, 보수 성향의 유력지인 『타임스』의 새로운 대항지임.

[2] 『데일리워커Daily Worker』. 미국은 1924년, 영국은 1939년 창간된 공산당 기관지.

[3] 『르몽드Le Monde』. 1944년 창간된 프랑스의 대표적인 진보 일간지.

[4] 『콩바Combat)』. 1941-1974년까지 발행됨. 레지스탕스 기관지로 출발한 신문으로 카뮈, 사르트르, 보부아르, 지드, 베르나노스 등 실력파 지식인들이 활동함.

있다고 지적합니다.

라주네스트

【244】『더네이션』: 「치욕의 시간」(1950.12.5)

[전   보]   『더네이션』:「치욕의 시간」
[문 서 번 호]   171
[발   신   일]   1950년 12월 5일 13시 00분
[수   신   일]   1950년 12월 14일 13시
[발신지 및 발신자]   랑군/부캥(주버마 프랑스공사관 일등서기관)

12월 3일자 『더네이션』[1]은 「치욕의 시간」이라는 제목으로 국제 정세를 다룬 사설을 실었습니다.

원자폭탄을 사용해야 하는지 마는지의 문제는(이라고 미얀마의 대표적인 영자 일간지는 쓰고 있습니다) 아무리 심각한 사안이라 하더라도, 점차 드러나고 있는 중요한 사실을 완전히 감출 수는 없을 것입니다. 즉, 중국이 전 세계와 대립각을 세운 지금 서구는 아시아의 중대한 분쟁에 맞설 만큼 "간 큰" 모습을 보이지 못했습니다. 38선 월경을 옹호하는 유엔 결의안을 지지한 프랑스와 영국은 자국의 행동이 빚어낼 결과를 기꺼이 모두 감수해야 합니다. 두 나라가 중국의 단호한 태도 때문에 완전히 혼란에 빠졌고 "자신들이 토해낸 것을 도로 삼킬" 준비를 하고 있다는 사실은 분명 전 세계의 반감을 불러일으킬 것입니다.

지난날 당위와 정의, 높은 도덕원리에 관해 나누었던 대화는 모두 잊혀졌습니다. 서구는 러시아가 혼란을 일으킨다면 맞서 싸울 것입니다. 그러나 중국에 말려들어 세력을 약화시키면서까지 러시아의 놀음에 놀아나지는 않을 것입니다. 그런 비열한 항복이 나머지 아시아 국가에 어떠한 영향을 끼칠지 누구도 신경 쓰지 않는 것 같습니다. 그야말로 서구에게는 "치욕의 시간"이라며 『더네이션』은 글을 맺습니다.

---

[1] 『더네이션The Nation』. 미얀마 주요 영자 신문.

나는 이토록 과격한 기사가 실린 이유를 알아보는 중입니다. 편집장이 직접 쓴 것이라고 하던데 평소 온건했던 이 신문의 논조와는 판이합니다.

부캥

【245】 미국의 극동아시아 정책(1950.12.5)

[전 보]	미국의 극동아시아 정책
[문 서 번 호]	1075-1077
[발 신 일]	1950년 12월 5일 08시 00분
[수 신 일]	1950년 12월 5일 10시 30분
[발신지 및 발신자]	바르샤바/덴느리[1](주폴란드 프랑스대사)

워싱턴 발 PAP[2] 통신문은 북대서양조약기구 회원국들의 동요와 히스테리, 불평을 강조하는 굵직굵직한 헤드라인들 밑으로 한국에서의 군사 작전 실패 이후 서양군 주둔지에 분열 분위기가 팽배해 있다고 주장합니다. 이 글은 첫 부분에 11월 27일자 『프라우다』[3]의 사설 주제를 거의 그대로 베껴 쓰고 있습니다. 폴란드의 비공식 통신 특파원에 따르면, 미국 언론은 미국이 자국의 극동지역 정책 때문에 맥아더 장군의 정책을 매우 못마땅하게 여기는 유럽 연합국들을 잃을 위기에 처했다고 주장했습니다.

트루먼 대통령의 11월 30일자 담화는 실질적으로는 딱 한 줄로 요약됩니다. 한국전쟁에 원자폭탄을 사용하는 문제를 미국이 검토해 보겠다고 대통령이 선언했다는 것입니다. 그럼으로써 대통령은 미 정부가 인류에 반하는 범죄를 저지를 준비가 되었다고 인정한 꼴이 되었습니다.

런던과 파리 발 PAP의 다른 2개 통신문에서는 이 선언 이후 런던과 파리에 팽배한 분노와 우려의 분위기가 전해집니다. 애틀리 수상이 워싱턴으로 간 것

---

1) 에티엔 덴느리(Étienne Dennery, 1903-1979). 폴란드 주재 대사(1950-1954), 스위스 주재 대사 (1954-1961), 일본 주재 대사(1961-1964) 역임.

2) 폴란드 프레스 에이전시(Polish Press Agency). 유럽 보도사진 통신사 EPA에 속한 폴란드 국영 통신사.

3) 『프라우다Pravda』. 1912년 창간된 러시아 국영신문.

은 미 대통령이 선언한 정책 노선에 반대하는 노동당 의원 150명을 압박하기 위한 것입니다.

같은 주제에 관해서 거듭 비공식적이라 밝힌 『르몽드』의 한 사설은 트루먼 대통령과 맥아더 장군에 대한 비판으로 해석됩니다.

덴느리

【246】 외교 정책 컨퍼런스: 한국과 독일의 비교(1950.12.6)

[전 보]	외교 정책 컨퍼런스: 한국과 독일의 비교
[문 서 번 호]	2728-2730
[발 신 일]	1950년 12월 6일 07시 45분
[수 신 일]	1950년 12월 7일 03시 50분
[발신지 및 발신자]	모스크바/샤테뇨(주소련 프랑스대사)

모스크바 폴리테크닉 뮤지엄에서 열린 외교정책 컨퍼런스의 발제자는『이즈베스티야』[1] 기자인 클리오노프[2]였습니다.

그는 한국과 독일의 상황 비교에 초점을 두었습니다.

그는 북한군이 38선 너머로 진격해오기 전날, 군사분계선에서 도발과 분쟁이 반복되던 와중에 북한 정부가 남한 정부에 통일 한국 재건 준비를 위한 회담을 제안했다고 말했습니다. 하지만 이 제안은 받아들여지지 않았고, 한국은 전쟁 상황에 빠지고 말았다고 말입니다.

현재 아데나워 총리에게 서신을 보내 서독과 동독을 통일 국가로 합치자는 뜻을 전한 것은 독일인민공화국 정부의 수장입니다.

다음으로 클리오노프는 한국에서 미국이 주도권을 잡아 가담한 소련 포위 정책과, 소련과 중국이 밀접히 연결되어 지휘하고 있고 그 덕분에 미국의 계획이 좌절된 아시아 민주인민노선 세력에 초점을 맞추었습니다.

저는 이런 컨퍼런스에서 얻는 것이 많다고 이미 수차례 보고했으며, 독일에 관한 클리오노프의 발제문에 담긴 경고 메시지를 절대 가볍게 넘겨서는 안 된

---

[1] 『이즈베스티야Izvestia』. 1905년 노동자 소비에트 기관지로 창간되어, 1917년 소련공산당 중앙 기관지가 됨. 당시 소련의 주력 일간지. 현재 모스크바를 비롯한 40개 도시에서 인쇄되고 있음.

[2] Klionov.

다고 생각합니다.

샤테뇨

【247】 안전보장이사회에서 소련의 의사 방해(1950.12.6)

[전 보]	안전보장이사회에서 소련의 의사 방해
[문 서 번 호]	3402-3407
[발 신 일]	1950년 12월 6일 21시 40분
[수 신 일]	1950년 12월 7일 07시 10분
[발신지 및 발신자]	뉴욕/쇼벨(주유엔 프랑스대사)

본인의 전보 제3336호 참조

어제 12월 5일 사무국은 찬성 10표, 반대 2표(소련, 체코슬로바키아), 기권 1표(인도)로 "중화인민공화국 중앙정부의 한국 개입" 문제를 총회에 의제로 상정할 것을 제안키로 결정했습니다.

오스틴은 안전보장이사회에서 소련의 의사 방해가 있었기 때문에 미국을 포함한 6개국 대표단이 총회에 제기하게 된 것이라고 간략히 밝혔습니다. 이러한 그의 주장은 호주, 중국, 쿠바 대표의 지지를 얻었습니다.

반대 진영에서는 체코슬로바키아 대표와 그에 이어 비신스키가 정반대의 입장을 취했습니다. 비신스키는 오스틴의 말과 달리 제기된 문제가 안전보장이사회에서 논의되었음을 증명하려 했습니다. 이사회 표결 결의안에서는 "중공군 개입"만이 문제가 되었고, 상정 요구를 뒷받침하는 법안주석에서는 중화인민공화국 정부가 문제였다고 말입니다.

유엔헌장에 근거하면 새로운 안건을 가장 먼저 받아야 하는 곳은 안전보장이사회였습니다. 그런데 왜 오스틴이 제기한 문제를 총회에서 다루려고 한 것일까요? 미국의 대만 침략에 대한 소송은 제1위원회에 그냥 내버려두고서 말입니다(본인의 전보 제3340호).

비신스키는 미국의 침략에 대해 소련이 상습적으로 하는 비난 성명을 반복하고, 맥아더 장군의 계획이 침략이 아니었다면 왜 미군이 38선에서 멈추지 않았냐고 묻고서 1940년에 스팀슨[1]이 쓴 서신 내용을 인용했습니다. 이에 따르면 스팀슨 미 전 육군장관은 미 재계를 향해 1937년 이후로 일본에 대한 경제 원조를 그만두지 않은 것을 비난했습니다.

한편, 소련 대표단이 줄곧 끊임없이 건의해왔고 최근에도 우수취안이 안전보장이사회에서 건의한 한국전쟁의 평화적 해결 요구는 단 한 번도 검토된 적이 없습니다. 이런 일들 때문에 중국 국민은 옛날에 라파예트와 보마르셰[2]가 영국에 대항한 13개 식민지를 지원했던 것처럼 한국 국민에게 자원 원조를 하기로 한 것입니다.

헤이그협약은 중립국 거류민들이 교전국 영토에 지원병으로 가는 것을 허용하지 않았던가요? "백 명이든 천만 명이든 상관없었습니다. 중국 인구는 475,000,000명 아닙니까."

쇼벨

---

[1] 헨리 루이스 스팀슨(Henry Lewis Stimson, 1867-1950). 미 육군성장관 및 국무장관을 역임. 일본의 만주 침공 시 무력으로 인한 영토 확장은 인정하지 않는다는 스팀슨독트린을 주장함. 일본 원폭을 지원했으며 나치 전범 재판을 이끎.

[2] 피에르 드 보마르셰(Pierre-Augustin Caron de Beaumarchais, 1732-1799). 『세비야의 이발사』, 『피가로의 결혼』을 쓴 프랑스 유명 극작가. 동시에 루이 16세의 밀사였고 미국 독립전쟁에 개입함.

【248】 한국전쟁의 확산에 대해(1950.12.6)

[전　　　　보]	한국전쟁의 확산에 대해
[문 서 번 호]	419-421
[발　신　일]	1950년 12월 6일 17시 48분
[수　신　일]	1950년 12월 7일 03시 50분
[발신지 및 발신자]	오타와/게랭(주캐나다 프랑스대사)

　　레스터 피어슨 외무장관은 현재 오타와에서 열리고 있는 연방정부-지방정부 회의에 앞서 지난 12월 4일에 국제 정세에 대해 말하며 중공군이 대거 한국에 개입한 것을 고발하면서 "아시아 국민을 상대로 두 번째 원자폭탄을 사용한다면 그나마 남아 있는 서양과 동양 국가들 간의 관계가 위태로울 정도로 약화될 수 있다"고 강조했습니다.

　　뿐만 아니라 한국전쟁이 대 중국전쟁으로 바뀌기라도 하면 서구는 훨씬 더 큰 비중의 자원을 계속적으로 적대행위에 할당해야 할 것이고, 그렇게 되면 "가장 중요하고 장기적으로 볼 때 가장 위험한 전선인 서유럽 전선"을 무방비 상태로 두게 될 텐데, "서유럽 전선은 북대서양조약의 보호 하에 굳건한 방위 구축을 위한 우리의 가장 큰 노력이 집중되어야 하는 곳"이라고 덧붙였습니다.

　　계속해서 유럽 전선을 강화하려는 이 같은 노력에 캐나다 정부가 교섭에 나섰고, 외무부는 제게 이 소식을 알려왔습니다. 또 피어슨 장관은 이런 노력에서 영감을 받아 어제 뉴욕에서 한국 전선의 안정화와 휴전, 베이징 정부와의 타협안 탐색을 위해 중국 공산당과의 협상을 권하는 설득력 있는 성명을 발표했습니다.

　　이러한 태도는 아마 강경 성향의 몇몇 보수주의자들을 빼놓고는, 유엔 캐나다 대표부 레스터 피어슨의 보좌관인 라푸앵트[1] 씨의 말에 따르면 "당장은 무력 사용 못지않게 온건한 태도로 자유를 수호해야 한다"고 여기는 캐나다 여론의 염원에도 부합하는 것입니다.

유엔 프랑스 대표부 공문 제12호, 워싱턴 공문 제120호

위베르 게랭

---

1) Lapointe.

【249】 한국의 군 상황(1950.12.6)

[전　　　보]	한국의 군 상황
[문 서 번 호]	2461-2464
[발　신　일]	1950년 12월 6일 05시
[수　신　일]	1950년 12월 6일 12시
[발신지 및 발신자]	도쿄/드장(주일 프랑스대사)

긴급

사이공, 워싱턴, 뉴욕 공문

　중공군 18개 사단이 청천강[1]을 넘어왔습니다. 15개 정도 사단이 평양지구에서 마을 북쪽과 남쪽에 있고, 얼어붙은 대동강을 넘기 시작했습니다. 적군 다수가 사리원 방향으로 진격 중인 것으로 보입니다. 양덕에서부터 수많은 중공군이 원산으로 이동 중인데, 이곳은 현재 철수가 진행되고 있고 8일 중에는 포기될 것으로 보입니다.

　언론이 발표한 자료에도 불구하고 현재까지 적군은 미군의 퇴로를 차단할 기회를 다 쓰지 않은 채 대규모 병력이 양덕에서 개성으로 가는 길로 전진 중인 것 같습니다. 그런데 바로 이 길 근방에서 미군은 적군과 교전할 것으로 보이며, 이 지역 내 적군은 주로 북한군 대원들로 구성된 듯합니다.

　미 제8군의 전투대형은 현재 다음과 같습니다.

　　남한군 제1사단 □□□ 근방

---

1) Phing-Chon으로 표기됨. 청천강으로 추정.

미군 제25사단—중화

제29여단—평양 남쪽에서 퇴로 엄호 중

남한군 제6사단—상원

제24사단—율리

남한군 제7사단—수안

제27여단—영동

제1기병사단—신계 동쪽

남한군 제8사단—신계

공수부대 제100사단 분대—시변리

터키군 여단—혜산 지방

필리핀군 및 태국군 분견대 □ □ □

1,800명이 다량의 물자와 함께 진남포를 통해 철수할 수 있었습니다. 오늘 중으로 전군 항구에서 철수할 것입니다.

제10군단 작전지역에서 적군은 장진호 동쪽 연안으로 대규모 증원군을 보내 해병대 철수를 더 확실히 막고 있습니다. 이들을 돕기 위해 제3사단 일부가 파병되었습니다.

남한군 제2사단과 제3사단의 부대들은 해상을 통해 성진에서 철수했습니다. 나머지는 폭격으로 여기저기 끊긴 철로를 따라 함흥 쪽으로 진군 중입니다.

특히 재승선(再乘船)이 이루어질 경우 협력하기 위해 영국 함대가 한국 서해안으로 돌아왔습니다.

국방부에 긴급 전달 요망.

드장

【250】 한국문제에 대한 스타슨의 해결안(1950.12.6)

[전 보]	한국문제에 대한 스타슨의 해결안
[문 서 번 호]	2465
[발 신 일]	1950년 12월 6일 08시
[수 신 일]	1950년 12월 6일 23시
[발신지 및 발신자]	도쿄/드장(주일 프랑스대사)

사이공 공문 제1234호

워싱턴 공문 제806호

뉴욕 공문 제586호

스타슨[1]은 어제 12월 5일 도쿄에 도착해 맥아더 장군과 두 시간의 회담을 가졌습니다. 그는 얼마 전 기자회견에서 『뉴욕타임스』[2]의 질문에 대한 답변으로 한국의 위기 상황에 대한 해법을 개인적으로 어떻게 구상하는지 밝혔습니다. 그가 생각한 해결방안은 다음의 6가지로 이루어졌습니다.

1. 12월 8일 24시 전면휴전한다.
2. 직접적으로든 간접적으로든 한국전쟁에 참전하지 않은 국가 중 유엔이 중재국을 지명.
3. 한국군을 제외한 모든 병력 철수, 남북한군 무장해제, 재선거, 유엔의

---

1) 해럴드 스타슨(Harold Edward Stassen, 1907-2001). 미네소타 변호사 및 주지사를 거쳐 샌프란시스코 국제연합 창립총회 미국 대표, 유엔 군축위원회 미국대표를 역임. 1952년도 미 공화당 대통령 후보자로 지목되었음.
2) 『뉴욕타임스The New York Times』. 1851년 창간된 미국 대표 일간지. 정치 및 국제문제에 관해 정평 있으며, 사설에서는 국내문제는 자유주의와 온건개량주의를, 국제문제에서는 협조주의 입장을 대변하고 있음.

승인 주제인 수력발전소에 관한 타협이 있을 수 있다.

4. 휴전 거부 시 모든 방법을 총동원하여 한국과 중국의 모든 중요 군사적 목표물과 중국 산업시설을 공격할 수 있도록 유엔군 사령관에 전권 위임. 동시에 총사령관은 증원군 투입으로도 중공군의 압도적인 수적 우세를 견디지 못할 경우 한국에서 지상군 전원을 철수시킬 수 있다.

5. 이 같은 해결책은 누구도 거부 시 발생할 결과를 모르는 일이 없도록 휴전 명령에 확실히 명시되어야 할 것이다.

6. 공군과 해군의 보복공격에는 모든 이해관계를 고려하면서 한국전쟁 해결을 위한 지속적인 노력이 병행되어야 할 것이다.

스타슨은 말을 맺으면서, 자신이 권고하는 것보다 더 전투적이거나 온건한 행동 노선은 무엇이라도 상황을 악화시키고 제3차 세계대전의 위험을 키울 뿐이라고 확신조로 말했습니다.

국방부에 전달 요망.

드장

【251】 한국문제와 중국(1950.12.6)

[전 보]	한국문제와 중국
[문 서 번 호]	5079-5088
[발 신 일]	1950년 12월 6일 16시 15분
[수 신 일]	1950년 12월 7일 01시
[발신지 및 발신자]	워싱턴/보네(주미 프랑스대사)

보안

1급 비밀

절대우선문건

뉴욕 공문 제1204-1213호

오늘 아침 저는 어제 포토맥 강1)에서 있었던 회담 이후 영국의 반응을 퍼킨스2) 씨가 전해온 반응과 비교해볼 수 있었습니다. 그로부터 얻은 정보는 다음과 같습니다.

1. 강대국 6개국 결의안

상호 양보가 있었는데, 제가 보기에 가장 크게 양보한 것은 미국이었습니다. 애틀리 수상은 제가 안전보장이사회에 ㅁㅁㅁ한 결의안을 지체 없이 총회로 넘기는 것을 수락했으나, 미국은 오직 문서의 형식만 수정한다는 데 원칙적으로 동의했습니다. 반대로 대 중국 태도에 관한 국무장관의 근본적 입장은 바뀌지

---

1) 포토맥 강(Potomac River). 미 동부 워싱턴 근처의 강. 미 국방부가 가까이 있음.

2) 퍼킨스(T. L. Prekins). 미 국무부 중국과(Office of Chinese Affairs, Department of State) 관료.

않았음이 드러납니다. 그는 여전히 초강경 정책이 적용되기를 바라며 포위공격, 중국 산업시설 폭격 가능성, 영구적 군사 지원 등을 단념하지 않았습니다.

따라서 현재로서는 협약이 실질적으로 실현되기 어렵습니다. 영국은 시간을 끌려고 하나, 미국 측이 개시된 절차를 총회에서 빠르게 진행시켜서 어쩌면 새로운 전개를 끌어내려고 최선을 다할 것이라는 인상을 받았습니다.

2. 군사 상황

각하도 아시다시피 어제 미 제8군에 관한 조금 나은 소식이 들려왔습니다. 반대로 제10군단은 3개 사단 중 2개 사단이 해상으로 나갈 수 있는 것이 거의 확실해 보임에도 불안정한 상황입니다.

회의에서 들려온 가장 흥미로운 정보는 트루먼 대통령이 군 철수에 반대한다고 엄격히 언명했다는 것입니다. 그는 유엔군이 전투를 계속해야 하며 만약 한국을 떠나야 한다고 해도 최후까지 싸운 후여야 한다는 입장입니다. 애틀리 수상은 동의를 표하며 한국에서 영국군을 철수하지 않겠다고 약속했습니다.

"휴전" 제안이 있을 수 있다는 데 대해 양측은 그 생각을 받아들였습니다. 미국과 영국은 모두 어제 퍼킨스 씨가 제게 말한 것처럼 이 제안이 제3세력으로부터 올 수도 있다고 봅니다. 그 제3세력은 아마도 인도가 될 것이라고 영국 측은 말했습니다.

한편 애틀리 수상은 지난 이틀간의 대화로부터 미국이 현 상황에서는 원자폭탄을 사용하지 않을 것이라는 확신을 얻었습니다.

3. 중국과 대만

애틀리 수상은 단호한 발언을 통해, 베이징 정부의 정책이 현시점에도 "다분히 중국적"이라고 상대방을 설득시키려 했습니다. 하지만 본인의 전보 제5050호를 보면 알 수 있겠지만 상대방을 설득하지 못한 것 같습니다.

퍼킨스 씨는 다르게 생각하는 것 같지만, 대만에 관한 제 관점은 완전히 다릅니다. 애치슨 장관과 브래들리 장군, 그리고 확신이 좀 덜한 것 같은 마셜 장군은 대만이 미국의 태평양 방어 체계의 전략적 요충지라고 선언했습니다. 그러니 포기라는 것은 있을 수 없습니다.

이는 트루먼 대통령의 견해이기도 합니다. 하지만 그는 미국 지도자들 중에서 애틀리 수상의 입장과 생각을 이해하는 모습을 가장 잘 보여주는 편이라는 인상을 영국 측에 심어주었습니다.

영국대사는 장제스로부터 빼앗은 대만 행정부에 대해 협의하는 해결안을 유엔위원회에 제안하고자 했습니다. 그 사이 대만에 주둔 중인 중국 국민당 군의 동원령이 해제될 수도 있었습니다. 영국이 생각하기에 동원령 해제는 미국의 배려가 필요한 문제였습니다. 이 제안은 당연히 미국인들의 지지를 받지 못했습니다.

4. 내일로 예정된 다음 회담에서는 이 모든 문제들을 다시 다룰 것이며, 동남아시아 문제까지 거론될 것입니다.

이틀간의 회담 후 애틀리 수상이 받은 전체적인 인상은 생각했던 것보다 자신의 임무가 훨씬 더 어렵다는 겁니다. 지금까지 미 언론은 매우 온건한 보도를 내놓았지만, 우리 연합군인 영국군은 앞으로 격렬한 시나리오를 예상하고 있습니다. 게다가 유럽의 방위 이권이 최대 관심사인 애틀리 수상은 그가 "이 같은 희생"이라고 말한 것을 받아들이기로 한 것 같습니다.

보네

【252】 한국에서의 적대행위 중지에 관해(1950.12.7)

[전 보]	한국에서의 적대행위 중지에 관해
[문 서 번 호]	3425-3426
[발 신 일]	1950년 12월 7일 14시 05분
[수 신 일]	1950년 12월 8일 06시 50분
[발신지 및 발신자]	뉴욕/쇼벨(주유엔 프랑스대사)

본인의 전보 제3378호에서 보고했던 베이징 정부에 대한 호소문에 서명한 아시아 열강 13개국의 유엔대표들이 오늘 이른 오후에 회동했습니다.

이들은 베이징 정부의 답변이 아직 레이크석세스로 돌아오지 않고 있고, 언론 보도에 따르면 워싱턴에서 영미 회담이 매우 적극적인 단계로 돌입한 상황에서 당장은 어떤 발의도 하지 않기로 했습니다. 그러나 지속적으로 접촉하면서, 한국에서 적대행위를 멈추고 평화를 전면화하는 방향에서 어떤 부분에서든 일어날 수 있는 모든 행위에 개입할 준비를 하기로 했습니다.

쇼벨

【253】 극동아시아 사태(1950.12.8)

[전 보]	극동아시아 사태
[문 서 번 호]	1284-1285
[발 신 일]	1950년 12월 8일 21시
[수 신 일]	1950년 12월 9일 00시 30분
[발신지 및 발신자]	베오그라드/보데(주유고슬라비아 프랑스대사)

보안

3급 비밀

유고슬라비아 주재 영국대사는 어제 회담 중에 티토 원수가 극동지역 사태들로 빚어진 국면에 심각한 우려를 보였다고 제게 말했습니다. 그는 서구 국가들이 중국과 노골적인 분쟁에 들어갈 위험이 있다고 강조하면서, 본인의 생각에는 주저 없이 한국에서 전군 철수해야 한다고 주장했습니다.

이 방안이 아무리 어려워 보인다 하더라도 그는 이것이 유엔이 모스크바의 덫에서 빠져나갈 수 있는 유일한 방법이라고 생각합니다.

찰스 피크[1] 대사는 이 정보가 매우 극비임을 강조하면서, "소련 정치 전문가"임을 자처하는 티토 원수가 순전히 개인적인 생각을 말한 것이라고 했습니다.

보데

---

[1] 찰스 피크(Sir Charles Brinsley Pemberton Peake, 1897-1958). 당시 유고슬라비아 주재 영국대사 (1946-1951). 이후 그리스 주재 대사 역임.

【254】 한국의 군 상황: 연합 저항선(1950.12.8)

[전 보]	한국의 군 상황: 연합 저항선
[문 서 번 호]	2493-2497
[발 신 일]	1950년 12월 8일 23시
[수 신 일]	1950년 12월 9일 15시 10분
[발신지 및 발신자]	도쿄/드장(주일 프랑스대사)

1. 38선 이북에 집결한 연합 저항선 조직이 어제 중공군의 방해 없이 속행되었습니다.

예고된 대로 이동한 후 유엔군은 다음과 같이 배치되었습니다.

제25사단—중화

남한군 제6사단—상원

제24보병사단—양양과 사창리 사이

남한군 제7사단—순안

제27여단—신계

제1기병사단—신계 동쪽

남한군 제8사단—신계 남쪽

제187공수연대, 필리핀 대대—남한군 제2사단이 있는 영천

남한군 제5사단—화천

남한군 제9사단—양양

2. 전 해병사단은 오리 남쪽에 집결할 수 있었습니다. 상당한 효력을 보인 □□□ 결과는 부분적으로 도로를 따라 공중 탄막 사격을 실시하는 공군 특히 해병비행단 덕분입니다. 포위된 아군의 요청으로 8개 공수 소대가 처음으로 낙

하했습니다.

해병대는 해안지역을 점거하기 전에 제3사단 구조대가 도착하는 상통리 쪽으로 집결 중인 중공군 7개 사단과 아직 교전을 벌여야 합니다.

3. 중공군은 계속해서 대동강과 남강을 지나고 있고, 정찰대만이 투입되어 연합군 앞에 나타나고 있습니다. 중공군은 미 참모본부의 예상과 달리 연합군이 훨씬 더 취약한 진지 우측보다 좌측으로 더 빠르게 나아가는 중입니다. 공군에 호되게 당한 중공군은 진남포 근처 대동강을 통과했고, 해주 근처에서 작전을 수행중인 강력한 게릴라 부대들과 연합하려 합니다. 오른편으로 공산군은 곡산 부근에 있습니다. 더 동쪽에 있다고 알려진 적군의 분견대들은 주로 게릴라군으로 이루어져 있습니다. 이 분견대들은 특히 철원지구에 집결할 것으로 보입니다. 북한군 6개 사단이 현재 청천강 유역에 주둔 중이며, 그중 1개 사단은 남쪽에 있고, 1개 사단은 강을 도하 중입니다.

4. 대형전함 11척과 소형전함 35척의 비호 하에 제10군단의 철수가 이루어질 것입니다.

5. 미군 병사 수는 130,000명, 한국군은 109,000명입니다. 10,000명의 미군 증원군이 해상으로 도착합니다.

드장

【255】 맥아더 장군의 성명(1950.12.8)

[보 고 서] 맥아더 장군의 성명
[문 서 번 호] 5854
[발 신 일] 1950년 12월 8일 23시
[수 신 일] 미상
[발신지 및 발신자] 워싱턴/보네(주미 프랑스대사)

중공군이 한국에 개입한 뒤로 맥아더 장군은 공식성명과 인터뷰, 언론 성명을 늘렸습니다. 이러한 구두 발표는 최근 며칠간 매우 잦아져서, 정치적, 군사적 사태가 전개됨에 따라 유엔군 총사령관은 이에 대한 자신의 관점을 상당히 빨리, 노련하게 연출해 자국민에게 소개하기에 이르렀습니다.

이 내용이 얼마나 언론을 도배했는지는 11월 30일부터 다음과 같은 기사들이 나온 사실만 봐도 알 수 있을 것입니다. 『라이프』[1] 최신호에 실린 맥아더 장군의 인터뷰, 『뉴욕타임스』에 실린 아서 크록[2]과의 문답, 『US뉴스&월드리포트』[3] 인터뷰, UP통신 사장인 휴 베일리[4]에게 특별히 보낸 장문의 답변, 그리고 여러 도쿄 특파원들이 맥아더 장군에게 제기한 질문에 대한 19개 답변이 그것입니다.

이 같은 맥아더 장군의 노력은 두 가지 주요 관심사에 부합하는 것 같습니다. 즉, 역사 앞에 스스로를 정당화하는 것과 미 정부가 내리는 결정에 영향력을 행사하는 것입니다.

---

[1] 『라이프Life』. 1936년 창간되어 미국 뉴욕에서 발간되었던 시사 화보 잡지. 보도 사진 분야에서 선구적인 역할을 하고 있음.

[2] 아서 크록(Arthur Krock, 1886-1974). 『뉴욕타임스』 선임기자. 퓰리처상 수상.

[3] 『US뉴스&월드리포트U.S.News & World Report』. 주간 미국 뉴스매거진.

[4] 휴 베일리(Hugh Baillie, 1890-1966). UP통신 사장(1935-1955). 맥아더 장군의 한국전쟁 방침을 강력 지지하면서 언론인들이 이 문제를 철저히 다루는지 확인했음.

여러 군사적 사태에 대한 맥아더 장군의 해석은 단순하고 쉽게 요약됩니다. 그의 인터뷰와 공식성명들을 보면 그것이 얼마나 명료한지 알 수 있습니다.

그는 엄밀한 의미에서의 한국전쟁은 10월 말에 실질적으로 종식되었다고 봅니다. 평양 북방에서 적군 부대들을 포위하고 동해안을 점령한 이후로 말입니다. 이때 유엔군은 북한군에 결정적인 패배를 안겨주었습니다.

그런데 바로 그때 중공군이 압록강을 건너 만주 국경 너머로 군대를 집결시키며 개입해왔습니다. 유엔 사령관은 "특권적 성역"에 위치한 군수보급기지와 예비군을 보유하는 원기왕성한 부대로 이루어진 "새로운 군대"와 마주하게 되었습니다.

2주간 적군이 공격을 삼갔기에 우리는 그들의 개입이 순전히 상징적인 것이길 바랐습니다. 하지만 정말로 그런 것인지 확인할 필요가 있었고, 그러기 위한 유일한 방법은 공격을 가하는 것뿐이었습니다.

이 공격으로 중공군이 한국에 20만 명이 넘는 병사를 파병했다는 것이 밝혀졌습니다. 또한 그만큼의 병력이 증파를 준비 중이고, 10만-15만 명의 북한군이 조직되고 있었습니다. 따라서 이것은 "완전히 새로운 전쟁"이며, 적군은 압도적인 수적 우세를 보일 뿐 아니라 군수보급기지가 폭파될 리 없다는 사실로 인한 값진 전략적 이점도 누리고 있습니다.

유엔 사령관이 작전을 이어가는 데 제약이 있기 때문에 이것은 공정한 승부가 아닙니다. 이 문제의 해결책을 찾는 일은 유엔이나 유엔 회원국 정부들에게 맡겨져 있습니다.

유엔 총사령관이 최근 공격한 일에 대해 후에 역사가 어떻게 판단하든, 그가 당한 패배로 인해 대부분의 미국 시민들이 그에게 가졌던 신뢰는 앞으로 심각하게 흔들릴 것이며, 그가 수없이 공표했던 말들은 그에게 공격으로 돌아왔습니다.

얼마 전 「맥아더의 참패」라는 제목의 『뉴욕헤럴드트리뷴』[5] 사설은 중국의

---

5) 『뉴욕헤럴드트리뷴New York Herald-Tribune』. 1924년 창간된 미국의 대중적 일간지. 온건한 공화당의 정책을 지지했음.

위협에 직면한 유엔 총사령관의 급작스러운 태도 변화를 씁쓸한 어조로 꼬집었습니다.

이 사설에 따르면 10월 중순에 중공군은 압록강 도하를 시작했는데, 맥아더 장군이 이 상황에 전념한 지 겨우 15일 뒤의 일이었습니다. 그는 당시 극적인 공식성명을 내놓으며 이렇게 설명했습니다. 전쟁에서 사실상 승리했을 때 중공이 "만주에 인접한 국경의 '특권적 성역' 뒤로 알맞은 보급품과 증원군을 조달받을 수 있는 강력한 병력집결지"에 의지하는 "외국" 부대들에게 압록강을 도하시킴으로써 "역사상 가장 충격적인 국제적 혼돈 행위를 벌였다"는 것입니다. 그리고 "이런 방법으로 유엔군을 격퇴하기 위한 함정을 은밀히 파놓았다"고 말을 이었으나, 워커 장군은 교묘한 작전을 펼친 덕에 여기에 빠지지 않았습니다. 반면 19일 후, 맥아더 장군은 11월 6일에 자신이 지적했던 것은 까맣게 잊었는지 자신만만하게 공식성명을 발표하고 나서 스스로가 말했던 함정에 곧장 빠지고 말았다고 사설은 전합니다.

그런데도 맥아더 사령부는 엄청난 군사적 실수에 대한 변명거리를 물색하며 지금 "중공군 백만 대군이 한국에 있거나 한국으로 오는 중"이라고 "추정"했다고 사설은 이어서 말합니다. 그러나 지난 3주간 있었던 일 때문에 그의 추정치는 믿을 수가 없고, "사실과 정보의 혼란을 주는 중대한 실수를 한 사령부의 군사적 역량을 신뢰하기가 점점 더 어려워지고 있다"고 합니다.

사설은 맥아더 장군의 "정치적 무책임"을 탓하는 영국의 비난을 불공정하다고 여기면서도, "군사적으로 실패한 맥아더 장군은 영국의 신뢰를 지킬 수 있을 거라 기대할 수 없게 되었다"고 쓰며 글을 맺습니다.

미 정부에 영향력을 행사하려는 맥아더 장군의 시도는 지난 8월에 대만에 대해 내놓은 그의 유명한 성명으로 각광받았습니다. 그때부터 그는 노골적으로 "태평양 지역에서의 유화정책과 패배주의를 권하는" 이들의 반대편에 섰습니다.

12월 4일자 『라이프』에 실린 도쿄 특파원과의 인터뷰에서 유엔 총사령관은 "유화책을 써서 한국의 주권이나 영토 통합을 희생시켜 우리의 군사적 부담을 덜려하거나, 다른 모든 본질적인 원칙들을 공산군의 공격에 내맡기려는 뒷거래는 모두 언제까지고 반대한다"고 언명했습니다.

한국에서의 유엔 "대공습" 전날 있었던 것으로 보이는 다음의 인터뷰 문장들은 훨씬 더 많은 것들을 드러냅니다. 이 말을 보면, 맥아더 장군의 생각에 전쟁은 무엇보다도 무기를 써서 담판지어야 하는 것입니다.

> "그는 이 사태가 현시점에서는 특히 군사적 차원의 일이라고 생각한다. 일단 북한에 있는 적군을 섬멸해 군사적 목적을 달성하고 나면 중공에 관한 모든 정치적 문제들은 훨씬 학구적인 문제가 될 것이라는 생각이다. 물론 소련이나 중공, 혹은 양측 모두 공식적이고 노골적인 행위로 대대적인 전쟁을 일으키기로 하지 않는다면 말이다."

이 성명에는 애매한 구석이 없지만, 맥아더 장군의 공식 성명들과 인터뷰 곳곳에 깔린 수많은 암시와 한 겹 가려진 권고, 슬쩍 위장된 경고 메시지를 읽어낼 필요가 있습니다. 그는 만주의 "특권적 성역"이라는 비유를 수차례 써가며, 유엔군에 국경 너머에 있는 적군에 대한 공격을 금하는 "역사상 유례없는 핸디캡"을 없애려면 특권을 멈춰야 한다고 분명하게 말했습니다.

마지막으로, 12월 1일에 맥아더 장군이 UP통신 사장에게 답신한 전보 내용은 미국뿐 아니라 유럽도 겨냥하고 있습니다. 유럽국들은 "무엇이라도 동양의 자유를 침해하는 것은 곧 서양의 자유에 대한 지독한 위협"이 된다는 것과, "이곳에 뻗친 도전에 맞서기 위해 불굴의 결의로 용감히 싸우지 않는다면, 전투는 유럽 전장에 펼쳐질 것이고 아마 패배를 가져올 것"임을 잘 알고 있습니다.

그런데 군사 영역에서와 마찬가지로 정치적으로도 맥아더 장군 생각의 실효성은 심각하게 의심받기 시작했습니다. 지난 일요일자 『뉴욕타임스』에서 제임스 레스턴[6]은 맥아더 장군의 관점이 "브래들리 장군의 최근 성명과 연관해 살펴보면 상당히 흥미롭다. 브래들리에 따르면 한국은 다른 지역들에는 그곳의 자체 방어를 위해 필요한 군사적 여력을 일절 남기지 않음으로써 세계에 자유를 주었다"고 신랄하게 비꼬았습니다. 레스턴은, 맥아더 장군의 정책을 포함해

---

[6] 제임스 레스턴(James Reston, 1909-1995). 미국 『뉴욕타임스』 칼럼니스트. 1960년 전후까지 수많은 특종기사를 취재하여 『뉴욕타임스』의 상징적인 존재가 됨.

모든 단기 정책이 브래들리 장군이 말한 상황에 입각해야 하며, 언론 인터뷰가 아무리 많아도 이점에는 전혀 변함이 없을 것이라고 강조합니다.

맥아더 장군은 모든 사람들에게 어떤 정책을 취해야 할지에 대한 충고를 아끼지 않으면서도, 유엔 결의안을 충실히 따르지 않는 영역에서 직접 주도권을 쥐고 행동해 자신에게 내려진 지시를 어겼다는 것과, 한편으로는 중공군의 개입이 오래 전부터 계획되었던 일이고 북한군 패배의 직접적 결과라는 것을 극구 부인했습니다.

그 점에 있어서『뉴욕타임스』워싱턴 지부장인 아서 크록이 맥아더 장군과 미 정부의 관계가 갖는 성격에 관해 쓴 글을 주목할 만합니다.

아서 크록은 맥아더 장군이 모든 중요 군사작전에 관해 미 정부의 승인을 요청한 것도 사실이고, 그가 항상 "권위 있는 출처" 즉 대통령과 참모장들의 비호를 받은 것도 사실이라고 쓰고 있습니다. 맥아더 장군이 한국의 유엔군 총사령관 자리에 임명되었을 때 받았던 지령은 여러 차례 수정될 뻔했습니다. 그러나 미국 측에서든 외국 측에서든 이에 관해 암시만 하면 모두 거부되었습니다.

아서 크록은 이러한 미 정부 "권력층"의 태도에는 크게 다음과 같이 다섯 가지 이유가 있다고 봅니다.

- 맥아더 장군은 현장에 있었고, 큰 군사적 명성을 떨쳤고, 극동지역에 대해 잘 알고 있다. 따라서 감히 누구도 그의 전략이나 전술에 대해 왈가왈부할 수 없다.
- 그에게 주어진 명령을 변경하려면 내부적으로 치열한 정치적 다툼이 있던 시기였기에 아마 그를 교체할 필요가 있었을 것이다.
- 동양, 특히 일본에서의 장군의 명성에 먹칠을 해서는 안 되었다.
- 장군의 활동은 유엔이 그의 권위에 부여한 정치적 ㅁㅁㅁ뿐 아니라 이전에 극동지역에서 미 행정부의 태도가 급변한 것 때문에 이미 충분히 복잡했다.
- 끝으로, 정치적 압력의 결과 미 행정부가 중공의 유엔 의석 인정을 거부했기 때문에 다른 해결책은 맥아더 장군의 전략 구상을 채택하는 것이었다.

이로부터, 맥아더 장군의 인기가 군사적 영역에서 시들었다고는 하지만 그의 책임과 미 행정부의 책임을 구분 짓기는 훨씬 더 힘듦을 알 수 있습니다. 미 행정부가 과거에 자신에게 고분고분하지 않았던 사람을 어느 정도까지는 변호하고 있다는 사실도 놀랍지 않습니까?

여론을 보면 맥아더 장군의 공로와 과오에 대해 의견이 분분한 것 같습니다. 만약 5년 전부터 장군이 권하는 강경책을 따랐더라면 미국이 지금 같은 비극적 상황에 처하지 않았을 것이라고 주장하는 목소리가 여전히 높습니다.

한편, 유엔군 총사령관의 신중하지 못한 언변과 전술상의 실책 역시 잘못이 없을 수 없고, "동양의 심리" 해석을 위해 그에게 무턱대고 모든 것을 일임할 수는 없다는 것이 증명되었습니다. 어쨌거나 여론을 전체적으로 봤을 때, 예전에 그가 상관들에게 대놓고 대들 수 있었던 신기한 마력은 이제 존재하지 않음은 부인할 수 없습니다.

보네

【256】 한국의 휴전을 위한 중국의 조건(1950.12.11)

[전 보]	한국의 휴전을 위한 중국의 조건
[문 서 번 호]	760-763
[발 신 일]	1950년 12월 11일 20시 45분
[수 신 일]	1950년 12월 11일 23시 25분
[발신지 및 발신자]	뉴델리/다니엘 레비[1](주인도 프랑스대사)
[수신지 및 수신자]	파리/로베르 슈만(프랑스 외무부장관)

제가 귀환 후 처음으로 오늘 아침 방문했을 때 외무부 사무국장인 바즈파이 경[2]은 인도 정부가 사르다르 파니카[3] 베이징 주재 인도대사에게서 막 받은 전보를 보고했습니다. 전보에는 미국이 당장 대만 문제를 협상 테이블로 가지고 나오지 않는다면 중국은 한국에서의 휴전 제안을 모두 거부할 것이라고 적혀 있었습니다.

대사는 자신이 느끼기에는 이것이 대만 주위를 두른 미 해군 경계선을 당장 거두라는 뜻보다는 카이로와 포츠담 성명에 따라 대만에 대한 중국의 권리를 공식적으로 재인정하라는 것 같다고 밝혔습니다. 제7함대 부대들은 추후에 한국문제에 관해 협정이 이루어지면 철수 가능할 것이라고 말입니다.

또 이 출처에 따르면, 중공은 자신들의 즉각적인 유엔 의석 확보를 협상 조건으로 주장할 수도 있습니다.

바즈파이 경은 이런 조건에서는 최근 13개국의 대 중국 호소문을 베이징 정부가 받아들였을 리 없다고 했습니다. 그리고 사실 현 상황에서는 미국과 중국

---

[1] 다니엘 레비(Daniel Lévi). 인도 주재 프랑스대사(1947-1951). 핀란드, 체코, 네팔 주재 대사 역임.
[2] 기리자 샹카 바즈파이(Sir Girja Shankar Bajpai, 1891-1954). 인도 외무부사무총장(1891-1954).
[3] 사르다르 파니카(Sardar Panikkar, 1894-1963). 주베이징 인도대사(1950-1952). 이집트 및 프랑스 주재 대사 역임.

의 견해차를 좁히기가 불가능해 보인다고 덧붙였습니다. 따라서 인도 정부는 베네갈 라우 주유엔 인도 대표에게 막다른 길로 들어선 듯 보이는 그의 현 방침들을 레이크석세스에서 이어가지 말 것을 당부했을 것입니다.

바즈파이와의 만남은 매우 화기애애했습니다.

식민지 문제는 거론되지 않았습니다. 우리는 케스카[4] 박사가 바로 얼마 전 파리에서 각하와 회담한 내용을 인도 정부에 알리기를 기다리는 것이 낫겠다고 의견을 모았습니다.

다니엘 레비

---

[4] Kescar. 정확한 원문 및 인물 추정 어려움.

【257】 한국의 군 상황(1950.12.12)

[전 보]	한국의 군 상황
[문 서 번 호]	2550-2552
[발 신 일]	1950년 12월 12일 08시 55분
[수 신 일]	1950년 12월 12일 13시 20분
[발신지 및 발신자]	도쿄/드장(주일 프랑스대사)

보안

워싱턴 공문 제849-851호
뉴욕 공문 제638-640호

국방부에 전달 요망

1. 제8군 작전지대에서는 남한군을 제외한 모든 유엔군이 38선을 탈환해 서울 북쪽에 있습니다. 그리스-프랑스와 네덜란드 분견대들은 서울에서 30㎞ 지점에 도착했습니다.

38선 이북에는 전투력이 매우 약한 남한군 제1, 제6, 제2, 제5, 제9사단이 한반도를 따라 길게 늘어서 있습니다.

어제 11일 제1해병사단이 가장 많은 물자를 다시 갖고 함흥에 도착했습니다. 인천상륙 작전 이후 1만 명의 병력이 줄어든 상태입니다.

2. 서부전선에서는 중공군이 그들보다 훨씬 더 빠르게 퇴각한 연합군과 마주치지 않고 하루 평균 10㎞씩 전진하고 있습니다.

남한군이 점령 중인 38선 근처에서 연합군의 전진에 뒤쳐졌다가 오늘 다시 나타난 일부 북한군과 남한군 간에 국지전이 발생했습니다. 재편된 인민군 사단들은 총 15만 명 규모인데 아직 투입되지 않았습니다. 하지만 그중 일부는 중공군 방어선 후방에서 활동 중입니다.

이들이 방어선을 넘어 정찰부대로 흩어져 남쪽으로 총진격해올 것으로 예상됩니다.

15일 간 해병대를 포위 공격했던 중공군 10개 사단은 현재 함흥 포구를 포위하려는 듯 장진호와 함흥을 축으로 동서로 나뉘어져 있습니다.

드장

【258】 서울의 분위기(1950.12.13)

[전 　 　 보]	서울의 분위기
[문 서 번 호]	2563-2565
[발 　 신 　 일]	1950년 12월 13일 07시 45분
[수 　 신 　 일]	1950년 12월 14일 12시
[발신지 및 발신자]	도쿄/드장(주일 프랑스대사)

브리옹발[1] 공문 제5호
12월 7일 서울 발신, 12일 도쿄 수신

저는 부임 이튿날 이승만 대통령에게 의전 방문 의사를 밝혔으나 사정상 여러 차례 연기되다가 오늘 정오에야 만날 수 있었습니다.

시간을 훌쩍 넘겨 회담을 이어간 이승만 박사가 나타낸 우려의 수준과 폭은 38선 근방의 구체적 추이에 특히 집중되었다고 느껴지는 당국 전체의 보다 일반적인 우려와 유난히 대조되었습니다.

서울에는 군 행렬이 계속되는 가운데 평양 피난민이 대거 도착하고, 노인과 아이들에 대한 피난 권고가 내려진데다가 미 대사관이 공개적으로 대비태세에 들어가자 긴장된 분위기가 감돌고 있습니다. 이런 분위기에서 이승만 대통령이 전반적인 위협에 직면한 아시아의 비공산권 국가들의 몰이해한 태도 때문에 우려하고, 또 더군다나 최근 자신이 북한 행정 정책을 조작한 일로 유엔위원회의 불만을 산 것에 대해 확연히 걱정하는 모습은 회담에 참석한 외무부차관에게 비이성적으로 보였을 수 있습니다.

---

[1] 장 브리옹발(Jean Brionval)인지 앙리 브리옹발(Henri Brionval)인지 정확한 추정 어려움. 이 부분은 장 브리옹발로 추정. 문서상 앙리 브리옹발도 나오고 있음. 장 브리옹발은 주한 프랑스 대리공사.

그러나 이승만 박사의 우려가 서울과 38선의 운명 자체를 이제부터 크게 넘어서는 것은 분명해 보입니다. 그리고 그가 보인 정신 상태는 마치 ㅁㅁㅁ 얼마 전 장제스의 최근 바기오 행보 때[2]와 서울 행보 때의 모습, 또 그가 미국에 도움을 요청할 때의 모습을 보는 것 같습니다.

드장

[2] Baguio. 필리핀 루손 섬 북서 지방에 있는 도시. 태평양 연맹 예비회담이 열렸던 장소.

【259】 한국의 일시적 휴전 조건(1950.12.14)

[전　　　보]	한국의 일시적 휴전 조건
[문 서 번 호]	3619-3621
[발 　신 　일]	1950년 12월 14일 18시 40분
[수 　신 　일]	1950년 12월 15일 02시 40분
[발신지 및 발신자]	뉴욕/쇼벨(주유엔 프랑스대사)

보안

절대우선문건

워싱턴 공문 1379-1381호

본인의 전보 제3604호 참조

워싱턴은 한국의 휴전 조건 결정을 담당하는 위원회 대표 5인에 엔테잠[1] 외에 최근 활동을 인정받고 있는 베네갈 라우와 레스터 피어슨이 포함되어야 한다고 덧붙이고 있습니다. 피어슨을 선택한 것은 그가 사실이든 아니든 요즘 조금 소외되었다고 느끼는 것 같아 다시 기용하려는 것 같습니다.

저는 그로스에게 레스터 피어슨을 택하면 위원이 3명인 위원회에 2명의 위원장이 포함된다는 문제가 있다고 말했습니다. 그리고 피어슨 캐나다 외무장관이 열의 있고 올바른 인물임은 확실하지만 그의 판단력은 그 정도로 신뢰하기는 어렵고, 우리가 고심하고 있는 중대한 문제에 대한 그의 정치적 태도가 너무 정해져 있다고 했습니다. 라우는 그 자체가 제어가 어려워

---

[1] 나스롤라 엔테잠(Nasrollah Entezam, 1900-1980). 주유엔 이란대사(1947-1950)였으며 1950년 제5차 회의 유엔총희 의장. 주미 이란 대사(1950-1952) 역임.

엔테잠이 그를 자신의 노선에 유지시키는 데 어느 정도 어려움을 겪을 수 있다고 덧붙였습니다. 반 랑겐호프[2]나 샌들러[3] 같이 더 끈기 있고 신중한 사람을 지지하는 것이 아마 더 쉬울 것이라고 말입니다.

그로스는 곧 이 같은 소견을 워싱턴에 알렸으나, 레스터 피어슨에게 이미 매우 분명히 제안을 해둔 상태이며 국무부는 그에 대해 명확한 태도를 고수한다는 대답만 돌아왔습니다.

쇼벨

---

[2] 페르낭 반 랑겐호프(Fernand van Langenhove, 1889-1982). 주유엔 벨기에대사.
[3] Sandler.

【260】 한국의 군사 상황(1950.12.14)

[전 보]	한국의 군사 상황
[문 서 번 호]	2567-2572
[발 신 일]	1950년 12월 14일 00시
[수 신 일]	1950년 12월 14일 10시
[발신지 및 발신자]	도쿄/드장(주일 프랑스대사)

보안

사이공 공문 제1311호, 워싱턴 공문 제852호, 뉴욕 공문 제641호
국방부에 긴급 전달 요망

콜린스[1] 장군의 방문 후, 미 사령부는 군사적으로 여러 가능성에 길을 열어 둔 태도를 취한 것 같습니다. 외교적으로는 협상 가능성을 남겨두고 필요할 경우 평화적 해결도 가능하도록 했습니다.

미 제8군 주력부대는 서울 주위에 집결했고, 우측 부대들과 연합해 특별히 중요한 이 지역 방어를 책임지거나, 교두보로 조직되거나, 완전히 자유를 찾은 인천 항구를 통해 철수할 수 있습니다.

함흥에 집결한 미 제10군단은 위협이 없는 상태입니다. 이들은 승선하여 아마도 부산으로 갈 것이고, 그곳에서 다른 교두보를 마련하거나 일본으로 돌아갈 가능성이 있습니다.

38선상에서 게릴라군이 점령한 지역을 가로질러 한국군만으로 구성된 방어벽이 쳐졌습니다. 공습해올 경우에는 버티지 못할 것입니다.

---

[1] J. 로턴 콜린스(Joseph Lawton Collins, 1896-1987). 한국전쟁 당시 미 육군 참모총장(1949-1953).

이처럼 배치된 연합군은 큰 위험 없이 적군의 다음 움직임을 기다릴 수 있습니다. 적군 주력부대는 38선 50km 지점에 있고 남동쪽으로 천천히 움직이고 있습니다.

만약 적군이 불충분한 병력으로 나온다면 자신들의 동맹 군대 사이로 들어갈 수 있습니다. 만약 적군이 많은 병력으로 남쪽으로 깊이 침투한다면, 미 사령부는 부산 교두보만 남겨두거나 전군 철수를 명령할 수 있습니다.

몇 가지를 살펴보면 이 마지막 방안은 근시일 내에 다시 고려할 일이 없다는 것을 알 수 있습니다. 대구에 있던 프랑스군 분견대가 수원 북쪽으로 보내졌고, 미국에서 파병된 몇 천 명의 병력이 미 제8군에 충원된 것입니다.

따라서 미 사령부가 어떤 결정을 내릴지는 상당 부분 한국과 레이크석세스에서 중국이 어떤 태도를 보이느냐에 달려 있습니다.

그토록 신중을 기했음에도 미 중앙정보국은 수차례 크게 허를 찔렸습니다. 예고된 거대한 중공군 병력은 아직까지 한국에 나타나지 않았다고 해도 무방할 것 같습니다. 아직은 적군의 수적 우세가 압도적이라고 할 수 없습니다. 12월 9일 연합군 수는 235,000명이었으며, 이는 식별된 이들 27-30개 사단과 거의 같은 수치입니다. 적군이 사령부에서 예고한 병사 수십만 명의 2차 부대를 투입하려면 어느 정도 시간이 걸릴 모양입니다. 따라서 연합군 재편성이 완료되면 전력은 거의 비슷하게 균형을 이룰 것으로 보입니다. 전투 상황에 따른 피치 못한 결정이 아니라, 대사들 간 논의를 통해 전쟁이냐 평화냐를 결정하는 데에는 상당한 시간이 소요될 것입니다.

드장

【261】 한국에서의 유엔군과 중공군의 상황(1950.12.17)

[전 보]	한국에서의 유엔군과 중공군의 상황
[문 서 번 호]	2620-2626
[발 신 일]	1950년 12월 17일 02시
[수 신 일]	1950년 12월 17일 16시
[발신지 및 발신자]	도쿄/드장(주일 프랑스대사)

보안

사이공 공문 제1347-1353호
국방부에 긴급 전달 요망

  평양 포기 후 미 제8군은 중공군과 아무 교전이 없었습니다. 중공군은 지금까지 보기로는 초기의 성공을 철저히 활용하지 못했습니다.
  사실 서쪽 지대에서 미 사령부는 적군이 정확히 어느 위치에 있는지 모르고 있습니다. 그러나 사리원 근방에 상당수가 집결해 있는 것은 확인했습니다. 38선을 넘은 중공군 부대는 없고, 38선 근방에서 북한군으로만 구성된 적군이 작전 중임이 거의 확실시되고 있습니다. 더군다나 상당수의 남한군이 해주반도에 있고 해상으로 철수했습니다. 남한군에 의해 유지되던 해주가 심한 폭격을 당한 후인 14일에 다음과 같은 정보를 알게 되었습니다.

  1. 요 며칠 미 제8군의 전투 대형에 아무런 변화가 없었습니다. 프랑스 대대, 네덜란드와 그리스, 태국 분견대가 수원에 예비병으로 있는 제2보병사단에 배속되었습니다.
  2. 예상했던 것처럼 흥남 교두보 근방에서 계속되던 중공군 십여 사단의 압

박이 15일에 특히 고조되었습니다. 제3사단 연대들이 몇 km에 달하는 후위부대를 이루고 있습니다. 제10군단이 몇 km 후퇴하며 철수 중입니다. 부산으로 갔던 남한군 제3사단이 해안에 배치된 군대의 우측으로 38선을 향해 옮겨가고 있습니다.

3. 현재까지 한국에 투입된 중공군은 전차를 보유하고 있지 않았습니다.

그런데 얼마 전 참모본부에 도착한 보고서에 따르면 중공군은 T-34 전차를 다수 확보한 것으로 되어 있습니다. 이 외에도 ㅁㅁㅁ군이 보유했던 일제 중전차와 경전차, 셔먼 전차, 민족주의 전차를 보유하고 있습니다.

만주 쑤밍치에[1]에 기갑부대를 위한 교육장이 있는데 여기에는 특수기갑부대 사령부도 있습니다.

한편 포로들은 10월 하반기 중에 만주를 통과해 특히 안둥으로 향하는 대규모 전차 행렬을 목격했다고 밝혔습니다. 퉁화(通化)에서 목격된 수송단에는 2개 기차에 T-34전차 106대가 실렸을 것으로 보입니다. 이 같은 상황에서 참모본부는 한국에 적군의 전차가 다시 나타나기를 기다려야 한다는 생각입니다.

최신 정보에 따르면 중-소 계획에는 연말 전에 류큐열도의 미군기지 공격이 예고되어 있습니다.

만약 이 공격이 실행된다면 아마 창하이 지역에서 출격할 것입니다. 창하이는 1950년부터 제트기와 중폭격기를 이용할 수 있는 비행장 건설이나 정비가 대대적으로 시행되었던 곳입니다. 게다가 연료와 군수품, 예비 부품 보유고가 있고, 소련 장교들의 감독 하에 공중 및 해상 공격 방어가 이루어질 것입니다.

도쿄 최고사령부에서는 만주 국경 근처에서 일어나는 미군과 적군 간의 제트기 충돌이 갈수록 빈번해지고 있는 데 대해 특별한 동요를 보이지 않고 있습니다. 최근 24기[2] 8대와 MIG-15기 10대가 연달아 목격되었습니다.

드장

1) Ssupming-Chieh.

2) 전투기 모델명은 본문에 생략되어 있음.

【262】 유엔군 철수 시의 영향(1950.12.21)

[전　　　　보]	유엔군 철수 시의 영향
[문 서 번 호]	4878-4887
[발　신　일]	1950년 12월 21일 15시
[수　신　일]	1950년 12월 21일 15시 10분
[발신지 및 발신자]	런던/마시글리(주영 프랑스대사)

보안

2급 비밀

쇼벨 씨의 전보 제3641-3659호를 매우 흥미롭게 검토했습니다.

사태가 빠르게 진행되고 있어서 안전보장이사회의 우리 측 대표가 예상한 가정을 이미 상당부분 지나쳐버렸습니다. 하지만 그의 연락 내용이 매우 중요한 문제제기를 하는 만큼 저의 소견을 알려야 할 것 같습니다.

중공 대표단이 실현되지 않을 정치적 조건을 내세우며 그것이 선행되어야만 휴전이 가능하다고 생각하는 한, 당장은 적어도 공식적으로는 휴전이 없다는 사실을 우리는 알고 있습니다. 하지만 휴전이 없더라도 38선 주위로 사실상 전방을 안정화하는 것은 가능할 것으로 보입니다. 우리 무관이 육군성에 수집·제공한 자료에 따르면 이것이 맥아더 장군이 현재 실행해가고 있는 계획으로, 제8군 강화와 북쪽에서 철수한 제10군단의 동해안 포구 재집결을 가능케 했음이 틀림없습니다. 게다가 이런 해결법은 중국 측이 꽤나 반길 수법일 것입니다. 소련을 자극하지 않으면서도 마오쩌둥에게 더 이상 개입하지 않을 수 있게 해줄 것이기 때문입니다. 베이징 정부가 소련의 정책으로부터 독립된 정책을 노골적으로 따를 수 있다고 생각하기는 사실상 어렵습니다. 중국은 소련과의 사이에서, 소련이 뤼순과 창춘 철도 재건 약속을 지키지 않는 데 항의하는 상황을 만들지 않으려는 데 무엇보다 큰 관심이 있기 때문입니다. 그렇다고 해서 유엔 군을 38선에 도로 데려다 놓은 중국이 꼭 소련에게 득이 되는 행동을 더 진척시 키려 한 것이라고는 할 수 없습니다.

따라서 이제는 '휴전 또는 철수'가 아니라 '안정화 또는 철수' 중 양자택일 상 황입니다. 이런 관점에서 본다면 군 철수는 극동지역 전체에 매우 광범위한 파 장을 일으킬 것이므로, 어쩔 수 없는 군사적 필요에 의해서가 아니고서야 일부 러 그럴 생각을 하는 것은 현명한 것 같지 않습니다. 만약 군 철수가 전체적인 그림의 한 요소이고 극동지역 현장의 다른 지점에서 연합군의 확언이 뒤따라 또 나오게 된다면, 그로 인한 체면 손실이 아마 이만저만이 아닐 것입니다. 그 러나 우리는 그 지경에 이르지는 않았습니다. 한국에서 절약한 병력을 우리가 운용하게 될까요? 알 수 없는 일입니다. 유럽에 있는 미군 사단들이 그만큼 증 강될 수 있을까요? 그럴 것 같지 않습니다. 왜냐하면 철수의 여파가 일본에 너 무 크게 미쳐서 뼈대밖에 남지 않은 점령군을 상당히 증강시켜야만 할 것이기 때문입니다. 도쿄에서 온 최근 전보들을 보면 그곳의 국내 상황이 빠르게 변화 하고 있음을 알 수 있습니다. 그리고 공산군이 부산에 다시 발을 들인다 해도 미 사령부가 일본을 실제로 군대 없이 놔둘 것이라는 생각은 들지 않습니다.

상황을 예상해보면, 군을 철수한다면 아프리카까지는 아니어도 아시아와 중 동지역 전체에서 연합군의 위신이 엄청난 타격을 받을 것입니다. 서구 강대국 들에게는 새로운 혼란의 전주가 되어, 숨을 돌리기는커녕 이내 다른 복잡한 일 들에 휘말리게 될 것입니다.

이런 상황이 될 수 있음을 받아들이든 않든, 문제는 제기되고 있고 현 시점에 서는 이런저런 방향에서 논의를 검토해볼 수 있는 단계에 있다는 사실은 연합 군 정책의 결집이 부족하다는 것을 너무나 잘 보여주고 있습니다. 브뤼셀에서 귀하께서 극동지역 군사 문제 전체에 대해 3국이 협의하는 것에 대해 다시 생각 해볼 기회가 있으셨는지 모르겠습니다. 이보다 더 시급한 일은 없을 겁니다. 하 지만 이미 이제는 그것만으로는 부족해졌습니다. 유럽에서 소련이 우리에게 기 습 정책을 펼칠 수 있고 인도차이나 반도와 말레이시아가 위협에 시달리고 있 는 만큼 우리는 미군, 영국군과 함께 우리 군 전체에 대한 면밀한 점검에 들어가야 합니다. 아이러니하게도 북대서양조약 협상 당시 아시아 사태에 연루되지 않으려고 조심했던 것이 이제는 우리에게 부메랑이 되어 돌아오고 있습니다. 결국 북대서양 지역에서는 군사 협력이 이루어졌습니다. 하지만 태평양 지역은 아닙니다. 게다가 이 두 현장 간에 군력이 적절히 분배된다는 보장도 없습니다. 러시아와 중국은 오늘날 우리에게 이러한 공조 노력을 강요하고 있는데, 우리 상대국들은 아직까지 그럴 준비가 되지 않았습니다.

앤서니 이든[1]은 지난주 있었던 하원 논의에서 서구 강대국 3개국과 캐나다로 구성되는 고위기관 또는 이에 상응하는 기관의 설립을 요구했습니다. 지금으로서는 그 원칙을 받아들이도록 만드는 것이 문제입니다. 프랑스는 인도차이나 반도에 개입해 있고 유럽에서 다른 상대국들보다 더 위협을 받고 있는 만큼, 이런 방향의 제안을 발의하기 위해 내세울 훌륭한 논거를 가지고 있습니다. 프랑스는 이를 앞세워, 자국 입장만큼이나 대의에도 가장 각별한 도움을 돌려줄 것입니다.

게다가 얻게 될 결과의 중요도만 봐도 미리 속마음을 떠보지 않고는 시작하지 말아야 합니다. 이렇게 조사해보는 것이 워싱턴에서는 시기상조일 거라 생각됩니다. 반대로 런던에서는 이런 발상에 사람들의 생각이 깨어 있습니다. 오늘 아침 『타임스』사설이 이를 보여줍니다. 그리고 이든이 내세운 제안은 우리를 완전히 위태롭게 만들지 않으면서 대화를 시작하기 위해 자연스럽게 생각해 낸 출발점입니다. 하지만 그 전에 개인적으로라도 이런 방향의 발의가 귀하게서 보시기에 너무 시기상조이거나 시의적절하지는 않을지 확인받고 갖고 싶습니다.

마시글리

---

1) 앤서니 이든(Robert Anthony Eden, 1897-1977). 세 차례의 외무장관(1935-1938, 1940-1945, 1951-1955)와 45대 총리를 역임한 영국 정치인. 처칠의 외교 파트너 역할을 수행함.

【263】 중공군의 대공세 예상(1950.12.22)

[전 보]	중공군의 대공세 예상
[문 서 번 호]	2690-2693
[발 신 일]	1950년 12월 22일 23시 00분
[수 신 일]	1950년 12월 24일 11시 15분
[발신지 및 발신자]	도쿄/드장(주일 프랑스대사)

보안

뉴욕, 워싱턴, 사이공 공문
국방부에 긴급 전달 요망

오늘 최고사령부는 48시간 내에 공격이 시작될 것으로 보고 있습니다. 서양에서는 보통 이 시기에 연휴로 느슨해지기 마련이니, 적군이 그 기회를 틈타지 않을까 우려됩니다.

1. 확인된 북한군 18개 사단의 대규모 병력이 38선 근방에서 유엔군과 대치 중입니다. 수많은 중공군이 바로 후방에 도착했습니다. 서쪽에서 동쪽으로 신막에서 김화 사이이며, 제40, 제39, 제42, 제38군의 12개 사단입니다.

이미 연합군과 중공군 부대들 사이에 소규모 교전이 일어났습니다. 특히 신동리에서 적군 1개 연대가 정면으로 공격해오자 남한군 제8사단은 3km 후퇴할 수밖에 없었습니다.

사령부는 특별히 위험에 처한 것으로 보이는 제8사단에 미군 소대 및 프랑스와 네덜란드 분견대를 파병합니다.

중공군은 지난 20일 대규모로 연천으로 들어갔고, 38선 이남 양주에 많은 병력이 집결하고 있습니다.

미 사령부의 예상대로 공격이 일어날 것 같습니다. 중공군이 성공할 경우 그 기회를 적극 활용해야 하므로 인민군 부대들이 정찰대로 움직이고 있었습니다.

오늘 아침 사령부에서는 대규모 전투 개시 전날의 정신적 긴장 상태가 느껴졌습니다.

2. 함흥 철수는 가장 충분하게 갖춰진 상황에서 실행하도록 합니다.

3. 참모본부가 전적으로 신뢰하는 정보에 따르면, 새로운 4개 군대가 최근 한국에 들어온 것으로 보입니다.

이 병력 외에 만주에 아직 535,000명이 더 있을 것입니다. 다른 10개 군대가 만주 지방 쪽으로 향하고 있는 것으로 보입니다. 이들은 제25, 제28, 제37, 제44, 제48, 제51, 제52, 제53, 제54, 제58군으로, 총 350,000명에 달할 것입니다.

드장

【264】 한국의 군사 상황(1950.12.23)

[전 보]	한국의 군사 상황
[문 서 번 호]	2696-2697
[발 신 일]	1950년 12월 23일 23시 45분
[수 신 일]	1950년 12월 24일 12시 40분
[발신지 및 발신자]	도쿄/드장(주일 프랑스대사)

국방부에 전달 요망

　미 제8군 지역에서는 청천 북동쪽에 배치된 연합군 우측에서 적군의 압박이 계속되어 남한군 제8사단이 또다시 2㎞ 후퇴하게 되었습니다. 그러나 상황은 통제 가능할 것으로 보입니다. 작전지역마다 주목할 만한 국지전은 없습니다.
　흥남에서 미 제3사단이 승선 작전을 계속하고 있습니다. 한반도 남쪽으로 옮겨간 제7사단은 현재 부산의 구시가(舊市街) 북쪽을 점령하고 있습니다. 미 제1해병사단은 같은 구역의 서쪽을 맡고 있는 것으로 보입니다.
　MIG기 6대가 공중전 도중 격추되었고, 다른 한 대는 파손되었습니다. 아군의 피해는 없습니다. 프랑스 대대가 네덜란드 대대와 제2사단 소속 다른 소대들과 함께 수원에서 한반도 중부 37도선에 위치한 충주로 이동했습니다.

드장

【265】 미 참모부의 적군 공격력 예상(1950.12.26)

[전 보]	미 참모부의 적군 공격력 예상
[문 서 번 호]	2719-2721
[발 신 일]	1950년 12월 26일 10시 10분
[수 신 일]	1950년 12월 27일 12시 00분
[발신지 및 발신자]	도쿄/드장(주일 프랑스대사)

보안

전쟁부에 전달 요망

사이공 공문 제1403-1405호

미 참모본부는 적군의 공군력을 추산했습니다.

적군의 공군력은 항공기 650대로 추산됨.
- 엄밀한 의미에서의 중공 공군기 300대
- 만주에 보내진 소련 공군기 250대
이 항공기들 중에는 다음이 포함되는 것으로 보임.
- 공격 헬기나 제트 전투기 250대
- 직접지원 항공기 175대
- BI-95 폭격기 150대
- 수송기 75대

게다가 다롄-뤼순 지방에 기지를 둔 러시아 항공기 400-500대가 투입될 수 있다는 계산도 해야함.

적군은 다음의 항공 작전 가능성이 있음.

- 24시간 동안 총력전으로 전투기 550대와 폭격기 160대 투입 가능성
- 1개월 동안 전투기 8,740회, 폭격기 2,250회 출격 가능성
- 적군은 현재 만주(8개)와 북한(20여 개)에 기지가 있고, 한반도 전역과
  큐슈 북쪽 지역, 혼슈 북쪽 지역에 도달 가능함.

소련의 노골적인 개입이 임박했는지 아직 예측할 수 없더라도 소련군이 전쟁에 뛰어들 가능성을 심각하게 고려해야 한다고 보는 것이 이곳에서의 대체적인 견해입니다. MIG-15기의 성과를 보면 훈련된 소련군 비행사들이 이 제트기를 조종한다고 볼 수 있을 것 같습니다.

드장

【266】 연합군의 정찰보고 및 군사 배치(1950.12.27)

[전 보]	연합군의 정찰보고 및 군사 배치
[문 서 번 호]	2724-2726
[발 신 일]	1950년 12월 27일 07시 00분
[수 신 일]	1950년 12월 27일 13시 00분
[발신지 및 발신자]	도쿄/드장(주일 프랑스대사)

보안

26일에는 적군의 약점 파악을 위해 모든 전선에서 강도 높은 정찰 활동을 벌였습니다.

적군의 공격은 중공군 제4군, 제39군, 제3군 그리고 북한군 제1군단, 마전리의 제5군단, 화천의 제2군단이 해올 것으로 보입니다.

중공군 제5군은 임진강 방향으로 해안을 따라 전진할 임무를 띤 것으로 보입니다.

이천의 중공군 제42군과 제66군은 예비병입니다.

흥남 전방에 있었던 인민군 제3군단은 해안을 따라 이동해 원산과 같은 위도상에 다다른 것으로 보입니다.

같은 지역에서 작전을 수행한 2개 중공군 부대의 쓰임에 관해서는 아무 정보도 없습니다.

모든 보고서는 중공군과 북한군이 공격 준비를 마쳤다고 전합니다. 물자보급기지가 구성되었고, 대포가 설치되었습니다. 적군은 공격 개시를 위해 연합군 공군에게 불리한 기상 상황을 기다리고 있는 것 같습니다. 게다가 1월과 2월은 항공 작전에 최적의 기간입니다.

미 제10군단은 부산의 구시가(舊市街) 내부에, 제7사단과 제3사단은 북쪽에,

해병대는 남서쪽에 집결해 있습니다.

4일 전, 전선을 향해 이동 중이던 적군 전차 117대의 행렬이 공군의 가차 없는 습격을 받았습니다.

흥남철수 성공 이후로 연합군 사령부가 꽤 자신감에 차 있는 것 같습니다.

드장

【267】 한국전쟁과 중공군에 대한 인도네시아의 반응(1950.12.28)

[전 보]	한국전쟁과 중공군에 대한 인도네시아의 반응
[문 서 번 호]	335-337
[발 신 일]	1950년 12월 28일 14시 50분
[수 신 일]	1950년 12월 28일 18시 00분
[발신지 및 발신자]	자카르타/고키에[1](주인도네시아 프랑스대사)

귀하의 전보 제403호에 대한 회신

중공군의 승리 보도에 대해 초기에 감정적인 반응을 보인 것을 제외하면, 인도네시아 수뇌부는 자국의 여론과 마찬가지로 한국전쟁이 전 세계에 불러일으킨 모든 반응에 되도록 관심을 표현하지 않았습니다. 그들의 관심은 온통 국내 정치 문제와 뉴기니 문제에 쏠려 있습니다. 게다가 고위층마저도 정치적으로 미성숙하다는 것도 고려해야 합니다. 제 동료 중 한 명이 외무부 사무국장이라는 직책을 가진 공무원에게 트루먼 대통령과 애틀리 수상의 성명에 대한 의견을 물었더니, 자기는 읽어보지 않아서 그에 대해 생각하는 바가 없다고 대답한 것에서 보듯이 말입니다…….

지금까지 일관성 있게 지지된 공식적 견해는 인도네시아가 자국의 이익에 부합하는 중립 정책을 따라야 한다는 것이었습니다.

최근 며칠 동안 정부 측에서 어느 정도 감정을 표현했습니다. 인도네시아에게는 근본적으로 반공주의인 정부의 성향과 이곳에서 중공의 간계 때문에 촉발된 분노가 아시아 국가들 간의 연대보다 중요한 것 같습니다. 인도네시아도 속

---

[1] 앙리 고키에(Henry Gauquié). 주헝가리 프랑스대사(1946-1950). 인도네시아 프랑스대사(1950-1954) 역임.

해 있는 13개국의 중재 실패, 그리고 인도네시아 정부 일각에서 이는 듯 보이는 중국에 대한 냉담함이 이곳에서 주의를 끌었습니다.

미국도 가만히 있는 것은 아닙니다. 군 참모장은 최근 언론 성명에서 미국의 공군력과 해군력이 압도적으로 우세하다는 말과 함께 인도네시아가 지리적 위치와 풍부한 자연환경 때문에 중립을 지킬 수 없을 것이라고 말했습니다. 그리고 충돌이 일어날 경우 인도네시아는 침략국의 반대편에 서야 할 거라고 덧붙였습니다. 후에 정부가 부인하긴 했지만 중요한 의미가 있는 성명입니다.

전술한 바를 판단할 때 두 가지 요인을 고려할 필요가 있습니다. 하나는 정부 능력의 한계, 또 하나는 뉴기니 문제에 관해 오늘 헤이그에서 발언되는 해결책이 가져올 수 있는 파장입니다.

고키에

【268】 중공과의 협상을 위해 고려해야 할 사항들(1950.12.28)

[전 보]	중공과의 협상을 위해 고려해야 할 사항들
[문 서 번 호]	4924-4930
[발 신 일]	1950년 12월 28일 22시 30분
[수 신 일]	1950년 12월 29일 22시 55분
[발신지 및 발신자]	런던/마시글리(주영 프랑스대사)

보안

　외무부는 중국이 휴전 제안을 수락하리라는 희망을 지금은 머릿속에서 지워야 한다고 인정합니다. 3주 전부터 전투가 중지된 것은 침략군 보병이 상대편의 기계화부대를 따라잡기가 어려웠기 때문입니다. 최근 오프노[1] 대사가 권한 것처럼, 중국 사령부가 남진을 계속하기 전에 유엔군에게 원한다면 한국에서 철수할 시간을 주려고 했을 가능성도 없지 않습니다. 하지만 다 지나간 일에 대한 공론(空論)일 뿐입니다. 현 시점에서는 베이징 정부가 휴전 제안을 단호히 거부했고, 한때 38선에서 멈췄던 중공군은 며칠 전부터 남쪽으로 내려오면서 다음 공격을 준비 중입니다.

　이 공격은 다음 주 곧바로 시작될 것 같습니다. 이것이 여기에서 인정하는 내용이긴 하지만 검증된 정보에 따르면, 그래도 근거가 있다고 보는 맥아더 참모본부의 표명보다는 신뢰를 덜 받고 있습니다.

　영국의 관할 기관들은 민간 기관, 군 기관 할 것 없이 미군과 연합군이 중공군의 압력에 저항할 수 있을 것으로 봅니다. 현재 점령하고 있는 전선에서 소규

---

[1] 앙리 오프노(Henri Hoppenot, 1891-1977). 당시 주스위스 프랑스대사(1945-1952). 주유엔 프랑스 대표(1952-1955)와 인도차이나 총독(1955-1956) 역임.

모 교전 가능성만 보이며 아마 후퇴하게 되겠지만, 더 남쪽 어딘가에 포진해 굳건한 방어전선을 구축할 수 있을 것으로 생각됩니다.

중공군이 공격을 멈추고 나면 협상이 재개될 수도 있을 것입니다. 실제로 협상은 더 이상 유엔군이 패하거나 혼란에 빠지지 않고 미 사령부의 저지 타격이 중공군의 전진을 막는 상황이 뒷받침되어야만 어느 정도 성공의 여지가 있습니다. 현재 통용되는 용어 설명에 따르면, 협상이란 불가항력적 상황을 기초로 해야 합니다.

현 시점에서 외무부 산하 기관들은 문제의 군사적 가정이 현실이 된다면 중공군과 유엔군의 동시 철수를 이끌어내기 위한 대화 제의가 가능할 것이라 생각합니다. 한국은 유엔위원회에서 관리하고 중국이 위원회에 속하기로 합의하는 것으로 말입니다. 중국이 어차피 얘기하고 싶어 할 거라 생각되는 대만 문제에 관해서 외무부는 일본과의 평화조약을 기다리면서 대만을 유엔의 신탁통치하에 둘 수 있는 방안을 생각하는 중입니다.

우리 상대국들은 그들이 추천하는 방안이 가진 모든 부정적 측면들을 가장 먼저 알아보고 열거하기까지 합니다. 군사 패배의 위험, 유엔의 체면 손상, 미국 여론으로부터 공격적 반응이 나올 가능성 등 말입니다. 하지만 이들이 보기에 당장은 다른 대안이 없습니다.

어쨌든 유엔에 중국을 기소하고, 중국을 침략국으로 규정하고, 유엔을 경제적, 군사적 제재의 길로 이끌기 위해 미 국무부가 할 수 있는 모든 시도를 영국 정부는 반대한다는 단호한 입장입니다. 우리 생각에 치욕적인 패배만 가져다주거나, 말 그대로 전쟁만 일으킬 거라 생각되는 모든 행보에 반대합니다. 영국 정부가 보기에 가능한 유일한 정책은 협상 정책뿐입니다. 이런 입장은 한편으로는 어느 정도 비판을 초래합니다.

마시글리

【269】 한국의 군사 상황(1950.12.29)

[전 보]	한국의 군사 상황	
[문 서 번 호]	2757-2758	
[발 신 일]	1950년 12월 29일 07시 00분	
[수 신 일]	1950년 12월 30일 15시 15분	
[발신지 및 발신자]	도쿄/드장(주일 프랑스대사)	

보안

사이공 공문 제1435-1436호
전쟁부에 전달 요망

  28일 주간에는 중공군이 교전 없이 개성을 점령한 것 외에는 서부에 배치된 적군의 작전 개시는 없었습니다. 동해안 50㎞ 위선에 위치한 부평리 지구에 배치된 군대 동쪽에서 북한군 제12사단 소대들은 남한군 제3보병사단이 공격을 명령받은 지역 쪽으로 아직 이동 중인 것을 이용해, 25㎞ 전선에 걸쳐 폭 15㎞ 가량의 돌출부를 설치하는 데 성공했습니다. 해안에 위치한 수도사단 소대들이 돌파구 차단을 위해 파견되었습니다. 참모본부는 이 사태를 심각하게 여기지 않고 있습니다.
  충주에 예비 병력으로 있고 프랑스 대대가 배속된 미 제2사단 소대들이 북쪽으로 40여 ㎞ 떨어진 원주로 보내졌습니다.
  곧 언제라도 있을 것으로 예상된 중공-인민군의 총공격은 아직 개시되지 않았습니다.

드장

【270】 중공군의 한국 개입 주요 국면(1950.12.29)

[전   보]   중공군의 한국 개입 주요 국면
[문 서 번 호]   2759
[발   신   일]   1950년 12월 29일 23시 00분
[수   신   일]   1950년 12월 30일 15시
[발신지 및 발신자]   도쿄/드장(주일 프랑스대사)

사이공 고등판무관 공문 제1437호

12월 28일 D.A.M.[1] 공문 제768호에서 최고사령부는 중공군의 한국 개입 주요 국면에 대해 상세히 보고하고 있습니다.

사령부는 적군의 최근 위치에 기초하여 중공군 야전부대 제4군단 배속 6개 부대 78개 사단이 1월 1일-10일 사이에 개성-금천-김화 전선을 시작으로 제8군 진지에 총공격을 개시할 수 있다고 전합니다. 매순간 소규모 공격이 일어날 수 있습니다.

흥남지구에 있었던 3군단 제9사단과 그 외 3개 군(제24, 제30, 제52) 소대들로 구성되었을 것으로 보이는 제3군 야전부대들의 도착으로 적군의 전력이 증강될 수 있습니다.

또한 4개 증원군대(제55, 제56, 제67, 제68군)와 그 외 2개 군(제37, 제44군) 소대들이 압록강을 건넜을 것으로 보입니다.

공문에 의하면 중공 정부가 펼친 광범위한 군사노력이 국지전에 나타나고 있습니다. 중공군이 조직적으로 산정한 5개 대규모 부대 중 대부분이 제3, 제4야전부대 병력입니다.

---

[1] 작전지원국(Département de l'appui aux missions)으로 추정.

중공의 군사노력은 또한 중국 역사상 유래가 없는 규모의 군 예산으로도 나타납니다. 1951년에 책정된 예산은 80억 달러에 달하는데 이는 1950년보다 3배, 연간 군사지출 총액보다는 8배 높은 수치입니다. 중화민국 국민정부는 엄두도 못 낸 수치입니다.

국방부에 전달 요망.

드장

ㄱ

388, 389, 391, 392, 396, 399, 401,
402, 403, 414, 420, 421, 425, 427,
433, 434, 435, 448, 449, 450, 459,
466, 476, 478, 480, 481, 486, 489,
491, 492, 494, 499, 501, 502, 504,
505, 506, 508, 509, 522, 526, 530,
533, 535, 543, 550, 557, 559, 563,
565, 569, 576, 578, 580, 584, 588,
598, 600, 633, 640, 655

북한군 27, 29, 31, 33, 36, 43, 45, 51, 56,
72, 76, 83, 85, 99, 109, 110, 112, 114,
118, 131, 132, 133, 139, 140, 141,
151, 155, 156, 157, 165, 167, 173,
175, 181, 182, 185, 187, 190, 192,
193, 194, 195, 196, 198, 199, 200,
201, 203, 212, 219, 239, 245, 247,
255, 256, 258, 259, 269, 281, 291,
297, 301, 306, 314, 315, 316, 317,
318, 319, 320, 321, 325, 326, 328,
329, 332, 337, 342, 347, 351, 362,
363, 365, 366, 375, 380, 406, 407,
408, 409, 410, 411, 419, 420, 422,
424, 425, 429, 431, 432, 433, 434,
435, 436, 437, 440, 453, 456, 458,
459, 460, 466, 467, 468, 472, 475,
477, 483, 489, 495, 496, 502, 505,
506, 509, 530, 544, 584, 597, 598,
600, 613, 619, 629, 631, 634, 639,
646, 651, 656, 662

분견대 141, 165, 174, 364, 441, 481, 620,
629, 638, 645, 646, 651

분계선 40, 301, 382, 398, 434, 613

분과위원회 242, 243, 399

분대 139, 247, 268, 269, 408, 409, 420,
620

분산 131, 426

붉은 군대 239, 398

브예스니크Vjesnik 518, 520

블룸 332, 333

비망록 229, 381, 382, 391, 393, 397, 400

비무장지대 527, 533, 534, 535, 543, 544,
546, 550, 551, 552, 556, 557, 565,
573, 574

비행 144, 221, 401, 421, 422, 432, 440,
563

비행기 41, 43, 74, 104, 117, 129, 133,
141, 144, 147, 159, 174, 245, 325,
521, 564, 566, 578

비행사 327, 463, 655

비행장 40, 43, 45, 56, 74, 105, 141, 181,
182, 193, 245, 248, 314, 315, 319,
347, 427, 435, 463, 465, 481, 483,
485, 486, 592, 647

비호 466, 597, 629, 634

빈트후크 344

▼ ㅅ

사격수 440

사단 43, 45, 118, 119, 133, 139, 142,
165, 167, 172, 175, 181, 183, 192,
193, 200, 203, 227, 228, 231, 238,
239, 244, 245, 247, 248, 256, 258,
259, 268, 269, 305, 306, 314, 315,

한국전쟁 관련 프랑스외무부 자료 I (1950. 06. 25~1950. 12. 29)

▼기타

옮긴이

이지순　성균관대학교 프랑스어권문화융합연구소 소장
박규현　성균관대학교 프랑스어권문화융합연구소 책임연구원
김　영　성균관대학교 프랑스어권문화융합연구소 선임연구원